EARLY LIFE CRISIS

EARLY LIFE CRISIS

Der Impulsgeber für Abiturienten,
Studenten und junge Arbeitnehmer

Marvin Grabowski

Verlag: © 2018 Marvin Grabowski
1. Auflage: Oktober 2018

2. Auflage: Mai 2019
c/o AutorenServices.de · König-Konrad-Str. 22 · D-36039 Fulda

info@early-life-crisis.de

Texte: © Copyright by Marvin Grabowski
Umschlagfoto: © Copyright by Mike Fitzek · Illustrationen: © Copyright by Mike Fitzek
Lektorat: Daniel Santosi · Satz: Senaid Ahmeti

ISBN Print: 978-3-00-061096-7
Veröffentlicht über KDP-Print

Mehr kostenlose Inhalte unter: www.early-life-crisis.de

Und sie sagten uns damals:
„Mit der Schule beginnt der Ernst des Lebens"

Widmung

Dieses Buch widme ich all den jungen Menschen da draußen,
die auf der Suche sind; im Schatten der
Multioptionsgesellschaft an Substanz und Identität zu
verlieren scheinen; Fragen haben, die sich nicht mal eben so
beantworten lassen; Wege ins Ausland, in die Ausbildung oder
ins Studium suchen. Diese Zeilen sind für euch – verbunden mit
dem festen Glauben daran, dass es aufwärtsgehen
wird, neues Licht uns erhellt und Orientierung schenkt für
unsere Perspektiven. Lasst uns Türen öffnen,
die uns weiterbringen werden. Wir wachsen. So oder so.

Liebe Matti,

danke für die
schöne Zusammenarbeit

Dein Marin

Inhalt

Stichwortverzeichnis

Wie du das Maximum aus diesem Buch herausholst

Einmal kurz die Augen schließen. Durchatmen. Okay. Wir finden uns wieder in einem sonnigen Samstagmorgen. Das Wetter ist gerade so angenehm warm, dass man die Frage „lange Hose vs. kurze Hose" mit Letzterem beantworten kann. Du sitzt mit einem sehr guten Freund und einer Freundin in eurem Lieblingscafé. Der Kaffee schmeckt hervorragend und ihr schmiedet gerade schon die Pläne für den Abend. Auf die Frage „ob du mehr Bock auf Kino oder Clubben" hättest, antwortest du zunächst nicht. Du warst abgelenkt. Du hast auf der dem Café gegenüberliegenden Seite ein Plakat entdeckt. Ein Plakat, das einen Vortrag ankündigt. Es geht um einen Beruf. Ein Beruf, der für dich sehr interessant klingt; der dich irgendwie anspricht; ein gutes Gefühl erzeugt. Du hast vorher nicht drüber nachgedacht, aber wenn du so drüber nachdenkst, klingt das überaus interessant. Schnell kommt auch dein innerer Kritiker hinzu: Lohnt sich das denn wirklich? Ist das nicht verschwendete Zeit? Dein Bauchgefühl sagt aber „Yes". Du weißt noch nicht, ob es wirklich passt, aber der erste Eindruck ist auf deiner Seite. Ein kleiner Lichtblick. Eine Chance. Vielleicht eine neue Tür? Wer weiß. Was denn nun, fragt deine Freundin etwas ungeduldig aufgrund deines langen Zögerns bis zur Antwort. „Ja Clubben passt. Ich habe richtig Bock", antwortest du schließlich. Ihr habt einen schönen Abend, aber den Vortrag nächste Woche hast du nicht vergessen und entschließt dich hinzugehen.

Was soll diese kurze Anekdote, fragst du jetzt vielleicht. Es geht um die fiktive Vorstellung, dass du dich mit einem Thema auseinandersetzt mit dem Ziel etwas zu lernen, dich zu entwickeln, neue Blickwinkel einzunehmen und Chancen zu erkennen. Wie hast du damals Fahrrad fahren gelernt? Genau, du hast es praktisch ausprobiert. Es geht darum, ins Tun zu kommen. **Early-Life-Crisis** bietet dir viele Inspirationen. Wenn dich ein Kapitel besonders gepackt hat, dann versuch es mal anzuwenden. Theoretisches Wissen ist das eine, praktische buchstäbliche Handlungen sind das andere. Es geht um aktives Lernen mit intrinsischer Motivation. Von daher: Wie hat dir dein Geschichtslehrer damals vehement eingetrichtert: Lese alle Quellen kritisch. So soll es auch hier sein. Kein Buch der Welt kann einen Anspruch auf Vollständigkeit und Perfektion erheben. Wenn du mit einer Ansicht hier nicht d'accord bist – kein Problem. Wenn du das Thema weiterhin kritisch hinterfragst, du zum Denken angeregt bist und dich für das

Thema sensibilisiert, ist das Ziel erreicht. Vielleicht bringt dich ein Erfahrungsbericht sogar so richtig auf die Palme: „Kann ich mir nicht vorstellen, dass es so läuft in dem Studienfach oder Ausbildungsberuf" – als mögliche Reaktion. Vielleicht verblüfft dich auch der ein oder andere Auslandsbericht. Wenn du es nicht selbst studierst oder in dem Bereich tätig bist, hast du einen weiteren Impuls bekommen dich mit dem Thema zu beschäftigen. Also dann. Los geht's. Wir haben viel vor.

Gender Hinweis: Status- und Funktionsbezeichnungen
gelten in diesem Dokument jeweils für alle Geschlechter

Vorwort

Du fühlst dich überfordert? Überflutet von all den Türen, die sich dir öffnen? Du suchst nach der vermeintlich einzig wahren Entscheidung? Du bist nicht allein. Authentisch und praxisnah werden dir in „**Early-Life-Crisis**" prägnant die wirklich wesentlichen Fragen präsentiert, die du dir stellen solltest. Keine Werbeanzeigen von Unternehmen oder Unis, die dich für sich begeistern wollen. Keine falschen Versprechen oder magischen Patentrezepte. Zentrale Perspektiven nach dem Abi, der Ausbildung und im Studium werden eingeflochten in die Lebenswirklichkeit unserer Generation Y bzw. Z. Möchte ich wirklich studieren, wenn ja, auch direkt nach dem Abi? Wie fühlt sich ein Praxisschock nach dem Studium an? Wann sollte ich ein Studium abbrechen, wenn ich unglücklich bin? Was ist der Unterschied zur Schule? Muss ich studieren, um erfolgreich werden zu können? Wo mache ich mein Auslandssemester und sind Stipendien wirklich nur etwas für Streber? Private Uni oder doch lieber ein duales Studium? Was sollte ich beachten, wenn ich zunächst eine Ausbildung machen möchte? Zu wem passt „Work & Travel" oder „Au-pair"? Muss ich schon vor dem Bachelor wissen, welchen Master ich mache? Alles Fragen, die nach Antworten suchen. Case-Studies und bewährte Methoden für deinen weiteren Weg warten auf dich. Aus eigener Erfahrung kenne ich das Gefühl im Ozean der offenen Türen zu schwimmen und auf der Suche nach der Insel zu sein, die möglichst sicher, vertrauenswürdig und farbenfroh erscheint. Lass' uns gemeinsam Licht ins Dunkel der Möglichkeiten bringen und auf Spurensuche gehen. Du bist herzlich eingeladen.

Siehst du es auch? Das große Ziel vor Augen? Das Abitur? Der Bachelor? Die Abschlussprüfung der Ausbildung? Der Tag, an dem du das letzte Mal durch die sicheren und schützenden Türen deiner Schule bzw. Uni wanderst und in die weite Welt entlassen wirst? Vielleicht befindest du dich derzeit noch auf der Zielgeraden, hast vor kurzem dein Zeugnis überreicht bekommen oder visierst nach einem Studium- oder Ausbildungsabbruch einen Neustart an. Der Moment ist erreicht, auf den du so zielstrebig hingearbeitet hast. Erinnere dich an all die Tage, in denen du dich morgens aus dem Bett gequält hast. Jene Klausurphasen, die du mal mehr und mal weniger gut gemeistert hast. Die viele Paukerei und die vielen Nachtschichten. Kein verpflichtendes Bildungssystem lässt deinen Wecker mehr um 06:00 Uhr klingeln. Genau darum soll es in diesem Buch gehen: Allein um dich und deine Perspektiven nach dem Abi, der Ausbildung oder im Studium. Wenn wir ganz ehrlich sind, geht es ja nicht nur um die Frage nach deiner Ausbildung, deinem Bachelor oder deinem Master.

Es geht um etwas viel Grundlegenderes: Nämlich um die Frage, was du mit deinem Leben anstellen möchtest. Warum genau stehst du jeden Morgen früh auf? Soll es einfach nur darum gehen, deine Arbeitszeit zu erfüllen und dann hoffentlich pünktlich Feierabend machen zu können? Dich dann primär nur noch auf die Wochenenden und den Urlaub zu freuen? Aus meinem Studium weiß ich genau, dass diese Erholungsstrategie nur sehr kurzweilig ist. Du fällst jetzt eine grundlegende Entscheidung darüber, wie dein weiteres Leben verlaufen wird; welche Rahmenbedingungen sich dir bieten werden; welche Karrierechancen sich ergeben … Es wird die perfekte Entscheidung nicht geben können, auch wenn du sie gerne hättest. Alles kann. Nichts muss. In den folgenden Kapiteln wirst du viele Impulse tanken, die dir helfen können.

Was meint beispielsweise das „Beyond the Corner Paradigma", die „Dreifarbenlehre des beruflichen Glücks", „die Dating-App Hypothese" oder der „Simple-Choice-Effekt"? Du wirst ebenso erfahren, was saure Äpfel mit der Berufswahl zu tun haben oder wie die Erinnerung an dein Seepferdchen mit dem Weg an die Uni gleichgesetzt werden kann. Dabei soll das ganze möglichst repräsentativ und authentisch sein. Du findest viele Inspirationen aus ganz unterschiedlichen Bereichen. Im hinteren Teil liegen unterschiedliche Theorien und Konzepte parat, die ich aus allen Erfahrungen zusammengebastelt habe. Erfahrungsberichte von jungen Menschen aus ganz Deutschland und darüber hinaus zu den unterschiedlichsten Themen, die dich interessieren können. Jeden von Ihnen kenne ich persönlich. Von Hamburg bis Wien. Von Köln bis Berlin. Von Manchester bis Madrid. Von Costa Rica über die USA bis nach Australien. Von den Studis in den Niederlanden bis nach Dänemark. Neben allen Fragen rund um Ausbildung und Studium warten verschiedene Impulse darauf, von dir entdeckt zu werden. Lass dich bitte nicht von der Anzahl an Seiten abschrecken. Das Gesamtkonstrukt der Studien- und Berufswahl ist so vielseitig und komplex, dass man es nicht auf 100 Seiten abhandeln kann. Ich möchte dir mit diesem Buch helfen, auch wirklich Orientierung zu finden.

Wie hart ist ein duales Studium wirklich oder wie läuft ein Studium bei anderen Trägern, beispielsweise der Polizei? Von Streifzügen durch diverse Auslandsthemen über Entrepreneurship, ehrenamtlichem Engagement, Stipendien, Praxisschock nach dem Studium oder die Frage zum Umgang mit Drogen in Schule & Uni – das Silbertablett ist reichhaltig bestückt. Und dafür möchte ich schon einmal ein ultimatives riesengroßes Dankeschön vorwegnehmen an alle, die diese tollen, spannenden und inspirierenden Erfahrungsberichte geschrieben haben. Ohne euch wäre das Buch nicht ansatzweise so rund geworden. Jedes der folgenden Kapitel bietet noch einen weiteres „Leckerli". Mir ist es überaus wichtig, dass die Lektüre von „**Early-Life-Crisis**" kein staubtrockenes Unterfangen wird, was dich nach den ersten Seiten in Tiefschlaf fallen lässt. Du sollst währenddessen auch nicht darüber nachdenken, welche Serie du heute Abend auf Netflix schauen möchtest.

Dafür hast du im Anschluss noch genug Zeit. Weißt du noch, wie du als Jugendlicher die Böller an Silvester angezündet hast? Genau diese Zündschnur soll entfacht und Impulse gesetzt werden. Impulse, die dazu anregen, bisherige Grundsätze zu hinterfragen, zu reflektieren und deinen Kurs neu zu justieren. Was du dann damit anstellst, liegt ganz bei dir. Alle Kapitel sind zudem mit exklusiven Grafiken illustriert. Mein Grundschulfreund und Illustrationsdesigner Mike Fitzek hat – wie ich finde – ein überwältigendes Talent, Bilder sprechen zu lassen. Mit einer kleinen Prise Humor ausgestattet, wird das Lesen so noch ein wenig spannender und geht leichter von den Lippen. Auch hier ein Danke mit Ausrufezeichen an dich, Mike!

Viele von uns sind so von diesem völlig unbekannten Freiheitsgefühl nach dem Abschluss derart erschlagen, dass es sie erst einmal mit den Freunden oder Freundinnen nach Malle oder sonstigen Urlaubszielen zieht, um richtig abschalten zu können. Nur zu! Nach all den Jahren hast du es dir redlich verdient. Du wirst vielleicht auch noch nicht die Notwendigkeit erkannt haben, dich mit einem Buch namens „**Early-Life-Crisis**" zu beschäftigen. „Crisis"? Was will der mir den jetzt von Krise erzählen? Ich habe mein Abi oder Ausbildung bzw. Bachelor frisch in der Tasche. Die Welt steht mir offen. Ich habe allen Grund zu feiern. „Mit so etwas möchte ich mich doch nicht beschäftigen", wirst du dir vielleicht in diesem Moment denken. Gut möglich, dass ich damals nach meinem Abi in all der Euphorie ähnlich gedacht habe. Aber lass mich bitte eine Hypothese aufstellen:

Es wird der Augenblick kommen, an dem du dem Thema deiner eigenen (beruflichen) Zukunft und Zufriedenheit nachhaltig die nötige Aufmerksamkeit schenken wirst. Es ist nur eine Frage der Zeit.

Lassen wir dies einfach mal im Raum stehen. Jeder von uns ist individuell. Jeder hat andere Vorlieben und Wünsche. Aber eines ist doch einleuchtend: Um die für mich bestmögliche Perspektive zu wählen, muss ich doch zunächst wissen, was überhaupt zur Auswahl steht. Wahrscheinlich werden dir schon andere Lektüren über den Weg gelaufen sein, unter anderem der Studienführer der Bundesagentur für Arbeit. Doch mal ganz ehrlich – wer überblickt auf Anhieb diese Masse an Informationen? Werden wirklich relevante und hilfreiche Fragen gestellt? Keine Frage, viele der gängigen Ratgeber geben einen tollen Überblick über potentielle Studienfelder und erste Schritte. Aber aus eigener Erfahrung und diversen Gesprächen mit anderen Abiturienten und Studenten konnte ich nur feststellen, dass es vielen nicht geholfen hat.

Generell soll es in diesem Buch nicht um einen akademisch fundierten Aufsatz mit verkompliziertem Beamtendeutsch gehen. Im Mittelpunkt steht das präzise Aufzeigen deiner Möglichkeiten in Kombination mit entscheidenden Fragen und Inspirationen. Kein großes Drumherum-Gerede. Keine unnötigen Zusatzinfos an falscher Stelle. Dieses Buch vertritt nicht den Anspruch, alles erklären und illustrieren zu wollen. Es soll nicht darum gehen, dir jeden Studiengang im Detail vorzustellen. Es soll nicht darum gehen, unibezogene bürokratische Belange im Detail zu thematisieren, beispielsweise wie genau das mit der BAföG-Beantragung oder der Studienfinanzierung klappt. Parallel wirst du auch keine schulbuchmäßige Anleitung zur optimalen Bewerbung für eine mögliche Ausbildung finden. Das können andere besser. Vielmehr geht es darum, dir einen Überblick zu verschaffen und solche organisatorischen Themen zwar knapp zu skizzieren, jedoch nicht in verschachteltem Detailwissen zu stagnieren. Dabei wurde bewusst die Zielgruppe Abiturient gewählt. Ich bin der festen Überzeugung, dass es Unterschiede zwischen den Schulabschlüssen hinsichtlich der Perspektiven nach der Schule gibt. In erster Linie aufgrund des Alters und der diversen Optionen des deutschen Bildungssystems stehen Abiturienten definitiv mehr Türen offen.

Schau dich einfach mal in deinem Freundes- und Bekanntenkreis um: Hauptschul- oder Realschulabsolventen streben oft – sollten sie nicht die

(Fach)-Hochschulreife direkt im Anschluss auf zweitem Bildungsweg erreichen – zunächst eine Ausbildung an. Meist sind sie dann – je nach Art der Ausbildung – auf eine handwerkliche oder kaufmännische Schiene vorfestgelegt, sodass sie beispielsweise oft nur an Fachhochschulen studieren können (ohne allgemeine Hochschulreife). Mehr zu diesem Thema der verschiedenen Hochschulen und entsprechenden Voraussetzungen findest du im Kapitel „Studium vs. Ausbildung". Bevor wir inhaltlich einsteigen, möchte ich dir zuallererst gratulieren! Dass du dieses Buch in den Händen hältst, zeigt schon mal die Relevanz für dich und deine Frage nach beruflicher Orientierung im Berufs- und Studienwahlkontext. Was auch immer dein Hintergrund ist – du bist nicht allein! Im heutigen Bildungssystem lernen wir Brillanz im Umgang mit Texten, Integralen oder Photosynthese. Ohne Frage – fundamentale Skills für das Allgemeinwissen und zum Teil Basis für den weiteren Ausbildungsweg – jedoch bleibt der greifbare praktische Nutzen in einigen thematischen Schwerpunkten auf der Strecke.

Mal ehrlich: Ja, es kann Spaß machen, jede einzelne Metapher in Goethes Gedichten auseinander zu nehmen, aber werden wir dies jemals wieder brauchen? Wir lernen in der Schule viel über diese Grundlagen in Naturwissenschaften, Sprache oder Mathematik; was lernen wir jedoch über uns selbst? Was nützt dir das beste Abi, wenn du keinen Plan über deine wahren Interessen oder Werte hast. Wenn du scheinbar alleine dastehst und auf Familienfeiern die Fragen zunehmend an Brisanz gewinnen: Sag mal, was machst du jetzt eigentlich nach deinem Abschluss? Natürlich gibt es einige Schulen, die in puncto Berufsorientierung Vorreiterrollen einnehmen – keine Frage. Die einen Angebote sind besser, andere schlechter.

Ich kenne die kreisenden Gedanken in deinem Kopf zu gut. Im Dschungel der Möglichkeiten den Durchblick zu erlangen, ist keine leichte Aufgabe. Womöglich kennst du noch nicht einmal jede Option. Erstmal ins Ausland, einen Sprachurlaub, oder doch Au-pair? Nach der wohl verdienten Abifahrt zunächst jobben, um in aller Ruhe die Ideen zu sortieren? Eines sei vorab gesagt: es gibt kein Patentrezept. Was für den einen absolute Erfüllung und Zufriedenheit bedeutet kann für den anderen der reinste Alptraum sein. Es geht also darum, einen Überblick zu gewinnen, die Chancen zu kennen, hilfreiche Tools zu nutzen und den Glauben an dich selbst und deine Entscheidung zu manifestieren. Ich gebe mein Bestes, um dir auf den folgenden Seiten Einblicke in genau diese Fragestellungen zu geben sowie dir das nötige Wissen und Rüstzeug für den neuen Lebensabschnitt zu vermitteln. Zu Recht wirst du dich grade fragen, warum du meine Intention ernst nehmen solltest. Da kann ja jeder daherkommen, sich denken, einfach mal ein Buch schreiben zu wollen und „einen auf wichtig zu machen". Meiner Meinung nach ist intrinsische Motivation die beste Voraussetzung, um Großes zu schaffen. So ist es bei mir. Ich habe nahezu alle Möglichkeiten, die einem Abiturienten im 21. Jahrhundert offen stehen selbst durchlebt. Verwechsele beim Anblick meines Lebenslaufes bitte nicht geschriebenes Wort mit einer Achterbahnfahrt.

Es ist zwar nur der grobe Rahmen und lässt sich später anpassen, dennoch wird es mit der Zeit immer schwerer, bestimmte Etappen zu erklimmen. Beispiel: Du machst eine Ausbildung zum Industriemechaniker. Mit den Jahren merkst du, dass in dir doch ein flammender Jurist steckt. Natürlich kannst du noch ohne Probleme Jura studieren. Kein Problem. Dennoch wird es mit den Jahren einfach schwer, insbesondere wenn deine vorherige Ausbildung/ Studium nichts mit deinem neuen Fach zu tun hat. Zudem kommen mit der Zeit weitere Hürden auf dich zu. So endet mit dem 25. Lebensjahr dein Anrecht auf Familienversicherung. Das heißt, dass du das in Zukunft selber wuppen musst. Aber auch deine Auslandsideen sind an Hürden gebunden. So darfst du bei vielen Au-pair Agenturen ein bestimmtes Alter nicht überschreiten und auch dein Working-Holiday Visa ist an eine Deadline gebunden. Ein Thema fällt mir bei meinen Vorträgen auch immer wieder auf: Dort fragen mich dann einige Bachelorstudenten, ob ein Auslandsabenteuer denn nach dem Bachelor blöd auf dem Lebenslauf aussieht.

Nun ja, die Frage beantwortet jeder Personaler anders, abhängig von deiner Motivation und konkreten Inhalten; was aber auffällig ist: Ich kenne viele junge Arbeitnehmer oder Studenten, die mir melancholisch mitteilen:

Man Marvin, ich bereue es echt so sehr, nach dem Abi keine Auszeit eingelegt zu haben. Ich bin zwar einigermaßen erfolgreich in dem, was ich tue, aber manchmal frage ich mich, ob ich nach dem Abi nochmal denselben Weg eingeschlagen hätte. Ich bin jetzt so im Alltag gefangen und möchte meinen sicheren Arbeitsplatz nicht leichtfertig aufgeben. Ich habe eine so schöne Wohnung und zahle gerade meinen Kredit für das Auto ab. Zudem ist mein/e Freund/in nicht sonderlich begeistert von der Idee, dass ich hier alles stehen und liegen lasse. Weißt du, ich frage ich mich, ob mir eine Entschleunigung nach dem Abi nicht gutgetan hätte.

Entschleunigung. Das ist meines Erachtens das neue Zauberwort. In der heutigen schnelllebigen Zeit vergessen wir leider viel zu oft die Frage nach der Reflexion und dem Warum. Initialzündungen, die Frustration und Umwege zur Folge haben können. Nach dem Abi, der Ausbildung oder dem Bachelor geht die Party los, oder nicht? Keine Freifahrtscheine mehr. Die Lostrommel dreht sich neu. Ein neuer Morgen. Du bist gewissermaßen eine „tabula rasa" – ein leeres Blatt basierend auf deinen bisherigen Erfahrungen. Plakativ angewendet: Die Schulzeit hast du auf einer einsamen Insel verbracht: Deiner Komfort-Zone. Dein gewohnter Kreis aus Familie und Freunden, Hobbies, dem Elternhaus, deinen Haustieren, Grundschulfreunden, der Dorfkneipe etc. Am Tage deiner Abi-Entlassung wirst du bildlich gesprochen vor die Tür gesetzt, ins kalte Wasser geschmissen und sollst ein Boot wählen. Der Ozean ist riesig und sehr tief, wie wir wissen. Mit allen bisherigen Erfahrungen und dem Schulwissen soll die lange Reise starten. Du kannst entweder nach Lust und Laune aufbrechen oder einen Hafen in der Nähe „deiner" Insel ansteuern. Oder aber die Welt erkunden und deine Bootsnavigation voll offensiv ausrichten. Ein Rucksack Proviant ist ausreichend. Und ab dafür.

In meiner Orientierungslosigkeit nach dem Abi bin ich so einige Male hingefallen; aber immer wieder aufgestanden. Von einem FSJ in einem Jugendzentrum über einen Sprachurlaub in England oder einem dualen Studium bis hin zum Wissenschaftlichen Gap Year – das Adjektiv ‚vielseitig' findet definitiv seine Berechtigung. Dem schließen sich zudem soziale Praktika und „Summer Schools" in Asien oder dem Orient, eine „Work & Travel" bzw. Au-pair Zeit in Australien, sowie diverse Jobs und Praktika an. Zahlreiche Gespräche mit Abiturienten, Studenten, Azubis, Profs sowie Workshops und Coachings öffentlicher und privater Natur runden mein Profil hab.

Daher rührt wohl auch die Motivation für dieses nützliche Wissen: Ich hätte mich damals nach meinem Abitur sehr über einen kompakten Ratgeber gefreut, der die Lebenswelt des Abiturienten greifbar aufzeigt und die wirklich wesentlichen Fragen für Ausbildung oder Studium stellt. Können Autoren oder etwaige Berater Mitte vierzig und älter wirklich nachvollziehen, worum es uns grundsätzlich geht? Wie wir uns als Generation Y bzw. Z fühlen? Die heutige Zeit ist nun mal anders, als die vor 20 Jahren. Mittlerweile gebe ich auch eigene Studienwahl-Workshops an Schulen, Unis sowie Messen deutschlandweit.

Mit anderen Worten: Ich glaube, niemand kann die Lebenssituation anderer besser verstehen als jemand, der diese selbst durchlebt hat. Folgende Metapher: Du überlegst, den Mount Everest zu besteigen und möchtest einen Eindruck gewinnen, was die besten Strategien sind und worauf du besser achten solltest. Glaubst du eher Personen, die diese Aufgabe praktisch gemeistert haben oder wären reine Theoretiker, meist noch einer anderen Generation, deine Ansprechpartner erster Wahl? Ich bin nach dem Abi 2012 nicht mit der Absicht gestartet, irgendwann ein Buch über dieses Thema zu schreiben. Es waren vielmehr der Prozess und die Erfahrungen, die mir diesen Weg ebneten – ja, vielleicht sogar eine Art Berufung weckten. Authentisch verfasst als erster Wegweiser, nachdem ich das letzte Mal aus den sicheren Gefilden meiner Schule / Uni entlassen werde. Eine Art Anker. Eine fundierte Basis. Und genau das soll dieses Buch leisten: Orientierung bieten. Inspirieren. Den Stein ins Rollen bringen. Zur Eigeninitiative anleiten, sensibilisieren und dich ermutigen, keine Angst vor Fehlern zu haben. Ich lade dich herzlich ein, Verantwortung für deine Entscheidungen zu übernehmen und dich vielleicht neu zu entdecken.

1. Und sie sagten uns:
„Mit der Schule beginnt der Ernst des Lebens"

Erinnerst du dich? Der Tag deiner Einschulung in die Grundschule. Deine Schultüte voller Leckereien und kleinen Überraschungen. Aber da ist noch etwas. Ein neuer Lebensabschnitt wartete auf dich. Er nannte sich Schule. Du hast noch die Worte deiner behütenden Kindergärtnerin im Ohr: „Mach's gut Kind, du gehst ab jetzt in die Schule. Jetzt beginnt der Ernst des Lebens." Doch was war das rückblickend eigentlich? Es handelte sich um ein verpflichtendes System, in das du und ich hineingeboren wurden. Keine Wahl, sondern Schulpflicht. Zumindest bis zum Erreichen des Hauptschulabschlusses. Doch Moment mal, dir hat dieser Abschluss noch nicht gereicht. Du bist noch weiter zur Schule gegangen und wolltest das Maximum aus der Schulzeit herausholen; die (fachgebundene) Hochschulreife.

Wie oft haben wir uns damals gewünscht, dass diese vermeintlich so schreckliche Schulzeit – bestehend aus mal mehr und mal weniger nötigen Hausaufgaben, Prüfungsstress und Verpflichtungen – ein Ende hat. Doch mal ehrlich, spätestens wenn du erste Erfahrungen in der Arbeitswelt außerhalb des Kosmos Schule gesammelt hast, erkennst du, wie entspannt diese Schulzeit eigentlich war. In der Regel hast du während der Schulzeit keine finanziellen Verpflichtungen und kannst unbesorgt auf den Kosten deiner Eltern leben. In den meisten Fällen hast du die Notwendigkeit des Lernstoffes nicht in Frage gestellt, da er eben von irgendwelchen Kultusministern einfach festgesetzt wurde.

Es ging ergo prinzipiell nur darum, dir das Wissen aus dem Unterricht anzueignen und es in den Klausuren wiederzugeben. Natürlich solltest du im besten Fall Herr der Thematik sein und auch vor Transferaufgaben nicht kapitulieren, sowie deine eigene Meinung fundiert artikulieren können. Dazu noch ab und zu im Unterricht dich mündlich beteiligen und mal eine Projekt- oder Seminararbeit erstellen. Fertig. Klar, für das Abi wirst du wohl viel gelernt haben. Es suggeriert ja auch den königlichen Abschluss dieses Lebensabschnittes. Je nach eigenem Anspruch und Zeitmanagement hast du dennoch viel Spielraum für deine Freizeit. Sehr wahrscheinlich wohnst du noch im heimatlichen Elternhaus und hast deinen gewohnten Freundeskreis sowie Hobbies etc. Wenn wir mal von möglichen Luxusproblemen absehen, ist dein Leben im Großen und Ganzen schwer in Ordnung.

Wie ist also die Aussage deiner Kindergärtnerin mit dem respekteinflößenden „Ernst des Lebens" zu interpretieren? Klar, im Vergleich zum Kindergarten voller Spiel, Spaß und Abenteuer unterliegst du in der Schule einem Notensystem, das dich auf unsere Leistungsgesellschaft vorbereitet. Grundlegendes Rüstzeug naturwissenschaftlicher und sprachlicher Natur sowie ein grobes Verständnis gesellschaftlicher Vorgänge sollen dich auf das spätere Leben vorbereiten. Doch ist die Schule wirklich der Ernst des Lebens? Ich bin definitiv der Meinung, dass der tatsächliche Ernst des Lebens erst nach der Schule beginnt und ich möchte dir auch erklären warum. Zweifellos ist der Lebensabschnitt Schule mit einschneidenden Veränderungen verknüpft. Es geht nicht mehr darum, sorgenfrei im Kindergarten zu spielen, sukzessive wird auf einmal von dir erwartet, Leistung zu zeigen. Diesem Schicksal kann sich niemand von uns entziehen, dafür haben wir die Schulpflicht. Wir sind also in dieses System geboren worden. Mussten wir dabei jedoch eigene Entscheidungen treffen und dafür geradestehen?

Alle „eigenen" Entscheidungen bezogen sich vollständig auf den Kontext Schule. Welchen Leistungskurs oder welches Profil wähle ich? Ich mache ein Schülerpraktikum – weil es das Curriculum so vorsah. Grundsätzlich geht es bei der Ausgangsfrage um die Interpretation von „Ernst". Hier hat jeder wohl seine eigenen Assoziationen, doch in erster Linie geht es wohl um eines: Eigenverantwortlichkeit. Wie äußert sich diese? Indem du deinen eigenen Weg gehst, Entscheidungen für deine Zukunft triffst und am Ende des Tages auch dafür geradestehen musst. Du kannst die Verantwortung nicht auf einen Lehrer oder deine Eltern schieben. Im Zentrum des Geschehens stehen du und dein Selbstbild! Deine Identität. Zudem wirst du in den Jahren nach der Schule und der damit verbundenen Komfortzone aus gewohntem Freundeskreis, etablierten Freizeitaktivitäten, bekannten Zügen deines Heimatortes sowie der Geborgenheit deines Elternhauses eines feststellen:

Noch nie zuvor befindet sich dein Leben so sehr im Prozess der Veränderung! Die „heile" Welt scheint zu zerbrechen: Langsam kristallisieren sich Lebensentwürfe heraus, die die skizzierte Komfortzone über den Haufen werfen. Deine Alarmglocken läuten – es besteht Handlungsbedarf. Unangenehme Fragen werden gestellt. Auf Familienfeiern wächst das Interesse der Verwandtschaft an deinen Zukunftsplänen. Unabhängig von der Standfestigkeit deiner Antwort, wird jeder dazu seine eigene Meinung haben. So oder so wirst du von Einigen Rückenwind erhalten, von Anderen jedoch sehr skeptische Blicke ernten. Wichtig ist, Ruhe zu bewahren und zu wissen, wie all diese Ratschläge eingeordnet werden sollten. Onkel Manfred als spezialisierter IT-Ingenieur, der alles „nicht-naturwissenschaftliche" kategorisch als brotlose Kunst abstempelt, Oma Helga, die als ehemalige Heilerzieherin aufgrund ihres großen Herzens jede Antwort befürworten wird, solange du dabei ein Grinsen im Gesicht hast, oder Opa Paul mit seiner unmissverständlichen Devise als langjähriger Facharbeiter: „Kind, mach ja eine Ausbildung und lerne etwas Praktisches!" Bewusst oder unbewusst spielen deine Eltern zweifelsohne eine wichtige Rolle auf deinem weiteren Weg. Ausgehend vom Erziehungsstil und der Freiheit, die du als Kind und Jugendlicher genießen durftest, haben finanzielle Rahmenbedingungen direkten Einfluss auf dich: Ist exemplarisch ein Auslandsaufenthalt überhaupt realisierbar oder verpufft der Traum vom Surfkurs in Australien umgehend? An dieser Stelle sei an das Kapitel „Perspektiven entdecken: Welche Türen stehen mir offen?" verwiesen, in dem dir alle potenziellen Perspektiven prägnant vorgestellt werden.

Darüber hinaus können dich auch die Berufe deiner Eltern beeinflussen. Liebäugelt beispielsweise dein Vater damit, dass du in Zukunft sein mittelständisches Unternehmen leiten könntest? Versucht dich deine Mutter als leidenschaftliche Ärztin vom Idealstudium der Medizin und entsprechenden Praktika in Krankenhäusern auf den „einzig wahren Weg" zu lotsen? Solltest du dich in so einem Fall befinden, vergiss bitte eines nicht: wie sehr diese Ratschläge auch lieb gemeint sein mögen: Es geht um dich! Deine Persönlichkeit! Deine Interessen! Dein Bauchgefühl und deine wahren Träume; nicht die deiner Eltern. Nicht nur familiär befindet sich dein Leben im Umbruch. Plötzlich teilt dir dein bester Freund mit, in einer anderen Stadt studieren zu wollen. Deine beste Freundin wird für ein Jahr als Au-pair ins Ausland gehen. Und einige aus deiner „Clique" planen zielstrebig eine kaufmännische Ausbildung. Das klingt alles so schön und gut, aber hey, was ist eigentlich mit dir? Alle anderen scheinen „ihren Weg" gefunden zu haben. Vielleicht bist du unsicher oder orientierungslos.

Über mehrere Ecken hast du über potentielle Perspektiven etwas gehört – aber worauf kommt es dabei wirklich an? Du hast vielleicht viele Ideen, aber irgendwie fehlt noch was. Das Quantum Überzeugung, Durchblick, Identifikation oder das gute alte Bauchgefühl. Ich lade dich ein, mit mir gemeinsam endlich Licht ins Dunkel zu bringen. Der Dschungel der Möglichkeiten wartet darauf, entdeckt zu werden. Lass uns starten.

2. Standortbestimmung: Was zeigt mir das Abi?

Ziehen wir eine Zwischenbilanz: Das Abitur hältst du in den Händen. So weit so gut. Aber was genau sagt es jetzt aus? Zeigt ein Abi mit 1,x (oder 0,x – ja das kommt tatsächlich bei einer Vielzahl an 15 Punkten vor und ist nicht unmöglich) wahre Intelligenz? Zu allererst können wir annehmen, dass dich irgendwas motiviert hat, so weit zu kommen. Was war das? Was hat dich all den Frust mit Lehrern, Klausuren und Co. überstehen lassen? Theoretisch hättest du auch nach Ende der Schulpflicht (Hauptschulreife) die Segel hissen und der Institution Schule den Rücken kehren können. All den Lernstress hättest du dir so erspart. Vielleicht hegst du schon seit Grundschulzeiten den Wunsch, Arzt zu werden. In diesem Fall war für dich klar, dass du diesen Beruf nur über ein Medizinstudium erreichen kannst – Voraussetzung: Abi. Sollte sich dieser Weg tatsächlich als großes Los für dich erweisen, du ein breites naturwissenschaftliches Rüstzeug mitbringst und dich der innere Wunsch mit Patienten zu arbeiten und diese zu behandeln wirklich erfüllt, kann man dich nur beglückwünschen. Da bist du aber die Ausnahme. Bevor wir uns anschauen, was genau die Möglichkeiten nach dem Abi sind, lass uns nochmal einen kleinen Blick darauf werfen, wofür wir eigentlich lernen. Herr Watermann hat sich hierzu an ein altes lateinisches Sprichwort erinnert:

Magister Aquarius (Watermann)

Non scholae sed vitae discamus. Wir sollten nicht für die Schule, sondern für das Leben lernen.

1. Relativität von gut gemeintem Rat: Ratschläge zu geben ist vernünftig, im Endeffekt muss jeder für sich selber herausfinden, was er möchte. Jeder muss seinen eigenen Weg gehen. Versteht die Ratschläge in diesem Buch also als Impuls, eure eigenen Schlüsse und Erfahrungen daraus zu ziehen.

2. Menschlicher Vertrauensvorschuss: Traut den Menschen und euch selbst etwas zu. Vergesst den Humor nicht. Auch von Karikaturen können wir einiges lernen: Humor. Die Ernsthaftigkeit manchmal zu entschärfen, kann in vielerlei Hinsicht helfen.

3. Ausdauer und Umgang mit Niederlagen: Wir leben in einer Gesellschaft, die nur Gewinner haben will. Lernt mit Niederlagen umzugehen. Auch das lernt man in der Schule nicht direkt. Aus Niederlagen gehen wir gestärkt heraus. Lernen, und das Schöpfen neuer Motivation. Habt Mut der Scheingesellschaft zu entgegnen. Wenn ihr merkt, dass die erste Studienwahl nicht die richtige war, dann liegt es einzig in eurer Hand aktiv zu werden. Habt Vertrauen ins eigene Gefühl. Denkt nicht nur seriös. Besinnt euch auf eure eigenen Wünsche. Gesteht euch Fehler ein. Arbeitet nach euren Stärken. Und strebt nicht nur nach monetärer Anerkennung. Orientiert euch an Vorbildern.

4. Balance: Habt Hobbies neben dem Berufsalltag. Arbeit wird irgendwann in bestimmten Phasen anstrengend. Sei es zum Ausgleich oder zur Krisenbewältigung.

5. Kulturschock in der Uni: In der Schule lebt man noch wohlbehütet in der rosaroten Welt.

Plötzlich seid ihr dann im Massenbetrieb Universität auf euch allein gestellt. Ein „Untergehen" in Masse droht. Daher beugt dem vor und besucht schon in der Schule Vorlesungen oder gewinnt Einblicke in Unternehmen.

Gehörst du allerdings zur Mehrheit und hast vor dem Abi noch keinen genauen Plan vor Augen, war es nicht diese berufliche Voraussetzung, wie im Falle des angehenden Mediziners. Es war etwas anderes, eine ganz pragmatische Sicht der Dinge: „auch wenn ich keinen genauen Plan vor Augen habe, mit dem Abi halte ich mir möglichst viele Türen offen. Ich kann damit sowohl eine Ausbildung machen, als auch studieren. Schaden wird es definitiv nicht." Da sich ein Großteil deines Freundes- und Bekanntenkreises im selben Boot befindet, gibt es so gesehen rational wenig Anlass, das Abi zu schmeißen. Natürlich gibt es auch hier individuelle Fälle, die davon abweichen können, sei es familiär bedingt oder für dich einfach schon seit Jahren feststand, dass du lieber als KFZ-Mechatroniker ganz praktisch an Autos schrauben möchtest, ohne diesen „überflüssigen" Theorie-Kram.

So war auch meine Einstellung: Erstmal das Abi machen. Dann habe ich immer noch die Zeit mir zu überlegen, wie es weitergeht. Das Ganze noch einigermaßen gut, um möglichst viel Spielraum zu haben. Fertig. Erfahrungsgemäß gleicht dein Berufswunsch während der Schulzeit einer wilden Achterbahnfahrt: In der Grundschule bist du felsenfest davon überzeugt Fußballprofi oder Schauspieler zu werden, während du in der siebten Klasse vielleicht doch ein wenig mit dem Job des Polizisten liebäugelst. Nach einem Schülerpraktikum bei einer PR-Agentur schlägt dein Herz für Kreativität und Design. Auf Nachfrage der Gehaltsaussichten und Arbeitsbedingungen verfällst du jedoch in Schnappatmung.

In der Oberstufe flirtest du dann plötzlich mit einem Jurastudium, was nach einem Gespräch mit einem Anwalt über die tatsächlichen Inhalte des Studiums von heute auf morgen wieder über den Haufen geworfen wird, weil dir dieses ewige „Paragraphen Hin-und-her Geschiebe" doch staubtrocken vorkommt. Wenn man dann als Schüler ohne wirkliche Berufserfahrung auch nur an der Oberfläche der Themen kratzt und entsprechend teils völlig idealisierte Bilder der Berufspraxis im Kopf hat, ist der Wechsel von Berufswünschen der Normalfall. Wir haben also festgestellt, dass dein Durchhaltevermögen in der Regel nicht an den einen in Stein gemeißelten Beruf gebunden ist. Damit haben wir aber schon den ersten Aspekt in puncto „Was zeigt mir das Abi" entlarvt: Dein Durchhaltevermögen und deine Selbstdisziplin. In dieser Kategorie bist du deinen Mitschülern voraus, die schon nach der zehnten Klasse aufgehört haben (ausgenommen die skizzierten Ausnahmefälle). Es war auch der versteckte Glaube an potentielle Türen, die du dir dadurch offenhältst. Eine ganz offensichtliche Fähigkeit zeigt das Abi allemal: Du hast gelernt zu lernen. Ohne diese ganz subtile Basisfähigkeit ist das Abi nicht zu schaffen. Wenn wir eines gelernt haben, dann das.

Womit wir direkt beim Zusammenhang mit der Intelligenz wären. Natürlich stellt Intelligenz einen nicht zu unterschätzenden Beitrag für den Erfolg im Abi dar. Leuchtet ja auch ein: Wenn ich grundsätzlich schneller abstrakte oder mathematische Zusammenhänge verstehe, bin ich klar im Vorteil. Aber das ist nur eine Seite der Medaille. Um die Intelligenz dann auch in bare Münze zu wandeln, benötigt es vor allem Lernbereitschaft und Ehrgeiz. Auch zu lernen, wie man lernt ist ein Schlüssel zum Erfolg. Wenn du wirklich ein gutes Abi schaffen willst, also wirklich, dann schaffst du es auch. Somit suggeriert ein gutes Abi nicht zwangsläufig einen IQ von 120 und aufwärts. Du hast vielmehr unter Beweis gestellt, dich auf den Hosenboden setzten zu können und dich einfach mit dem Stoff zu beschäftigen. Vielleicht konntest du dich aufgrund privater Belange nicht so sehr mit der Schule beschäftigen, wie du es eigentlich hättest können.

Was häufig auch noch hinzu kommt: Du musstest Fächer belegen, auf die du schlicht und ergreifend keinen Bock hattest. Wenn du beispielsweise absolut auf Kriegsfuß mit sämtlichen Naturwissenschaften stehst, du aber dennoch einen Abdeckerkurs in Physik belegen musstest, was zeigt dann ein Unterkurs in diesem Fach? Ist das in irgendeiner Form verwerflich? Es zieht zunächst deinen Schnitt nach unten. Doch wirst du dich jemals wieder mit physikalischen Themen auseinandersetzen? Wenn du eh schon seit einigen Jahren dieser Thematik nichts abgewinnen kannst, wird sich das jemals ändern? Wenn du dann ein Studium oder eine Ausbildung in einem ganz anderen Bereich anvisierst, welchen Stellenwert spielt dann noch das Ohm'sche Gesetz oder die Parallelschaltung des Stromkreises?

Diese Diskrepanz ist ein wesentlicher Ansatz, wenn es um die individuelle Entfaltung in der Schule geht. Das System wurde nun mal so definiert und wird sich so schnell auch nicht ändern. Dass einheitliche Maßstäbe gelten, ist kein Problem an sich. Es wäre auch zugegebener Maßen nicht leicht, mal eben das komplette Bildungssystem zu revolutionieren. Dennoch würde es uns sicher helfen, wenn mehr postabituriale Akzente gesetzt werden würden, beispielsweise mehr verbindliche Schülerpraktika oder gemeinsame Besuche von Unis oder Ausbildungsmessen. Mehr Details dazu findest du im Kapitel „Deine Hilfestellungen im Überblick". Es gilt für uns also, das Beste daraus zu machen und eigeninitiativ Impulse zu setzen. Einen nützlichen Nebeneffekt hat dieses Lernen wider deine Interessen. Du entwickelst eine Frustrationstoleranz, die sich für deinen weiteren Weg durchaus als nützlich erweisen kann. Im Laufe der Jahre wirst du feststellen: Auch dein favorisierter Bereich in Studium oder in der Ausbildung wird Bereiche enthalten, die dich nicht umgehend zu Luftsprüngen animieren. Seien es bürokratische, administrative oder methodische Aspekte, sie gehören nun mal dazu. Wichtig ist, – und das ist äußerst wichtig – dass der Großteil des Fachbereichs mit deinen Interessen, Fähigkeiten und Persönlichkeitseigenschaften im Einklang steht. Ein wesentlicher Anteil deiner Abi-Note ist zudem auf deine mündliche Beteiligung zurückzuführen. Du kannst die reinste Intelligenzbestie sein, alle Klausuren mit 15 Punkten meistern und dennoch nur ein durchschnittliches Abi aufweisen, wenn du dich kaum mündlich beteiligst. Dies unterstreicht die enorme Relevanz deiner Persönlichkeit. Bist du selbstbewusst und extrovertiert, wirst du eher verleitet sein, deinen Arm zu heben, deine Meinung fundiert darlegen können und Nachfragen stellen, die dich weiterbringen.

Du kennst sicher auch die Kandidaten, welche die Antworten größtenteils wissen, sich aber warum auch immer nicht melden. Es liegt da auch am Lehrer, diese verborgenen Potentiale zu entdecken und zu fördern, jedoch gelingt dies nicht immer. Insgesamt ist bei der Interpretation deines Abi-Schnitts also die Kirche im Dorf zu lassen und diesen mit Vorsicht zu genießen. Zu viele Faktoren beeinflussen am Ende deinen Schnitt. Zum einen spielt deine Intelligenz eine Rolle, zum anderen aber auch ganz einfach dein Ehrgeiz oder Lernbereitschaft. Wenn dir von deinen Eltern der Rücken freigehalten wird und du nebenbei nicht auf einen Nebenjob angewiesen bist, wirkt sich das natürlich auch positiv auf deine verfügbare Nettozeit aus, die du der Schule widmen kannst. Dein Schnitt im Studium oder deine Noten in der Berufsschule können nach dem Abi eine 180 Gradwende machen oder eben nicht. Alles ist möglich und hängt am Ende nur von dir, deinem Engagement und deiner Zielstrebigkeit ab.

Im Idealfall bist du dabei auch noch glücklich und zufrieden. Ein Wunschzustand, der leider nicht immer der Realität entspricht. Generell gilt der zentrale Duktus: Mach' dir klar, dass die Zeit nach dem Abi einzigartig ist: Nie wieder wirst du dieses Maß an Freiheit und Unverbindlichkeit haben wie jetzt. Das verpflichtende Bildungssystem ist beendet. Keine Marschroute hin zum Abi wird mehr vorgegeben. Vielleicht denkst du dir: „Ach, das kann ich nach der Ausbildung oder dem Bachelor doch immer noch machen." Stimmt, kannst du auch. Aber bedenke bitte Folgendes: Begibst du dich erstmal auf einen Pfad, nehmen bestimmte Automatismen ihren Lauf. Startest du eine Ausbildung, verdienst du dein erstes richtiges Geld, bekommst womöglich lukrative Übernahmeverträge, hast dich an dein Team gewöhnt und fühlst dich wohl. Womöglich bist du auch schon ausgezogen und fährst dein eigenes Auto. On Top warten jeden Abend dein Freund oder Freundin abends auf dich. Alles Parameter, die sich im Vorfeld schlecht planen lassen können und spätere „postabituriale Kreuzzüge" verhindern können. Darüber hinaus: Aus eigener Erfahrung weiß ich, dass das Verlassen der „Komfort-Zone" – die gewonnene Lebenserfahrung – Impulse setzen, die deinen Blick auf das Leben zu Hause in Deutschland verändern können. Nicht schlechter oder besser. Vielmehr deine Persönlichkeit, Glaubenssätze oder Ziele im Leben. Es scheint einleuchtend, dass all diese Prozesse natürlich auch Einfluss haben können auf deine beruflichen Visionen. Hast du die Ausbildung/Bachelor schon in der Tasche, bist du gewissermaßen vorfestgelegt.

So wie die Stützen, die auf der Bowlingbahn befestigt werden, wenn du keinen Pudel werfen willst.

Was ist eigentlich, wenn ich ein sehr gutes Abi oder schlechtes Abi habe? Folgt dann zwangsläufig ein entsprechendes Studium oder eben nicht? Wäre es also verschenkte Zeit, wenn ich mit einem 1,x Abi eine bodenständige Ausbildung mache? Dustin gibt uns Einblicke in seine ersten Gedanken, als er sein Top-Abi überreicht bekommen hat.

Dustin (19), Buchholz i.d.N.

Ist ein Elite-Studium die logische Folge eines sehr gutes Abis?

Nach Abschluss meines Abiturs im Jahr 2017 stellte sich mir – wie viele anderen auch – die Frage, wie nun mein weiterer Bildungsweg aussehen würde. Das einzige, was für mich zu diesem Zeitpunkt feststand, war, dass es ein Studium werden würde, was nicht die logische Konsequenz eines guten Abiturs bedeutet, aber – und davon bin ich auch heute weiterhin überzeugt – die richtige Entscheidung für mich ist. Doch in welche Richtung es gehen sollte, blieb unklar und es folgte eine einjährige Findungsphase meiner Selbst, in der ich mich in verschiedenen Richtungen umgeschaut habe. Natürlich war auch die Erwartungshaltung da, dass man seine sehr guten Leistungen, die man im Abitur erbracht hatte, nutzen sollte, um das Bestmögliche aus seinem Studium herauszuholen. Da ich während meiner Schulzeit ein großes Interesse an verschiedenen Naturwissenschaften (Physik, Chemie und Biologie) besaß und aufgrund meines Abiturs die Möglichkeit bestand, entschied ich mich letztendlich für das Medizinstudium, das in meinen Augen ebenfalls interdisziplinär auf den verschiedenen Naturwissenschaften basiert, aber gleichzeitig eben auch gute Zukunftsaussichten bietet. Letztendlich hatte sich in meinem Fall relativ schnell herausgestellt, dass sich die Interessen nicht so stark deckten wie anfangs angenommen und ich doch ein Studium mit mehr theoretischen Grundlagen wollte. Denn was ich bei der Studienwahl verkannt hatte, war vor allem meine Faszination an der Mathematik und dem logischen Denken, dass sich nicht im Medizinstudium wiederfand und ich demnach auch keine Leidenschaft für das Fach entwickeln konnte.

Was möchte ich jungen Menschen mit auf den Weg geben?

Man hört immer wieder den Rat „Mach das, was dich interessiert!" Mir hat sich dann die Frage gestellt „ja, was interessiert mich denn?" Denn zu dem Zeitpunkt hatte ich viele Interessen, von denen ich nicht wusste, welcher davon ich wirklich nachgehen möchte: Technik, Naturwissenschaften, Wirtschaft oder gar Politik? Von daher hat mir die Erfahrung gezeigt, dass es sich lohnt, sich über einen längeren Zeitraum Gedanken zu machen, um herauszufinden, wo seine Interessen wirklich liegen. Dies kann bereits während der Schulzeit oder eben, wie in meinem Fall, sich in dem Jahr danach herausstellen. Was meinen Lebenslauf betrifft, würden einige vielleicht einen Bruch darin sehen. Doch ich sehe darin 1 Jahr, indem ich viele neue Erfahrungen gesammelt habe, in dem ich mich selbst und meine Interessen besser kennenlernen konnte und welches mich auf den richtigen Weg für meine akademische und berufliche Zukunft gebracht hat. In diesem Sinne würde ich ebenfalls jedem raten, der sich noch nicht zu 100% sicher ist, in welchem Bereich er sein gesamtes Leben tätig sein möchte, sich die Zeit zur Orientierung zu nehmen und nicht in eine Richtung zu gehen, die man womöglich später bereuen würde.

Dr. Lars Tischler – Dozent für Diagnostik in der Pädagogischen Psychologie
Was möchte ich jungen Menschen in puncto Berufs- und Studienwahl mit auf den Weg geben?

Der Lebenslauf – wer läuft denn da eigentlich, wir oder das Leben? Junge Menschen können eigenständige Entscheidungen treffen, sie können sich jedoch auch einfach treiben lassen. Dabei stehen nicht jedem alle Wege des Lebens offen, und nicht jeder wird alle seine Träume, Wünsche und Ziele erreichen können. Selbstverständlich handelt es sich hierbei auch um eine Frage der Perspektive: Es wollen nicht alle Menschen führen, Verantwortung übernehmen, viel Geld verdienen. Es wollen sich jedoch auch nicht alle Menschen selbst verwirklichen, kreativ sein, an ihrer Persönlichkeit arbeiten, reifen. Wofür auch immer man sich entscheidet – hierzu gehört auch die Frage, ob man dies überhaupt als Entscheidung auffasst –, das Leben besteht aus Möglichkeiten und Veränderungen. Dies zu erkennen, stellt einen wesentlichen Schritt zur Verantwortungsübernahme für das eigene, aber möglicherweise auch das Leben anderer Menschen dar. Das „Ich kann und ich darf" ist hier viel größer als das „Ich muss".

Das Bedeutendste stellt allerdings das „Ich will!" dar. Es gibt viele Menschen, die tatsächlich nicht wollen können. Hierzu gehört auch die Frage nach der Sinnhaftigkeit des eigenen Handelns, nach der Rolle – ist es tatsächlich lediglich eine Rolle? – die man selbst in diesem Leben spielt. Wer bin ich? Übrigens: Wer sich die Frage nach dem Sinn stellt, kann ganz leicht selbst Sinn stiften, indem er Gutes tut. Das fängt bei einem freundlichen Lächeln an und endet … überhaupt nicht. Und ergibt Sinn. Geht es letztendlich nicht um die eigene Zufriedenheit? Wann bin ich zufrieden? – Wenn es mir gut geht? Wenn es anderen gut geht? Ich schlage vor: Wenn es mir und anderen gut geht. Was also ist in diesem Sinne Erfolg, was ist in diesem Sinne Reichtum? Wann bin ich ein wertvolles Mitglied in der Gesellschaft (kann ich etwa auch ein wertloses Mitglied sein)? Idealismus, Weichspülertum und Träumerei hin oder her, am Ende soll doch auch die Kasse stimmen, oder? Die Frage ist: Was möchte ich mit dem Geld erreichen? Sicherheit? Macht? Anerkennung und Zuneigung? Selbstwertstabilisierung, das Ende der Minderwertigkeitsgefühle? Möchte ich dazugehören? Wozu denn eigentlich? Was will ich wirklich? Bin ich in der Lage zu wollen? Wer bin ich wirklich? Bin ich in der Lage zu werden, wer ich bin? Und wie geht das? Und überhaupt: Wieso werden mir hier eigentlich die ganze Zeit Fragen gestellt, wo ich doch eigentlich Antworten haben möchte? Antwort: Wer sich nicht selbst die grundlegenden Fragen stellt, dem stellt sie irgendwann das Leben.

Doch dann verschwinden die Möglichkeiten, dann können wir nur scheinbar noch Entscheidungen treffen und unsere Freiheit entpuppt sich als Selbsttäuschung. „Und wie steht es mit Ihnen, Herr Tischler? Sind Sie zufrieden?" – „Ja." „Würden Sie alles noch einmal so machen?" – „Nein." Was würden Sie beruflich anders machen?" – „Ich würde nicht zuerst studieren, sondern eine handwerkliche Ausbildung absolvieren und meinen Meister machen. Auf jeden Fall würde ich mir aber zunächst die wesentlichen Fragen stellen! … Vielleicht würde ich aber auch einfach Popstar, Model oder Influencer … nee!"

Dass gute Noten immer Zufriedenheit und Glück bedeuten ist leider auch nicht immer der Fall. Ein Bekannter von mir hatte Top-Noten in seinem BWL-Studium. Mit Leichtigkeit ist er durch das Studium marschiert und scheinbar galt: Oh, du heile Welt. Plötzlich bekomme ich mit, dass er bereits in Indien ist. Nach 2 Semestern Bestnoten und glorreichen Aussichten kehrt er dem System den Rücken zu. Er tanzt lieber mit indischen Dorfeinwohnern ums Lagerfeuer als hier in Deutschland dem Leistungsideal zu entsprechen. Wie kann das sein? Die Berufs- und Studienwahl ist eben kein rein rationaler Prozess. Ein Prof. von mir sagte immer „multifaktoriell". Zu viele Assoziationen, Erwartungen, Ansprüche und Ziele schwimmen im Kontinuum aus Perfektion und Identitätskrise. Wo wir beim Thema **„Early-Life-Crisis"** wären.

EARLY LIFE CRISIS

3. „Early-Life-Crisis" – Was ist das?

Kannst du dich noch an die Worte deines Deutschlehrers erinnern? Wenn du in Erörterungen die Thematik in deiner Argumentationskette am Ende befürwortest, fängst du mit den Gegenargumenten an, um dann am Ende deine goldenen Pro-Aspekte aus dem Ärmel zu schütteln. Dem Prinzip folgen wir auch hier. Zunächst stellt sich die Frage, was der Titel des Buches eigentlich meint. Wie im Vorwort schon angesprochen, fragst du dich zurecht, warum du dich direkt nach dem Abi mit dem Wort „Krise" auseinandersetzen solltest. Dir ist bestimmt schon mal der Begriff „Mid-Life-Crisis" über den Weg gelaufen. Sie bezieht sich auf eine Zäsur um das 40. Lebensjahr. Eine Art Bestandsaufnahme über das bisherige Leben. Bin ich beruflich wie privat mit meinem Leben zufrieden? Haben sich meine Ziele erfüllt? Was sind meine Perspektiven für die kommenden Jahre etc. Die **„Early-Life-Crisis"** bezieht sich auf ähnliche Fragen, jedoch mit einer fundamental anderen Ausgangslage. Es geht um die Frage, welche Weichen ich für mein weiteres Leben stellen möchte. Es bieten sich Möglichkeiten wie nie zuvor. Wir als Generation „Y" bzw. „Z" haben im Mittel völlig andere Prioritäten als die unserer Eltern.

Dies hängt primär mit dem Unterschied der Lebensbedingungen zusammen. Für die Generation unserer Eltern oder Großeltern wäre es quasi undenkbar gewesen, einfach mal nach dem Abi „Work & Travel" in Australien anzustreben; im Rahmen von Erasmus einfach mal in einem anderen Land seine akademische Laufbahn fortführen oder gar futuristische Studiengänge zu studieren. Wir befinden uns in einem Kontinuum, welches für ältere Generationen schwer greifbar ist. Das ist die Grundvoraussetzung für Missverständnisse und Streitigkeiten. Ist es etwa rational zu beurteilen, wenn ein Abiturient mit einem Schnitt von 1,3 nach einem Semester sein BWL-Studium mit Bestnoten abbricht und erstmal für 2 Jahre in entlegene Dörfer Indiens wandert, um bei traditionellen Tänzen der Ureinwohner über das Leben zu philosophieren? Die deutsche Leistungsgesellschaft hätte ihm den Abschluss in Regelstudienzeit sowie die Aufnahme eines Stipendiums prognostiziert. Aber scheinbar wollen sich viele von uns nicht in dieses vorgefertigte Korsett zwingen. Diese Fälle häufen sich und werden eher mehr als weniger.

Was hat das ganze jetzt mit „Krise" zu tun? Nun, die Ursachen liegen tiefer. Es gilt eine Balance zu finden zwischen der Kenntnis an Möglichkeiten, die ich habe auf der einen Seite und dem Wissen über mich und meiner Identität. Das sind beides essentielle Bausteine, die leider häufig auf der Strecke bleiben. Ist es nicht schon ein wenig traurig, wenn du auf die spontan gestellte Frage „Was sind eigentlich die fünf wichtigsten Werte in deinem Leben?" auf Anhieb ins Stottern kommst? Zu wissen was uns gut tut, welche Rahmenbedingungen wir präferieren, wie viel Freiraum wir benötigen ist unabdingbare Basis für jede wohlbedachte Entscheidung. Apropos Entscheidung: sich für eine Option zu entscheiden bedeutet eben auch in diesem Moment alle anderen zu verwerfen.

Da dem Begriff Entscheidung oft eine etwas druckvolle Konnotation beigemessen wird, sprechen wir im Folgenden von „Wahl". Also der Wahl zwischen all den möglichen Perspektiven. Aber hierzu später mehr. „Early-Life-Crisis" ist der Inbegriff von Orientierungslosigkeit und Identitätskrise nach deiner Schulzeit. Eine Art schleierhafter Nebel der sich nach Abifahrt und Feiern so langsam in dein Leben zieht. Aber er ist tückisch:

Es kann durchaus sein, dass du nach dem Abi „deinen" Weg gefunden zu haben scheinst. In diesem Fall kommt er auf Umwegen. Sei es vielleicht nach deinem „Work & Travel" Aufenthalt, nach deinem FSJ, deiner Ausbildung oder vielleicht sogar erst nach deiner Ausbildung oder deinem Bachelor. Abhängig davon, wie tief du dich mit deiner eingeschlagenen Laufbahn identifizierst, wie sehr dein Wertekodex mit den Rahmenbedingungen des Jobs übereinstimmt, bist du mehr oder weniger in der Lage, die Nebelschlussleuchte zielgenau einsetzen zu können. Oft berichten mir Teilnehmer in meinen Workshops, dass ein FSJ als erste Station nach dem Abi ihr Favorit ist.

Natürlich wirst du ein solides Grundinteresse für deinen sozialen Einsatz haben. Eines sollten wir uns in der Mehrzahl der Fälle aber auch vor Augen führen: Jedes FSJ, oder welcher Freiwilligendienst auch immer, hat einen recht bequemen Vorteil: Er verschafft dir mehr Zeit. Zeit, sich zu sammeln. Zeit, die jeweilige (häufig soziale) Branche näher kennen zu lernen. Zeit, die Wahl deines Ausbildungs- oder Studienweges gewissermaßen aufzuschieben. In diesem Fall hättest du den skizzierten Nebel einfach nach hinten geschoben – leider jedoch nicht gelichtet. Mehr Details zu diesem Thema findest du im Kapitel „Perspektiven entdecken:

Welche Türen stehen mir offen?" Durchaus möglich, dass die Welt derzeit noch schwer in Ordnung für dich ist. Auch das kann ich nur zu gut nachvollziehen. Mein Plan schien damals auch auf sicherem Fundament zu stehen. Nach meinem FSJ in einem Jugendzentrum weckte ein duales BWL Studium meinen Ehrgeiz. Aufgrund mangelnder Kenntnis über bessere Alternativen und einer im Nachhinein sehr naiven Sicht der Dinge war es ein Schritt auf sehr dünnem Eis. Leider zu dünn. Und dann war es geschehen. Ich wusste, dass diese Wahl nicht richtig für mich ist. Wie läuft sowas ab? Es war ein verregneter Mittwochmorgen im Dezember ...

Das duale BWL-Studium war in Kooperation mit einem internationalen Pharmakonzern. Ich hatte zu dieser Zeit viele Assessment-Center, diese Plätze waren sehr begehrt. Als ich dann den erlösenden Anruf nach dem Assessment-Center erhielt, machte ich intuitiv Luftsprünge. Die Welt schien rosarot. Ich sah eine Perspektive, einen Sinn, eine scheinbare Erfüllung. Wie üblich war ich gegen 08:30 im Büro. Nach einigen „Guten Morgen" und einem tiefen Blick in die Kaffeetasse später, checkte ich zunächst meine Mails. Soweit die übliche Routine. Ich fühlte mich unwohl, irgendwie deplatziert. In den ersten Wochen ungewohnt und neu. „Du musst dich halt erstmal dran gewöhnen", dachte ich mir. Aber es wurde nicht besser. Dass ich die Reißleine ziehen muss, war mir schon recht früh klar. Aber der Prozess der Verinnerlichung und des Eingestehens ist die Hürde, die es zu meistern gilt. Es war das Platzen einer Zukunftsblase. Das Scheitern der selbst gesteckten Ziele.

Es forderte unglaublich viel Mut, dieses sichere Bauchgefühl nach außen zu kommunizieren und die Kündigung durchzuziehen. Einige meiner Kommilitonen von damals sahen es ähnlich wie ich. Sie vertraten jedoch zum Großteil den tief verankerten Glaubenssatz: „Was ich einmal angefangen habe, muss ich auch durchziehen." Nach dem Motto: „Koste es, was es wolle." Bei vielen von ihnen spielten aber auch noch zahlreiche andere Faktoren eine Rolle. Sie sind extra nach Hamburg gezogen, mussten monatlich Ihre Miete zahlen, was wiederum an das Gehalt aus dem dualen Studium geknüpft war. Sie hatten sich schon von ihrem heimatlichen Umfeld verabschiedet. Faktoren, die die Hemmschwelle augenscheinlich erhöhen. Wie du siehst, jede Wahl für oder gegen einen Weg im Kontext Ausbildungs- und Studienwahl ist recht komplex. Keine einfachen kognitiven Schnellschüsse, die einfach so umzusetzen sind. Es bedarf einer ganzheitlichen Analyse der Situation. Hätte ich mir ein realistisches Bild der Studienbedingungen gemacht und auch dem Modulhandbuch ein wenig mehr Aufmerksamkeit geschenkt und auch mal mit Studenten, Profs oder Absolventen gesprochen – ja, dann wäre mir klar gewesen, dass das nicht gut gehen konnte. Auch hier der so wichtige Hinweis zur Individualität: Nur weil ich mit dem dualen Konzept nicht glücklich geworden bin, kann es für dich das Non-Plus-Ultra sein. Daher ist die Kenntnis über eigene Interessen, Werte und Persönlichkeitsaspekte von so unschätzbarem Wert. Dieser kleine Exkurs in meinen Lebenslauf soll vor allen Dingen eines zeigen: Die Vision, die du jetzt mit 18, 20 oder 22 Jahren über deine Zukunft hast, kann in zwei Jahren schon Vergangenheit sein. Nichts ist unumkehrbar in Stein gemeißelt. Du kannst während eines längeren Auslandsaufenthaltes oder Praktikums unerwartet ganz neue Seiten an dir entdecken. Erkenntnisse, die ein wenig mehr Licht ins Dunkel bringen. Vielleicht aber auch nicht. In diesem Fall könntest du die Erfahrung als Bestätigung deines bereits bekannten Selbstbilds definieren. Also so gesehen gibt es in keinem Fall verschenkte Lebenszeit.

Die „**Early-Life-Crisis**" ist also auf keine fest vorgeschriebene Zeitspanne beschränkt. Ich bin der Meinung, dass sie jeden von uns früher oder später trifft. Was sich unterscheidet ist die Intensität, in der sie uns trifft. Für den einen ist es die tiefe Identitätskrise über mehrere Monate direkt nach dem Abi, für den anderen ist es vielleicht nur ein harmloser Sonntagnachmittag, der von einer melancholisch-sentimentalen Stimmung geprägt ist. Für wieder andere kann während der ersten Jahre nach dem Abi alles in bester Ordnung sein, bis sie dennoch ihr Jura-Studium im sechsten Semester schmeißen … und von vorne anfangen – könntest du jetzt vielleicht meinen. Das stimmt jedoch nur bedingt. Sie sind um eine tiefgreifende Erfahrung reicher. Zwar ohne Abschluss, aber dennoch weiter. Die Fähigkeit wieder aufstehen zu können, ist ein kostbares Handlungsrepertoire, welches nicht nur im Job seinen Nutzen hat. Mit anderen Worten impliziert die „**Early-Life-Crisis**" also einen Reflexionsprozess, der mal mehr und mal weniger für uns relevant ist. Im Vergleich zur „Mid-Life-Crisis" geht es nicht um ein Zwischenfazit bzw. eine Bestandsaufnahme, sondern um eine Weichenstellung. Offensichtlich wird das direkte Abhängigkeitsverhältnis dieser Krisen. Wenn du die richtigen Weichen stellst und schon von Beginn an die wesentlichen Fragen stellst, dann hast du automatisch für die spätere Bestandsaufnahme deutlich bessere Karten. Der Stellenwert dieser Weichenstellung wird dir vielleicht schon bewusst. An dieser Stelle sei schon mal angemerkt, dass es natürlich auch später noch die Möglichkeit gibt, einen Kurswechsel vorzunehmen. Über Umschulungen oder Weiterbildungen kannst du immer noch Akzente setzen. Leider lassen sich jedoch einige Berufe nur über fest reglementierte Wege erreichen. Insbesondere akademische Berufe, wie der des Arztes, des Lehrers, des Juristen oder des Apothekers sind über Staatsexamen zu erreichen. Stellst du Mitte 30 fest, dass du doch dein Herzblut für das Unterrichten an Schulen entdeckt hast, ist es nicht leicht, diesen Weg einfach mal eben so neu zu gehen. Dies liegt vor allem an den veränderten Lebensbedingungen. Du wirst sehr wahrscheinlich nicht mehr zu Hause wohnen, keine finanzielle Unterstützung deiner Eltern erhalten und vielleicht auch schon eine Familie gegründet haben. Auch andere Kriterien wie der Beamtenstatus sind beispielsweise an Altersrichtlinien gebunden. Zusammengefasst: Je älter du wirst und je mehr Verpflichtungen du hast, umso schwerer wird es, einen komplett neuen Weg einzuschlagen. Daher ist es schon sinnvoll, sich von Grund auf einmal mit der Thematik zu beschäftigen, oder nicht?

Ich ermutige dich an dieser Stelle mal zu einem kleinen Selbsttest. Setz dich doch einfach mal an einem Morgen in eine S-Bahn oder einen Regionalzug in deiner Nähe. Dann steig an der nächst größeren Haltestelle aus, an der viele Leute aussteigen, um zur Arbeit zu gehen, und beobachte. Ja richtig, einfach mal beobachten. Schaue einfach mal in die Gesichter der meisten Menschen. Ganz nüchtern. Was für eine Atmosphäre nimmst du wahr?

In 90% der Fälle könnte man meinen, heute stünde ein Besuch am Friedhof an. Solch eine Atmosphäre ist traurige Realität an deutschen Bahnhöfen. Dazu noch apathische Blicke aufs eigene Smartphone. Kopfhörer im Ohr, um möglichst abgeschottet und isoliert Richtung Arbeit zu fahren. Ja, Mensch, wenn der Tag so startet, kann er doch nur gut werden oder? Hier ist der direkte Zusammenhang zur „**Early-Life-Crisis**" bzw. „Mid-Life-Crisis": Häufig hat diese Atmosphäre nicht nur mit wenig Schlaf und Morgenmuffel zu tun.

Vielmehr ist es das Ziel des Arbeitsweges, was sich unmittelbar auf die Stimmung widerspiegelt. Das ist gewissermaßen ja auch nachzuvollziehen. Wenn ich wüsste, dass ich mal wieder auf einen total langweiligen tristen Arbeitstag hinsteuere, hätte ich wohl auch kein Grinsen im Gesicht. Natürlich hat jeder mal einen schlechten Tag oder eine stressige Phase, keine Frage. Kein Job der Welt hat nur Höhen und ist rosarot. Was wir uns aber ganz konkret fragen sollten: Wollen wir später auch diesen Spirit an den Tag legen oder visieren wir eher eine andere Performance an; geprägt von mehrheitlich Vorfreude auf die Arbeit? Zu wissen, dass wir heute gefordert sein werden, wir es aber eher als positiven Stress empfinden ... Ein Umfeld, in welchem wir uns stetig persönlich wie fachlich weiterentwickeln ... Wir nicht stagnieren. Indem du dieses Buch in Händen hältst, machst du schon mal einen großen Schritt in die richtige Richtung.

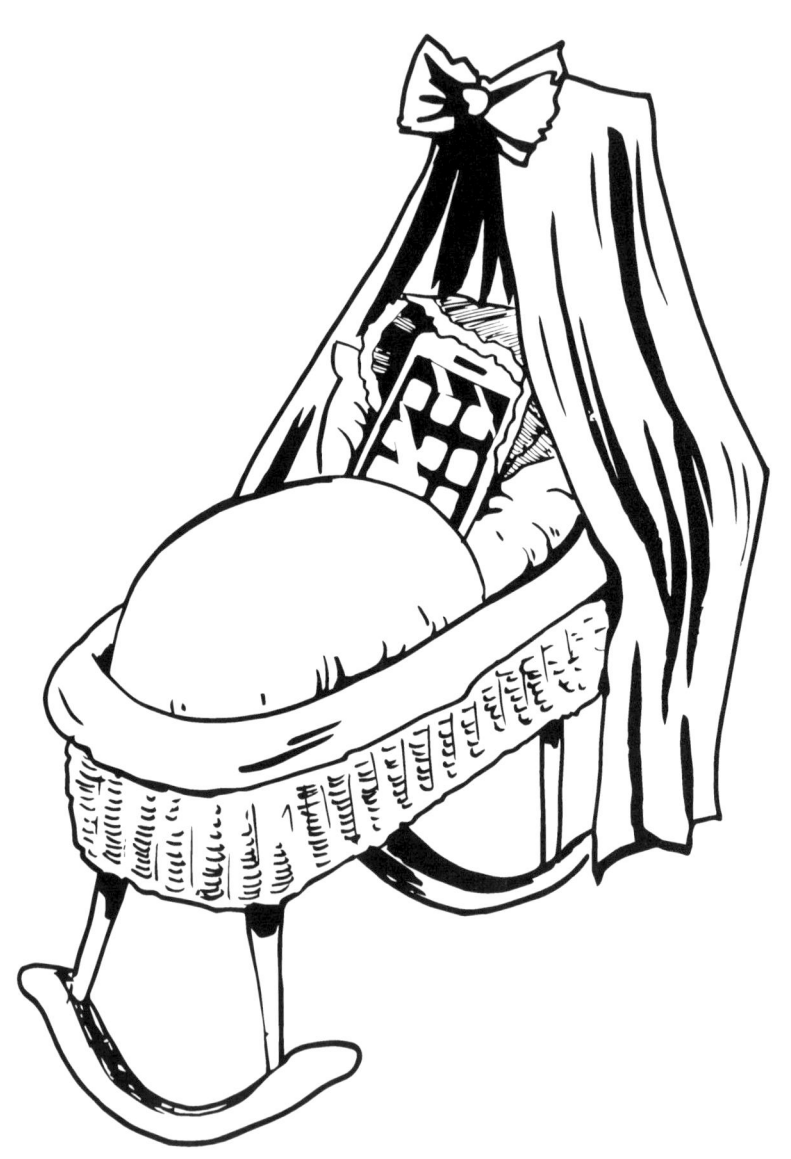

Alles eine Generationsfrage?

Vielleicht ist dir der Begriff „Generation Y" oder „Generation Z" schon mal über den Weg gelaufen. Grundsätzlich geht es um die Zeit und die Möglichkeiten in der unsere junge Generation lebt. Es ist gewiss eine andere Zeit im Vergleich zu jenen Rahmenbedingungen, die unsere Eltern und Großeltern hatten. Damals war es normal, 40 Jahre in einem Betrieb zu arbeiten, nachdem man einen spezifischen Beruf gelernt hat. Zudem ging es oftmals auch einfach darum, am Ende des Monats genug Geld zu haben. Die Wohlstandsverhältnisse heute sind mit damals schwer vergleichbar. In der Vielzahl der Fälle hatten die Eltern einen entscheidenden Einfluss auf die Berufswahl der Kinder. Emanzipation und Sinnfrage? Heute so gesehen eher ein Luxusproblem. Frag mal, ob deine Eltern damals „Work & Travel" im Ausland gemacht haben; ob sie dieses überwältigende Angebot an Studienfächern zur Auswahl hatten; ob sie vom Studienfach „Zukunftswissenschaften" gehört haben.

Wohl eher nicht. Wir können also feststellen, dass wir mit völlig anderen Rahmenbedingungen konfrontiert sind. Die Frage nach dem Sinn und der Identifikation haben Parameter wie ausschließlich materielle Sicherheit abgelöst. Wir fragen uns, warum genau mache ich das eigentlich? Nehme ich auch die siebte Überstunde in der Woche in Kauf, weil es einfach alle so machen? Das Hamsterrad des Alltags dreht sich einfach weiter. Ein Automatismus. Doch fragen wir uns nicht, wie jede einzelne Stellschraube funktioniert. Vielmehr geht es darum, das große Ganze zu verstehen. Nachvollziehen, welcher Schritt auf den ersten folgen kann. Hat meine Excel Tabelle wirklich Einfluss auf das Leben anderer oder ist dieser Wirkmechanismus so verschachtelt, dass ich ihn auf Anhieb nicht verstehe? Ich möchte diese Excel-Tabellen übrigens nicht diskreditieren. Keineswegs. Sie sind zweifelsohne wichtige Instrumente, um Kalkulationen durchzuführen, Daten kompakt zu ordnen und weitere Berechnungen anzufertigen.

Aus vielen Gesprächen mit eher unzufriedenen jungen Menschen weiß ich, dass sie aber gewissermaßen Sinnbild des Hinterfragens geworden sind. Einfach weil du in vielen kaufmännischen Berufen nicht drum herum kommst. Natürlich alles eine Frage der Übung und mit der Zeit machbar. Aber dennoch schwingt der Tenor mit: Wofür mache ich das eigentlich? Wir führen uns vor Augen, dass wir nun mal eine begrenzte Zeit auf diesem Planeten zur Verfügung haben. Durchschnittlich 80.000 Stunden deines Lebens, die du mit deiner Arbeit verbringt. Sie ist dein Aushängeschild, deine Identifikation. Ich bin Bäcker, Maurer, Architekt, Arzt, Anwalt, whatever. Daher ist es in der Arbeitspsychologie häufig schwierig von einer „Work-Life-Balance" zu sprechen, da sich beide Bereiche häufig schwer voneinander trennen lassen. Vielmehr kommt der Begriff einer „Life-Domain-Balance" ins Spiel. Ein ganzheitlicher Ansatz. Es ist ja ein offenes Geheimnis: Die Weichen, die du nach dem Abi und im Studium stellst entscheiden maßgeblich über weitere Türen, die sich in 20 Jahren für dich öffnen können. Menschen, die wir kennen lernen werden, Perspektiven, die wir entdecken und Fallhöhen, die wir meistern. Wenn sich die Möglichkeiten in unserer Multi-Options-Gesellschaft also potenzieren, auf welcher Grundlage wollen wir für unser weiteres Leben entscheiden? Wenn du kein Smartphone hast, hast du kein Smartphone. Dieser leicht abgewandelte Spruch kommt dir sicher bekannt vor. Kannst du dir ein Leben ohne Smartphone vorstellen? Wir bekommen den digitalen Stempel häufig schon gefühlt mit der Geburt bzw. Taufe in die Wiege gelegt.

Mit dem Smartphone rumfuchtelnde Verwandte, die sich um das beste Bild mit dem neuen „Star" der Familie streiten. Unterbewusst bekommen wir schon mit: Du wirst ein „Digital Native". Unvorstellbar wie unsere Eltern damals miteinander kommuniziert haben. Einfach mit dem Fahrrad zu einem Freund oder Freundin fahren und klingeln, ob er oder sie Zeit hat? KLINGELN? Ja genau, ich meine die Haustür und nicht die neueste Version auf Snapchat. Man kann sicher darüber diskutieren, ob das alles gut so ist. Aber Fakt ist: So ist unser Zeitalter. In der globalisierten Welt ist alles einen Mausklick entfernt. Sei es der Flug nach Australien oder die Bewerbung an der Uni. Alles kein Problem. Leider hat diese Digitalisierung einen Nachteil: es wird alles ein wenig anonymer. Der Kommentar bei Instagram geht von den Fingern wie ein Brotmesser durch weiche Butter. Das ganze einfach mal offen und ehrlich face-to-face sagen sieht da schon wieder ganz anders aus. Diese Entwicklung kann die **„Early-Life-Crisis"** begünstigen. In dieser schnelllebigen Zeit geraten wir schnell in das besagte Hamsterrad. Hier kann es helfen, ein wenig „back-to-the-roots" zu gehen.

Wie war die Kommunikation vor Instagram und Co.? Welche Persönlichkeitseigenschaften und inneren Werte zeichnen dich schon seit deiner Jugend aus? Einfach mal inne halten, ruhig und geerdet zu reflektieren: Was ging da eigentlich alles ab in den letzten Jahren? Wie würden mich andere in drei Sätzen beschreiben? Gibt es einen roten Faden, der sich durch mein Leben zieht? Die verschiedenen Ideen in den folgenden Kapiteln werden weitere Impulse setzen. Umso besser, dass wir dem Thema direkt begegnen und uns das Rüstzeug anschaffen, um jeden Morgen mit einem guten und angenehmen Gefühl in den Tag zu starten. Ich bin auch absolut kein Fan von irgendwelchen Krisen. Es kann jedoch nützlich sein, sich bewusst zu machen, dass es diese geben kann. Wenn du schon früh beginnst, hin und wieder mal den bisherigen Alltag zu reflektieren, Perspektiven zu prüfen oder Gewohnheiten kritisch zu hinterfragen, animierst du deinen inneren Kompass instinktiv wachsamer zu sein. Eine Art Schutzschild für zukünftige Weichenstellungen.

4. Aus Fehlern lernen

Zurück zu unserem Jura-Studenten, der das Studium nach 6 Semestern abgebrochen hat. Die Hintergründe seien mal dahingestellt. Wichtig ist der Blick nach vorne und vor allem eines: Die richtigen Schlüsse aus der vergangenen Zeit ziehen. Fehler machen ist menschlich. Niemand von uns ist fehlerresistent. Was dabei nicht schief laufen sollte sind die Schlüsse, die aus diesen Fehlern gezogen werden. Im Nachhinein stellt dieses fiktive Beispiel schon einen Umweg dar, der hätte vermieden werden können. Einiges an Frustration, Ärger und Resignation wäre nicht nötig gewesen. Insbesondere ein Abbruch zu späten Semestern oder kurz vor Abschluss der Ausbildung ist unglücklich und frustrierend. Ab einer bestimmten Schwelle kann es durchaus Sinn ergeben, einfach die Zähne zusammenzubeißen und den Abschluss zu machen. Aber solange nicht alle Hintergründe bekannt sind, sollte niemand vorverurteilt werden. Wenn du dein Abi frisch in den Händen hältst, sei froh dich nicht in einer solchen Situation zu befinden. Da du aber dieses Buch in deinen Händen hältst, ergreifst du Prophylaxe von der Pike auf. Solltest du dich jetzt oder später einmal in einer ähnlichen Situation befinden, gilt vor allem eines: Ruhe bewahren. Es geht immer weiter. Auch wenn ein steiniger Weg vor dir liegt, habe keine Angst davor. Ungefähr 40 – 50 Jahre Arbeitsalltag liegen noch vor dir. Aufgrund des geltenden Rentensystems vielleicht sogar noch länger. Es kann sich also angesichts dieses langen Zeitraums lohnen, ein wenig Energie zu investieren; ein Zinseszins nicht nur von monetärem Wert. Du hast die Chance an dieser Aufgabe zu wachsen; neu erstarkt daraus hervor zu gehen.

Speziell für unsere Generation ist es wichtig, keine Angst vor Fehlern zu haben. Eine zu perfektionistische Herangehensweise kann mehr hinderlich als förderlich sein. Du möchtest Sicherheit, die dir niemand geben kann. Keine Gewissheit, ob der Weg jetzt wirklich in Richtung Glück und Zufriedenheit führen wird. Es wartet ein Schritt ins ungewisse auf dich. Erinnere dich zurück an deine ersten Strandurlaube oder Badeseebesuche mit der Familie. Der Moment, wenn du das erste Mal im Wasser nicht mehr den Boden berühren konntest. Der sichere Boden lässt sich im Stehen nicht mehr erreichen. So oder ähnlich kannst du auch die Zeit nach dem Abi betrachten. Die gewohnte Sicherheit und Geborgenheit schwindet langsam. Es gibt keine Freifahrtsscheine oder Garantien mehr. Sich klar zu werden, dass dieser Unsicherheitsfaktor absolut natürlich ist, kann dabei helfen erste Schritte zu wagen. Ein wohl bewährtes Motto erweist dabei seine Gültigkeit: Eine Entscheidung für eine Sache ist in jedem Fall besser, als sich gar nicht zu entscheiden. Du kannst jahrelang abwägen, Pro- und Kontralisten schreiben, alles ohne in irgendeiner Form weiter zu kommen. Alles hypothetische Überlegungen, die dich langfristig nicht weiterbringen, wenn du es übertreibst. Die Gefahr in einen Teufelskreis zu geraten ist dabei nicht zu unterschätzen. Wenn du dir innerlich eingestehst, dass es den einzig wahren perfekten Weg nicht gibt, du deine Erwartungshaltung nicht auf die oberste Latte katapultierst, steigt die Wahrscheinlichkeit Handlungskompetenz zurück zu gewinnen. Ich kenne Abiturienten, die auch nach ihrem FSJ lieber nochmal einen weiteren Nebenjob in Erwägung ziehen, um die Entscheidung weiter aufzuschieben. Dann doch nochmal nach Australien, um dort vermeintlich den Sinn des Lebens zu finden. All das kann gewissermaßen helfen. Wenn du diese Optionen jedoch nur aus der Angst heraus wählst, die Entscheidung für den weiteren Weg hinauszuzögern, sollten bei nüchterner Betrachtung deiner Situation die Alarmglocken klingeln.

Ja, du kannst ans andere Ende der Welt reisen, viele wertvolle Erfahrungen sammeln, keine Frage. Mehr Details hierzu im Kapitel „Perspektiven entdecken: Welche Türen stehen mir offen?" Was dir nur klar sein sollte ist, dass es eben nicht zwangsläufig zu übernatürlichen Eingebungen kommen muss. Du kannst auch zum Mars fliegen; deinen Kopf und den Gedankenwirrwarr wirst du damit nicht automatisch verlieren. Es ergibt also durchaus Sinn, sich seiner selbst zu stellen und Prozesse in Gang zu setzen, die dich wirklich nachhaltig weiterbringen. Ich hoffe, dass du langsam begreifst, wie wichtig es ist, keine Angst vor Fehlern zu haben. Eben nicht in Schockstarre und Apathie zu verfallen, sondern das Zepter wieder in die Hand zu nehmen. Es ist also absolut keine Schande, wenn du im Laufe deiner vielleicht ersten Wahl für Ausbildung oder Studium feststellst, dass du auf das falsche Pferd gesetzt hast. Eines sei schon mal dabei betont: Es erfordert viel Mut, in diesem Fall auch tatsächlich die Reißleine zu ziehen. Viele von uns vertreten den Grundsatz: „Was ich einmal angefangen habe, ziehe ich auch bis zum Ende durch." Auch hier gilt der bereits skizzierte Tenor: Es kommt immer auf den individuellen Einzelfall an.

Eine fundierte kaufmännische Ausbildung abgeschlossen zu haben, muss nicht zwangsläufig von Nachteil sein. Wenn du allerdings feststellst, dass du mit Zahlenschieberei und Büroalltag von vorne bis hinten absolut nichts anfangen kannst, betrachtest du diese Ausbildung im Nachhinein unter Umständen vielleicht als lehrreiche Erfahrung, jedoch letztendlich verschenkte Lebenszeit. Auch hier blicken wir auf unseren Jura-Studenten. Zuallererst solltest du wissen, dass Jura ein vergleichsweise langes Studium ist. Nach den Staatsexamina (wie bei Medizin oder Lehramt) absolvierst du noch ein Referendariat, sodass du relativ spät finanziell unabhängig bist. Angenommen unser fiktiver Jurastudent erkennt relativ schnell, dass er sich das Studium völlig anders vorgestellt hat. Was würdest du ihm raten? Direkt abbrechen oder doch durchziehen? Nun ganz so schwarz und weiß sollten wir es nicht betrachten.

Wichtig ist es zu analysieren, wo genau das Problem liegt. Dies ist in der Regel nicht von heute auf morgen möglich, vielmehr handelt es sich um einen längeren Prozess. Die Ursachen können vielfältig sein: vielleicht war ein Studium generell nicht für ihn geeignet, finanzielle Probleme spielten eine Rolle, es war einfach nur das falsche Studium etc. Zunächst sollte natürlich eines klar sein: Der Übergang von Schule ins Studium läuft in den seltensten Fällen fließend. Ein neuer Lebensabschnitt stellt sich ein. Eventuell eine neue Stadt. Neue Freunde. Da er sich mitten in dieser Transition befindet, ist es nur natürlich, anfangs ein wenig überfordert zu sein. Dass alles direkt glatt und reibungslos verläuft, ist eher die Ausnahme. Es ist nur menschlich, sich in den ersten Wochen des neuen Studiums ein wenig hilflos zu fühlen. Hinsichtlich deiner Empfehlung zum Studienabbruch kann es helfen, privates vom fachlichen zu trennen. Stellt er also fest, dass es vom Studienfach schon voll sein Ding ist, nur sein Freundeskreis in der neuen Stadt noch fehlt, sollte er sich vor unüberlegten Schnellschüssen hüten. Es kann schon seine Zeit dauern bis er seine „peer group" gefunden hat. Du wirst feststellen, dass du im Rahmen des Studiums oder der Ausbildung schlagartig sehr viele neue Menschen kennen lernen wirst. Da kann es schon mal seine Zeit in Anspruch nehmen, von oberflächlichem Smalltalk in tiefere Ebenen zu schreiten. Lass uns also eines festhalten: Fehler sind nur natürlich. Die Angst vor ihnen kann dich in eine gefährliche Schockstarre verfallen lassen, die dir sämtliche Handlungskompetenz nimmt. Wichtig ist es nur zu konstatieren, welche Lehren du aus diesen Fehlern ziehst. Denselben Fehler zweimal zu begehen bringt dich leider schon in Erklärungsnot. Ziehst du aber die richtigen Schlüsse, reflektierst deine Entscheidung gründlich, bist du bestens gerüstet. Brichst du z.B. ein FSJ, Ausbildung oder Studium ab, investiere also bitte einen genaueren Blick in die Hintergründe. Warum hat es nicht gepasst? Welche Rahmenbedingungen müssten anders sein? Ein sehr guter Freund hat mir damals vor meinen Auslandsvorhaben gesagt: „Junge, mach Fehler." Dafür bin ich ihm im Nachhinein sehr dankbar, denn es hat mich eines gelehrt: Hinzufallen ist also absolut kein Problem, solange du wieder aufstehst.

5. Der Freundeskreis nach der Schule

Du hast sie womöglich noch direkt vor Augen: die Zeit deiner Einschulung auf der weiterführenden Schule. Deine drei besten Freunde aus Grundschulzeiten vielleicht noch neben dir, während ihr auf die Ansprache des Direktors wartet, um in eure neuen Klassen eingeteilt zu werden. Es war sicher ein sehr aufregender Moment. Neue Gesichter, eine neue Schule, neue Lehrer … Nachdem ihr eingeteilt wurdet, begann der Weg in das neue Klassenzimmer; abtastende Blicke wechselten ihren Besitzer. In Begleitung deiner wohl bekannten Grundschulfreunde vielen dir die ersten Schritte leichter. Sie waren die ersten Etappen eines weiten Weges: Endstation Abitur, Ausbildung oder Bachelor. Zu diesem Zeitpunkt ging es aber nicht um Prüfungsängste, Zukunftspläne oder dergleichen. Die Schule ist vor allem die Plattform neue Freunde zu finden, welche dich vielleicht ein Leben lang begleiten werden. Mit all den Jahren wird die Freundschaft immer tiefer. Ihr verbringt mehr und mehr gemeinsame Momente. Klassenfahrten, der gemeinsame Schulweg oder Lerngruppen lassen euch automatisch viel Zeit miteinander verbringen. Wenn dazu noch außerschulische Aktivitäten, wie Hobbys in Sportvereinen, der Tanzschule und Co. dazukommen, fällt dir die Definition deiner „besten Freunde" wohl recht einfach. Natürlich wirst du auch außerhalb der Schule einen Freundeskreis haben. Für den Großteil von uns sind die langjährigen (Grund-)Schulfreunde jedoch erfahrungsgemäß die engsten Wegbegleiter. Doch eines Tages hat der skizzierte Weg plötzlich ein Ende. Das Abitur ist geschafft. Endlich. Die Welt steht dir offen. Aber Moment mal, was passiert jetzt mit deinem Freundeskreis der letzten Jahre? Halten die damaligen Indianer-Ehrenwort-Versprechen „für immer und ewig"? Genau hierum soll es in diesem Abschnitt gehen.

Einen unumstrittenen Vorteil hat die Institution Schule: Sie bringt junge Menschen gleichen Alters zusammen. Erinnere dich an die letzten Tage deiner alljährlichen Sommerferien. Auf die Frage „Freust du dich wieder auf die Schule?" hast du innerlich oft geantwortet: „Viellicht nicht unbedingt auf die Lehrer und die Paukerei; aber in jedem Fall all die Leute wieder zu sehen." Natürlich warst du nicht mit jedem in deiner Klasse „best friends for life". Aber spätestens auf den Kursfahrten oder der Planung des Abistreichs entwickelte sich doch ein gewisses „Wir-Gefühl". Aufgrund von Sportvereinen, der Nachbarschaft oder der Verwandtschaft warst du auch irgendwie über zwei Ecken in höhere oder niedrigere Klassenstufen vernetzt, sodass du im Mittel schon recht vertraut warst mit vielen Menschen um dich herum. Ein Umstand, den du in diesem Ausmaß mit all der langjährigen Vernetzung aus Kindheitstagen wohl nie wieder erleben wirst.

Das System hat euch zudem einfach verbunden und zusammengehalten. Doch wie geht es weiter, wenn dieser protektive Schutzwall nach dem Abi erlischt? Nach dem Abschlussball wirken die ersten Wochen zunächst wie eine Erlösung. Auf einmal keinen Wecker stellen müssen, kein vorgegebenes Gebilde, was dir sagt wann du wo sein sollst. Wie schon bereits erwähnt, mehren sich aber plötzlich die Neuigkeiten deiner Freunde: Der eine hat bereits seinen Ausbildungsvertrag unterschrieben, die andere hält ihr Flugticket nach Australien in den Händen. Sukzessive kristallisieren sich Lebensentwürfe heraus, welche die ein oder andere Freundschaft vor neue Herausforderungen stellen. Ein zuvor so unnahbares Konstrukt rückt näher: räumliche Separation.

Es ist deswegen so schwierig, weil du es in diesem Ausmaß vorher nicht kanntest. Das Maximum an Trennung waren vielleicht mal die zwei Wochen Sommerurlaub in den Ferien. Solltest du in deinem engeren Kreis schon längere Schüleraustausche miterlebt haben, bist du den meisten diesen Erfahrungsschritt voraus. Denke jetzt aber bitte nicht, dass alles in die Brüche geht. Auf gar keinen Fall! Zwar ändern sich die Rahmenbedingungen, die Parameter Quantität und Qualität werden nur neu definiert. Im Zuge von Auslandsaufenthalten, der Ausbildung oder des Studiums, ggf. einem neuen Wohnort sowie Nebenjobs, wachsen neue Verpflichtungen schlagartig an. Wir reden hierbei natürlich von der Zeit nach der Abifahrt, dem Urlaub und Co. Solltest du nach dem Abi nur nebenbei in Teilzeit jobben, sieht das ganze natürlich anders aus. In diesem Fall hast du den neuen Schritt einfach noch nicht vollzogen, es sei denn du hast ewig vor in Teilzeit zu arbeiten? ;) Dein verfügbares Zeitfenster befindet sich in jedem Fall im Umbruch. Hast du zu den guten alten Schulzeiten deinen engen Kreis beinahe täglich gesehen, kristallisiert sich mit den Monaten raus, welche Freundschaften eben nicht an diesen regelmäßigen schulischen Kontakt geknüpft waren. Selbiges wirst du erfahren, wenn du bereits dein Ticket nach Australien in den Händen hältst, um erstmal am anderen Ende der Welt Morgenluft zu schnuppern. Wer wird an dich denken, wenn du für ein Jahr weg bist? Dein Stand in Deutschland wird hierbei einer Zäsur unterzogen: Du merkst, dass zu Hause alles weiterläuft. Das Hamsterrad funktioniert auch ohne dich. Du allerdings drückst in einer anderen Welt auf den „Continue-Button". Ein neues Umfeld, neue Menschen, neue Eindrücke, ein neuer Horizont. Mehr zu diesem Thema im Kapitel „Perspektiven entdecken: Welche Türen stehen mir offen?" Zurück zu deinem Freundeskreis. Wie stark ist eine Freundschaft, sodass diese eine längere Zeit der Trennung überstehen kann? Die gute Nachricht vorweg: wirklich tiefe Freundschaften werden bestehen bleiben, egal wie weit weg sich der andere auch befindet. Eine so lange Zeit der Verbundenheit verschwindet nicht einfach.

Es ist aber auch klar, dass dies nicht auf jeden in deinem Jahrgang zutreffen kann. Du wirst merken, wie sich dein zuvor recht großer Freundeskreis mit der Zeit beginnt auszudünnen. Wenn du dann die Geburtstags-Einladungen zu deinem 16. oder 18. Geburtstag mit denen Anfang 20 vergleichst, wirst du in der Regel eine nicht unerhebliche Diskrepanz feststellen. Es ist aber wirklich normal. Wie soll es auch möglich sein, all jene Kontakte wie zu Abi-Zeiten aufrecht zu erhalten? Der Faktor Qualität nimmt mit den Jahren zu. Was vor allem neu sein wird: es ist nicht mehr so leicht, viele Freundeskreise miteinander zu verbinden. Es ist in jedem Fall nicht mehr der riesige Schulkreis, in dem irgendwie jeder jeden kennt; du bei Geburtstagen zu fast jedem Gast noch eine persönliche, womöglich langjährig-vertraute Beziehung hast; du bei den Planungen zum Samstagabend einfach neue Brücken schlägst und diverse Freundeskreise zusammenführst. Natürlich gibt es auch hier individuelle Einzelfälle; die grundsätzliche Tendenz geht aber in diese Richtung. Dafür kommen aber auch viele neue hinzu. Im Rahmen von Auslandsaufenthalten, dem Studium oder der Ausbildung wirst du viele tolle Menschen treffen. Einige davon sicher mit dem Potential, sie sehr lange zu halten. Studierst du in einer anderen Stadt, bleibt die Frage offen, ob du lieber mit deinen neuen „Peers" Silvester feierst oder doch eher in die Heimat fährst. Jeder von uns sollte sich auch die Frage stellen: Es ist also häufig die Kombination aus oberflächlichen und tiefen Freundschaften. Zusammenfassend lässt sich also festhalten: Aufgrund der unterschiedlichen Lebensentwürfe nach dem Abi werden sich einige Freundschaften von dir sicherlich verändern. Eine Veränderung muss aber keinesfalls negativ konnotiert sein.

Vielleicht gelingt es dir auch intuitiv, alle für dich wesentlichen Freundschaften aufrecht zu erhalten. Aber sich die neuen Umstände nach dem Abi mal vor Augen zu führen und diese im Hinterkopf zu behalten, wird sicher nicht schaden. Ich habe dies während meiner Zeit in Australien selbst erlebt. Von heute auf morgen bist du auf einmal von der Bühne deiner Heimat verschwunden. Weit, weit weg. Zehn Stunden Zeitverschiebung trennen dich und deine Familie/Freunde zu Hause. Die ersten Wochen wirken einfach wie ein längerer Urlaub, am Anfang berichtest du noch vielen wie dein erster Eindruck ist. Mit den Monaten werden die Nachfragen aber automatisch weniger. Es hängt natürlich auch von deiner Initiative ab, aber du merkst schon, wer mal mit dir skypen möchte und wer nicht. Wer einfach mal abends 2 Minuten einen „WhatsApp-Anruf" tätigt, während er kurz vorm Schlafengehen ist, um dir einfach mal einen Guten Morgen zu wünschen. Wenn du dich einmal in einer ähnlichen Lage befindest, empfehle ich dir folgendes Selbstexperiment: Ich habe mich nach knapp einem halben Jahr in Australien einfach mal in ein herrliches Café direkt am Strand gesetzt und einen vorzüglichen stärkenden Kaffee bestellt.

Nein, ich empfehle dir hier keinen Barista-Workshop, keine Panik. Zu inspirierenden Gesängen der Kookaburras (ein australischer Vogel, der sehr gute Chancen bei DSDS hätte) hatte ich knapp 20 Postkarten und einen Kugelschreiber vor mir. Es ging um die Frage, wem ich denn jetzt Postkarten schicken möchte. Ich ließ die warme vitalisierende Sonne Australiens mit einem Hauch frischer Pazifikluft in mein Gesicht scheinen und nahm einen großen Schluck meines Kaffees. In Gedanken darüber, wer jetzt „die Rose" à la Bachelor erhalten würde, vergaß ich doch direkt, dass der Kaffee noch kochend heiß war. Mit dezent verbrannter Zunge schmiedete ich dann die finalen Pläne. Es ist wichtig, tief in dich zu gehen. Lass dein Bauchgefühl, bzw. deine Intuition sprechen. Welcher Freund/Freundin kommt dir direkt in den Sinn? Wen würdest du am liebsten um die Ecke fahren sehen, der dann euphorisch auf dich zuläuft? Wen vermisst du wirklich? Das ist ein Gedankenspiel bzw. eine Erfahrung, die dich nur weiterbringen kann.

Mein ehemaliger Fußballtrainer hat es damals schon recht prägnant mit der Baum-Metapher umschrieben: Freundschaften sind wie Bäume. Sie müssen gepflegt und gegossen werden. Mit der Zeit werden die Wurzeln tiefer und der Baum standfester, im Falle eines Unwetters. Damit trifft er es so ziemlich auf den Punkt. Vielleicht auch hier der Appell an dich: So wie der Baum haben es auch deine engsten Freunde verdient, dass du dich einfach mal von dir aus meldest. Insbesondere wenn einer von euch zurzeit am anderen Ende der Welt herumtigert, spring im Zweifelsfall einfach mal über deinen Schatten und drück auf den „WhatsApp-Call" – auch wenn es nur 5 Minuten sind. Auf der anderen Seite gehört es aber auch dazu, zu erkennen, wer dir eben nicht guttut; scheinbar gute Freunde, die sich aber nach der Schule und im Selbstfindungsprozess eher als gute Bekannte offenbaren. Mit den Jahren ist das ein wichtiger Entwicklungsschritt, der eben auch dazu gehört. Aber umso wichtiger ist es, jene Freundschaften zu schützen die uns wichtig sind. Auch die besten Freunde, mit denen wir uns einfach mal volllaufen lassen können, die uns nach einem Absturz sicher nach Hause bringen; deren Telefonnummer wir auch mal um 3 Uhr nachts anrufen können. Jene, mit denen wir tiefe Gespräche auf Balkonen bis spät in die Nacht führen und uns gegenseitig Kraft schenken; deren Aufmerksamkeit uns beflügelt. Deren Herzlichkeit unsere Augen zu öffnen vermag, wenn wir schwere Zeiten durchleben. Deren Wellenlängen die unseren „matcht".

Deren Mut und Optimismus als Appell an uns verstanden werden kann, wieder aufzustehen, wenn wir hingefallen sind. Deren Ausstrahlung uns immer wieder ein Lächeln abringt, wenn wir auf sie von der Ferne zugehen. Deren aufrichtige Loyalität zu uns seit Jahren besteht und von Tag zu Tag zu wachsen scheint. Deren Inspiration wir als Geschenk für unseren weiteren Weg genießen. Deren Kenntnis über unsere Vergangenheit uns so manch peinlichen Moment bei Reden auf unserer Hochzeit bescheren könnte. Deren Fähigkeit auch nach schwierigen Zeiten das Gute in uns zu sehen von so unschätzbarem Wert ist. Jene Freunde, die wir wochenlang nicht sehen und beim nächsten treffen dennoch das Gefühl haben, als sei die letzte Begegnung erst gestern gewesen. Mit denen wir eine einzigartige Vertrauensbasis haben und die uns manchmal besser kennen, als wir selbst. Verliere diese besonderen Freundschaften niemals aus den Augen. Freunde, mit denen wir später zu herrlichem Tee oder Wein in einem alten Schrebergarten sitzen, das Leben reflektieren und für die gemeinsame Zeit einfach nur dankbar sind.

6. Perspektiven entdecken:
Welche Türen stehen mir offen?

Auf geht's ins Abenteuer: Work & Travel

In den letzten Jahren der absolute Schrei: „Work & Travel"! Direkt nach Übergabe des Abiturs die Koffer gepackt, geht's direkt ins Abenteuer. Keine Verpflichtungen. Keine Wecker. Am Abend nicht drüber nachdenken, was der nächste Tag bringen wird, sondern einfach im Hier und Jetzt leben. Oftmals Sonne, Sommer, Strand und Meer. Ja das sind vielleicht deine ersten Assoziationen, wenn du an „Work & Travel" denkst. Genau hierum soll es in diesem Abschnitt gehen. Auch wenn du „Work & Travel" vielleicht nicht direkt in deiner mentalen Favoritenliste gespeichert hast, ermutige ich dich trotzdem dieses Kapitel zu lesen. Nach dem Abi hast du den Luxus, sowohl Zeit als auch i.d.R. keine Verpflichtungen zu haben. Wenn dann noch die finanzielle Komponente stimmt und du ein inneres Bauchgefühl nach Spontanität, kultureller Exploration, Lebenserfahrung und neuen Freundschaften fürs Leben spürst, steht deine „Work & Travel" Erfahrung auf einem festen Fundament. Natürlich kannst du auch noch nach der Ausbildung oder nach dem Bachelor dein Abenteuer starten. Wie da jedoch genau die Rahmenbedingungen aussehen, ob du bereits in einer eigenen Wohnung wohnst, noch deinen Kredit für ein Auto oder dein Studium abbezahlst, oder vielleicht in einer glücklichen Beziehung lebst, ist zum gegenwärtigen Zeitpunkt einfach nicht abschätzbar. Das sind alles Faktoren die dem Trip ins Weite durchaus im Weg stehen könnten, daher gib dem Gedanken zumindest eine Chance ;). Also setzt dich mental in den Flieger, hol die Sonnenbrille raus und atme einen tiefen Zug Freiheitsgefühl ein.

Da ich auch meine „Work & Travel"-Zeit durchlaufen habe, kann ich dir authentisch darlegen, was da so alles mit einem passiert bzw. was man vielleicht beachten sollte, um aus der Zeit das Maximum an „goodvibes" herauszuholen. Natürlich beleuchte ich prägnant auch die „Benefits", die sich danach für dich ergeben, bzw. auch was eventuell dagegensprechen kann. Nacheinander beantworte ich die vier Kernfragen, die erfahrungsgemäß jeder für sich beantworten sollte: Wo mache ich „Work & Travel"? Starte ich das Abenteuer mit einem Freund oder alleine? Plane ich mit oder ohne Organisation? Ist „Work & Travel" für mich überhaupt geeignet?

Zunächst von der Metaebene betrachtet: Warum ist „Work & Travel" eigentlich so sehr im Trend?

In erster Linie solltest du natürlich den finanziellen Aspekt beachten: Das Flugticket und die erste Zeit im neuen Land sowie einen Puffer solltest du einkalkulieren. Ohne dieses Startkapital fällt der ganze Plan ins Wasser, bevor er auch nur ansatzweise realisierbar ist. Natürlich variiert das benötigte finanzielle Polster je nach Land und Flugkosten zum Teil erheblich. Vielleicht hast du mit 18 Jahren Zugriff auf mögliche Sparkonten von Verwandten oder hast auch schon selbst etwas angespart; oder du klapperst bei Familienfeiern nochmal Oma oder Opa ab, inwieweit sie deinen Wunsch unterstützen können. Aber selbst wenn du aus deinem Familienkreis wenig finanzielle Unterstützung erhalten kannst, heißt das noch lange nicht, dass du dein „Work & Travel"-Abenteuer abhaken musst. Wenn du beispielsweise schon während der Schulzeit jobbst oder nach dem Abi in Vollzeit irgendwo am Ackern bist, kannst du dir dein Ticket selbst finanzieren, wenn du es denn wirklich willst. Nichts ist per se unmöglich.

Führe dir bitte eines vor Augen: Es lohnt sich allemal diese „Work & Travel"-Option für dich nachhaltig zu prüfen. Dieses Ausmaß an zeitlicher Flexibilität, frei von Verpflichtungen, wirst du in dieser Form nach dem Abi wohl nie wieder haben. Bevor wir uns die einzelnen Fragen zu Work & Travel im Detail anschauen, werfen wir doch einen Blick auf die Erfahrungen, die andere bereits mit Work & Travel gemacht haben. Wir fliegen dabei von Costa Rica bis nach Australien.

Marcel (20), Australien und Asien

Warum habe ich mich für Work & Travel entschieden?
Da ich bis zum Abitur keine nennenswerte Auslandserfahrung besaß, wollte ich auch für mich persönlich diesen Schritt unbedingt wagen. Zusammen mit meinem besten Freund entscheid ich mich für Work & Travel in Australien, weil uns neben den Menschen dort auch dieses einzigartige Land begeisterte. Wir haben es selbst organisiert, was im Nachhinein der richtige Schritt für uns war. Die Selbstorganisation hat uns von Anfang an eigenständig gemacht. Es war eine unglaubliche Zeit, in welcher ich viele wertvolle Erfahrungen machen durfte. Neben der signifikanten Verbesserung meiner Englischkenntnisse (vor allem durch das Arbeiten, nicht durch das

Reisen) bin ich auch deutlich selbstständiger und offener geworden. Man lernt viele sehr interessante und verschiedene Menschen kennen, was den eigenen Horizont ungemein erweitert. Ich glaube, dass jedem Menschen dieser Schritt guttun würde. Natürlich ist dies mit vielen Ängsten verbunden, aber man ist erstmal dort und erlebt die vielleicht schönste Zeit seines Lebens. Denn man ist nie allein, überall sind viele andere Reisende und Backpacker unterwegs. Grundsätzlich bewerte ich auch das Gesamtpaket Work & Travel in Australien sehr positiv, da man neben einer guten „Backpacker-Infrastruktur" verbunden mit vielen Jobmöglichkeiten auch unglaublich schöne Orte erlebt, sowie den ein oder anderen unvergesslichen Sonnenuntergang. Schlussendlich kommt es immer darauf an, was man selbst daraus macht. Für mich war es eine tolle Erfahrung und ein Schritt, den ich jederzeit wieder so machen würde.

Was möchte ich jungen Menschen mit auf den Weg geben?

Ich hätte mich damals mehr informieren und vielleicht auch etwas eher orientieren sollen. Es gibt eine Vielzahl an Informationsmöglichkeiten durch das Internet und andere Medien, die man unbedingt nutzen sollte. Natürlich ist es am Ende auch immer etwas Bauchgefühl, aber man kann sich so gut es geht informieren, Erfahrungsberichte lesen, andere Freunde fragen, etc. Auch für viele Eltern ist es nicht leicht und vielleicht sind sie anfangs eher skeptisch Work & Travel gegenüber, aber da darf man sich nicht entmutigen lassen. Dass man ein Jahr später anfängt zu studieren, empfinde ich nicht als negativ. Man ist gefühlt immer noch ein äußerst junger Student und durch das Jahr hat man persönlich viel gewonnen, was einem danach weiterhilft. Vor allem tut es gut, nach dem Abitur einmal „rauszukommen", etwas komplett Neues zu sehen.

Auch bezüglich Praktika scheint diese Auslandserfahrung meinem Lebenslauf nicht geschadet zu haben, im Gegenteil, man bewertet sie fast immer positiv. Also meine Empfehlung: Mutig sein und den Schritt wagen, ihr werdet es nicht bereuen!

Lisa (23), Australien

Warum habe ich mich für Work & Travel entschieden?

Ich wusste schon immer, dass ich irgendwann in meinem Leben mir zumindest einmal die Zeit nehmen werde, um zu reisen – und zwar so lange, wie ich möchte. Da ich das nicht gleich nach dem Abi gemacht habe, war die Zeit nach meinem abgeschlossenen Bachelorstudium perfekt dafür. Ich wusste eh noch nicht genau, wie es weitergehen sollte und beschloss mit einer sehr guten Freundin für ca. 10 Monate nach Australien zu gehen. Wir haben uns schnell dazu entschlossen alles vorher und auch vor Ort selbst zu organisieren. Es ist wirklich alles sehr einfach, wenn man vorher ein wenig im Internet recherchiert. Die Menschen in Australien sind freundlich und hilfsbereit; ein Bankkonto einzurichten oder sich um eine Prepaidkarte für das Handy zu kümmern, schafft man auch sehr gut ohne weitere Hilfe. Nachdem wir den organisatorischen Kram hinter uns hatten, sind wir in ein Working Hostel gegangen. Dort wird einem geholfen einen Job zu finden und die umliegenden Farmen und Anwohner melden sich im Hostel, wenn sie Arbeit zu vergeben haben. Dabei sollte man sich vorher im Klaren sein, dass das auch Aufgaben sein können, die man zu Hause vielleicht nicht machen würde, wie z.B. Farmwork und lange Schichten sowie Nachtschichten. Bevor ich das Hostel zum ersten Mal verlassen hatte um zu reisen, konnte ich es schon mein zweites zu Hause nennen. Ich war im Berri Backpackers in Berri, South Australia. Es liegt ca. drei Stunden von der nächsten Großstadt, Adelaide, entfernt. Das Leben mit den anderen Backpackern aus der ganzen Welt ist einfach großartig. Ich habe Freunde für das Leben gefunden und bin fast ein Jahr später immer noch mit vielen in Kontakt. Anfangs musste ich mich etwas überwinden Englisch zu sprechen, da ich ein wenig unsicher war. Das hat sich aber schnell geändert, weil es fast allen Nicht-Muttersprachlern so geht und es gar nicht schlimm ist, Fehler zu machen. Ich denke schon, dass sich meine Sprachkenntnisse verbessert haben, einfach, weil ich viel Englisch sprechen musste und bin dadurch vor allem sicherer in der Sprache geworden. Für mich war es eine außergewöhnliche, wunderbare, eindrucksvolle und einfach großartige Zeit.

Australien ist ein wunderschönes Land und hat so viel zu bieten: vom weltweit ältesten Regenwald, Wüsten und beeindruckenden Wasserfällen bis hin zu tollen Partys und richtigen Traumstränden. Außerdem ist Neuseeland auch nicht weit entfernt und das Land ist auch auf jeden Fall jede Reise wert! Das Reisen mit Freunden ist immer abwechslungsreich. Man muss sich natürlich aufeinander einstellen, aber ist auch nie alleine. Ich habe es immer sehr genossen, mit Freunden zusammen zu reisen. Mittlerweile kann ich mir aber auch gut vorstellen, eine Reise alleine zu starten. Außerdem lernt man auch immer neue Leute kennen. Diese Spontanität und Flexibilität machen das Reisen über mehrere Monate oder Jahre einfach aus. Letztendlich kann ich noch hinzufügen, dass ich nicht nur zurück zu meinem zweiten zu Hause nach Berri gegangen bin, um dort wieder zur arbeiten, sondern auch meine Reise verlängert habe. Neben Neuseeland habe ich noch mehrere Länder in Asien drangehängt und bin froh darüber. Mein Work & Travel Jahr in Australien hat nicht nur meine Reiselust geweckt, sondern mich auch auf andere Gedanken gebracht sowie andere Seiten und Interessen in mir vorgebracht. Mit etwas Abstand und einer anderen Perspektive auf die Dinge lösen sich viele Probleme. Man erkennt neue Wege für seinen weiteren Werdegang und sein Leben. Und wann hat man wieder Zeit zu so einer langen Reise, wenn nicht nach dem Abi oder dem Studium?

Was möchte ich jungen Menschen mit auf den Weg geben?

Ich würde alles genau so wieder machen. Obwohl ich mir eigentlich nur ein Jahr Pause nehmen wollte, bevor ich was auch immer weiter studiere oder arbeite, bin ich unfassbar froh, dass ich daraus fast zwei Jahre gemacht habe. Ich kann es jedem, der Lust dazu hat, sofort weiterempfehlen. Es macht Spaß sich selbst, ein fremdes Land und andere Kulturen neu kennenzulernen. Man ist nie alleine, wenn man es nicht will und lernt tolle Leute kennen. Dafür ist es aber auch wichtig, ein wenig von zu Hause los zu lassen. Natürlich hatte ich auch immer Kontakt zu meiner Familie und Freunden in Deutschland, aber man sollte im Hier und Jetzt leben. Es ist ein anderes Leben als der Alltag in Deutschland, in den es nach einer langen Reise manchmal etwas kompliziert ist wieder reinzukommen. Das lässige Leben in Australien, geprägt von Roadtrips, Schichtarbeit, Spontanität und Spaß, ist einfach ein anderes. Ich bin auf andere Gedanken gekommen und werde nach dieser Erfahrung einen anderen beruflichen Weg einschlagen. Mein Lebenslauf ist nicht gradlinig, aber meiner Meinung nach muss er das auch nicht sein, solange ich im Endeffekt glücklich mit meinen Entscheidungen bin – und das bin ich.

Finn (19), Costa Rica

Warum habe ich mich für Work & Travel entschieden?

Vor kurzem bin ich mit einem guten Freund für einen Monat durch Costa Rica und Teile Panamas gereist. Wir beide kennen uns seit der ersten Klasse und als der Spanischunterricht für uns nach der zehnten Klasse endete, beschlossen wir, nach dem Abitur zusammen durch ein uns unbekanntes spanischsprachiges Land zu reisen. Für mich stand immer fest, dass ich erst die Schule beenden wollte, bevor ich mir die Zeit nehme, die Welt zu entdecken. Nach dem Abi dann hatte ich das Bedürfnis, einmal aus Deutschland herauszukommen, andere Kulturen und Lebensweisen kennenzulernen und nicht wie andere direkt zur Uni zu gehen, sondern mein „eigenes Ding" zu machen. Daher wollte ich auch mit keiner Organisation reisen, um so unabhängig wie möglich zu sein und um viele Dinge zu erleben, die nur mich interessieren. Dadurch hatte ich auch die Freiheit, mir das typische Work and Travel aufzuteilen; erst arbeitete ich ein halbes Jahr nach dem Abi hier in Deutschland, um mir das Geld für die Reise zu verdienen, dann konnte ich ganz entspannt einen Monat auf Reise verbringen.

Die Zeit vor Ort lief in kompletter Selbstorganisation, weshalb ich definitiv sagen würde, dass ich selbstständiger geworden bin. Mittelamerika war dafür perfekt, weil man beispielsweise die nächsten Busrouten immer nur in dem Ort herausfinden konnte, in dem man sich befand. Deshalb war eine Planung vorab unmöglich. Da dort zum Teil keine Informationen im Internet vorhanden waren, blieb nichts anderes übrig, als andere Leute anzusprechen. Das ist gut für die Sprache, in meinem Fall Spanisch und Englisch, und natürlich auch für das Selbstbewusstsein. Im Nachhinein hätte ich gerne gewusst, wie man mit der Kreditkarte umzugehen hat, dass man sie zum Beispiel keinesfalls aus der Hand geben sollte, da ich direkt am zweiten Tag betrogen wurde. Ansonsten hatte ich alles soweit wie nötig geplant: den Rucksack von einer Freundin geliehen, das Gepäck auf das Wesentliche beschränkt, mich im Vorwege impfen lassen und die Flüge und das allererste Hostel vorab gebucht. Wir machten uns auch einen Plan, wie hoch die durchschnittlichen Ausgaben sein sollen; eigenständig kochen ist dabei immer sehr preiswert.

Was möchte ich jungen Menschen mit auf den Weg geben?

Work and Travel ist so vielseitig, dass ich es grundsätzlich jedem empfehlen möchte, gerade weil man die Freiheiten hat, sich die Reise selbst zu organisieren. Ich finde es richtig gut mit einem Freund zusammen gereist zu sein, denn ich konnte meine Erlebnisse mit ihm teilen und war nie alleine, wenn ich nach Rat gesucht habe. Insgesamt sollte man damit zurechtkommen, dass man nicht genau weiß, wo man übermorgen sein wird. Aber genau das macht es ja zu einem unvergesslichen Abenteuer, weil man den Moment lebt. Entscheidend für das Ganze finde ich die Intention, welche für mich grundsätzlich gilt: Mache einfach das, worauf du wirklich Lust hast. Es hat keinen Sinn nur etwas zu machen, weil es gut in den Lebenslauf passt oder weil es alle machen. Selbst Nichtstun kann mal das Richtige sein, wenn es sich für dich im dem Moment richtig anfühlt. Alles in allem ermutige ich dich wie ich eigenständig auf eine solche Reise zu gehen, weil man nur gewinnen kann, egal was passiert.

Nils (20), Neuseeland

Die Idee Work & Travel zu machen entstand bei mir eher aus einer allgemeinen Planlosigkeit heraus. Nach dem Abi wusste ich absolut noch nicht, in welche Richtung ich studieren oder eine Ausbildung machen wollte. Also beschloss ich ein Zwischenjahr einzulegen, in dem ich möglichst viele Erfahrungen sammeln wollte, um eventuell meiner Berufswahl ein Stückchen näher zu kommen. Zudem war die Sehnsucht, die Heimatstadt für eine bestimmte Zeit zu verlassen und neue Orte und Menschen kennenzulernen, groß. Nachdem ich zwei Monate beim Ferienjobben etwas Geld beiseitegelegt hatte, ging es für mich erst einmal zwei Wochen nach Brisbane/Australien, wo ich einen Kumpel besuchte. Danach wollte ich auf eigene Faust erst die Ostküste Australiens bis Melbourne herunterreisen und von da aus nach Neuseeland weiterziehen. Bei der Planung verzichtete ich auf eine Organisation, da ich schon relativ viele Informationen und Tipps von Freunden bekam, die ebenfalls schon in Neuseeland unterwegs gewesen waren. Ich reiste überwiegend mit dem Bus aber auch zunehmend per Anhalter, was mich anfangs viel Überwindung kostete. Doch vor allem diese Möglichkeit zu Reisen entpuppte sich häufig als Glücksgriff. Man konnte nicht nur Geld sparen, sondern kam auch mit den verschiedensten Menschen ins Gespräch.
Von Einheimischen oder anderen Backpackern gab es geheime Insidertipps oder spannende Lebensgeschichten zu erzählen. Die Entscheidung alleine zu reisen, war sowohl eine harte, aber auch eine die mir viele Erlebnisse ermög-

lichte, die ich vielleicht bei einer Reise in der Gruppe nicht gemacht hätte. Es war das erste Mal in meinem Leben, dass ich wirklich komplett auf mich gestellt war, und auch die Verantwortung und Planung für mich selber tragen musste. Auf jeden Fall kann ich empfehlen, zumindest einen kleinen Abschnitt der Reise alleine zu absolvieren. Ich glaube, man bekommt so nochmal eine andere Perspektive auf sich selbst. Auf der Südinsel Neuseelands absolvierte ich beispielsweise den Keplertrack. Eine 60 Kilometer lange Rundwanderung durch teilweise atemberaubende Gebirgs- Wald- und Seenlandschaften. Besonders hier genoss ich das Alleine sein, um die Natur bewusst wahrnehmen zu können. Was man letzten Endes aus so einer Reise macht, liegt immer an einem selbst. Aber ich denke, solange man offen und freundlich auf die Menschen zugeht, macht man zwangsläufig gute Erfahrungen. Dazu muss man aber auch manchmal über seinen eigenen Schatten springen. Mein Work & Travel dauerte insgesamt nur 4 Monate und war ehrlich gesagt auch mehr Travel als Work. Bis auf einen zweiwöchigen Arbeitsaufenthalt in einem Strandhostel in Golden Bay war ich doch die meiste Zeit unterwegs. Nachdem ich aus dem Ausland zurückkehrte, machte ich noch ein halbes Jahr FSJ bei einer Sozialstation. Hier lagen meine Aufgaben in der Patientenpflege, Essen auf Rädern, und dem Transport von Besuchern für die Tagespflege. Auch hier konnte ich wertvolle Erfahrungen sammeln und mich selbst besser kennenlernen. Manchmal muss man dafür eben auch gar nicht so weit reisen. Mein Abitur ist nun drei Jahre her. Was bleibt, wenn ich auf mein Zwischenjahr mit Work and Travel und FSJ zurückschaue? Die Möglichkeit, ein Jahr mit FSJ und Work and Travel zu kombinieren, kann ich definitiv empfehlen, da man verschiedene Dinge ausprobieren kann und Einblicke in unterschiedliche Bereiche bekommt. Dennoch würde ich heute einige Dinge anders machen. Gerade in Sachen Planung war bei mir häufig noch Luft nach oben. Generell ist ein Work and Travel eine gute Möglichkeit, sich weiterzuentwickeln, aber es liegt an einem selbst, ob man die Reise für sich nutzen kann. Es sollte auf jeden Fall um mehr gehen, als um Instagram-Bilder für sein Profil zu sammeln.

Wo mache ich Work & Travel?

Auch die Wahl des Landes ist nicht unerheblich. Neben dem „Hot-Spot" Australien hast du auch die Möglichkeit, über Organisationen und Agenturen oder auf eigene Faust quasi jedes Land der Erde zu bereisen. Wichtig ist auch die Sprache; wenn du nie Spanisch in der Schule hattest, wird der ganze südamerikanische Raum beispielsweise recht schwierig. Möchtest du deine Englisch-Skills weiter aufbessern, klingen Australien oder Neuseeland verlockend. Zunächst wirst du feststellen, dass du mit der „Work & Travel"-Idee nicht ganz alleine bist; vielleicht schon am Check-In am Flughafen fallen dir die ersten „Backpacker" auf. Im Hostel nach der Fliegerei angekommen, nimmst du nach Jet-Lack und oftmals neuem Klima eines wahr: Deutsche Stimmen. Ja richtig gehört!

Du denkst vielleicht gerade zu träumen, aber insbesondere die Hot-Spots in Australien könnte man auf den ersten Blick mit einem deutschen „Malle 2.0" verwechseln. Da ist ja per se auch nichts Schlechtes dran. In puncto Sprachkenntnisse oder kultureller Exploration jedoch wohl nicht der Thron auf dem Podest. Wenn du also möglichst wenig mit Deutschen reisen und vielmehr einfach Backpacker aus allen anderen Orten der Welt um dich herum haben möchtest, findet sich auch hier eine Lösung. Dein Reiseziel ist hierbei wohl der größte Faktor. Am Beispiel Australien gezeigt: Die Ostküste ist überrannt von Touristen und Backpackern. Die Westküste um Perth herum ist um einiges ruhiger (heißt auch weniger Konkurrenz um Backpacker-Arbeitsplätze), dafür aber natürlich mit weniger Attraktionen. Kläre also bitte für dich im Vorfeld ab wie wichtig dir die Sprache des anvisierten Landes ist bzw. prüfe auch ehrlich deine sprachlichen Fähigkeiten. Englisch ist in Südamerika nur bedingt allgemeine Voraussetzung zur Verständigung. Natürlich sollte dich auch die Kultur und das Land an sich ein wenig reizen.

Bisher ging es nur um den Aspekt „Travel". Die andere Seite der Medaille sollten wir aber nicht ausklammern, schließlich wollen das Reisen, der „Lifestyle" und das abendliche Bier/ Cider auch finanziert werden. Neben Schulpraktika oder einem Nebenjob wirst du in der Regel nicht über eine großartige Berufserfahrung verfügen. Das macht aber gar nichts, schließlich erfordert es für die meisten Backpacker-Jobs kein Top-Abi oder bestechend gute Referenzen. Erkundige dich im Vorfeld über die „Saisons" von beispielsweise Erntearbeiten und hab' natürlich im Hinterkopf, dass nicht nur du einen Job suchen willst. Erfahrungsgemäß brauchst du aber im Vorfeld nicht alles im Detail planen. Das macht dich eher unflexibel und ist meiner Meinung auch gegen den „Spirit" des Abenteuers. Du wirst so viele Menschen kennen lernen – aus den verschiedensten Ländern mit den diversesten Persönlichkeiten.

Wozu also großartig alles durchdenken, wenn es in der Praxis dann eh anders kommt? Derjenige, der einen kennt, der wieder einen kennt – oder flüchtige Hostel-Bekannschaften – haben schon diesen oder jenen Kontakt zu einer Farm. Das sind alles Parameter die du aus Deutschland nicht einkalkulieren kannst. Erfahrungsgemäß wirst du auch zu den Hauptzeiten mit viel Konkurrenz einen Job finden, wenn du ein gesundes Maß an Ausdauer, Flexibilität und Extraversion mitbringst. Du solltest nur nicht erwarten, dass ein Job-Engel um die Ecke geflogen kommt und dir das „wunschlos-glücklich-Paket" auf einem Silbertablett serviert. In jedem Land wird es fair bezahlte Jobs geben; jedoch kann es dir natürlich auch passieren, ausgenommen zu werden, wie eine Weihnachtsgans. Nur kein Stress, sobald du merkst, dass Bezahlung oder Arbeitszeit nicht seriös gehandhabt werden oder du für ein Pfund gepflückte Äpfel umgerechnet nur 12 Cent erhältst, ziehe ruhig die Reißleine und suche etwas Neues. Hör dich auch in den unzähligen Facebook-Gruppen um, checke die üblichen länderspezifischen Job-Vermittlungs-Homepages und hab' auch Agenturen im Notfall im Hinterkopf. Was du alles in deinen „Backpack" packen solltest, wird dir anhand des Reisziels Australiens auf „reisebine.de" bestes erklärt. Aber auch für andere Ziele kannst du diese Seite analog als gute Orientierung nutzen.

Starte ich das Abenteuer mit einem Freund/Freundin oder alleine?

Je nachdem, wie du für dich eruiert hast, ob die „Work & Travel"-Idee für dich in Frage kommen könnte, wirst du dich zeitnah fragen, wie genau diese umgesetzt werden soll. Schmiede ich den Plan mit meinem besten Freund oder Freundin zusammen oder starte ich alleine? Vielleicht denkst du dir, dass das Abenteuer in Begleitung deiner engsten Freunde in jedem Fall angenehmer ist. Nun, ganz so leicht lässt sich die Frage ad hoc nicht beantworten. Erneut gilt: Nur schwarz-weiß zu denken wird nicht ziehen. Es hängt vor allem von dir ab. Beide Travel-Formen haben Vor- und Nachteile. Beleuchten wir zuerst den Fall, in dem ihr gemeinsam startet. Es ist 3 Uhr morgens. Du befindest dich mental auf deiner Abschiedsfeier, die du zusammen mit deinem besten Freund bzw. besten Freundin organisiert hast. In zwei Tagen steigt ihr in den Flieger zu eurem anvisierten Reiseziel. Einige eurer Freunde kommen zu euch: „Lasst uns nochmal anstoßen, bevor dies für längere Zeit nicht möglich sein wird." Ein wenig Wehmut liegt in der Luft. Womöglich stellt dieser Auslandstrip die erste längere Zäsur in deinem Leben dar; weit weg von Familie und Freunden. Ihr seid in dieser Nacht nochmal ewig jung und genießt die Gemeinschaft. Es fühlt sich alles so vertraut an …

Dann beginnt der große Tag. Eure Eltern fahren euch zum Flughafen. Die engsten Freunde kommen nochmal mit, um sich von euch zu verabschieden. Einige Abschieds- und Freudentränen später passiert ihr die Sicherheitskontrolle. Das Flugzeug hebt ab. Das Abenteuer kann losgehen. Die Vorteile zusammen zu starten liegen auf der Hand: Insbesondere der ungewohnte, teils überfordernde Start kann zusammen natürlich besser geschultert werden, als alleine. Insgesamt ist es wie schon vorher beschrieben natürlich eine individuelle Frage. Ich glaube eine Sache kann generell festgehalten werden: Nicht mit jedem Freund oder Freundin kann der gemeinsam geplante Trip reibungslos funktionieren. Klar gibt es immer mal Meinungsverschiedenheiten oder unterschiedliche Prioritäten, aber wenn du tief in dich gehst, kannst du ungefähr erahnen, wen du womöglich ein ganzes Jahr so „close" um dich herum haben möchtest.

Fakt ist: Freundschaften können aus der gemeinsamen Erfahrung gestärkt hervorgehen und werden euch auf ewig in Erinnerung bleiben; das muss jedoch nicht sein. Viele Freunde und Bekannte von mir sind gemeinsam gestartet – mit den unterschiedlichsten Verläufen. Einige waren die ganze Zeit zusammen, andere haben sich schon nach drei Wochen getrennt. Alles ist möglich. Führ dir eines vor Augen: Es ist nicht wie zu Hause, dass ihr abends einfach jeder nach Hause geht und jeder hat seine Ruhe. Wollt ihr die ganze Zeit gemeinsam verbringen, verlangt es viel Kompromissbereitschaft: Schlafen wir in dem sehr günstigen Hostel in einem 12er Zimmer oder doch in einer etwas komfortableren Variante? Mietet ihr den Campervan, in den ihr auf Biegen und Brechen gerade so reinpasst oder doch den Wagen mit einem Tick mehr Beinfreiheit? Bleiben wir noch eine Nacht länger, um mit der sympathischen Gruppe Franzosen noch einen Abend Trinkspiele zu spielen? Schließen wir uns der Gruppe an, die einen Trip nach XY plant? Erfahrungsgemäß kann das nur funktionieren, wenn ihr wirklich super miteinander klarkommt. Ihr werdet euch und euren Begleiter/in auch nochmal von einer anderen Seite kennen lernen. Gemeinsam seid ihr natürlich ein wenig offener und könnt einfacher mit anderen Backpackern ins Gespräch kommen. Je nachdem wie intro- oder extrovertiert ihr seid, natürlich auch alleine.

Wenn ich so auf die zahlreichen Gespräche in den Hostels zurückblicke, hilft es aber den meisten, wenn sie aus einer gemeinsam Position heraus neue Kontakte knüpfen. Ihr habt aber in jedem Fall jemand eng-vertrautes an eurer Seite. Sollte euch doch mal das Heimweh-Inferno packen oder einer von euch vielleicht auf die Frage, wie es denn nach der „Work & Travel"-Zeit für ihn/sie weitergeht, mit Bauchschmerzen reagieren, könnt ihr euch gegenseitig auffangen, gegenseitig Mut zusprechen und füreinander da sein. Ein Backup, den du bei alleinigem Abenteuer in der Intensität wohl nicht haben wirst. Ein Nachteil wird aber häufig gerne einfach übersehen: Was ist eigentlich mit den Sprachkenntnissen? Du mit deinem Best-Travel-Buddy auf Tour. Neue Orte. Neue Menschen. Neue Träume. Und in welcher Sprache? Genau, deutsch. Intuitiv ist es unser Mittel der Wahl. Besonders wenn wir in einem fremden Land sind, ist die Verlockung natürlich groß. Heißt im Klartext: In puncto Sprachkenntnisse ist es eher nicht von Vorteil, wenn du mit deinem deutschen Buddy durchstarten möchtest. Klar könnt ihr vorher Absprachen treffen nach dem Motto: „tagsüber sprechen wir aber nur Englisch oder Spanisch" – die Wahrscheinlichkeit in die Fußstapfen Pinocchios zu treten sind hierbei allerdings nicht unerheblich ;). Auch der „Work"-Part eurer Reise hat insbesondere im Doppel- oder Multipack einen besonderen Stellenwert. Stell dir vor, du konkurrierst mit teilweise dutzenden Backpackern um den Job auf einer Farm oder einer Fabrik. Es ist wohl augenscheinlich, dass je mehr Leute gemeinsam den Job starten wollen, die Chancen nicht unbedingt steigen. Stell dir vor, du hast auf Anhieb einen heiß begehrten Job auf der Apfel-Plantage bekommen, dein Companion/in erhält jedoch leider eine Absage. Diese Szenarien können passieren, müssen aber nicht. Sie sollten aber schon im Vorfeld einmal Einzug in deine Planungen erhalten haben.

Buche ich über eine Organisation?

Ja, das mag doch recht komfortabel klingen, oder? Die Organisation bucht alles für mich, ich habe jederzeit vor Ort einen Ansprechpartner. Warum macht das eigentlich nicht jeder? Nun, Organisationen sind eben nicht für jeden etwas. Mal wieder gibt es auch hier Vor- und Nachteile. Es hängt bei der Wahl dafür oder dagegen von einem Faktor ab – und das bist du. Eine Organisation kümmert sich um so ziemlich alles Organisatorische: Vorbereitungskurse in Deutschland, den Flug, Welcome-Seminare im Zielland, Bewerbungshilfen, Jobbörsen etc. Insbesondere, wenn du sehr unsicher bist in puncto Sprachkenntnisse, Selbstständigkeit oder Leute ansprechen, kann dir eine Organisation bei deinen ersten Schritten in fremdem Terrain sicher helfen. Über sie knüpfst du automatisch neue Kontakte, ggf. sogar schon Freundschaften in Deutschland. In diesem Fall kann es durchaus Sinn ergeben, diese Option für dich zu prüfen.

Auf der anderen Seite geht es natürlich auch um Folgendes: Geht es nicht bei diesem Abenteuer darum, auf eigenen Beinen zu stehen, deine Komfort-Zone zu verlassen, deine Grenzen kennen zu lernen und Verantwortung für dich und deine Entscheidungen zu übernehmen? Klar tust du dies auch mit der Organisation, allerdings wohl eher in der „Soft-Variante". Bei meiner Zeit in Australien habe ich mit vielen Backpackern gesprochen, die sowohl mit als auch ohne Vermittlung unterwegs waren. Butter bei die Fische: Wenn du dich im Vorfeld gut informierst und auf Erfahrungsberichte zurückgreifst, ist die Organisation für deinen „Work & Travel"-Aufenthalt kein Hexenwerk.

Die Flüge kannst du auch selber buchen, Auslands- und Krankenversicherungen günstig abschließen; Jobbörsen gibt es auch auf dem „freien Markt" und im spontanen Alltag des Backpacker-Lebens werden sich ohnehin Möglichkeiten ergeben, die du dir jetzt noch nicht einmal vorstellen kannst. Es kann dir also insgesamt die ersten Schritte erleichtern, kann aber ggf. auch überflüssig sein. It's up to you.

Für wen ist Work & Travel denn nun geeignet?

Machen wir es kurz: im Prinzip für jeden, der in dieser Form einzigartige Lebenserfahrung sammeln und sich selbst von einer anderen Seite kennenlernen möchte. Welches Land dir auch vorschwebt, du wirst so viele neue tolle Orte sehen, die du vorher nicht kanntest; ja, dir vielleicht nicht einmal hättest vorstellen können. Was kann denn schon großartig passieren? Du warst jetzt so viele Jahre in einem vorgegebenen System, welches jetzt mit dem Abi endet. Unabhängig davon, ob du dich anschließend für eine Ausbildung oder ein Studium entscheidest, diese „Work & Travel"-Zeit wirst du niemals vergessen!

Ein weiterer Punkt, der dafür spricht dein Abenteuer direkt nach dem Abi zu starten, ist folgender: Wenn du wirklich für ein Jahr oder länger unterwegs bist, wirst du – ob alleine oder mit deinem „Travel-Buddy" – dich von vielen Blickwinkeln her besser kennen lernen. Endlich geht es nicht mehr um Gedichtinterpretation oder Algebra, sondern um dich! Ergibt es nicht also Sinn, diese vielseitigen Entwicklungsschritte VOR der Entscheidung für deinen weiteren Lebensweg zu treffen? Ich habe einige kennengelernt, die aus ihrem heimatlichen „Identifikations-Schleier" bei ihrem Trip erwacht sind, und ihre erste Ausbildungs- bzw. Studienwahl rigoros hinterfragt haben. Unannehmlichkeiten, die du dir gerne sparen kannst. Bei all der Euphorie, die für dein Abenteuer spricht, kann es natürlich auch nach hinten losgehen. Wenn du ohnehin ein eher schüchterner Typ bist, womöglich alleine reist und ein Familienmensch durch und durch bist, hast du in jedem Fall eine größere Herausforderung vor dir. Nur, dass du auch weißt, dass es auch anders kommen kann: Es gibt auch Backpacker die nach zwei Wochen schon wieder ihr Heimticket einlösen. Ein unglückliches Sammelsurium aus übertriebenen Erwartungen, mangelnden Sprachkenntnissen, Heimweh oder keinem Anschluss kann oftmals auschlaggebend sein. Dennoch hier der Appell, dich davon nicht abschrecken zu lassen. Nach all meinen Erfahrungen und Gesprächen bin ich der felsenfesten Überzeugung, dass insgesamt mehr Chancen, als Risiken bestehen. Ich glaube, dass diese „Work & Travel"-Experience dich so, so, so, so weiterbringt und so damit im „long-term" einen Erfahrungsschatz innehat, der sich in die verschiedensten Lebensbereiche potenzieren wird. Lass' dich inspirieren und les' dir die Erfahrungsberichte von Marcel, Lisa, Finn und Nils durch. Sie zeigen dir auf jeweils individuelle Art und Weise, wie ihr Abenteuer verlaufen ist, welche Rückschläge es geben kann und wie diese Zeit dennoch unvergesslich war.

Und danach? Das „Returning Home Paradigma"

Um den Blick auf diese Perspektive nach dem Abi wie versprochen ganzheitlich zu gestalten, darf auch dieser Punkt nicht fehlen. Du wirst in der
Regel eine so inspirierende und bestechend positive Zeit hinter dir haben,
dass die Rückkehr nach Hause einem „deutschen" Kulturschock gleicht.
Deine Akkus sind vollgeladen mit Spontanität, Flexibilität, Offenheit, einer
neuen Kultur und Lebensfreude, dass der Alltag zu Hause auf einmal total
ungewohnt erscheint. Freunde von dir, die zu Hause geblieben sind, befinden sich bereits auf Ihrem beruflichen Pfad, sind gewissermaßen gesattelt.
Dennis zeigt uns auf eindrucksvolle Weise, wie sein persönliches „Returning Home Paradigma" aussah.

Dennis (24 Jahre), Gainesville (Florida)

Nachdem ich im Sommer 2015 in das von meiner Heimatstadt 400 km entfernte Mannheim zum Studieren gezogen
bin, wuchs im Laufe der Zeit die Sehnsucht, meinen Horizont noch weiter auszu-
bauen. Ich wollte erneut über meinen Tellerrand hinausschauen, um so meine
Komfortzone zu verlassen und offen für Entwicklung zu sein. Da die USA schon
immer einen großen Reiz auf mich ausübten und ich mein Englisch verbessern
wollte, bewarb ich mich dort und erhielt eine Zusage für die University of Florida in Gainesville. Mit voller Vorfreude und einer gehörigen Portion Nervosität
begann ich das Abenteuer Mitte August 2017. Ich flog mit einem Kommilitonen
gemeinsam nach Orlando, wo uns sein Buddy (persönlicher Ansprechpartner
für Austauschstudierende) mit seinem Auto abholte. Der erste Eindruck war immens, es ist wahrlich das Land der großen Weiten, alles ist größer und schriller.
Ich lebte in einem International House, wo Amerikaner gemeinsam mit internationalen Studierenden in Zweibettzimmern untergebracht waren. Ich empfand
genau diese Mischung als großen Vorteil, da ich einerseits die Amerikaner als
sehr herzliches, gutgelauntes und zuvorkommendes Volk kennenlernen und
zugleich viele Freundschaften über den gesamten Globus schließen konnte.
Weiterhin gehen die Internationals mit anderen Erwartungen und Zielen in das
Semester, welches mir die Tür für zahlreiche unvergessliche Erlebnisse öffnete.
Ich habe von Beginn an versucht, den Kontakt nach Hause zu meiner Familie und
meinen Freunden nicht abbrechen zu lassen, aber auf ein Minimum herunterzu-
fahren, um mich so intensiv wie möglich mit der Zeit dort auseinanderzusetzen.
Anfänglich ist es schwer, da alles neu und fremd ist. Schafft man es aber, den
inneren Schweinehund, der aus Angst besteht, zu überwinden, erlebt man die
Zeit seines Lebens. Man findet sehr schnell neue Freunde und Reisepartner, da
alle Austauschstudierenden im selben Boot sitzen und die Einheimischen sehr
zuvorkommend und interessiert an anderen Ländern sind, sodass einem schnellen Gesprächseinstieg nichts im Wege steht. Ich habe zu Beginn den Fehler gemacht, mit deutschen Studierenden unsere Muttersprache als Kommunikations-
mittel zu nutzen, welches den ständigen Wechsel ins Englische erschwerte.
Dennoch hat sich meine Sprache in der Quantität an Wörtern und der Qualität im
Umgang mit Phrasen und Grammatik deutlich weiterentwickelt und es ist mir
nun möglich, über jedes beliebige Thema zu sprechen. Genauso schnell wie man
sich weiterentwickelt, rostet es nach der Rückkehr aber auch ein wenig wieder

ein und man benötigt immer wieder einige Zeit um den gleichen Sprachstandard, den man von sich gewohnt ist, zu erreichen. Die Zeit in den USA war geprägt von Reisen und Wochenendtrips, wodurch man lernte, sich eigenständig in einem fremden Land zurecht zu finden. Sei es das Buchen eines Mietwagens oder die deutlich erhöhte Nutzung des Flugzeugs bedingt durch die riesigen Distanzen – man lernt sowohl im Team als auch alleine handlungsfähig zu sein und es im Falle von Krisen auch zu bleiben. Weiterhin machte ich eine Erfahrung, mit der ich vorher nicht rechnen konnte. Ich verliebte mich und zwar auf eine Art und Weise, die mir bislang absolut verwehrt geblieben ist und von der ich niemals dachte, dass es so etwas gibt. Ich erlebte die emotionalste und intensivste Zeit meines Lebens und nahm regelmäßig die 10-stündige Busfahrt nach New Orleans (Louisiana) auf mich und bereue keine davon. Als das Semester zu Ende ging, war auch uns klar, dass die gemeinsame Zeit ihr Ende erreicht hatte und wir wollten es uns nicht so schwer machen, sodass wir vereinbarten, den Kontakt einzustellen. Als ich nach zwei abschließenden Reisen durch Florida und nach Puerto Rico im regnerischen Amsterdam landete, war es das wohl absurdeste Gefühl meines Lebens. Der Alltag, das „normale" Leben hatte mich zurück.

Als ich während der Autofahrt von Amsterdam in meine ostwestfälische Heimat die Zeit hatte nachzudenken, wurde ich melancholisch und kaum zu Hause angekommen betrat ich das Wohnzimmer meiner Eltern und wurde von einer Girlande an Bildern mit meinen Erlebnissen überrascht, die ich im Laufe der Zeit geschickt hatte. Ich sackte zusammen und begann zu weinen. Ich glaube, es lag vor allem an einem Foto, dass meine Liebe und mich auf unserem ersten gemeinsamen Bild zeigte. Aber es war alles das, was so unglaublich intensiv war und ich begriff zum ersten Mal, was ich alles erlebt hatte und wie ungewöhnlich die Zeit war. Dieses große Projekt Auslandssemester, das mein Leben für ein Jahr bestimmt hatte und mich an Tagen mit schlechter Laune positiv in die Zukunft hat blicken lassen, war nun vorbei. Die folgenden Tage waren glücklicherweise einfacher, da ich viele alte Freunde sah und Zeit mit meiner Familie verbrachte. Es war auch wieder etwas „Neues". Einige Wochen später stand der Semesterbeginn in Mannheim vor der Tür und der wirkliche Alltag hatte mich zurück. Auch hier war es zu Beginn leicht. Freunde, Aufgaben denen ich lange nicht nachgegangen war, lenkten mich optimal ab. Doch irgendwann bemerkte ich, dass mir die Motivation fehlte. Dinge, die mich vorher unendlich antrieben, lösten plötzlich nichts mehr aus. Dieses Problem verflüchtigte sich im März, als ich wieder Kontakt mit der Dame aus New Orleans hatte und es feststand, dass sie ab Juni in Deutschland leben wird. Ich hatte einen Strohhalm, an den ich mich klammern konnte, etwas Konkretes aus dem Auslandssemester, das sich auf den Weg machte, sich auch in den Alltag hier zu integrieren. Es lief gut, zwar machte uns die Distanz zu schaffen, aber es half mir das Wesentliche im Blick zu behalten.

Kurz vor der Ankunft in Deutschland teilte sie mir allerdings mit, sie hätte sich in jemand anderen verliebt, sodass sich dieser Strohhalm plötzlich in Luft auflöste und ich fiel ins Leere. Alle Gedanken, die im März auf einmal weg waren, kehrten noch penetranter zurück und ich fragte mich, warum ich das hier alles tue. Mein Auslandssemester spielte also noch sechs Monate nach meiner Rückkehr eine präsente Rolle in meinem Leben und das Wort „Returning-Home Paradigma" trifft es so gut wie kein anderes. Man erlebt die Zeit des Lebens und reitet wie in meinem Fall für sechs Monate die Welle auf dem Kamm. Man sollte aber nie vergessen, dass man stürzen kann oder jede Welle einmal den Strand erreicht und dann heißt es stehen bleiben oder erneut rausschwimmen. Ich kann nur sagen, dass sich das erneute Rausschwimmen immer lohnt, da man durchs Stehenbleiben erst gar keine Chance bekommt, eine neue vielleicht noch größere Welle zu reiten. Die alte Welle ist ohnehin gebrochen und kehrt nicht zurück. Ja, es war schwer danach, aber eine Sache ist das wichtigste von allem. DANKBARKEIT!

Egal ob im Wasser oder auf der Welle, die Dankbarkeit kann die tatsächlichen Amplituden abschwächen und dafür sorgen, dass man die Motivation nie verliert. Entwicklung gehört zum Leben und wenn Dinge nicht mehr die gleiche Wirkung haben, wie man es gewohnt ist, dann hat man sich entwickelt. Genauso gehört die Angst zum Leben aber diese sollte niemals ein Entscheidungsindikator sein. Verlasse die Komfortzone, denn nur dann kann Entwicklung beginnen und Angst macht uns schwach und sorgt dafür, dass wir am Ende Dinge bereuen, die wir versäumt haben. In all dieser Zeit im Ausland und zurück in Deutschland habe ich eine Sache gelernt, die meinem Leben eine klare Richtung gibt: Entwicklung beginnt mit dem Verlassen der Komfortzone und wenn man einmal damit anfängt, kann man nicht mehr damit aufhören und das ist gut so, denn es ist unser Leben und jede Komfortzone ist von uns (dem inneren Schweinehund) errichtet worden und kann von uns selbst auch wieder eingerissen werden. Unbekanntes liegt immer hinter einer Tür, die wir öffnen müssen, aber wenn es uns nicht gefällt, können wir zurückgehen und sie wieder schließen, aber es wäre doch schade nicht zu wissen was dahinter liegt. Die Zeit in den USA war die schönste meines Lebens, sodass ich diese Krise immer wieder für solche Lebenserfahrungen und Momente des Glücks hinnehmen würde. Nach solch intensiven Zeiten in ein kleines Loch zu fallen ist natürlich, der Berg, auf dem man vorher stand ist aber um einiges höher!

Und du? Du wirst feststellen, dass das Hamsterrad sich auch ohne dich weitergedreht hat. Nachdem du von deinen besten Freunden am Flughafen empfangen wurdest, viele Freudentränen der Wiederkehr ihren Besitzer gewechselt haben und auch nochmal längere individuelle Treffen stattgefunden haben, schleicht sich da insbesondere in den ersten Wochen ein merkwürdig bizarres Gefühl ein. Zunächst schwer zu definieren. Irgendwo zwischen fremd, alteingesessen und deplatziert. Klar, deine Besten zu Hause sind in der Regel noch genau so vertraut, wie vor dem Abenteuer, es handelt sich primär um den Gesamtkontext. Je nach Art der Freundeskreise findest du zunächst unterschiedlich erfolgreich Anschluss. Auch beim Feiern-gehen kommen insbesondere am Anfang automatisch Vergleiche zu der Zeit vom „Work & Travel" auf.

Wo ist denn das Kriterium der absoluten Spontanität geblieben; nicht im Vorfeld zu wissen, wie der Abend enden wird? Nicht zu wissen, welcher Kultur man heute Abend eine individuelle Story zuschreiben kann? Oder auch einfach das Gefühl, am nächsten Morgen die Zelte zu räumen und einen neuen Ort anzuvisieren? Einfach mal los. Natürlich ist das eine einmalig besondere Zeit, die du da während deines Abenteuers erlebst; doch ist es kein Zustand auf Dauer. Also sei dir dessen bewusst – solltest du das skizzierte „Returning Home Paradigma" durchlaufen –, dass diese ultimative Freiheit eben auch eine Lebensepisode ist und in dieser Form nicht ewig umsetzbar ist. Bitte versteh' mich nicht falsch, nicht jeden trifft dieses Paradigma mit voller Härte. Die Wahrnehmung ist individuell. Generell gilt aber: Du kannst in diverser Hinsicht davon profitieren. Nach deinem Trip und dem Verlassen deiner Komfort-Zone hast du zwangsläufig eine wertvolle Portion Selbstständigkeit, Gelassenheit und Flexibilität getankt. Du hast verinnerlicht, dass man einige Dinge gar nicht mehr so engstirnig oder dogmatisch betrachten muss. Du gehst lockerer mit unvorhergesehenen Ereignissen um und lässt dich nicht mehr so leicht stressen – alles Dinge, die dir im „long-term" von unschätzbarem Wert sein werden – welche Richtung du auch einschlagen wirst. Aber Vorsicht, lass dich von einigen Verfechtern der „Ich muss ... Ich kann nicht ... Ich lasse mich sofort stressen"-Gesellschaft anstecken, sondern bewahre viel mehr dein neu gewonnenes Repertoire an Standfestigkeit und „We will manage Culture".

Erste Schritte ins Ausland:
Sprachurlaube, Austauschprogramme und Co.

Du hast nicht so Lust auf die langfristige Variante? Kein Problem. Auch für wenige Wochen kannst du in den Flieger steigen und ein wenig gegen dein Fernweh tun. Diese kurzen Visiten kannst du natürlich nicht mit einem „kulturellen Abenteuer" wie bei „Work & Travel" oder Au-pair gleichsetzen. Dennoch wird hier all jenen geholfen, die im Rahmen eines Sprachurlaubs oder Austauschprogramms durchstarten wollen. In einem Sprachurlaub geht es in erster Linie – wie es das Wort erahnen lässt – um eine Vertiefung deiner Sprachkenntnisse. Hier kannst du – auch mit Hilfe von Organisationen in einer „host-family" unterkommen und die Schule besuchen. Häufig findet sich ein bunter Mix diverser Kulturen wieder. Dies kann richtig Spaß machen. Tagsüber deine Skills verbessern, abends mit deinen neuen Bekanntschaften durch die Bars der Stadt ziehen. Kooperationen finden sich nahezu auf der ganzen Welt; natürlich unterschiedlich teuer. Dafür musst du dich vor Ort – ganz im Gegensatz zur Au-pair Option – nicht großartig um das Einkaufen oder Kochen kümmern, wenn du der host-family dafür eine Gebühr über die Organisation zahlst. Insgesamt handelt es sich also um einen „Urlaub Plus", der zudem ganz praktisch in deinem Lebenslauf steht und bei entsprechender Motivation ein Benefit für deine Sprachkenntnisse bedeutet. Ähnlich wie bei „Work & Travel" steht die Frage im Raum, ob du alleine, oder mit einem Freund/Freundin startest. Die Antwort wiederholt sich: Wenn es wirklich um den Faktor „Sprachkenntnisse verbessern" geht, wirst du alleine sicher die größeren Fortschritte machen. Je weniger du deutsch während der Zeit sprichst, desto größer ist der Zuwachs an neuen Kenntnissen. Was passiert, wenn du mit deiner deutschen Begleitung zusammen in eine Familie gehst? Exakt, zwangsläufig werdet ihr zwischendurch deutsch sprechen. Ich selber war damals in Brighton (England) mit einem Freund zusammen. Es war eine super Zeit. Dennoch glaube ich, dass es für die Sprachkenntnisse besser gewesen wäre, alleine losgezogen zu sein.

Au Pair – eine Option?

Madeline (24), New York-Westchester County

Warum habe ich mich für Au-Pair entschieden?

Schon seit der Mittelstufe stand für mich fest, nach dem Abitur ein Jahr in den USA zu verbringen. Ich wollte ein anderes Land und eine neue Kultur kennenlernen, reisen und die englische Sprache verbessern. Zur heutigen Zeit hat man viele Möglichkeiten ins Ausland zu gehen und deshalb musste ich mir erstmal überlegen, ob Work & Travel, Au-pair oder ähnliches in Frage kam. Da ich bereits seit einigen Jahren Nachhilfe gegeben habe und meinen kleinen Cousin betreut hatte, war mir schnell klar, dass ich ein Auslandsjahr als Au-pair machen wollte. Bereits ein Jahr vor meinem Abitur informierte ich mich über mögliche Wege dem Au-pair Traum näherzukommen. Ich suchte mir eine Au-pair Organisation aus und fertigte meine Bewerbung an. Die Organisation war hierbei eine große Hilfe und unterstütze mich bei der Anfertigung meines Bewerberprofils, auf denen potentielle Gastfamilien zugreifen und mit mir in Kontakt treten konnten. Dieser Bewerbungsprozess war sehr aufwendig und ich würde jedem empfehlen diesen Weg mit einer erfahrenen Organisation zu gehen, die nicht nur bei der Bewerbung verhalf, sondern auch eine Kommunikation zwischen potenzieller Gastfamilie und dem Au-pair erleichterte. Im Juli 2012 startete dann mein Abenteuer als Au-pair. Meine Gastfamilie wohnte in einem Vorort von New York City. In diesem Jahr betreute ich drei Kinder: einen elfjährigen Jungen, ein zehnjähriges und ein siebenjähriges Mädchen. Mit ihnen verbrachte ich ein aufregendes Jahr. Rückblickend kann ich nun sagen, dass mein Jahr als Au-pair ein wundervolles Jahr war. In diesem Jahr habe ich viel erlebt, tolle Leute kennengelernt und konnte auch meine Sprachkenntnisse erweitern. Noch nie bin ich in einem Jahr so viel gereist. Ich habe nicht nur die Ost- und Westküste der USA gesehen, sondern war auch in Miami und in Kanada. Die meiste Zeit bin ich mit anderen Au-pairs gereist, die ich vor Ort kennengelernt habe. Bis heute verbindet mich mit ihnen eine tiefe Freundschaft.

Aber nicht nur durch das Reisen wird man selbstständiger und selbstbewusster, sondern auch durch die Betreuung der Kinder. Täglich habe ich meine Kinder für die Schule fertig gemacht, sie abgeholt, bekocht, mit ihnen Hausaugaben gemacht, zum Sport gefahren und Verabredungen für sie organisiert. Man wächst an seinen Aufgaben und lernt, sich nicht aus der Ruhe bringen zu lassen, alles unter einen Hut zu bekommen und den Spaß dabei nicht zu kurz kommen zu lassen. Für meine persönliche Entwicklung hat es mich sehr weit gebracht und ich bin froh, dass ich in diesem Jahr all diese tollen Erfahrungen machen konnte. Auch wenn sich ein Jahr immer lang anhört, ist meine Zeit sehr schnell vergangen. Anfangs braucht es immer etwas Zeit, um sich an die Kinder und deren routinierte Tagesabläufe zu gewöhnen, aber auch dank der Unterstützung meiner Gastfamilie ist mir auch dies nicht schwergefallen. Ich habe mich bei meiner Gastfamilie wie zuhause gefühlt und hatte daher auch kaum mit Heimweh zu kämpfen.

Was möchte ich Abiturienten mit auf den Weg geben?

Ich kann allen Abiturienten und Abiturientinnen nur empfehlen, nach dem Abitur ein Jahr ins Ausland zu gehen, um neue Erfahrungen zu sammeln. In diesem Jahr ist man auf sich alleine gestellt und bewältigt täglich neue Herausforderungen. Auch Unternehmen befürworten Auslandsaufenthalte. Denn durch die Verbesserung der englischen Sprache und der persönlichen Weiterentwicklung, wirken sich diese Eigenschaften positiv in der Berufswelt aus. Man lernt eigenständig und selbstbewusst zu werden und aufkommende Probleme selber zu lösen. Außerdem hat man in diesem Jahr zusätzlich Zeit, sich über eine berufliche Karriere Gedanken zu machen.

Wie wirkt der Gedanke: Die große Schwester oder den großen Bruder in einer fremden Familie im Ausland spielen? Den Lebensstandard halten, deine Sprachkenntnisse verbessern, den Horizont erweitern und die Selbstständigkeit forcieren? Bei allen Auslandsoptionen erfreut sich die Au-pair Variante stets größter Beliebtheit. Zunächst nur von weiblichen Au-pairs in Betracht gezogen, eröffnen sich zunehmend auch männlichen Interessierten mit entsprechender Qualifizierung alle Türen. Wie wir aus Erziehungs- bzw. Bildungsfragen wissen: Die Kinder profitieren sowohl vom männlichen als auch dem weiblichen Pol. Stell dir darüber hinaus vor, du hättest in deiner gesamten Schulzeit beispielsweise nur Lehrerinnen. Identitäten, Vorbilder, Inspirationen lassen sich besser kreieren, wenn die Umwelt möglichst vielfältig gestaltet wird. Genauso verhält es sich mit der Kindererziehung, bzw. der Intention als Au-pair tätig zu werden.

Der wohl größte Vorteil der Au-pair Tätigkeit ist kultureller Natur:

Wie kannst du eine fremde Kultur besser erleben, als durch die Familien vor Ort? Hier birgt sich auch ein kleiner Vorteil gegenüber der „Work & Travel"-Idee: Während du als Backpacker wohl mehr Leute kennen lernst und vor allem unterschiedliche Erfahrungen machst, hast du als Au-pair die Chance, tiefer einzudringen. Die Kultur von der Pike auf zu erleben fernab von Hostels, Farmarbeit, Zelten und Co. Auf der anderen Seite bist du als Au-pair nicht so sehr flexibel. Du bist an deine „Homebase" und die Familie gebunden. Wenn du also weniger „Bock" auf Gruppenzimmer in Hostels, ständige Ortswechsel, Farmarbeit und Co. hast, kann der Au-pair Gedanke durchaus reizvoll für dich sein. Der ein oder andere Wochenend-Trip oder Urlaub mit der Familie kann schon drin sein, ist aber eher eine Randerscheinung. Was aber wohl am wichtigsten ist: Du brauchst Erfahrung im Umgang mit Kindern. Sei es durch Jugendarbeit in Sportvereinen, Kommunen, der Kirche, durch Babysitting oder Nachhilfe; gewisse Schnittmengen zu deiner sozialen Ader sollten erkennbar sein. Du scheinst schon zu erahnen: Es kommt wieder allein auf dich und deine Präferenzen an.

Das sind die Aufgaben eines Au-pairs

Je nach Absprache mit der Familie kommen folgende Aufgaben und Verantwortungsbereiche auf dich zu: Zu allererst solltest du dir darüber im Klaren sein, dass du es primär mit Kindern zu tun haben wirst. In erster Linie gilt ihnen deine Aufmerksamkeit. Wenn du bisher also jeglichen Kontakt mit Kindern gemieden hast, dich schreiende oder nörgelnde Kinder das Weite suchen lassen und du dir auch nicht vorstellen kannst, eine Vorbildfunktion für die junge Generation einnehmen zu wollen, kannst du wohl ohne weiteres dieses Kapitel überspringen. Darüber hinaus betreffen dich auch jegliche Angelegenheiten deiner Schützlinge – von Kindergarten, Schule, über entsprechende Fahrdienste und Lunchboxen – dies fällt primär in deine Hände. Bedenke, dass du auch im Haushalt die helfende Hand für die Gasteltern verkörperst. Du wirst dich also sehr wahrscheinlich um Abwasch, Wäsche, Einkaufen und in den meisten Fällen auch das Kochen kümmern.

Dies lässt sich allerdings schwer pauschalisieren, da dies von den Familien unterschiedlich gehandhabt wird. Sicher lässt sich aber damit rechnen, dass diese Aufgaben zumindest teilweise auf dich zukommen werden. Aber auch hier profitierst du: Du machst riesige Schritte in puncto Selbstständigkeit und erwirbst Kernkompetenzen, die sich zurück in der Heimat als sehr nützlich erweisen werden. Ein vielleicht trivialer Hinweis: Es erscheint wohl einleuchtend, dass dein Arbeitspensum maßgeblich von der Anzahl der zu betreuenden Kinder abhängt. Entscheidest du dich für eine Familie mit einem vierjährigen Sohn, sieht dein Alltag intuitiv entspannter aus, als wenn du die Familie mit vier Kindern wählst (und gewählt wirst natürlich). Beides hat Vor- und Nachteile. Wenn dir insbesondere deine Freizeit wichtig ist, du dich vormittags gerne im Gym auspowerst oder durch den Park tigerst, wird die „Ein-Kind-Variante" wohl attraktiver erscheinen. It's Up to you. So wie Mady es in ihrem Erfahrungsbericht in den USA beschreibt, läuft deine Au-pair Erfahrung in der Regel über eine Agentur. Viele Agenturen in Deutschland kooperieren mit den Partnern im jeweiligen Land, sodass es zu einem „Match" mit einer einheimischen Familie kommt. Du legst ein Profil an, gibst Auskunft über Interessen, Erfahrungen in der Kinderbetreuung schreibst einen „familiy-letter" oder drehst häufig ein eigenes Bewerbungsvideo, sodass die Familie einen persönlichen Eindruck von dir erhält. Hier gilt es einfach, sich ganz locker und authentisch zu präsentieren. Investiere lieber die ein oder andere Minute mehr, da die Familien in ihrem „Screening" recht schnell merken, wie viel Herzblut du in das Bewerbungsvorhaben gesteckt hast. Nach dem ersten Step folgt dann schließlich das Skype-Interview. Keine Scheu vor Sprachbarrieren oder ähnlichem. Die Familie weiß, dass du wahrscheinlich nicht in deiner Mutter-Sprache sprichst. Von daher: easygoing. Nach dem ersten Abtasten schmilzt das Eis eigentlich recht schnell. Beide Seiten können so abschätzen, ob die Sympathie stimmt, oder nicht. Bereite dich vielleicht auch auf die ein oder andere Frage der Kinder vor, wenn diese ein entsprechendes Alter erreicht haben. Fragt dich ein Grundschulkind, was deine persönliche Meinung zu Dinosauriern ist, solltest du besser nicht instant vom Hocker fallen.

Ich habe von vielen Au-pairs gehört, dass diese Einzelkinder waren. Viele von uns wünschen sich die Rolle einer großen Schwester oder eines großen Bruders. Das ist deine einmalige Chance in diese Rolle zu schlüpfen. Du wirst nicht nur exponentiell deine Sprachkenntnisse verbessern, du wirst direkter Zeuge der einheimischen Mentalität. Du merkst, wie die Kids mit der Zeit eine persönliche Bindung zu dir aufbauen; Vertrauen schenken; Aufmerksamkeit fordern; Gemeinsame Zeit schätzen. Du bekommst sehr viel zurück. Nicht selten wirst du noch lange in Kontakt mit deiner Au-pair Familie stehen und mit den Jahren erstaunt sein, wie schnell deine ehemaligen Schützlinge groß werden. Rückblickend hast du sie eine Zeit geprägt. Du kannst Impulse setzen und ggf. eine Vorbildfunktion einnehmen. Vielleicht hast du noch Jahre später eine gute Beziehung zu der Familie und ihr besucht euch gegenseitig. Wenn du also Erfahrung in der Kinderbetreuung besitzt, neugierig bist, eine einheimische Familie von der Pike auf kennen zu lernen und ein wenig mehr Sicherheit und Struktur in deinem Auslandsabenteuer suchst, gib dem Au-pair Gedanken eine Chance. Ich war damals als Au-pair in Australien und kann im Nachhinein für eine einmalige Zeit dankbar sein. Als „großer Bruder auf Zeit" habe ich mich persönlich enorm weiterentwickelt und wertvolle Lebenserfahrungen gesammelt.

Von FSJ über Ehrenamtliches Engagement

Nach der Schule erstmal zum Bund oder Zivi? Es ist gar nicht allzu lange her, dass das der Status Quo war. Wir kennen diese Zeit nicht mehr. Warum also über sowas wie ein FSJ oder ein Freiwilliges ökologisches Jahr (FÖJ) nachdenken? Freiwilliges Soziales Jahr oder Freiwilliges Ökologisches Jahr. Du meinst deine soziale Ader hat eher Alibi-Charakter? Vielleicht lohnt es sich dennoch, mal darüber nachzudenken. Starten wir mit einem Blick auf den Erfahrungsbericht von Stephan.

Stephan (30), Siegen

Warum habe ich mich für ein FSJ entschieden?

Seit ich zehn Jahre alt war habe ich mich in der Jugendfeuerwehr (und später in der Einsatzabteilung der freiwilligen Feuerwehr) engagiert. Während ich den Weg zum Abitur einschlug, gingen meine Freunde aus der Feuerwehr in Lehrberufe des Handwerks und der Industrie. So kam es, dass sie mir viel von den momentan aktiven Baustellen erzählten und hin und wieder voller (berechtigtem) Stolz zeigten „„Schau' mal, das haben wir letzten Winter gebaut. Da war es kalt!" Ich habe dann begriffen, dass das was ich derzeit tue eigentlich niemanden interessiert: Ich rechne, analysiere Gedichte und philosophiere über Theologie – und weder nach einem Tag noch nach einer Woche nach einem Jahr kommt etwas Neues oder Brauchbares dabei heraus. Klar, irgendwann werde ich Wissenschaftler oder Ingenieur werden und dann hole ich das alles auf, aber was leiste ich jetzt? Was habe ich täglich zwischen meinem Aufstehen und Zu-Bett-Gehen in der Welt verändert? Diese Gedanken nagten an mir und ließen eine gewisse Unzufriedenheit in mir aufsteigen. Dann kam der Musterungsbescheid und langsam musste ich mich entscheiden, ob ich Wehr- oder Zivildienst machen wollte oder ob ich mich vielleicht doch bei der Feuerwehr für 12 Jahre Katastrophenschutz verpflichten wollte. Für mich war klar: Ich werde etwas machen bei dem ich Spuren hinterlassen kann – bei dem es einen Unterschied macht, ob ich da war oder nicht. So entschied ich mich letztlich für den Zivildienst beim Rettungsdienst.

Was möchte ich Abiturienten mit auf den Weg geben?
Der Zivildienst war die glücklichste Zeit meines Lebens: Mein Kollege und ich konnten die Welt für einige Menschen jeden Tag ein bisschen besser machen. Manchmal haben wir gekämpft wie die Löwen, um einem Menschen das Leben zu retten oder um dem Patienten gegenüber Zuversicht auszustrahlen, obwohl wir selbst jede Hoffnung verloren hatten. Und manchmal konnten wir auch einfach nichts mehr retten – dann lernt man zu akzeptieren, dass man nicht zaubern kann und dass Gott immer noch das letzte Wort hat. Aber in den allermeisten Fällen konnten wir Leiden lindern, Zuversicht und Trost spenden und Menschen aufbauen, die am Boden lagen. Ich habe dabei gelernt, dass ich viel mehr kann, als ich mir selbst zutraue. Und mir wurde klar, dass ich ALLES, aber auch wirklich ALLES habe: denn wer möchte sich guten Gewissens über einen etwas spärlich gefüllten Geldbeutel oder andere Kleinigkeiten beklagen, wenn Menschen vor einem liegen, die nie wieder werden laufen können oder die gerade auf dem Weg zur OP sind, um einen Hirntumor entfernen zu lassen? Es ist egal, ob ihr Essen auf Rädern verteilt und dabei begreift wie sehr euch manche Omi um fünf Minuten Unterhaltung anbettelt oder ob ihr im Kinderhospiz todkranken Kindern jeden noch erlebten Tag aufs Neue zum Schönsten ihres kurzen Lebens macht. Vielleicht verrichtet ihr auch Hausmeisterdienste im Behindertenheim und stellt fest, wie wertvoll und leider dennoch missachtet diese Menschen sind: Wichtig ist nur, dass ihr euch einbringt! Werdet nicht zum Sozial-Gaffer, der auf der Überholspur des Lebens achtlos an den hilfsbedürftigen Menschen vorbeischießt – denn dies ist nicht nur moralisch verwerflich, es entgehen euch viele prägende und stark machende Erfahrungen!

Stephans Motivation, die Welt ein kleines bisschen besser zu machen, war sein innerer Antrieb für freiwilliges Engagement. Ich habe von vielen FSJ'lern gehört, wie lange sie noch nach dem Abschluss ihres freiwilligen sozialen Jahres davon geschwärmt haben. Aber warum eigentlich? In Altenheimen oder bei Rettungsdiensten malochen, um am Ende mit einem spartanischen Gehalt abgefrühstückt zu werden? Du ahnst schon zu Recht; um Geld geht es sicher nicht. Auch wenn du bisher keinen konkreten Beruf im sozialen Bereich vor Augen hast; gib dem Gedanken wenigstens eine Chance. Gut möglich, dass du dich von einer völlig neuen Seite kennenlernst. Aber auch im Falle eines einmaligen Exkurses kann dir diese Erfahrung keiner nehmen. Solltest du im Anschluss die nächsten 50 Jahre im Büro hocken, wirst du die Zeit vielleicht im Nachhinein als sehr lebhaft empfinden.

Die FSJ's sind bundesweit organisiert und laufen über offizielle Träger. Häufig bist du in spezielle Seminargruppen integriert und nimmst an Workshops zu den verschiedensten Themen teil. Du hast mal Lust in den sozialen Bereich zu schnuppern? Dann lohnt sich der Gedanke. Selbst wenn du schon jetzt weißt, dass du später nicht in dieser Branche arbeiten möchtest, hast du hier die Chance ein wenig Lebenserfahrung zu sammeln. Du wirst eines merken: Dein Einsatz hat direkte Auswirkungen. Du stocherst nicht in Excel-Tabellen rum, sondern arbeitest mit Menschen. Sei es im Altenheim, im Jugendzentrum, bei Lebenshilfen, im Hospiz, im Sportverein oder in der Kita. Zudem hat ein offizielles FSJ weitere Vorteile; du kannst es dir an manchen Unis anrechnen lassen, bzw. kannst deinen bereits erhaltenen Platz zurückstellen lassen. Heißt einfach, dass du den Zulassungsbescheid quasi ein Jahr später nach dem FSJ geltend machen kannst. Parallel profitiert dein Lebenslauf: Ehrenamtliches Engagement. Erworbene Soziale Kompetenzen werden für deinen weiteren Weg sicherlich kein Nachteil sein. Aber auch hier gilt: Keine Pauschalisierungen.

Renn jetzt bitte nicht mit Scheuklappen durch die Gegend und sag „ach Marvin hat mir gesagt, ich soll auf jeden Fall ein FSJ machen". Ne, ne. Wie bei „Work & Travel" gilt die grundsätzliche Prämisse, nicht alles und jeden über einen Kamm zu scheren. Es wird sicher einige FSJ-Stellen geben, die nicht die besten Rahmenbedingungen bieten. Es kann passieren, dass du als billige Arbeitskraft ausgebeutet wirst. Man denke nur an den Pflegenotstand derzeit. Es kann aber auch passieren, dass du die ultimative Stelle erwischst, bei der du tolle Menschen kennenlernst und viel zurückbekommst.

Wertschätzung zum Beispiel. Anerkennung. Auch wenn es nur ein Lächeln ist. Das direkte Feedback kann mehr bedeuten, als später so manche Gehaltserhöhung. Vielleicht tankst du während dieser Zeit Impulse, die dich auf einen zuvor ungeahnten Pfad führen. Lass dich auf ein Gespräch mit einer älteren Dame im Altenheim ein, die vom Job Ihres Ehepartners erzählt. Dies verleitet dich dazu, im Internet in diesem Bereich zu recherchieren; Ideen und Inspirationen, die du vorher nicht erahnen konntest; Prozesse die auf anderen aufbauen und gewissermaßen einen kleinen „Schubs" benötigen. Mehr zu diesem Ansatz später im „Beyond-the-Corner Paradigma".

Auch international kannst du mit einem FSJ oder FÖJ durchstarten. Diverse Seiten im Internet bieten Praktika oder Freiwilligendienste an. Lass dich einfach mal inspirieren. Jonas' Erfahrung zeigt uns den Internationalen Jugendfreiwilligen-Dienst (IJFD). Diese Erfahrungen, die er dort gemacht hat, waren unglaublich wertvoll für seinen weiteren Weg.

Jonas (20), Hamburg

Ich entschied mich nach meinem Abi nicht direkt zu studieren sondern stattdessen ein Internationalen Jugendfreiwilligen-Dienst (IJFD) in England zu machen. So konnte ich zum einen meine bis dato miserablen Englisch-Skills verbessern und zum anderen eine neue Kultur kennenlernen, austesten, ob ich für einen sozialen Bereich geeignet bin und darüber hinaus auch noch ein bisschen reifen, bevor es dann in das Studium gehen würde. Ich hatte das Glück, in einer Fünfer-WG zu leben, dessen Mitglieder sich mit der Zeit zu sehr guten Freunden entwickelten. Nach wie vor treffe ich mich mehrmals jährlich innerhalb Deutschlands mit ihnen und halte den Kontakt. Zusätzlich boten die Seminare im Vorfeld die Möglichkeit, Kontakte zu knüpfen, was dazu führte, dass ich in England verschiedene Anlaufstellen hatte und ihnen Besuche abstatten konnte. Je nachdem welchem Service man zugeteilt wurde, konnte man als Freiwilliger jedoch allein Ortsspezifisch schlechter wegkommen und in einzelnen Fällen waren dann unglücklicherweise auch noch die Mitbewohner, Mitarbeiter oder Klienten so anstrengend, dass diejenigen schwierige Zeiten durchmachen mussten. In den meisten Vermittlungsorganisationen gibt es für den Not- und Krisenfall allerdings ein Auffangnetz und keiner ist gezwungen, in seinem Service, Ort, etc. zu bleiben, wenn es der Person nicht gefällt und keine Veränderung möglich ist. So hatten zwei Leute nach einem halben Jahr den

Service gewechselt, einer den Ort und zwei das Jahr abgebrochen. Genug von den Schattenseiten. Prozentual gesehen sind die meisten Freiwilligen auch glücklich wiedergekommen und alle hatten enorme Erfahrungsschätze gesammelt und sich charakterlich entwickelt. Was mich als Freiwilligen betraf, wurde ich in London einer Organisation zugewiesen, wogegen ich recht wenig einzuwenden hatte. Je nach Service und Organisation kann die Urlaubszeit jedoch variieren und manch einer hat weniger oder mehr Freiheiten. Letztendlich sollte aber der Urlaub bei einem Freiwilligendienst nur nebensächlich sein. In meinem Fall war der Hauptaspekt das Arbeiten mit älteren und behinderten Menschen. Verschiedene Services, die mit meiner Organisation kooperierten, boten hier die unterschiedlichen Klientengruppen an, mit denen ich arbeiten würde. Für alle Bereiche war hier der Aspekt „Professionelle Freundschaft" ganz groß geschrieben, denn ich hatte die wichtige Aufgabe Klienten die vereinsamt und körperlich, krankheits- oder altersbedingt eingeschränkt waren, wöchentlich/ zweiwöchentlich oder monatlich einen Besuch abzustatten oder sie anzurufen, um nach ihnen zu schauen, mit ihnen Unternehmungen zu machen, ihnen bei Einkäufen zu helfen, bei einen Caffé oder Tee Gesellschaft zu leisten oder eben telefonisch eine kleine Unterhaltung zu führen und dabei den professionellen Abstand trotzdem zu bewahren. Ziel hierbei ist es, den zumeist älteren Menschen, die oftmals isoliert, einsam, in ihren Möglichkeiten eingeschränkt und dadurch sehr traurig und frustriert sind, Beistand zu leisten, ein offenes Ohr für ihre Probleme zu haben und ihnen durch die Gesellschaft des Freiwilligen den Alltag etwas bunter zu gestalten. Zusätzlich bietet der Vertrauensaufbau zum Klienten die Möglichkeit, Probleme und Schwierigkeiten im Leben mitzubekommen und diese dem Office weiterzuleiten, damit Familie, Angehörige oder Pfleger informiert werden und unterstützen können. Dass man im Vorfeld vielleicht ein bisschen ängstlich oder schüchtern in Bezug auf die verschiedenen Klientengruppen ist, sollte euch letztendendes nicht davon abhalten, eine solche Erfahrung zu sammeln, denn ihr werdet mit Sicherheit an den Aufgaben und Herausforderungen wachsen. Mit Autisten zu arbeiten hat meinen Horizont und den Blick dafür, dass Realität nur ein Konstrukt ist, dass wir uns alle unterschiedlich aufbauen, geschärft und dazu schlicht und ergreifend unglaublich viel Spaß gemacht. Und mit älteren Menschen zu arbeiten, die durch meine Hilfe die Chance bekamen, ihren Handlungsspielraum nochmal zu erweitern oder teilweise ihre Selbstständigkeit sogar wiederzuerlangen, hatte einfach etwas unglaublich Sinn stiftendes. Ich kann es wirklich jedem empfehlen vor dem Studium eine IJFD-Erfahrung zu machen und seinen Horizont zu erweitern!

Das FÖJ

Hier geht es einfach um die ökologische Komponente. Seien es Schildkrötenprojekte in Südafrika oder Wattwurm-Forschungen in der Nordsee. Wenn du Bock auf Bio hast und zudem etwas für den Umweltschutz und mehr Nachhaltigkeit tun möchtest, kann das für dich spannend sein. Auch hier gibt es unterschiedliche Anbieter. Pauschale Urteile sind hier schwierig. Schau insbesondere auf Erfahrungsberichte und vergleiche die Kosten. Diese unterscheiden sich zum Teil erheblich. Insgesamt spricht also vieles für dein soziales Engagement. Mal ehrlich, die Chancen so ein FSJ oder FÖJ zu machen, steigen nicht mit dem Alter. Die Aussicht einfach mal ein Jahr etwas Anderes zu machen, ist jetzt nach dem Abi oder vor dem Studium bzw. der Ausbildung am besten. Vielleicht ergeben sich völlig neue Erkenntnisse. Du entdeckst vielleicht deine soziale Ader oder weitere Informationen: etwa ob du mit Menschen arbeiten möchtest oder nicht. Hier gibt es kein richtig oder falsch. Das hängt ganz von dir ab. Dein individuell maßgeschneidertes Paket.

Ehrenamtliches Engagement

Apropos Engagement. Dieses ist natürlich nicht nur auf dein Freiwilliges Jahr beschränkt. Es gibt verschiedene Möglichkeiten, die du nutzen kannst. Sei es im Sportverein, in kirchlichen Verbänden, verschiedenen Organisationen oder Komitees an der Uni. Viele Infos darüber fliegen dir leider nicht zu, sondern wollen erfragt werden. Dein Lebenslauf wird aufpoliert und gleichzeitig tust du etwas Gutes und das in deinem favorisierten Bereich. Ich bin selbst auch in unterschiedliche Aufgaben eingebunden und ich muss sagen, dass es mir in vielerlei Hinsicht geholfen hat. Sei es einfach, weil ich etwas Sinnvolles tue, Möglichkeiten habe etwas zu gestalten oder interessante Menschen kennenlerne. Insbesondere, wenn du dich mal über Stipendien erkundigst, wirst du schnell merken, dass Noten nicht alles sind. Es kommt vielmehr auf deine Persönlichkeit an. Was zeichnet dich aus? Was ist dein Engagement in der Gesellschaft, wie klein es auch sein mag. Es sollte aber keineswegs Mittel zum Zweck sein. „Nur damit du etwas als Ehrenamt deklarieren kannst", sollte nicht deine Intention sein. Früher oder später werden auch andere merken, wie authentisch deine Aktivitäten sind. Sei daher ruhig ehrlich zu dir selbst. Worum es also geht, ist die Nische zu finden, in der du dich gerne entfalten kannst. Ich höre dann oft „woher soll ich das denn wissen, Marvin?" Die Antwort ist einfach wie kurz: Ausprobieren.

Wie fühlt es sich an, eine Handballmannschaft zu trainieren? Reizt es mich irgendwie als Teamer, die Konfirmanden anzuleiten? Gibt es Vereine oder Organisationen in meiner Nähe, wo ich mich einbringen möchte? Einfach mal deine Antennen so justieren, dass du offen für neue Möglichkeiten bist. Mal schauen, was morgen auf dich wartet. Häufig hören wir nur irgendwelche negativen Schlagzeilen über die Politiker. Scheinbar unnahbare Personen, die so weit entfernt sind. Ich alleine kann doch sowieso nichts ändern, wirst du dir vielleicht denken. Schauen wir einmal auf den Bericht von Lauritz. Er ist Vorsitzender einer Parteien-Jugendorganisation und gibt Einblicke in die Motivation dahinter. Häufig mangelt es auch hier an Kontaktmöglichkeiten. Häufig kommt man da über Freunde und Bekannte ran. Alleine Initiative zu zeigen, ist für viele oftmals ein Umweg. Aber auch hier: Schau dir vielleicht einfach eine Organisation an, die dir sympathisch erscheint. In der Regel wirst du nicht auf taube Ohren stoßen. Wenn du dich ehrlich interessiert zeigst, kannst du das Ganze ja einfach mal auf dich wirken lassen.

Lauritz (24), Göttingen

Warum habe ich mich für jugendpolitisches Engagement entschieden?

Wenn man an Politik und politisches Engagement denkt, kommt einem als erstes Berlin oder die jeweilige Landeshauptstadt in den Sinn. Jedoch kann man schon in seiner Heimat einiges bewegen, wenn man sich dafür einsetzt. Das war auch meine Ambition. Ich bin in Göttingen zur Schule gegangen, habe mein Abitur hier gemacht und schließlich auch angefangen zu studieren.

Mit der Zeit wollte ich wissen, weshalb Dinge so laufen, wie sie eben laufen und ob es nicht vielleicht einen besseren Weg oder bessere Entscheidungen gibt. Ob ich von selbst aus zu einem Treffen einer Jugendorganisation gegangen wäre? Wahrscheinlich nicht. Mehr durch Zufall, als durch irgendetwas anderes, bin ich auf einen Flyer einer hiesigen politischen Jugendorganisation aufmerksam geworden. Gemeinsam mit einem Kommilitonen wollte ich vorbeischauen und mir ein Bild von davon machen, was dort eigentlich passiert. Denn, ganz ehrlich: So wirklich einen Überblick hatte ich davon nicht. Mein Freund sprang, wie immer eigentlich, kurz vorher ab. Ich ging trotzdem. Der Flyer traf nicht nur meinen, sondern auch den politischen Nerv der aktuellen politischen Diskussion vor Ort. Entgegen meiner anfänglichen Erwartungen traf ich keine homogene Gruppe, die alles abnickte.

Unter einem gemeinsamen politischen Kompass, der eine grobe Richtung vorgab, gab es viele unterschiedliche Meinungen und auch große Diskussionen. Ich habe erst einmal mehr zugehört als erzählt und schnell gemerkt, dass ich mit meinen Ansichten anscheinend nicht alleine bin. Neben der inhaltlichen Schnittmenge war es ein Blick über den Tellerrand des sonst so gewohnten Campus hinaus. Man beschäftigte sich mehr mit der eigenen Stadt und den Hintergründen, was mir auf Anhieb gefiel. Einen Monat und ein paar Treffen später bin ich schließlich Mitglied geworden. Seit 2013 engagiere ich mich nun schon in verschiedenen Funktionen. Wenn ich behaupten würde, dass Politik einen nicht verändert, wäre das glatt gelogen. Die bisherige Zeit hat mich sehr geprägt und tatsächlich auch charakterlich weitergebracht. Doch auch abseits der politischen Agenda habe ich viel dazugewonnen. In erster Linie Freunde. Gemeinsam an einem Thema zu arbeiten, Erfolge, aber auch Misserfolge gemeinsam zu erleben, schweißt auf Dauer zusammen. Auch wenn es zunächst vielleicht eine große Hürde ist, kann ich jedem nur empfehlen, sich einmal anzuschauen, was die politischen Jugendorganisationen vor Ort so anbieten. Mit den richtigen Leuten schafft man nicht nur inhaltlich etwas, sondern hat auch eine Menge Spaß. Viele sagen, dass man nichts verändern kann. Bei manchen Themen stimmt das sogar. Man sollte sich nicht einbilden, dass man auf Anhieb die Welt ändern kann. Wenn man aber gemeinsam eine gute Idee entwickelt, dann findet man ein Sprachrohr, mit dessen Hilfe man dem Ziel ein Stück näherkommt. Die eigentliche Umsetzung ist einem aber weiterhin selbst überlassen. Wenn man sich aktiv und regelmäßig vor Ort einbringt, wird man schnell zu einem kleinen Zahnrad in einem großen Uhrwerk. Dieses Uhrwerk würde sich zwar ehrlicherweise auch ohne einen selbst weiterdrehen, das sollte aber nicht davon abhalten, sich zu beteiligen. Denn wenn man sich reinhängt, kann man wirklich etwas bewegen.

Aber nicht nur im politischen Kontext warten Möglichkeiten auf dich. Der Sport im Allgemeinen ist für viele von uns erste Anlaufstelle. Sei es der Schwimm- oder Turnverein, Handball, Voltigieren oder Fußball. Der Sport lebt auch vom Nachwuchs, sodass sich Tätigkeiten als Jugendtrainer anbieten. Selbst im E-Sport gibt es da schon Ansätze. Die Berichte von Marvin und Fabian zeigen uns spannende Bereiche. Zwischen den Zeilen lässt sich diese Begeisterung an der Sache selbst herauslesen.

Marvin (19), Kiel

Warum habe ich mich für ehrenamtliches Engagement neben dem Studium entschieden?

Schon seitdem ich 14 Jahre alt bin, also noch zur Schule ging, bin ich beim Fußball als Schiedsrichter aktiv. Nach meinem Abitur konzentrierte ich mich vorerst ein Jahr nur auf mein Hobby und gegen ein sofortiges Studium, da ich mir noch unschlüssig war, was ich machen wollte. Dieses Engagement blieb nicht unbemerkt, sodass ich zum Winter das Angebot bekam, mit einem Kollegen zusammen als Lehrwart die Ausbildung der Schiedsrichter zu übernehmen und damit Mitglied des Kreisausschusses zu werden. Schon am Anfang meiner Lehrwart-Tätigkeit merkte ich, wie sehr es mir Spaß macht, mit jungen Menschen zu arbeiten und dieses Wissen zu vermitteln.

Aufgrund dessen entschied ich mich zum folgenden Wintersemester für ein Gymnasiallehramtsstudium und bewarb mich an verschiedenen Universitäten.

Jedoch musste ich in das 130 km von meinem Heimatort entfernte Kiel ziehen, da ich nur an der dortigen Uni studieren konnte. Für mich war jedoch klar, dass ich meine ehrenamtliche Tätigkeit weiterverfolgen möchte und das tue ich bis heute – und ich bereue es nicht. Die Pendelfahrten kann ich gut für „Uni-Sachen" nutzen und mit einem guten Zeitmanagement kommt weder das Studium, noch das Ehrenamt zu kurz.

Was möchte ich jungen Menschen mit auf den Weg geben?
Ein Ehrenamt ist für jeden Menschen geeignet, der sich für eine Sache begeistern kann und an dieser Spaß hat. Zudem sollte nicht der Profitgedanke im Vordergrund stehen, sondern eher ein sozialer Gedanke (... dass man (s)einen Dienst für die Gemeinschaft leistet). Ich würde es jedem empfehlen, da es einen sehr guten Ausgleich zum Studium darstellt und man, wenn einem der Stress zu viel wird, sich dort mit etwas anderem beschäftigen kann. In Zeiten des immer größer werdenden Drucks der Gesellschaft auf Jugendliche nach dem Schulabschluss, ist es wichtig nicht nur irgendwas zu studieren (um etwas zu machen), sondern etwas, was man den Rest seines Lebens machen möchte.

Fabian (26), Lüneburg

Warum habe ich mich für ehrenamtliches Engagement neben dem Studium entschieden?
„Opa Wendt". Das war der Spitzname meines ersten Fußballtrainers. „Opa Wendt" war ein Rentner aus dem Dorf, der quasi jede Bambini-Mannschaft zunächst anleitete, ehe irgendein Vater das Amt übernahm. Der damals beinahe 70-jährige Mann erklärte uns, wie man den Ball führt und welche Schusstechnik am ehesten ein Tor ermöglicht. Er hätte auch genauso gut im Garten sitzen und seinen verdienten Ruhestand genießen können. Doch seine Liebe für den Fußball und das Ehrenamt haben ihn auf den Platz geführt. Knapp zehn Jahre nach meinem ersten Training bei Opa Wendt treffe ich ihn wieder. Natürlich – wie sollte es anders sein – auf dem Sportplatz in unserem Heimatverein. Natürlich hat er meinen sportlichen Weg verfolgt und weiß, dass ich meine Schuhe gerade an den Nagel gehängt habe. So kommt es nicht von ungefähr, dass er mich fragt, ob ich Interesse an einer Trainertätigkeit hätte. Keine zwei Wochen später stellte ich mich bei einer G-Jugend vor und leitete meine erste Einheit. Das war 2008. Fortan war ich insgesamt neun Jahre am Stück Jugendtrainer. Dann verschlug es

mich beruflich nach Nordrhein-Westfalen, sodass ein Sabbatjahr unausweich-
lich wurde. Rückblickend waren diese neun Jahre maßgeblich für meine persönliche Entwicklung, meinen Charakter und meine Sicht auf das Leben insgesamt.
Mit Kindern zu arbeiten ist eine spezielle Aufgabe, die eine extrem gute Schule
für die Sozialkompetenz ist. Es ist nicht immer leicht, verschiedene Herkünfte,
Bildungsniveaus und soziale Umfelder zu vereinen, doch a posteriori habe ich für
mich festgestellt, dass es kaum eine spannendere Beschäftigung gibt.

Ich habe generell die Erfahrung gemacht, dass Mannschaftssport eine große
Leistung erbringen kann. Gerade der Fußball kann Menschen weltweit verbinden und für ein Miteinander statt Gegeneinander in diesen unruhigen Zeiten
sorgen. Dementsprechend war das Ehrenamt für mich nicht nur zu Zeiten des
Abiturs, sondern auch während meines gesamten Studiums ein steter Wegbegleiter. Dabei agierte ich nicht nur als Fußballtrainer, sondern seit 2012 auch als
Berichterstatter für ein Online-Fußballportal, welches für eine kleine Aufwands-
entschädigung Redakteure beschäftigt, die über den Fußball von der Kreisliga
bis zur Oberliga im Landkreis berichten. Trainer, Sportjournalist und letztlich
auch wieder aktiver Spieler – für mich war der Fußball ein Ausgleich zum wenig
befriedigenden Studium der Politikwissenschaft. Im Nachhinein muss ich mir
selbst eingestehen, dass Klausuren und Hausarbeiten oftmals nur ein notwendiges Übel waren – das runde Leder hingegen eine Passion. So wird es den auf-
merksamen Leser nicht verwundern, dass ich meinen Abschluss letztlich bei
weitem nicht in Regelstudienzeit erlangen konnte. Es wäre gelogen, wenn ich
sagen würde, dass mir das egal ist. Fakt ist aber auch: Ich habe mich damit
arrangiert. Denn letztendlich hat mir die Liebe zum Fußball und zum Ehrenamt
mehr gegeben, als ein verkorkstes Studium jemals nehmen könnte. Glücklicherweise ist „Opa Wendt" noch heute am Leben, sodass ich die Möglichkeit habe,
ihm dafür zu danken, dass er mich zu einem besseren Menschen gemacht hat.

Was möchte ich jungen Menschen mit auf den Weg geben?

„Studieren Sie, egal was." Das war die Aussage eines Dozenten, der zwecks
Karriereplanung bei uns in der Schule vorgesprochen hat. Das war ein Jahr vor
dem Abitur – und hat mich maßgeblich beeinflusst. Zunächst einmal förderte
diese Aussage eine Trotzreaktion zu Tage. Irgendwas studieren, nur um zu studieren? Das kam für mich nicht in Frage. Ich bewarb mich erfolgreich um eine
Ausbildung und startete voller Tatendrang in den ersten Abschnitt nach dem
Abitur. Die Euphorie hielt ganze zwei Wochen an, nach vier Wochen war für mich

schließlich klar: Hier werde ich nicht glücklich. Alles auf null also. Nach einer schwierigen Zeit mit einigen Nebenjobs, viel Freizeit und noch mehr Langeweile sollte es schließlich bei der Polizei losgehen. Parallel hatte ich mir allerdings auch einen Studienplatz an einer staatlichen Universität gesichert. Eine gute Entscheidung, wie sich herausstellte, denn dieses Mal dauerte es keine vier Wochen, sondern nur einen einzigen Tag, um zu realisieren, dass das nicht meine Zukunft ist. Nachdem alle Vorkehrungen wieder rückgängig gemacht wurden, stürzte ich mich – inzwischen durch die vielen Überlegungen, Gespräche und Veränderungen arg geschlaucht – relativ unmotiviert in das Studium der Politikwissenschaft. Schnell wurde mir klar, dass ich auch hier nicht meine Erfüllung vorfinden werde. Sich erneut umorientieren? Einfach mal etwas durchziehen? Das waren die Fragen, die ich mir während der ersten zwei Semester immer wieder stellte. Letztendlich entschied ich mich für Zweiteres. Ob es die richtige Entscheidung war? Ich weiß es nicht. Das wird die Zukunft zeigen. Angesichts dieses turbulenten Verlaufs nach dem Abitur blickt man logischerweise etwas wehmütig auf die Schulzeit zurück, als alles noch so leicht und einfach schien. Der Spaß und das tägliche Aufeinandertreffen mit den Freunden und Freundinnen bleibt haften, die schlechten Erinnerungen werden in diesem Kontext eher verdrängt. Dennoch bringt es nichts, ständig zurückzublicken. Stattdessen sollte es oberste Prämisse sein, nach vorne zu schauen und für sich festzulegen, was man im Leben erreichen will. Beratung ist gut – eigene Entscheidungen zu treffen ist besser. Viele junge Menschen wollen später ihr Geld mit einer Arbeit verdienen, die sie glücklich macht. Und das ist auch gut so! Wer nicht versucht, sich seine Träume zu erfüllen, der wird sich früher oder später hinterfragen und über die verpasste Chance ärgern. Ob eine Ausbildung, ein Studium oder sogar der direkte Berufseinstieg nun der beste Weg ist, das kann wirklich niemand pauschal sagen. Ausprobieren und den Instinkten folgen – das ist eine gute Vorgehensweise, um das persönliche Glück zu finden.

Vielleicht noch eine kleine Fußnote dazu, warum dich ehrenamtliches Engagement weiterbringen kann. Nicht nur dein Lebenslauf wird bereichert. Vielmehr tust du einfach etwas Gutes. In der Regel in einem Bereich, für den du intrinsisch motiviert bist. Du knüpfst nicht nur wichtige Kontakte, die dich auch beruflich später weiterbringen. In der Psychologie beschäftigen wir uns auch mit dem Thema Erholung. Also egal, was du hauptberuflich machst, sei es eine Ausbildung, ein Studium oder schon das Arbeiten;

permanent stellt sich die Frage danach, wie du deinen Akku wieder auflädst. Bei deinem Smartphone geht das so easy; einfach über Nacht in die Steckdose und gib ihm. Am nächsten Morgen lachen dich grün funkelnde 100% an. So ganz leicht ist die Rechnung mit unseren Akkus nicht. Du kannst es ja mal ausprobieren. Wenn deine Erholungsstrategie einfach nur darin besteht einen Netflix-Marathon nach dem anderen zu starten, bleibt offen, inwiefern das langfristig gut geht. Auch wenn man sich die Studien hierzu anschaut, ist Faulenzen nicht alles. Eine Komponente bezieht sich auf Mastery-Experience. Laut diesem theoretischen Ansatz, erholst du dich, wenn du andere erfüllende Erfahrungen machst, die dich auch persönlich weiterbringen. Beispielsweise andere Seminare die dich über den Tellerrand blicken lassen oder eben ehrenamtliches Engagement. Du kannst ja mal darüber nachdenken. Schaden wird dies sicher nicht.

Praktika – Visionen auf Schnupperkurs

Zeitreise. Du befindest dich gerade an deinem Schreibtisch. Deine Mutter brüllt durch die Wohnung, dass das Abendessen fertig ist. Du hast Hunger, möchtest aber noch den Satz beenden. Wir sprechen von deinem Praktikumsbericht in der neunten Klasse. Es ist das erste Mal, dass du kein Diktat oder eine Erörterung schreibst. Nein. Du sitzt da plötzlich am PC. Es ist eines deiner ersten Word-Dokumente. Noch kurz die Seite markieren und auf Times New Roman einstellen. Genau, die Schriftgröße 12. Doch warum machst du das ganze eigentlich? Nur damit dein Politiklehrer vor Freude Luftsprünge macht, wenn er deine Zeilen liest? Er sich dermaßen über deine Zeilen echauffiert, dass er bei der Korrektur denkt: „Wenn das nicht der neue Traumjob ist". Nein. Im Nachhinein geht es um viel mehr. Um deine Visionen auf Schnupperkurs.

Häufig finden diese Praktika noch vor der Oberstufe statt. So oder so ist es ein interessanter Einblick. In vielen Fällen war es das dann aber schon wieder. An vielen Schulen – insbesondere Gymnasien – fällt das Kapitel Berufsorientierung durch Praktika nicht gerade üppig aus. Wir analysieren bestimmt im Laufe der Schulzeit 500 Texte und Quellen oder 20 Gedichte. Demgegenüber steht ein Praktikum. Natürlich ist die Analyse von Literatur wichtig; die Frage stellt sich jedoch nach der Balance. Ich habe in vielen Gesprächen mit jungen Menschen festgestellt, dass dieses EINE Praktikum häufig die entscheidende (natürlich auch einzige) Basis war, auf der die Entscheidung für eine Ausbildung oder ein Studium getroffen wurde. Es gibt sicher Fälle, in denen diese Rechnung aufgeht. Beispielsweise ein Jurist, der sein Schulpraktikum in einer Kanzlei gemacht hat und dermaßen Motivation getankt hat, dass das Jura-Studium kein großes Hindernis darstellt. An diesem fiktiven Beispiel wird aber erneut deutlich, dass die Entscheidung eben nicht monokausal ist. Zu viele Faktoren mediieren die Entscheidung für ein Jurastudium. Diese erwarten dich insbesondere in den folgenden Kapiteln. Lass dich in der Zwischenzeit schon mal von Nathalies Erfahrungsbericht inspirieren. Sie berichtet über Ihre Erfahrungen in Australien. Bei allen Praktika-Ideen, die du so hegst, bedenke: es muss nicht zwangsläufig im Inland stattfinden. Absolvierst du das Praktikum im Ausland, sammelst du zudem wichtige interkulturelle Kompetenzen.

Nathalie (24), Sydney

Warum habe ich mich für ein Auslandspraktikum entschieden?

Während meines Bachelorstudiums im Fach Psychologie habe ich mich dazu entschieden, im 5. Semester nach Sydney, Australien zu gehen, um das vorgesehene Pflichtpraktikum dort zu absolvieren. Für mich war es die perfekte Möglichkeit, das theoretische Wissen endlich in die Praxis umzusetzen – warum also nicht gleich die Chance nutzen und das alles mit einem Auslandsaufenthalt kombinieren?! Mein Herz hat schon immer für Australien geschlagen. Insofern musste ich nicht lange überlegen, als es darum ging, welche Länder für mich in Frage kämen. Darüber hinaus habe ich mich schon während des kompletten Studiums auf das Praxissemester gefreut, in dem ich endlich Einblicke in die Berufswelt bekommen würde. Der Fakt, dass das alles im Ausland – genauer genommen am anderen Ende der Welt – passieren würde, hat das ganze umso aufregender gemacht! Um es auf den Punkt zu bringen, gab es zahlreiche gute Gründe während des Studiums nach Sydney zu gehen aber keinen einzigen, der dagegengesprochen hätte.

Zum einen konnte ich es wie bereits erwähnt kaum erwarten, das Arbeitsleben in einem anderen Land kennenzulernen und die Punkte „Arbeit" und „Lernen" aus anderen Blickwinkeln zu betrachten. Zusätzlich war der interkulturelle Kontext eine Motivation für mich, weil Australien sehr multikulturell ist und es mich daher gereizt hat, die Zusammenarbeit mit verschiedenen Kulturen kennenzulernen, ihre Werte besser zu verstehen und Unterschiede festzustellen. Weitere Anreize für ein Auslandspraktikum waren daher die Erweiterung meines Horizonts in Bezug auf Faktoren wie Allgemeinbildung und Toleranz und auch Inspiration und Orientierung für meinen weiteren Lebensweg. Ich war während der Schulzeit zwar schon für ein High-School Jahr in den USA, dennoch habe ich vermutlich wegen der teilweise sehr verantwortungsvollen Aufgaben in dem australischen Unternehmen viel mehr gelernt, selbstständig zu arbeiten und Verantwortung zu übernehmen. Aus heutiger Sicht kann ich sagen, dass ich es unendlich bereut hätte, es nicht getan zu haben und es könnte wirklich als „Chance, die ich nicht genutzt habe" betitelt werden! Durch meinen Aufenthalt in Sydney hatte ich die Möglichkeit, neue Kontakte zu knüpfen und sowohl im beruflichen, als auch im privaten Sinne unvergessliche Erfahrungen zu sammeln und mich in meiner Persönlichkeit weiterzuentwickeln.

Was möchte ich Abiturienten mit auf den Weg geben?

Ich kann jedem einfach nur empfehlen, sich vorher zwar ausreichend zu informieren, aber einige Dinge einfach auf sich zukommen zu lassen. Es ist von daher wichtig, die eigenen Erwartungen flexibel zu gestalten, um in Endeffekt für sich selbst mehr Spielraum in Bezug auf „best-case-scenarios" zu haben. Wirklich überrascht war ich eher von Kleinigkeiten, die ich vorher nicht gewusst habe. Vor meinem Aufenthalt in Sydney habe ich gedacht, dass ich viele Australier kennenlernen werde. Schließlich habe ich sehr viele verschiedene Kulturen kennengelernt, aber „richtige" Australier, dessen Familien beispielsweise schon seit der 3. Generation dort leben, waren eher eine Seltenheit. Geändert hätte das aber letztendlich nichts über meine Entscheidung. Ferner war ich überrascht darüber, wie viel kürzer die Kündigungsfristen sind, wie viel schneller man einen Job bekommen kann und ihn im Umkehrschluss auch wieder loswerden kann. Es war interessant zu sehen, wie andere Organisationen funktionieren und das Sozialsystem aussieht. Das Auslandspraktikum hat mich aus vielen Gründen bereichert und ich kann es jedem wirklich nur ans Herz legen, es zu tun. Man lernt nicht nur andere Länder und Kulturen kennen und lernt, über den Tellerrand zu schauen, sondern betrachtet das eigene Heimatland auch aus einem anderen Blickwinkel. Ich bin durch meine Zeit in Australien viel reflektierter geworden – nicht nur in Bezug auf andere Kulturen, das Arbeitsleben und die Welt, sondern vor allem bezogen auf meine Wertvorstellungen und mich als Person. Was will man mehr?!

Ich möchte an dieser Stelle betonen, dass dieses Kapitel über Praktika wirklich besonders wichtig ist. Naturgemäß haben wir nach der Schule oder im Studium keinen Plan über den praktischen Alltag der Jobs. Wir können uns vorstellen, wie ein Apotheker oder Industriemechaniker arbeitet. Wie sich das ganze anfühlt wissen wir aber nicht. Woher auch? Genau hier kommen die „Visionen auf Schnupperkurs" ins Spiel. Greifen wir mal den Beruf des Apothekers kurz auf, weil ich tatsächlich eine Zeit lang mit dem Gedanken gespielt habe, Pharmazie zu studieren. Jeder von uns kennt den Gang in die Apotheke und assoziiert häufig nichts Gutes. „Da muss ich immer hin, wenn ich krank bin". Ich habe mir das aber trotzdem ganz entspannt vorgestellt. Morgens schlürft man zuerst seinen Kaffee, verkauft dann am Tresen ein paar Pillen. Hat mit Menschen zu tun. Kann Ihnen helfen. Parallel ein paar Kräuter in den Mörser werfen. Zack – schon ist der neue Zaubertrank fertig.

Dazu kann ich nach einiger Zeit vielleicht selbstständig werden und baue mein kleines feines Apotheken-Imperium auf. Klingt doch cool, oder? Das war meine (zugegeben sehr naive) Sicht der Dinge VOR dem Praktikum. Als ich dann ins Praktikum starten konnte, wurden mir ein wenig die Leviten gelesen. Den ganzen Tag im Kittel stehen (probiere mal aus, den ganzen Tag einfach nur zu stehen). Exakte Rezepturen für Salben und Co. realisieren. Schniefende und verärgerte Kunden, die sich über ihre Ärzte beschweren. Rezepte mit immer komplexeren Richtlinien der Krankenkassen berücksichtigen. Chemische Formeln aus dem Bilderbuch. Mehr als nur vier Wasserstoff-Atome. Chemische Formeln – ein gutes Stichwort. Ich war sicher nicht der naturwissenschaftliche Talent-Chemiker, der als Kind jedes Jahr zum Geburtstag den neuesten Chemie-Baukasten geschenkt bekommen hatte. Zwar konnte ich das ganze damals gut lernen, wenn es jedoch an physikalische Formeln oder chemisches Detailwissen über Van-der-Waals-Kräfte hinausging, hatte ich eher die mentale Flucht angetreten. Aber als ich mir dann mal im Detail das Pharmazie-Studium angeschaut habe, konnte ich gut abschätzen, dass das Ganze ein für mich sehr fragwürdiges Unterfangen ist. Auch die Gespräche mit der Apothekerin haben das bestätigt. Hier der Hinweis: Das Ganze soll nicht den Apotheker-Beruf diskreditieren. Es ist ein sehr wichtiger Job, der eine essentielle Säule in unserem Gesundheitssystem ist.

Also, warum diese Apotheker-Anekdote? Du kannst dieses Beispiel auf nahezu alle Bereiche übertragen. Sei es ein Praktikum in einer Kanzlei, einer Redaktion, einer Praxis oder Klinik, einem Großkonzern oder selbst dem Bundestag. Wahrscheinlich ist dir der Begriff „Vitamin B" bereits vertraut. Über irgendwelche Bekanntschaften (Familienangehörige, Eltern von Freuden etc.) wirst du bestimmt jemanden kennen, der in einem für dich interessanten Bereich arbeitet. Wenn du höflich, interessiert und motiviert nachfragst, sollte das bei genügend zeitlichem Vorlauf nicht das große Problem darstellen. Selbst wenn du „informell" einfach mal einen Tag jemandem über die Schulter schauen kannst, steht schon sehr viel auf deiner Haben-Seite. Natürlich kannst du nicht selbst die Arbeitsprozesse ad hoc gestalten. Wie denn auch? Vielmehr hast du so die einzigartige Möglichkeit, Inspirationen zu tanken. Wie wirkt das Umfeld auf dich? Fühlst du dich wohl im Schürzen-, Kittel-, oder Anzugsambiente? Ist dir der Ort zu groß? Zu klein? Genau richtig? Wie sieht der Arbeitsalltag aus? Natürlich kannst du in wenigen Tagen nur einen groben Einblick erfahren, dennoch besser als nichts. Wenn du nach einer ordentlichen Einheit Sport total ausgepowert nach Hause kommst und dein Körper nach Energie dürstet, ist es doch besser zumindest einmal in den Apfel zu beißen, als einfach so zu warten, oder? Kleinvieh macht auch Mist. Ein Euro ist besser als kein Euro. Ganz einfach ist die Rechnung. Selbst wenn du den Kaffee kochst; sehe es eher als Mittel zum Zweck. Bring dem Abteilungsleiter einfach eine Tasse und frage freundlich, ob er sich in der Mittagspause mal fünf Minuten Zeit für dich nimmt. Nutze die Gelegenheit, um ihm relevante Fragen zu stellen. Warum macht er das, was er macht? Wie ist er dahin gekommen und welche Kernkompetenzen solltest du mitbringen, um in diesem Job erfolgreich zu sein. Auch hier gilt: Vieles davon musst du zum jetzigen Zeitpunkt nicht in der finalen Bravur können. „Exzellente Excel-Kenntnisse" zum Beispiel. Das schöne ist, dass man das alles lernen kann. Niemand kommt als Excel-Genie zur Welt. Hier sind wir beim Unterschied von Fähigkeiten und Fertigkeiten. Fertigkeiten erwirbst du im Laufe des Lebens, während Fähigkeiten dir in die Wiege gelegt werden. Es geht einfach nur darum, ob du prinzipiell Lust darauf hast. Der Rest ist eine Frage des Willens, des Ehrgeizes und der Lernbereitschaft. Stellt sich nur noch die Zeitfrage. Leider sieht unsere Bildungspolitik häufig nur ein, maximal zwei Pflichtpraktika vor.

Etwas wenig Spielraum für deine bunte Neugier. Es geht auch gar nicht darum, deine ganzen Sommerferien mit irgendwelchen Praktika zu verbringen und deine Sozialbalken völlig auf der Strecke zu belassen. Bitte nicht. Dafür ist die Abizeit schon stressig genug, als dass du dir da noch zusätzlichen Druck machen solltest. Wir sprechen hier von i.d.R. völlig freiwilligen Aktionen ohne feste Regularien. Wie oben beschrieben, ist es schon ein Mehrwert, wenn du einfach mal einen Tag in den Ferien in einen bestimmten Bereich hineinschnupperst. Vielleicht auch mal eine ganze Woche, je nachdem was sich ergibt. Klingt doch nach einem vertretbaren Deal; von den Sommerferien fünf Wochen entspannen und eine Woche Zeit oder ausgewählte Tage für deine Erfahrungen investieren. Auch hier sprechen wir von einem Zinseszins, der sich als sehr hilfreich erweisen wird. Solltest du die Schule schon hinter dir haben, sieht die Sache natürlich ein wenig anders aus. Aber no worries. Nichts – und ich meine wirklich nichts – spricht dagegen, nach dem Abi oder einer Zwischenstation ein Praktikum zu absolvieren. Der Zeitpunkt könnte günstiger nicht sein. Du hast keinen parallelen Schul-. bzw. Abistress und kannst dich voll und ganz deinem Praktikum widmen. Ob eine Woche oder ein paar Monate. Du gewinnst wertvolle Praxiserfahrung, die so manch ein Student schmerzlich vermissen lässt. Auch dein Lebenslauf wird davon profitieren. Für einige Studienfächer bzw. Fachhochschulen musst du sogar Arbeitserfahrung durch Praktika nachweisen. Der ultimative Vorteil liegt auf der Hand: Du entwickelst ein Gespür für den Bereich. Auch hier ein kleines Beispiel von mir: Eine Zeit lang habe ich auch sehr mit der Lehramtsidee geliebäugelt. Jeder von uns hat hierzu seinen Standpunkt, schließlich kennen wir das Berufsbild Lehrer ganz genau. Wenn du über das Lehramt nachdenkst, solltest du dir über eine Sache im Klaren sein: Schüler sein meint Schüler sein. Lehrer sein meint Lehrer sein. Wichtig ist es, den Perspektivwechsel zu vollziehen. Das geht am besten über die praktische Erprobung.

Lisa (25) , Lüneburg

Warum habe ich mich für mein Studienfach entschieden?
Theoretisch bin ich in meinen Studiengang ziemlich unkoordiniert reingeschliddert. Ganz nach dem Motto: „Gut, irgendwas muss ich ja machen." Besonders, da ich bereits für ein Semester Wirtschaftspsychologie studiert und letztlich „erfolgreich" abgebrochen hatte. Der Druck stieg – langsam, aber stetig. Wie sollte es weitergehen? Die Frage entpuppt sich als äußerst problematische Herausforderung. Die leidige Qual der Wahl. Ich fühlte mich wie bei Starbucks: Du liest dir die Produkte durch und kannst dich einfach nicht entscheiden. Du wirst überrannt von einer Fülle an Möglichkeiten und sollst daraus entscheiden: Chai Latte, Macchiato oder doch den einfachen Filterkaffee? Mit Vollmilch, fettarmer Milch oder Sojamilch? Oder soll es letzten Endes doch lieber ein doppelter Espresso sein? Ich war überfordert, insbesondere, da ich mich für alles Mögliche interessiere und mich viele Dinge sehr schnell begeistern. Aber genau dieser Aspekt brachte mich dazu, ein Lehramtsstudium in Erwägung zu ziehen. Hier könnte ich einen Teil meiner vielfältigen Interessen vereinen: Ich bin sehr gesellig und setze mich gerne mit verschiedenen Meinungen und Ansichten auseinander – auch in Form von hitzigen Diskussionen. Darüber hinaus reizen mich die unterschiedlichsten Bücher, egal welcher Literaturepoche sie auch angehören. Darunter finden auch naturwissenschaftliche Schriften ihren Platz, da mich die

Lehre von allem, was in der Natur lebt und wächst, fasziniert. Lange Rede, kurzer Sinn, meine Fächerkombination sollte Deutsch und Biologie werden.

Was möchte ich Abiturienten mit auf den Weg geben?

Als ich das Lehramtsstudium anfing, war ich mir immer noch nicht sicher, ob das die richtige Entscheidung war. Eine Krise hatte ich letzten Endes im fünften Semester. Irgendwas sträubte sich in mir und ich wollte nicht mehr weiter studieren. Ich entschied mich, mein Studium zu verlängern, um in dieser Zeit mehr arbeiten zu können.

Ich brauchte den Abstand und bereiste viele Orte – unter anderem flog ich für zwei Monate nach Neuseeland. Rückblickend denke ich, dass das auch die beste Entscheidung war. Jetzt bin ich nach dem theoriebelasteten Bachelor im Master und somit in der Praxisphase, in der ich an einer Schule arbeite. Hier geht es endlich ans Eingemachte! Weg von der Theorie, rein in die Realität – mitten in den Alltag einer Lehrkraft. Genau an dieser Stelle liegt meiner Meinung nach auch das Problem der meisten Studiengänge: Der Bezug zur Praxis fehlt. Durch den damit entstehenden „Schul-Charakter" hat man das Gefühl auf der Stelle zu treten. Oft vergisst man dabei, warum man sich für diesen Weg entschieden hat und fängt an zu zweifeln. Ich denke, dass man sich gerade in solchen Momenten immer wieder die Zeit nehmen sollte, sich mit sich selbst auseinanderzusetzen. Mir hat damals das Reisen und die damit verbundene Distanz zum Studium geholfen, aber letztlich muss jeder für sich entscheiden, was einem selbst guttut. An dieser Stelle seien noch ein paar letzte Worte für diejenigen gesagt, die den Beruf als LehrerIn in Erwägung ziehen: Uns muss bewusst sein, dass dies ein Beruf ist, der ewige Fortbildung abverlangt. Wir müssen immer auf den aktuellen Stand sein und unser Wissen vermitteln. Aber liegt nicht genau hier der größte Reiz an diesem Beruf?

So wie Lisa es in ihrem Praxisbericht beschreibt, ist Lehrersein vor allem eine Frage der Persönlichkeit. Du solltest Spaß und Freude haben im Umgang mit Kids und Teens. Jeden Tag vorne zu stehen und das Kommando zu übernehmen. Klausuren konzipieren. Elternabende organisieren und stets sich der Aufgabe gewachsen zu sehen, junge Menschen zu begeistern; sie zu motivieren; zu inspirieren. Du kannst Impulse setzen und begeistern. Es kann eine wirklich fesselnde Mission sein, aber nicht für jeden. Deswegen kann ich dir nur empfehlen, die Schule auch mal von der anderen Seite kennen zu lernen. Wie wirkt es auf dich, auf einmal nicht mehr versteckt im Klassenraum zu sitzen, sondern vorne zu stehen? Wie fühlt es sich an, im Lehrerzimmer während einer Besprechung zu sein. Wie zu jedem Thema ergibt es Sinn, sich mit Erfahrungen von Menschen zu beschäftigen, die selbst diesen Weg bestritten haben. Erinnere dich an die Mount Everest Metapher. So ist es auch hier. Ich habe damals das Buch „Lehrer. Traumjob oder Horrorberuf" von Arne Ulbricht gelesen. Hier lernst du nicht nur die schönen Seiten kennen. Auch die Schattenseiten werden beleuchtet und am Ende eine Checklist erstellt. Das wird in jedem Fall nicht schaden und wird dich fundiert für die Frage „Lehrer werden?" sensibilisieren. Das Thema Praktika ist wirklich wichtig. Wenn es sich anbietet, sei bereit. Du kannst nur gewinnen. Auch wenn du feststellst, dass es nicht das Richtige für dich ist – dennoch bist du einen Schritt weiter. Also justiere deine Antennen, schaff dir die nötigen Zeiträume – sei es noch während der Schulzeit oder eben nach dem Abi – und leg los. Spannende Erfahrungen warten darauf, gemacht zu werden. Einen abschließenden Impuls zum Thema Praktikum liefert uns Fabian mit seinen Erfahrungen aus den USA.

Fabian (22), USA

Warum habe ich mich für ein Auslandspraktikum entschieden?

Bevor ich in die Oberstufe wechselte, entschied ich mich dazu, ein Auslandsjahr an einer High-School in den USA zu absolvieren. Verwandte meiner Familie lebten schon in den Staaten und dementsprechend besuchten wir sie fast jährlich. Natürlicherweise reichte mein Schulenglisch für die allgemeinen Konversationen aus, jedoch fühlte ich mich nicht sicher, um vor einer größeren Gruppe oder über Themen über eine längere Zeitspanne zu sprechen. Deshalb beschloss ich, meinen Horizont zu erweitern und meine Sprachfähigkeiten aufzubessern. Das Auslandsjahr lehrte mich, auf meinen eigenen Beinen zu stehen, für mich selbst zu sorgen und (schwierige) Situationen in unbekannten Umgebungen mit gerade mal 16 Jahren zu meistern. Dies sollte nur der Anfang meiner Freude am Reisen in andere Länder und das Interesse, weitere Sprachen zu erlernen, sein. Im Studium wurde mir die Möglichkeit gegeben für zwei Semester ins Ausland zu gehen. Eines davon sollte ein Auslandsstudium an einer unserer Kooperationsuniversitäten, das andere ein Auslandspraktikum in einem Unternehmen mit Bezug zu meinem wirtschaftswissenschaftlichen Studium sein. Ein weiteres Mal entschloss ich mich dazu, die Vereinigten Staaten als mein Ziel zu erkunden, um dort ein Praktikum zu bestreiten. Hierdurch konnte ich zusätzlich zur Lehre, die ich in der High-School erhalten habe, die Arbeitskultur der US-Amerikaner kennenlernen.

Konnte ich meinen Horizont erweitern?

Insbesondere das Praktikum lehrte mich mit meiner eigenen Zeit besser umzugehen. Zum ersten Mal hatte ich eine Arbeitsstelle ohne Vergütung. Ich fing an nicht darüber nachzudenken, wie viele Stunden ich schon investiert hatte um Summe X zu erhalten, sondern wie ich am besten meine Qualitäten unter Beweis stellen könnte und mehr Output zu erschaffen mit den Gegebenheiten die mir vorgelegt wurden. Wenn eine Deadline festgelegt wurde, musste diese stets eingehalten werden. Unter Zeitdruck gab es keine erweiterte Terminvorgabe wie ich es schon in deutschen Firmen erlebt habe. Dies hieß, Prioritäten für einige Projekte mussten umgelegt und neu überdacht werden. Zusätzlich war das Arbeitsklima zuerst anders, was sich jedoch als Falschannahme herausstellte, da die Mitarbeiter in den USA teilweise anders auf Situationen reagieren, als deutsche Angestellte.

Haben sich meine interkulturellen Kompetenzen verbessert?

Meine interkulturellen Kompetenzen haben sich dabei definitiv weiterentwickelt. Ob es Projekte im Auslandsstudium oder Auslandspraktikum waren, die in einer Gruppe fertiggestellt werden mussten, erlebte ich immer wieder verschiedene Gedankenwege, Ansätze und Vorgehensweisen bzw. Arbeitsmoralen aus verschiedensten Kulturen, die weltweit vertreten waren.

Wurde ich für meinen weiteren Lebensweg inspiriert?

Musste ich nur Kaffee kochen?

Wichtig ist: Als Neuzugang sollte man sich definitiv nie zu schade sein, jegliche Arbeit zu leisten. Sobald man die Kollegen davon überzeugt hat, eine Aufgabe erfolgreich abgeschlossen zu haben, wird einem mehr Vertrauen geschenkt und herausfordernde Aufgaben zugeteilt. Das heißt nicht, dass man dazu „verdonnert" wird Kaffee zu kochen, aber es könnten am Anfang Aufgaben kommen, die der/die Vorgesetzte hätte erledigen müssen und darauf keine Lust hat. Im Anschluss wird man umso mehr Lob erhalten, da man die Führungskraft glücklich gestellt hat und es schon kurze Zeit später anspruchsvoller wird.

Was möchte ich jungen Menschen mit auf den Weg geben?

Es gibt eine Vielzahl von Finanzierungsmöglichkeiten über die man sich vorher hätte besser informieren können. Insbesondere die EU bietet durch Erasmus monatliche finanzielle Unterstützung bei der Finanzierung des Auslandsaufenthaltes, von denen ein Student Gebrauch machen kann.

Hätte ich mich anders entschieden?

Nein, denn den Aufenthalt im Ausland sollte man einfach auf sich zukommen lassen. Natürlich müssen viele Dinge im Vorweg geplant werden, jedoch sollte es danach nur genossen werden.

War die Schule wirklich so schlimm?

Die Schule und insbesondere die Oberstufe waren im Nachhinein eine unfassbar schöne Zeit, die ich definitiv vermisse und ab und zu gerne wieder erleben würde.

Hat das Auslandspraktikum wirklich mein Leben bereichert?

Definitiv, denn nur dadurch habe ich andere Kulturen kennengelernt, meine Expertise erweitert und meine Selbstständigkeit gestärkt.

Was hat sich durch das Kapitel Auslandspraktikum für mich verändert?

Durch das Auslandspraktikum habe ich persönlich noch größere Neugier bekommen, später in international operierenden Branchen tätig zu sein. Zusätzlich habe ich nun noch mehr Interesse daran, fremde Kulturen zu erkunden und Einblicke in deren Rituale und Gegebenheiten zu erlangen.

Ist mein Lebenslauf gradlinig?

Möglicherweise bin ich eine Ausnahme, aber mein Lebenslauf ist sehr gradlinig. Sofern man jedoch die Pausen zwischen Schule und Studium oder Studium und Arbeit nutzt und seine Zeit sinnvoll investiert (z.B. Unterstützung von sozialen Projekten oder Arbeit im Ausland) wird dies vom späteren Arbeitgeber gern gesehen. Jedenfalls würde ich es nicht empfehlen, nur auf der faulen Haut rumzuliegen, denn dann verpasst man viel – ob im Freundeskreis, der Umwelt oder an Erfahrung die man sammeln kann. Wenn du keine Freude hast an den Dingen, die du tust, wirst du nicht erfolgreich sein.

Der erste Schritt in Richtung finanzieller Unabhängigkeit: Grenzen und Chancen des Jobbens

Regale bei Rewe einräumen. Schuhe verkaufen. Bouletten bei McDonalds wenden. Pizza ausfahren. Messen aufbauen. Eis in die Becher schaufeln. E-Sports. Die Liste an ersten Jobs ließe sich beliebig erweitern. Häufig angefangen mit dreizehn Jahren und Zeitungen ausgetragen. Irgendwie ein schönes Gefühl, eigenes Geld zu verdienen oder? Abhängig von den Einkommensverhältnissen deiner Eltern dient das Jobben oftmals einfach dem Aufbessern des Taschengelds. Da ist es eigentlich auch gar nicht so wichtig, welche Tätigkeit du ausübst. Es geht hier ja einfach nur darum, was am Ende des Monats in deinem Portemonnaie landet. In vielen Fällen erfolgt nach dem Abi ein einfacher Transfer: Du weißt noch nicht genau, was du machen möchtest. Aber weiterjobben; ja das geht doch. Spricht ja im Prinzip nichts gegen.

Was nur in manchen Fällen passiert: Es besteht die Gefahr, gewissermaßen „hängen" zu bleiben. Du gewöhnst dich an das Team, wirst wertgeschätzt und hast eine gewisse Sicherheit. Zunächst jobbst du in Teilzeit. Da du ja ohnehin nicht viel weiterkommst, könntest du ja auch Vollzeit arbeiten. Ich habe einige Abiturienten kennengelernt, die gewissermaßen den „Absprung" nicht geschafft haben. Vielleicht wirst du befördert und bekommst mehr Verantwortung. Alles wichtige Erfahrungen, jedoch stellt sich irgendwann die Frage, wann der Peak erreicht ist. Zudem besitzt dieser Zustand auch einen Komfort. Er gewährt dir einen Handlungsaufschub. Du gewinnst vermeintlich Zeit und musst dich nicht entscheiden. Klingt doch sexy, oder? Die Rechnung geht jedoch nicht immer auf. Wenn du erstmal Vollzeit in einem „Arbeitsrhythmus" drin bist, bleibt offen, wie produktiv du die restliche Zeit nutzt, um dich beruflich zu orientieren. Solange du nicht „nichts" machst, sonnst du dich im Licht der Rechtfertigung. Klar kann es auch sein, dass du erstmal ein paar Monate Vollzeit arbeiten möchtest, um dir Geld anzusparen. Was auch immer deine Motive sind; langfristig stellt sich die Frage der nachhaltigen Passung von deinen Zielen und dem Job. Das Ganze lässt sich auch direkt auf das Studium übertragen.

Es gibt auch eine Sonderform: Einige Unternehmen bieten dir zudem spezielle Abiturientenprogramme an. Hierbei handelt es sich um eine individuelle Agenda, die teilweise mit IHK-Ausbildungen verknüpft ist. Zeitlich variabel bieten sich dir spannende Möglichkeiten. Recherchier einfach mal im Internet. Auch die Branchen sind unterschiedlich. Von Mode über Einzelhandel – alles ist dabei. Du lernst verschiedene Abteilungen innerhalb eines Unternehmens kennen uns sammelst praktische Erfahrungen. Parallel gibt's noch Zertifikate oben drauf, sodass auch dein Lebenslauf nicht leer ausgeht. Mit anderen Worten: Stell dir auch mal im Laufe des Studiums die Frage, welcher Nebenjob über den reinen monetären Nutzen hinausgeht. Klar kannst du in einer Bar jobben. Vielleicht empfindest du dies sogar als willkommenen Ausgleich zum Campen in der Bib. Alles kein Thema. Wenn du aber eher einen Schwerpunkt auf berufliche Perspektiven legen möchtest, schau doch einfach Mal nach passenden Werkstudentenstellen oder Praktika in einem für dich spannenden Bereich. Du wolltest zum Beispiel immer mal wissen, was eigentlich genau in einer Kommunikationsabteilung eines Unternehmens abgeht?

In den Semesterferien ist ein Praktikum ausgeschrieben oder du kannst in Teilzeit sogar im Semester arbeiten? Der zeitliche Aufwand ist oftmals ähnlich zu den sortierten Regalen im Supermarkt – mit dem Unterschied, dass du weitere Praxiserfahrungen sammelst, die dich auch perspektivisch weiterbringen. Als kleines Zwischenfazit: Jobben vor der Berufswahl ist eine wichtige Säule und in vielen Fällen auch notwendig, um das Studium oder den Auslandstraum zu finanzieren. Halte mit der Zeit nur Ausschau, ob vielleicht ein anderer Job dich noch weiterbringen kann – vom finanziellen Aspekt abgesehen. Die Nebenjobs sind dabei sehr vielseitig. Rocko stellt allgemeine Tipps zur Wahl des Nebenjobs für dich bereit (beim Bild fällt auf, dass es sich nicht um den Rocko aus Pokémon handelt.

Rocko (21), Hamburg

**Warum habe ich mich fürs „Jobben neben dem Studium"
entschieden?**

Egal ob man die erste eigene Wohnung bezahlt, sich das Studium finanziert oder einfach nur gerne feiern geht. Während des Studiums ist das Geld bei mir, wie bei den meisten Studenten, knapp. Man merkt plötzlich: Nichts ist umsonst! Wie viele Studierende fing ich schon mit dem Studienbeginn an zu jobben, um mir mein Studium zu finanzieren. Ich habe mir einen Job in der Nähe gesucht, der zwar gut bezahlt war, aber nichts mit meinen Interessen zu tun hatte. Nebenjobs waren für mich immer nur Mittel zum Zweck. Nach einigen Monaten habe ich gemerkt, dass ich mit dem Job nicht zufrieden war und immer erschöpft von der Arbeit nach Hause kam. Die Arbeitszeiten waren nicht gut, die Tätigkeit war monoton und der Job passte inhaltlich nicht zum Studium. Auch die Motivation für die Uni litt unter der Belastung. Meine einzige Möglichkeit war die Kündigung. Die Suche nach einem neuen Job während des Studiums war zäh, denn gerade unter (Zeit-)Druck gestaltet sich die Jobsuche sehr schwer. Es folgten unzählige Bewerbungen, Telefonate und Vorstellungsgespräche. Dann habe ich mich zum ersten Mal so richtig mit Nebenjobs auseinandergesetzt. Ein Job neben dem Studium bringt viel mehr als nur Geld! Er bringt Erfahrungen, Kontakte und vor allem auch Spaß! Und diese Aspekte hatte ich bislang immer vernachlässigt. Ich habe nach einer Weile einen Nebenjob gefunden, der perfekt zu mir passt und vom Zeitaufwand gut zu bewältigen war. Sofort hatte ich im Alltag und auch in der Uni mehr Energie. Ich habe inzwischen sogar noch einen zweiten Job angenommen, weil ich merkte, wie viel Spaß Arbeiten machen kann, was man an Wissen aus den Jobs mitnimmt und wie viele großartige Leute man kennenlernt. Und Nebenjobs bringen eine Menge Vorteile. Bei Bewerbungen sehe ich immer wieder, dass Arbeitgeber, egal aus welcher Branche, großen Wert auf Berufserfahrungen legen. Mit meinen Nebenjobs kann ich meinen Lebenslauf beträchtlich aufwerten. Und insbesondere das Aufbauen eines Netzwerkes von Leuten bei der Arbeit bringt einen riesigen Nutzen. Durch die vielen Menschen, die ich kennenlernen konnte, haben sich mir Türen geöffnet, die sonst verschlossen geblieben wären.

Was möchte ich jungen Menschen auf den Weg geben?
Rückblickend hätte ich wohl einiges besser machen können. Deshalb sind hier noch ein paar meiner persönlichen Tipps für Euch:
1. Kümmert Euch rechtzeitig. Als Student steht man unter ständigem Zwang, Miete zu bezahlen, Essen zu kaufen oder das Studium zu finanzieren. Das – zusammen mit den Anforderungen, die das Studium mit sich bringt – erzeugt Stress. Ich habe die Erfahrung gemacht, dass die Jobsuche unter Stress eine Katastrophe ist. Man bewirbt sich auf jede nur mögliche Stelle, führt dutzende Bewerbungsgespräche und hofft darauf, auch nur irgendeinen Job zu bekommen. Nehmt Euch Zeit und bewerbt Euch rechtzeitig.
2. Wählt einen Job, der zu Euch passt. Die Arbeit, auch wenn es nur ein Nebenjob ist, ist Teil eures Alltags. Ihr werdet im Studium und im Alltag nicht die volle Leistung bringen, wenn Ihr wisst, dass Ihr Euch nachmittags wieder zur Arbeit

schleppen müsst. Überlegt, wo Eure Interessen liegen und recherchiert ausführlich, welche Jobs für Euch in Frage kommen. Dann ist die Arbeit auch keine lästige Nebensache.

3. Wählt einen Job, der zu Eurem Studium passt. Es finden sich zu fast jedem Studiengang passende Nebenjobs. Ihr sammelt so neben dem Studium nicht nur praktische Erfahrung, sondern erhaltet zusätzliches Wissen, das auch im Studium nützlich sein kann. Ich habe bei meinen Bewerbungen gemerkt, dass solche Nebenjobs im Lebenslauf immer gut wirken und sie sind auch oft Voraussetzung für die Einstellung von Bewerbern. Außerdem könnt ihr bereits während des Studiums herausfinden, ob Euch die Tätigkeit in dem Bereich gefällt.

4. Überlegt, wie viel Zeit ihr pro Woche aufbringen könnt. Eine universale Regel dafür, wie lange Ihr neben dem Studium pro Woche arbeiten könnt, gibt es nicht. Jeder Mensch ist unterschiedlich stark belastbar, daher müsst Ihr Euch von vornherein gut überlegen, wie viel Stunden Ihr pro Woche arbeiten könnt, ohne dass Ihr Euch überlastet.

5. Nutzt die bekannten Jobseiten im Internet. Es gibt viele schwarze Schafe auf dem Arbeitsmarkt, deshalb sucht auf den großen Jobseiten wie StepStone Deutschland, Indeed.de oder Xing Stellenmarkt nach passenden Stellenangeboten. Bewerbt euch auf seriöse Stellen und informiert Euch vorher über das Unternehmen und den Aufgabenbereich.

6. Lasst Euch nicht ausnutzen. Auch hier nochmal der Hinweis: Es gibt viele schwarze Schafe, deshalb achtet auf faire Bezahlung und faire Arbeitstätigkeit. Lest Euch zum Unternehmen Bewertungen z.B. auf Glassdoor.de durch. Dort findet ihr Erfahrungsberichte zu fast sämtlichen Arbeitgebern.

7. Knüpft Kontakte auf der Arbeit. Es gibt nicht umsonst das sogenannte „Vitamin B". Beziehungen sind in vielen Bereichen das A und O, um an begehrte Jobs oder Praktika zu kommen. Insbesondere wenn Ihr einen Nebenjob im Bereich Eures Studienfaches habt: Baut Euch ein Netzwerk auf! Es wird später einmal hilfreich sein.

7. Studium vs. Ausbildung

 Dr. Christiane R. Stempel, Dozentin für Arbeits- und Organisationspsychologische Diagnostik

Was möchte ich machen? Welchen Weg möchte ich einschlagen? Die Perspektiven für junge Leute nach dem Abitur in Deutschland sind vielfältig, spannend und scheinbar grenzenlos – und damit manchmal eben auch überfordernd. Einerseits besteht die Freiheit individuelle Lebenspläne interessengeleitet umzusetzen, unabhängig von regionalen Grenzen, fundamentalen Existenzängsten und überholten gesellschaftlichen Vorschriften. Andererseits trägt eine solche Multioptionsgesellschaft ggf. auch zur Qual der Wahl bei und produziert somit neue Herausforderungen. In so einem Fall bietet es sich an, eines der zahlreichen Informations- und Beratungsangebote in dem Bereich anzunehmen. Dazu möchte ich besonders junge Menschen ermuntern, die aufgrund ihrer Situation mit schwierigen Hindernissen und Barrieren bei der freien Berufswahl rechnen. Prinzipiell ist ein Studium für diejenigen geeignet, welche an den entsprechenden Inhalten und dem zukünftigen Berufsbild ein großes Interesse zeigen und bereit sind, Energie und Arbeit in dieses zu investieren. Gleiches gilt allerdings auch für Ausbildungsberufe. Das ausgefächerte Bildungssystem in Deutschland bietet hierbei die notwendige Flexibilität um unterschiedliche Karrierewege zu ermöglichen. Dementsprechend sind Ausbildung und Studium durchaus auch kombinierbar. Die zunehmende Akademisierung sehe ich dabei als logische Folge der zunehmenden Technisierung und Wissensintensivierung des Arbeitsmarktes und damit einhergehender Qualifikationsanforderungen. Die neuen technischen Entwicklungen und gesellschaftlichen Veränderungen erfordern Neugier und die Fähigkeit sowie den Willen zu beständigen Adaptations- und Lernprozessen – ein Umstand der den klassischen „geradlinigen Lebenslauf" zum Auslaufmodell machen könnte.

Zeit über meine eigenen Studienwünsche zu reflektieren hatte ich nach dem Abitur während ich in Indien gearbeitet habe. Die Liste möglicher Fächer war sehr lang, aber die Quintessenz aller Studienmöglichkeiten war das Interesse zu verstehen, „warum Menschen unter welchen Bedingungen wie fühlen, denken und handeln". Damit war Psychologie gesetzt, aber tatsächlich hatte ich kein konkretes Berufsbild z.B. einer Therapeutin vor Augen. Die Vielfalt des Faches hat mich begeistert und es ergaben sich beständig neue spannende Fragestellungen. Ich nutzte die Gelegenheit mir unterschiedliche Perspektiven auf die Psychologie bei Studienaufenthalten in Kanada und Schweden anzuschauen und neue Impulse zu gewinnen. Die sich daraus ergebende Promotion in einem internationalen Forschungsprojekt bot mir die Möglichkeit sozialpsychologische Phänomene wie Führung und Einstellungen im konkreten Kontext der Arbeit zu untersuchen und vor allem auch umzusetzen. Die praktische Seite der Arbeits-und Organisationspsychologie mit ihren vielen kreativen Methoden und Interventionen fand ich immer besonders attraktiv und daher war die parallele Ausbildung zum systemischen Coach für mich sehr gewinnbringend.

Die Kombination aus Forschung, Lehre und Praxis stellt für mich eine wunderbare Balance sehr unterschiedlicher Aufgaben dar und bietet permanent frischen Input. Jungen Leuten die vor der Berufswahl stehen, würde ich folgende Schritte empfehlen:

1. Selbstreflektion: wer bin ich und wer möchte ich sein? Wo liegen meine Stärken und Schwächen, Interessen und Fähigkeiten? Was sind meine Ziele? Diese Fragen gilt es möglichst unabhängig von den Erwartungen Anderer etc. zu beantworten.

2. Informationen sammeln: recherchieren Sie, machen Sie sich ein Bild, befragen Sie Menschen aus Ihrem sozialen Netzwerk zu ihren Berufen, machen Sie Praktika etc …

3. Analyse: machen Sie sich eine Übersicht zu Interessen, Motiven, Zielen, und Erwartungen sowie möglichen Hindernissen und Barrieren. Wenn Sie zu einer Entscheidung gekommen sind, planen Sie konkrete Handlungen wie Sie zu Ihrem Ziel kommen.

4. Gelassenheit: lassen Sie sich nicht unter Druck setzen, ausprobieren ist erlaubt und Karrieren dürfen Brüche, Neuanfänge oder auch Scheitern beinhalten. Manchmal entdeckt man die eigene „Berufung" früher und manchmal später.

Nach dieser schönen Einleitung von Frau Dr. Stempel sind wir bei einer der entscheidenen Fragen angekommen: Ausbildung oder Studium? Da wären wir also. Im Showdown deiner zentralen Optionen nach der Schule. Im Ring gegenüber stehen sich „Studium" und „Ausbildung". Die Wettquoten auf den Sieger haben sich in den letzten Jahren zugunsten von „Studium" verlagert. Die Akademisierung ist auf dem Vormarsch, sodass „Ausbildung" schon als kleiner Außenseiter gehandelt wird. Doch stimmt dies wirklich? Führt an einem Studium kein Weg vorbei? Kann aus dir nur etwas werden, wenn du studierst? Um die Antwort vorweg zu nehmen: Nein. Nur weil du dein Abi hast, heißt das nicht automatisch, dass ein Studium für dich die einzige Option ist. Es ist also kein zwangsläufiger Schritt, der auf den ersten folgen muss. Wie auch schon in den vorherigen Kapiteln deutlich wurde: Keine Pauschalisierungen. Es kommt immer auf den individuellen Einzelfall an, mit all den möglichen Facetten. Auf den folgenden Seiten wollen wir – auch dank der brillanten Erfahrungsberichte – beide Perspektiven mit ihren Vor- und Nachteilen beleuchten. Was sollte ich beachten, wenn ich vor dem möglichen Studium eine Ausbildung anpeile? Was ist mit der Kombi aus beidem; dem dualen Studium? Lösen sich dadurch alle Nachteile von beiden auf? Wie stets um die verschiedenen Hochschultypen?

Möchte ich studieren?
Eine Case Study

Max, 18 Jahre
Abiturient

I like

- Hohe Affinität zur Musik & Kreativität
- Max ist nicht nur auf dem Fußballplatz ein Teamplayer. Er engagiert sich auch ehrenamtlich in der Kirchenjugend
- In der Schule hatte er sich für den Gesellschaftswissenschaftlichen Schwerpunkt mit den Leistungskursen Deutsch, Politik & Kunst entscheiden (Abi von 2,3)

I don't like

- **Praktisches Werken liegt ihm so gar nicht.**
- Er konnte sich zwar immer relativ gut zum Lernen motivieren, kann den Aufwand im Studium aber nicht wirklich abschätzen
- Insgesamt ist er vielseitig interessiert, was ihn einerseits freut. Auf der anderen Seite hat er auf den ersten Blick aber keine Bereiche in denen er richtig gut ist

Eine Case-Study: Max (18), Abiturient

Nähern wir uns dem Ganzen zunächst von einer anderen Perspektive. In dieser Case-Study geht es um Max (18), einem Abiturienten aus deiner Heimat. Bist du derzeit im Bachelor oder der Ausbildung kannst du das alles einfach auf deine Position übertragen. Im Folgenden stelle ich ihn dir erstmal vor. Worum es geht? Darum, einmal den Blick von sich zu lösen und aus der dritten Perspektive Abstand und Klarheit zu gewinnen. Max hat das Abi frisch in der Tasche und ist sich unsicher. Er schwankt zwischen einer Ausbildung und einem Studium. Aber auch das Ausland schwingt ihm noch im Kopf herum. Nach der Abifahrt – eine riesen Sause auf Malle – nimmt er so langsam den Druck, eine Entscheidung zu fällen wahr. Seine beste Freundin hat einen Studienplatz in Berlin bekommen und auch seine zwei besten Schulfreunde sind schon versorgt: Der eine startet im Herbst eine kaufmännische Ausbildung und der andere hat sein Ticket nach Australien bereits gebucht. Und Max? Der hat schon den ganzen Tag versucht, sich mit Serien abzulenken. Nachdem auch die letzte Folge ausgelutscht ist, kommt das Thema wieder hoch. Er kann nicht schlafen. Zu viele Gedanken kreisen durch seinen Kopf. Eine brutal unattraktive Kombi aus Unsicherheit, Zweifeln, Zukunftsängsten und Panik macht sich breit. Es ist schon 3:00 Uhr nachts und eine Erleuchtung ist in weiter Ferne. Zudem lässt ihm der Kommentar seines Onkels keine Ruhe. Auf einer Familienfeier am letzten Wochenende predigte dieser ihm, wie wichtig doch ein „Fach mit Perspektive" sei. Von geisteswissenschaftlichen Fächern solle er ja die Finger lassen. Als erfahrener Ingenieur legt er ihm ein Ingenieursstudium nahe. Da seien die Perspektiven hervorragend. Den Auslandsideen steht er ein wenig ambivalent gegenüber. Er hat schon Lust mal ein wenig herumzukommen. Aber das große Abenteuer in Australien? Das muss es jetzt auch nicht sein. Aber dennoch hat er das Gefühl etwas verpassen zu können. Ein „Problem" ist, dass Max sehr vielseitig interessiert ist. Er hat ein Abi von 2,3 und hatte nie wirkliche Probleme in der Schule. Als Kind wollte er immer Arzt werden und Medizin studieren; von dieser Idee ist er aber nicht mehr überzeugt.

Er war immer etwas besser als der Durchschnitt; für 12 oder 13 Punkte hat es dennoch häufig nicht gereicht. Er wählte das gesellschaftswissenschaftliche Profil mit den Leistungskursen in Deutsch, Politik und Geschichte. Sprachen und Naturwissenschaften sind ihm aber auch vergleichsweise leichtgefallen. Seine Freunde beschreiben ihn als aufgeschlossen, hilfsbereit und als guten Zuhörer. Viele Jahre spielte er Fußball, sodass er ein guter Teamplayer ist. Seine Leidenschaft seit der Grundschule ist das Klavierspielen. Wenn er am Klavier ist, vergisst er alles um sich herum. Dennoch machen sich auch hier Zweifel bemerkbar, ob das Ganze auch beruflich eine Option wäre. Er freut sich zudem jedes Jahr, wenn es mit der ganzen Familie in den Skiurlaub geht. Im Snowboarden ist er richtig gut. Sein treuer Begleiter an seiner Seite ist sein Hund seit einigen Jahren. Sushi ist zudem sein kulinarisches Highlight. Er geht gerne feiern, genießt das Leben und hatte in der Schulzeit einen vergleichsweise großen Freundeskreis. Aber wie geht es jetzt weiter? Um bessere Anhaltspunkte zu finden, schauen wir ein wenig tiefer in Max' Interessen und Aktivitäten. Diese siehst du in der Tabelle Bevor du gleich umblätterst, leg das Buch bitte für fünf Minuten zur Seite. Versuch mal ganz unvoreingenommen zu überlegen, was du Max generell und aufgrund seiner Beschreibung raten würdest. Ganz unabhängig von dir und deinen Überzeugungen. Fühl dich einfach als neutraler Berater. Wenn Max dir in diesem Moment gegenübersitzen würde, was würdest du ihm sagen?

Und was waren deine Ideen? Schon ein wenig ungewohnt, diese Perspektive einzunehmen? Vermutlich dreht sich dein Gedankenkarussell primär um dich selbst und es besteht die Gefahr, dass du den Überblick verlierst. Vielleicht bist du ein wenig von den vorherigen Kapiteln inspiriert? Wenn Max überhaupt keinen Bock auf praktisches Werken hat, ist die Ingenieursidee seines Onkels vielleicht nicht die Beste. Work & Travel? Praktika? FSJ? Ja all das sind natürlich Optionen, die er individuell abwägen sollte. Ferner kann es helfen, ein wenig auf Spurensuche im eigenen Lebenslauf zu gehen. Soll heißen: Was ist eigentlich so in den letzten Jahren passiert? Was waren Kindheitsträume? Was waren Hobbies während der Schule? Gab es tiefere Interessen, Aktivitäten die Max gerne freiwillig abends unternommen hat? In seinem Fall sind es zwei Dinge die auffallen: Der Kindheitstraum vom Medizinstudium und die Passion Klavierspielen. Dies sind Anhaltspunkte, die näher untersucht werden müssen. Tauchen wir an dieser Stelle schon einmal ein in die Erfahrungsberichte von Yannick (Medizin) und Josephine (Klavier). Sie geben uns einen Einblick in diese zwei Studienrichtungen. Ihre spannenden Ausführungen in diese Fächer würden natürlich auch Max inspirieren. Dich auch?

 **Yannick (21), TU München, Humanmedizin**

Warum habe ich mich für mein Studienfach entschieden?

Medizin hatte ich immer im Hinterkopf – als ein attraktives, soziales und angesehenes Berufsfeld. Doch erst nachdem ich in diversen Arztpraxen lehrreiche und bewegende Praktika gemacht hatte, erschien mir die Perspektive realistisch. Durch meine Seminararbeit in der Schule, die ebenfalls in diesem Bereich angesiedelt war, manifestierte sich dieser Studienwunsch schließlich und zum Zeitpunkt des Abiturs wusste ich dann relativ genau, wofür ich mich bewerben wollte. Selbstverständlich habe ich auch an Alternativen in den Geisteswissenschaften gedacht, wo es durchaus auch hochinteressante Themenfelder gibt, denen man sich gerne länger widmen würde. Jedoch ist das permanente Problem der wahrscheinlichen Perspektive eines brotlosen Verdienstes omnipräsent und das erleichterte mir somit die Entscheidung für das Studium der Humanmedizin.

Was möchte ich Abiturienten mit auf den Weg geben?

Im Nachhinein hätte ich mir mehr Informationen über den Ablauf und Umfang des Studiums einholen sollen. Da insbesondere die ersten Semester von Reizüberflutung und Momenten der Überforderung geprägt sind, hätte man sich da sicherlich besser vorbereiten können. Medizin ist vor allem anfangs extrem verschult, weshalb der Übergang von Schule zu Studium (zumindest, was das Organisatorische betrifft) eher leichtfällt. Allerdings ist die Stoffmenge enorm und erfordert andere „Bewältigungsstrategien" als in der Schule. Unmöglich ist das Medizinstudium dennoch nicht – im Gegenteil; wenn man bereit ist, Zeit zu investieren und sich den Inhalten ohne Vorbehalte nähert, wächst die Leidenschaft von Seminar zu Seminar. Speziell die ersten vier Semester sind sehr zeitintensiv, danach wird es deutlich „easier"; Famulaturen (einmonatige Praktika) und Auslandssemester machen diese Zeit schließlich besonders attraktiv. Im Nachhinein hätte ich mich wahrscheinlich wieder für diesen Studiengang entschieden. Direkt nach dem Abitur anzufangen und alles in Regelstudienzeit durchziehen zu wollen, kann ich jedoch niemandem empfehlen. Mit den heutigen Möglichkeiten, die Welt durch Work & Travel o.ä. mit eigenen Augen und ohne akademische Pflichten (Angewiesensein auf Semesterferien, in denen dann Praktika und Klausuren liegen …) zu entdecken, ist es fast eine Sünde, dies nicht in Anspruch zu nehmen. Zusätzlich ist dann auch Zeit, im Falle eines abweichenden Abiturschnitts noch den TMS („Medizinertest") zu machen und sich mögliche Wartesemester anrechnen zu lassen. Die Sorge, damit Lücken im Lebenslauf zu schaffen, ist unbegründet. Auch in einer so konservativen Disziplin wie der Medizin wird in Bewerbungsgesprächen und Auswahlverfahren kaum auf die Anzahl der Studiensemester etc. geachtet, viel mehr zählen (bei bestandenen Examen) dann Praktika, Sprachkenntnisse, Engagement und Social Skills. Empfehlenswert ist auf jeden Fall ein Gespräch mit einem Studierenden dieses Fachs, da sich so auf persönlicher Ebene die meisten Fragen sehr schnell klären lassen.

Josephine (24), Freiburg, Klavier

Warum habe ich mich für mein Studienfach entschieden?
In wenigen Wochen beginne ich meinen Master Klavier solo an der Hochschule für Musik in Freiburg. Den Bachelor habe ich in Lübeck und in Strasbourg absolviert. Von klein auf war ich von Musik umgeben. Mein Vater ist Kirchenmusiker und ich wurde musikalisch sehr von ihm geprägt. Mit 5 Jahren begann ich das Klavierspiel. Ich spielte seit Beginn mit großer Freude und lernte schnell. So kam es, dass ich am Konservatorium in den Kreis der Förderschüler aufgenommen wurde und die Studienvorbereitende Ausbildung erhielt. Dazu gehörte wöchentlicher Unterricht in Klavier, Gehörbildung und Musiktheorie. Zur 5. Klasse entschieden meine Eltern und ich uns gegen ein Spezialgymnasium für Musik und für ein konfessionelles Gymnasium. Das Klavierspiel sollte ein Hobby bleiben und nicht mit Leistungsdruck verbunden sein. Für diesen Ansatz meiner Eltern bin ich sehr dankbar, auch wenn es nicht immer einfach war „zweigleisig" zu fahren. Das Gymnasium war sehr leistungsorientiert, neben der Schule nahm ich an Klavierwettbewerben teil und hatte regelmäßig Konzerte. Das Klavierspiel war für mich dennoch nie eine Last, sondern ein wichtiges Ausdrucksmittel und ein Ausgleich. Lange Zeit hätte ich nicht gedacht, dass ich es studieren würde. Im Jahr 2011, ich besuchte die 11. Klasse, lernte ich nach dem Bundeswettbewerb „Jugend musiziert" Professoren aus Lübeck kennen. Über einen „Schnupperkurs" der Musikhochschule Lübeck erhielt ich Unterricht bei den Klavierprofessoren. Sie ermutigten mich die Aufnahmeprüfung zu spielen. Ich entschied mich dafür und bereitete mich neben dem Abitur intensiv auf die

Eignungsprüfung vor. Diese Vorbereitungszeit war sehr intensiv. Nach einem langen Schultag übte ich mehrere Stunden Klavier und lernte anschließend für die Abiturprüfungen. Ich hatte mir zum Klavierstudium auch Alternativen überlegt und bewarb mich parallel auf ein kulturelles Jahr in Frankreich. Ich bestand jedoch die Eignungsprüfung in Lübeck und trat 2012 mein Studium an. Auch wenn es im Studium zwischendurch immer wieder Zweifel gab, so bin ich doch sehr zufrieden mit der Wahl meines Studienfachs. Ich schätze mich sehr glücklich, den ganzen Tag von Musik umgeben zu sein. Das sehe ich als Privileg. Ich denke, dass ich meine persönlichen Stärken in diesem Studium gut einsetzen und ausschöpfen kann. Wichtig ist mir auch das vielfältige Arbeiten. Neben dem solistischen Spiel widme ich mich mit großer Hingabe der Kammermusik und gebe Klavierunterricht.

Was möchte ich Abiturienten mit auf den Weg geben?

Ich bin der festen Überzeugung, dass sich doch meist alles zum Guten wendet und man auch aus negativen Erfahrungen lernt. Mein Weg im Studium war alles andere als gerade und ich hatte viele Hürden zu überwinden. Dennoch habe ich immer dazugelernt. Die meiste Zeit im Klavierstudium ist man durch das tägliche Üben auf sich allein gestellt. Dies erfordert viel Zeitmanagement und auch Selbstorganisation. Im Musikstudium durchlebt man eine sehr starke Auseinandersetzung mit sich selbst und mit der eigenen Persönlichkeit. Dazu kommt der Einzelunterricht und die dadurch besonders intensive Beziehung zum Hauptfachlehrer. Es ist mir sehr wichtig, mich auch außermusikalisch weiterzubilden. Daher bin ich glücklich, von der Konrad-Adenauer-Stiftung gefördert zu werden, durch welche ich Möglichkeit erhalte, an spannenden Seminaren teilzunehmen und interessante Menschen kennenzulernen.

Wie du in den Zeilen zu seiner Person erkannt hast, schwingen überall Zweifel und Skepsis mit. „Hmm. Neee. Irgendwie passt das nicht." Max sucht nach Sicherheit, die ihm aber nicht Montagmorgen die Hand reicht und ihn stürmisch umarmt. Was muss also passieren: Er muss ins tun kommen. Reine theoretische Überlegungen sind wichtig, sollten aber nicht überdosiert werden. Was alles möglich ist, werden wir uns in den folgenden Kapiteln gemeinsam anschauen. Das sind alles Perspektiven, die auch für dich in Frage kommen können. Alles kann, nichts muss. Einige Ideen sagen dir mehr zu als andere. Schau nach, welcher Happen auf dem Silbertablett deinen Appetit weckt und bleibe kritisch. Dies sind alles Angebote und Strategien wie ich und andere vorgegangen sind. Du nimmst am meisten mit, wenn du aktiv mitdenkst und versuchst, die Ideen auf dich und andere zu übertragen. So entsteht eine Art Vertrautheit mit der Thematik und du gewinnst mehr und mehr an Handlungskompetenz. Du fühlst dich sicherer, weil du Schnittmengen wiedererkennst; Kompetenter, weil du dich auf das Thema einlässt – ohne zu hohe Erwartungen und mit einer Prise Humor. Let's go.

Das ABC der Ausbildungsberufe

„Ich habe jetzt mein Abi gemacht oder mache es. Dann sollte ich auch den nächsten logischen Schritt wagen, an die Uni zu gehen, oder? Wozu habe ich mich schließlich abgerackert? Ich hätte ja auch nach dem Realschulabschluss abgehen können und wäre jetzt schon ausgelernt. Zudem hätte ich schon Geld verdient und erste Berufserfahrungen gesammelt. Das ganze Lernen fürs Abi wäre doch alles umsonst gewesen."

Gut möglich, dass diese oder ähnliche Gedanken dir recht vertraut vorkommen. Für viele Abiturienten scheint dies einfach gegeben. Bevor sie dem Gedanken einer Ausbildung überhaupt die Chance geben, ist das Kind bereits in den Brunnen gefallen. Eine voreilige Entscheidung an falscher Stelle. Fakt ist: Nicht für jeden ist ein Studium zwangsläufig die richtige Wahl. Es mag verlockend klingen, nach dem Bachelor-Hut zu greifen, sich auf das Studentenleben zu freuen, in eine WG zu ziehen oder mit zitternden Händen den Vorlesungssaal vor sich zu sehen. Ein Grund für die hohen Abbrecherquoten an den Unis ist die mangelnde Kompatibilität von Student und Universität. Der zu hohe Theoriebezug. Die falschen Vorstellungen. Der Gedanke einer Schule 2.0. Es gibt natürlich einige Kriterien, an denen du dich orientieren kannst. Bevor wir uns diese anschauen, werfen wir doch mal einen Blick in den Alltag von Azubis. Warum haben sie sich dafür entschieden?

Mick (25), Schifffahrtskaufmann

Warum habe ich mich für eine duale Berufsausbildung entschieden?

Im Jahre 2013 wählte ich voller Begeisterung und Vorfreude meine Studienfächer, Politik und BWL, weil sie mich seit früher Jugend sehr interessierten und ich aufgrund der daraus resultierenden, breitgefächerten Auswahl an weiterbildenden Masterstudiengängen eine optimale Qualifizierung für den Arbeitsmarkt sah. Doch während des zweiten Semesters begriff ich, dass mir eine universitäre Ausbildung nicht lag. Mir war das Studium zu theoretisch und der feste Rahmen, den man in der Schule erhielt, fehlte nun komplett. Unzählige Tage überlegte ich. Die Wochen zogen dahin.

Ich führte intensive Gespräche mit Familie, Freunden, Kommilitonen und Professoren. Letztendlich entschied ich mich, das Studium trotz sehr guter Noten und Tutorentätigkeit nach dem dritten Semester abzubrechen. Anschließend reiste ich mit einem alten Wohnmobil alleine durch Europa. In dieser Zeit wurde mir durch entsprechende Recherche und Auseinandersetzung mit mir selbst bewusst, dass mir der Grundgedanke der dualen Berufsausbildung gefiel. Auf der einen Seite die Arbeit; eigenes Geld verdienen, ein strukturierter Rahmen und ein alltägliches, produktives Gefühl. Auf der anderen Seite der theoretische Anteil, die Berufsschule. In diesem Kontext aber deutlich geringerer, wenngleich für die Arbeit absolut notwendig. Da mich die Schifffahrt seit dem Kindesalter faszinierte und ich mein Faible für die englische Sprache sowie meine politischen und wirtschaftlichen Kenntnisse in eine Ausbildung miteinfließen lassen wollte, entschied ich mich für eine Ausbildung zum Schifffahrtskaufmann. Ich wollte unbedingt arbeiten und den Ertrag meines Tuns sofort sehen. Eine Ausbildung ist für alle pragmatisch veranlagten Menschen sinnvoll, die nach der Schule innerhalb eines strukturierten Rahmens arbeiten und dadurch wertvolle praktische Erfahrung gewinnen wollen. Wer zunächst einen größeren Wert auf die Praxis legt, eigenes Geld verdienen und sich im theoretischen Teil wirklich nur für den Beruf benötigtes Wissen aneignen will, dem lege ich die duale Berufsausbildung, eventuell als Grundlage für eine spätere, universitäre Weiterbildung, nahe.

Was möchte ich jungen Menschen mit auf den Weg geben?

Es ist vollkommen normal, wenn man in eurem Alter nicht weiß, wohin es einen beruflich zieht; wenn man schwankt, sich unschlüssig und eventuell auch ängstlich ist; dass man sich in diesen Zeiten, bei dem momentanen Überangebot, für ein berufliches Feld, einen Beruf, ein Studium oder eine duale Berufsausbildung zu entscheiden, ein unfassbar komplexes Unterfangen ist. Aber es gibt Wege und Impulse, die ich euch nun nennen möchte. Setzt euch mit euch selbst auseinander. Was interessiert mich? Was will ich? Wer bin ich eigentlich? Redet mit anderen Menschen über eure Überlegungen. Seid offen und probiert aus. Entscheidet nicht voreilig und informiert euch gründlich. Vielleicht hilft euch dieses Buch den für euch richtigen Weg einzuschlagen.

Wenn ich nun aus der Retrospektive auf die vergangenen Jahre und die getroffenen Entscheidungen zurückblicke, dann stehe ich zu meinen Entschlüssen und hätte mich nicht anders entschieden. Die Wahl der dualen Berufsausbildung zum Schifffahrtskaufmann war in allen Belangen der richtige Weg. Die wöchentliche Struktur ist wichtig für mich, die Ausbildung bereitet mir viel Freude und fordert mich sehr. Ich denke, dass ich durch meine Arbeit ein Stück erwachsener geworden bin, nun mehr Eigenverantwortung übernehme und meinen Teil zu der Gesellschaft beitrage. Mir ist abschließend sehr wichtig zu erwähnen: solltet ihr merken, dass der eingeschlagene Weg falsch ist, er euch nicht glücklich, sondern unglücklich macht, dann seid ehrlich zu euch. Beweist Mut und zieht einen Schlussstrich. Mein Opa sagte immer: „Junge, mach´ Fehler!" In dieser Hinsicht Fehler, die eigentlich keine sind. Sie sind lehrreich und helfen euch dabei, euch und eine zu euch passende Tätigkeit zu finden. Essentiell wichtig ist nur, dass man dann weiter macht und nicht aufgibt, sich fokussiert und etwas Neues wagt.

Jasmin (24), Sozialversicherungsfachangestellte

Warum habe ich mich für eine Ausbildung entschieden?

Ich wusste nicht, was ich nach meinem Abitur machen wollte. Deshalb hatte ich zunächst den Wunsch Geld zu verdienen. Eine Ausbildung hatte für mich gegenüber Jobben den Vorteil, dass ich im Anschluss bereits einen Abschluss habe. Ich dachte mir, dass ich danach immer noch studieren könnte und bereits ein finanzielles Polster hätte. Ein Studium muss schließlich auch finanziert werden. Schwieriger gestaltete sich die Frage, welche Ausbildung es denn sein sollte. Ich bin nach dem Ausschlussprinzip vorgegangen. Ich wollte keinen handwerklichen Beruf. Gleichzeitig wollte ich mit Menschen zu tun haben, nicht abgeschottet vom Tageslicht sein, keine Nachtschichten und keine Wochenendarbeit ausüben. Außerdem sollte es eine Ausbildung für einen zukunftssicheren Arbeitsplatz sein. Ich dachte als Erstes an eine Ausbildung als Immobilienkauffrau, denn Immobilien und Wohnraum werden immer benötigt. Mein einziges Praktikum machte ich jedoch im Bereich Journalismus und Mediengestaltung. Schlussendlich fand ich zufällig den Ausbildungsberuf zur Sozialversicherungsfachangestellten mit Schwerpunkt Krankenversicherung. Von dieser Ausbildung im Gesundheitssektor hatte ich zuvor noch nie gehört. Die Sozialversicherung ist bereits heute von großer Bedeutung und wird es auch in der Zukunft sein. Die Kenntnisse verschaffen mir auch privat Vorteile. Die Arbeit im Büro im Bereich der Sozialversicherung reizte mich aufgrund der Vielfältigkeit und der Arbeitszeiten ebenfalls. Die Verdienstmöglichkeiten stimmten. Weiterbildungsmöglichkeiten zog ich zu diesem Zeitpunkt noch nicht in Betracht. Die Ausbildung gab mir finanzielle Unabhängigkeit und damit die verbundene Flexibilität. Durch die Berufserfahrung habe ich heute eine bessere Vorstellung von der Arbeitswelt als zum Zeitpunkt meines Abiturs. Die Ausbildung machte mich selbständiger und selbstbewusster. Ein anschließendes Studium würde mir gegebenenfalls aufgrund des Praxisbezuges leichter fallen. Für mich stellte sich im Laufe der Zeit und durch einen Arbeitgeberwechsel bereits heraus, dass viele Arbeitgeber sogar teilweise Personen mit passender Ausbildung aufgrund der praktischen Berufserfahrung und der Erfahrung im Unternehmen im Vergleich zu einem Uniabsolventen, der bisher nur die Theorie kennt, bevorzugen.

Was möchte ich jungen Menschen mit auf den Weg geben?

Die Entscheidung über die passende Berufsausbildung benötigt viel Zeit. Persönliche Vor- und Nachteile sollten ausreichend gegenübergestellt werden. Diese Entscheidung zu treffen ist nicht immer leicht und auch nicht immer richtig, aber sie treffen zu können und vor allem zu dürfen ist sehr wichtig. Die Wahl der Berufsausbildung muss sich früher oder später auch mit privaten Zielen vereinbaren lassen. Dazu zählen beispielsweise die Gründung einer Familie, der Erwerb einer Immobilie, eine beabsichtigte Auswanderung oder gewünschte Reisen. Man sollte sich seinem Spiegelbild wahrheitsgemäß wichtige Fragen beantworten: Ist mir eine spätere Führungsposition wichtig? Inwiefern bin ich beruflich bereit, Verantwortung zu übernehmen? Wie sieht die Antwort aus, wenn ich die Absicht der Familienplanung habe? Fällt es mir schwer aus dem Bett zu kommen, wenn die Begeisterung für die Arbeit fehlt oder motiviert mich der Verdienst? In welchem Verhältnis sollte dies zueinanderstehen? Wie flexibel möchte ich mit meinen Arbeitszeiten sein? Brauche ich feste Arbeitszeiten? Bin ich bereit für Wochenend-, Feiertags-, und Nachtarbeit? Was sind meine Stärken, was sind meine Schwächen? Welche Schulaufgaben haben mir Freude bereitet? Gefiel mir das Präsentieren und Organisieren? Lagen mir eher Naturwissenschaften oder Sprachen? Bin ich kreativ, fantasievoll? Lassen sich Eigenschaften meiner Hobbys berücksichtigen? Bin ich eher Theoretiker oder Praktiker? Hat man diese Fragen und viele mehr beantwortet, kann die Entscheidung zur Berufswahl getroffen werden. Stellt sich später heraus, dass die Entscheidung nicht die richtige war, steht man vor der nächsten: Den Weg weitergehen, abbiegen oder zurücklaufen und einen anderen wählen? Entscheidungen zu treffen erfordert Mut. Egal welchen Weg man geht, die Hauptsache ist man kommt an – wenn auch auf Umwegen. Meist entdeckt man dort das Ausschlaggebende. Könnte ich die Zeit zurückdrehen und mich noch einmal entscheiden, hätte ich wahrscheinlich dieselbe Wahl getroffen. Vielleicht hätte ich auch ein duales Studium gewählt. Auf jeden Fall hätte ich versucht, mehr Praktika in unterschiedlichen Bereichen und mehr Schüler- oder Ferienjobs zu absolvieren. Vielleicht hätte mir das Ergebnis ein anderes Berufsfeld zugeordnet. Da mich aber ein einfacher Job als Sachbearbeiterin nicht genügend herausfordert und mich die Auseinandersetzung mit Gesetzestexten reizt, habe ich nun eine Fortbildung zum Krankenkassenfachwirt begonnen, die mir sogar mein Arbeitgeber bezahlt. Darüber hinaus bin ich mittlerweile in der Grundsatzabteilung einer Ersatzkasse tätig. Dasselbe machen übrigens auch Juristen. Außerdem bin ich zufrieden und das ist für mich die Hauptsache.

Sebastian (24), Rettungsassistent

Warum habe ich mich für eine Ausbildung entschieden?

Ich wollte einfach raus aus dem Schulleben, mal etwas Handfestes machen. Ein wenig Geld verdienen und auf eigenen Beinen stehen. Für mich war immer das Ziel, nochmal zu studieren, aber das musste nicht direkt nach dem Abi passieren. Zudem wusste ich nach den 8 Jahren Gymnasium nicht mal wirklich WAS ich studieren sollte. Ich war aber seit der 8. Klasse im Schulsanitätsdienst und ab der Oberstufe beim Roten Kreuz im Katastrophenschutz und Sanitätsdienst tätig. So fiel es mir also wenig schwer, mich mit einer Ausbildung im Rettungsdienst zu identifizieren – und perspektivisch konnte ich mir ein Studium im medizinischen Sektor auch vorstellen. Durch die Ausbildung erhoffte ich mir ein paar Einblicke in diesen. Die Frage ob ich nach 12 Jahren theoretischen Lernens schon arbeiten wollte, konnte ich ziemlich klar bejahen. Und ich denke, niemand macht einen Fehler, sich genauso zu fühlen.

Was möchte ich jungen Menschen mit auf den Weg geben?

Schule ist gar nicht so schlimm, wie man immer denkt; Schule ist am Ende einfach anders! Sie bietet Vorzüge ebenso wie Nachteile. Dennoch kann einem das Verlassen der „klassischen" Bildungsinstitute interessante und neue Einblicke liefern, die einen viel lehren! Ich würde gewiss jedem Schüler empfehlen, eine Ausbildung und auch ein paar Jahre Berufsleben zwischen Abitur und Studium einzulegen. Durch die Ausbildung und Arbeit (insbesondere in meiner Branche) habe ich unheimlich viel über mich selbst und das, was mir im Leben wichtig ist, gelernt. Ich dachte immer, mein Lebenslauf müsste Geradlinig verlaufen, aber ich stelle immer wieder fest, dass ich glücklicher bin, wenn ich auch mal ein Wagnis eingehe und ein paar Ecken und Kanten in meinen Lebenslauf einbringe. So habe ich auch mit 24 noch kein Studium abgeschlossen oder gar begonnen. Ich denke zwar immer konkreter darüber nach, jetzt damit zu beginnen aber bereuen tue ich die letzten 5 Jahre meines Berufslebens nicht im geringsten! Ich konnte mir in den letzten Jahren einige Ziele meiner „Bucket-List" erfüllen und dabei half u.a. das im Job verdiente Geld. Auch habe ich gelernt, eigenständig zu arbeiten, Entscheidungen zu treffen und Verantwortung zu übernehmen!
Wenn man aber wirklich Studieren will, sollte man dieses Ziel nicht aus den Augen verlieren! Denn das finanzielle Einkommen eines Berufes kann auch abhängig machen (z.B. Wohnung, Auto, andere Ausgaben!)

Robin (25), Kaufmann für Versicherungen und Finanzen

Warum habe ich mich für eine Ausbildung entschieden?

Für mich war von Anfang an klar, dass ich nach meiner Zeit bei der Bundeswehr in die Finanzbranche möchte. Nachdem ich mir die Karrieremöglichkeiten in dieser Branche angeschaut habe, hat sich für mich die Ausbildung zum Kaufmann für Versicherung und Finanzen herauskristallisiert. Ein Grund hierfür war mit Sicherheit die praxisbezogene Art des Lernens, die mir viele Türen in der freien Wirtschaft ermöglicht hat. Mit dieser Ausbildung habe ich in der Berufsschule die betriebswirtschaftlichen Grundlagen lernen und gleichzeitig die kaufmännischen Berufserfahrungen sammeln können, welche besonders bei zukünftigen Arbeitgebern oft sehr gefragt sind. Auch für die Möglichkeit, sich nach der Ausbildung selbstständig zu machen, bietet eine betriebliche Ausbildung im kaufmännischen Bereich eine solide Bildungsgrundlage.

Was möchte ich jungen Menschen mit auf den Weg geben?

Als Abiturient habe ich mir einfach früh genug die Frage gestellt, wo ich mich in 5 Jahren sehen möchte. Was ich erreichen und in welchen Bereichen ich mich bis dahin weitergebildet haben möchte. Ich gehörte früher zu den Abiturienten, die nie gern zur Schule gegangen sind und war dementsprechend froh, mit einer betrieblichen Ausbildung einen guten Mix aus Theorie und Praxis gewählt zu haben, um mir viele Türen in kaufmännisch-arbeitende Firmen geöffnet zu haben. Denn, wenn man erst einmal eine kaufmännische Ausbildung absolviert hat, ist es in vielen Berufen relativ egal, ob ursprünglich mal als Finanzkaufmann, Industriekaufmann, Einzelhandelskaufmann oder ähnliches gelernt hat. Und selbst für ein Studium bietet eine Betriebliche Ausbildung nahezu immer eine solide Grundlage.

Tanja (25), Kauffrau für Speditions- und Logistikdienstleistungen

Warum habe ich mich für eine Ausbildung entschieden?

Kurz vor meinen Abschluss wusste ich noch nicht, was ich gerne machen möchte. Ich hatte keine Lust mehr so viel zu lernen, aber beruflich noch keine genauen Vorstellungen. Etwas Kaufmännisches sollte es sein aber in welchem

Bereich? Somit besuchte ich eine Ausbildungsmesse und informierte mich über die verschiedenen Berufe. Arbeiten und Geld verdienen? Das hörte sich nicht schlecht an. Auf der Messe ergab sich meine Ausbildung zur Kauffrau für Speditions- und Logistikdienstleistungen. Bereits während der Ausbildung war ich froh, diesen Weg gewählt zu haben. Ich hatte mein eigenes Geld, war ein Stück unabhängiger, erlernte etwas, was mir gefällt und wurde dafür noch bezahlt. Das beste Mitbringsel der Ausbildung war die Reife die ich erlagt habe. Sie hat mich viel erwachsener und zielstrebiger gemacht. Immer mehr interessante Bereiche taten sich mit der Zeit auf. Diese hätte ich sicher nicht in einem Studium kennengelernt. Ich liebe den Kontakt und Umgang mit Menschen. Durch die Ausbildung habe ich für mich schnell mein berufliches Ziel gefunden – Sales.

Was möchte ich jungen Menschen mit auf den Weg geben?
Informiere dich über Familie und Bekannte, wer in deinem Wunschberuf tätig ist. Lass' dir erklären, wie die täglichen Aufgaben und Arbeitsabläufe aussehen. Frage sie, was ihnen an ihrem Beruf Spaß macht und was nicht. Absolviere verschiedene Praktika. Es ist so wichtig, Spaß und Freude an dem späteren Beruf zu haben. Nur dann bist du auch motiviert. Ich persönlich finde eine Weiterbildung nach der Ausbildung perfekt. Du kannst nebenbei dein eigenes Geld verdienen und z.B. in Voll- oder Teilzeit weiterarbeiten. Ob ein Studium, Fachwirt, Techniker o.ä. – es gibt unendlich viele Möglichkeiten, sich auch nach der Ausbildung beruflich weiter zu entwickeln. Wichtig ist nur, dass du dir genug Zeit für diese Entscheidung nimmst.

Marcel (25), Flugzeug- und Gerätemechaniker; Wirtschaftspsychologie

Warum habe ich mich für eine Ausbildung entschieden?
Wie so vielen, die nach der Schule nicht wissen welchen Weg sie einschlagen sollen, so erging es auch mir. Sollte ich studieren oder doch lieber eine Ausbildung machen? Während meiner Schulzeit hatte ich ein großes Interesse an BWL entwickelt. Aber andererseits hatte ich auch genug vom Zuhören und vom Lernen. Arbeiten und am besten handwerklich, das wollte ich nämlich auch. Ich musste also eine Entscheidung treffen, was ich letztendlich auch tat. Ein paar Monate nach meinem Abitur im Jahre 2011 begann ich meine Ausbildung zum Mechaniker und beendete diese erfolgreich im Jahr 2015. Erstmal Erfahrungen

zu sammeln und sich über die Jahre in Ruhe zu orientieren, war auf jeden Fall die richtige Entscheidung. Obwohl mir meine Ausbildung und mein gelernter Beruf viel Spaß machten und es ein gutes Gefühl ist, mit einem festen Job im Leben zu stehen, so hatte ich aber trotzdem das Gefühl, dass das noch nicht alles sein kann. Nachdem ich meine Ausbildung und somit auch die Berufsschule beendet hatte, fehlte es mir doch recht schnell, die Schulbank zu drücken und kognitiv gefördert zu werden. Ja selbst das Lernen und die damals nervigen Vorträge fehlten mir. Auch mein Interesse an BWL war ungebrochen und unbefriedigt. Durch meine Arbeit und meine gemachten Erfahrungen hat es sich sogar eher weiterentwickelt und spezifiziert. Es entwickelte sich nämlich zudem ein großes psychologisches Interesse in Hinsicht auf Personalplanung und Entwicklung. So fing ich also im Jahr 2016 zusätzlich noch mein jetziges Studium zum „Wirtschaftspsychologen" an.

Was möchte ich jungen Menschen mit auf den Weg geben?

Um zu lernen ist es nie zu spät. Und gerade im jungen Alter sollte man die Chance nutzen. Man könnte denken, dass die Ausbildung somit ein unnötiger Umweg ist, da man ja hätte gleich studieren können. Dies würde ich aber definitiv dementieren. Ich habe wichtige Erfahrungen gesammelt, die mir nicht nur im jetzigen Studium weiterhelfen, sondern auch geholfen haben, mir über meine beruflichen Ziele in Klaren zu werden und diese genauer zu definieren. Wenn man seine Reise nach der Schule beginnt, ist der Weg nicht in Stein gemeißelt. Jeder Weg, jeder Erfolg, jeder Rückschlag ist der richtige Weg. Ob man nun studiert, arbeitet oder durch die Welt reist. Wichtig ist nur etwas aus seiner Zeit zu machen. Und wenn man Zeit zum Überlegen braucht, weil man überfordert mit der Situation Schulabschluss ist, sich diese auch zu nehmen. Und selbst wenn man mal das Gefühl hat, auf seinem Weg falsch abgebogen zu sein, ist es nie zu spät wieder auf ihn zurückzukommen.

Niklas (24), IT Systemadministrator und Datenschutzbeauftragter

Warum habe ich mich für eine Ausbildung entschieden?

Dies war eine relativ leichte Entscheidung. Ich wollte direkt in das Berufsleben einsteigen und die Luft der Arbeit schnuppern. Gerade heutzutage ist es enorm wichtig, dass junge Leute sich auch für Ausbildungsberufe entscheiden, gerade im Handwerksbereich, wenn man überlegt, wie viele Menschen heutzutage noch eigentlich gut einen Handwerksberuf erlernen könnten, sich dann aber doch für ein Studium entscheiden, weil ihnen dabei bessere Aufstiegschancen versprochen werden und deutlich mehr Türen offen stehen. Und ja, es gibt viele Türen, die ein Studium einem öffnet – aber nein, es stehen einem nicht automatisch alle Türen offen, da es meiner Meinung nach gerade jetzt einfach zu viele Studierende gibt und zu wenige Menschen im Handwerksbereich. Dort herrscht Fachkräftemangel. Nun entsteht vermutlich der Eindruck, dass ich selbst ein Handwerker bin, aber nein, ich bin IT Systemadministrator und habe meiner Meinung nach die richtige Entscheidung zur richtigen Zeit getroffen. Anfangs war die IT noch ein sehr kleiner Bereich in der Berufswelt, aber mittlerweile ist sie zu einem wichtigen und nicht mehr wegzudenkenden Berufsfeld geworden. Sei es ein Admin oder Programmierer. Ebenso erscheint mir ein Studium auch zu theoretisch, was in einer Ausbildung natürlich nicht der Fall ist. Man hat neben der Berufsschule auch direkt den Einsatz an dem Arbeitsplatz, an dem man später arbeiten wird – welcher natürlich wieder ganz anders ist, als in der Theorie beschrieben. Und natürlich gibt es für mich später immer noch Wege zu studieren, wenn ich es möchte, wobei ein Informatik-Studium meiner Meinung nach nichts mehr mit der angewandten Berufspraxis zu tun hat. Ich habe es zwar selbst noch nicht ausprobiert, aber von vielen Freunden und Bekannten gehört, wie theoretisch dieses ist und mit der Informatik im Alltag des Admins kaum zu tun hat. Aber man weiß natürlich nie, vielleicht sitze ich doch in ein paar Jahren in einer Informatik Klausur.

Letztendlich kann ich aber nicht sagen was richtig ist und was nicht. Denkt darüber nach, ob ihr gerne noch eine höhere „Schule" besuchen wollt, oder direkt mit der Welt im Berufsleben zu tun haben möchtet. Man kann es über beide Wege schaffen, sein Ziel zu erreichen. Und selbst wenn ihr noch kein Ziel vor Augen habt, verschafft euch vielleicht mit einem Praktikum bei verschiedenen Firmen einen ersten Eindruck, denn auch das kann euch weitere Perspektiven aufzeigen.

Was möchte ich Abiturienten mit auf den Weg geben?

Was hätte ich gerne im Nachhinein gewusst? Das ist eine schwere Frage. Ich denke, ich bin mit dem Wissen, dass ich gerne in die Berufswelt gehen wollte auf einem guten Weg gewesen. Hätte ich mich anders entschieden? Definitiv nicht. War die Schule wirklich so schlimm? Früher war sie das in meinen Augen, da hat man noch anders über viele Dinge nachgedacht. Aber mittlerweile würde ich sagen, dass die Schule auf keinen Fall schlimm gewesen ist. Was hat sich durch das Kapitel Ausbildung für mich verändert? Ich konnte mir früher einige Dinge ermöglichen und stand viel fester im Leben als vorher. Und wenn man dann noch eine Firma gefunden hat, in der man Aufstiegsmöglichkeiten bekommt, dann gibt es doch nichts Besseres, oder etwa nicht? Ist mein Lebenslauf gradlinig? Ja, das ist er, und ich bin sehr froh darüber, da ich immer wieder positives Feedback dafür bekomme.

Tolle Einblicke, wie ich finde. Du auch? Was ist also der Antrieb? Fast immer schwingt der Gedanke mit, praktische Erfahrungen sammeln zu wollen. Die Frage Theorie vs. Praxis wird eigentlich immer zugunsten der Praxis beantwortet. Das heißt aber nicht, dass du aufgrund deiner praktischen Veranlagung zwangsläufig nicht für ein Studium geeignet bist. Insbesondere technische Studiengänge und Fachhochschulen sind hier gute Orientierungspfeiler. Diese diskutieren wir in den nächsten Kapiteln. Hier die vier wichtigsten Kriterien, mit denen du dich auseinandersetzen kannst:

Berufserfahrung

„Lehrjahre sind keine Herrenjahre." Diesen Slogan hören wir häufig. Grundsätzlich trifft diese Idee immer zu. Denn: Es geht ja um eine „Lehre". Du wirst auf einen bestimmten Beruf vorbereitet. Am Ende der Ausbildung sollst du alle Qualifikationen beherrschen, damit du den entsprechenden Beruf eigenständig ausführen kannst. Dementsprechend wirst du nicht mit dem Porsche in die Tiefgarage gefahren, sondern lernst von der Pike auf alle Prozesse des Jobs kennen. Wie funktionieren die Systeme? Welche Handgriffe müssen sitzen oder was sind rechtliche Anforderungen? Dieses Wissen erwirbst du natürlich nicht allein auf deinem Weg durch die universitäre Laufbahn. Diese praktischen Erfahrungen wirst du in keinem Hörsaal der Welt internalisieren können. Es handelt sich um eine ganz andere Landkarte. Ein anderer Rezeptor.

Finanzielle Unabhängigkeit

Eine Ausnahme stellen hierbei schulische Ausbildungen dar. Als angehender Erzieher oder Physiotherapeut wirst du keine Luftsprünge beim Blick auf dein Konto machen. Als Physiotherapeut darfst du nach heutigem

Stand sogar noch weitere Kohle in den Ofen schieben. Wirklich schade, da diese Berufe so wichtig sind. Anyway. Bei allen Überlegungen rund um eine Ausbildung dürfen wir einen Aspekt nicht vergessen – einen mit rein monetärer Natur. Schauen wir uns einen Auszubildenden in einem großen Konzern an, beispielsweise als Industriemechaniker bei VW. Diese Analogie kannst du auf alle größeren Unternehmen in deiner Region übertragen. Dieser hat in der Regel nach der Realschule seine Lehre begonnen und seit dem 16. Lebensjahr sein eigenes Geld verdient. Um es etwas konkreter zu umschreiben, wird sein Gehalt bei ca. 700.- bis 900.- Euro brutto liegen.

Nach der Ausbildung wird dieser auch mit einem zünftigen Einstiegsgehalt als Geselle rechnen dürfen. Parallel heimst er jedes Jahr noch Weihnachts- und Urlaubsgeld ein. Diese fiktive Rechnung rechnen wir mal Hoch bis zum 26. Lebensjahr. Bei dieser Zeitrange fängt der Durchschnittsstudent nach all seinen Zwischenstopps inklusive Master nach dem Abi an richtig zu Arbeiten. Mal kürzer, mal länger. (Man glaubt es kaum, aber es gibt tatsächlich die Langzeitstudenten, die teilweise im 11. Semester aufwärts bei einer Regelstudienzeit von 6 Semestern vor sich her studieren). Aktiviere mal deine Grundschul-Mathekenntnisse und subtrahiere 16 von 26. Auch wenn in der Oberstufe der Taschenrechner häufig überstrapaziert wird ist diese Rechnung doch machbar (vielleicht erkennst du, was ich meine. Genau 10. 10 Jahre hat dieser Azubi schon Geld verdient. Bei einer ganz vorsichtigen Kalkulation befinden wir uns hier schon im fünfstelligen Bereich. Einfach schon mal auf der Haben-Seite verbucht. Zack. Bumm.

Wenn man jetzt noch an einer privaten Uni studiert und gegebenenfalls einen Kredit aufgenommen hat, kannst du erahnen wie groß die Diskrepanz ist. Aber bitte nicht überbewerten. Das ist natürlich ein Extrembeispiel. Vielmehr geht es darum, für die gesamte Thematik sensibilisiert zu werden und was die Entscheidungen nach dem Abi finanziell bedeuten. Das ist eine Seite der Medaille. Denk jetzt bitte nicht: oh, wenn das finanziell so klar ist, warum sollte ich dann studieren? So einfach ist das nicht. Was natürlich viel wichtiger ist, ist deine individuelle Motivation.

Du bist in der Ausbildung in ein festen Arbeitsalltag integriert – wie ein normaler Angestellter eben. Da ist nichts mit Studentenleben oder Hörsaal-Schwärmereien. Das Studium impliziert noch viele andere Aspekte, die wir in den nächsten Kapiteln untersuchen werden.

Strukturierter praktischer Arbeitsalltag

Angenommen Max aus unserer Case-Study hätte sich für eine kaufmännische Ausbildung entschieden. Was bedeutet das nun? Ähnlich wie in der Schule wird der Arbeitsrhythmus recht stringent sein. Morgens um 06:30 Uhr klingelt sein Wecker. Er duscht, frühstückt und fährt zur Arbeit. Um 08:30 Uhr fängt er an. Er checkt seine Mails und geht zum ersten Meeting. Er analysiert Daten für ein Projekt und holt sich zwischendurch einen Kaffee. Langsam naht die Mittagspause. Diese verbringt er meistens mit seinen Mit-Azubis. Nach der Pause sitzt er wieder am Schreibtisch. Zunächst steht ein Telefonat mit einer weiteren Niederlassung seines Unternehmens an. Er kommt ganz gut voran. Nachdem er die am Vormittag angefangene Excel Tabelle fertiggestellt hat, aktualisiert er eine Präsentation für einen Kundentermin nächste Woche. Dann bittet ihn seine Ausbildungsleiterin zu einem Feedbackgespräch: Es geht um seine Berichtshefte, die er in regelmäßigen Abständen anfertigen muss. Sie ist sehr zufrieden mit seiner Leistung und stellt ihm in Aussicht, die Ausbildung als Abiturient eventuell verkürzen zu können. Max ist sehr motiviert, da er sich nach den ersten Monaten gut eingearbeitet hat. Um 17:00 Uhr macht er Feierabend. Er wollte abends noch zum Sport gehen. So oder so ähnlich könnte auch dein Arbeitsalltag aussehen. Bei handwerklichen oder sozialen Ausbildungen müsste natürlich die Tätigkeit an sich angepasst werden. Als Erzieher oder Mechatroniker sieht dein Aufgabenspektrum entsprechend anders aus. Im Vergleich zur Uni kannst du deinen Stundenplan also nicht selbst planen; Auslandssemester oder Praktika in anderen Unternehmen werden schwierig. Wahlkurse in anderen Modulen werden ebenso schwierig, wie im direkten Anschluss einen Master zu machen.

Übernahmechancen

Hinzu kommt die mögliche Übernahme nach Abschluss der Ausbildung. Wenn es dir also darum geht, fin anziell möglichst früh auf eigenen Beinen zu stehen, spricht einiges für die Ausbildung. Ich kenne Freunde von mir, die mit Anfang 20 ihr erstes Kind zu Welt gebracht haben. Hier bietet es sich an, schon fest mit beiden Beinen im Leben zu stehen, um Kosten für Wohnung oder Auto selbstständig tragen zu können. Da du das Unternehmen schon so gründlich durch deine Ausbildung kennst, ist das Unternehmen auch interessiert, dich zu halten, sofern die fin anziellen Kapazitäten dies zulassen.

Es würde an dieser Stelle zu weit führen, alle Berufe im Einzelnen vorzustellen. Darum geht es auch gar nicht. Auf den Seiten der Arbeitsagentur (berufenet.arbeitsagentur.de/ berufe.tv) oder weiteren Seiten wie azubiyo. de oder aubi-plus.de findest du alle möglichen Berufe übersichtlich beschrieben. Stöbere doch einfach mal herum und lass dich inspirieren. Bei welchen Jobs bekommst du gute Laune? Welche Richtung treibt dich an? Diese Expedition kann dich nur weiterbringen. Und was ist, wenn dich keine Ausbildung vom Hocker wirft? Kein Problem. Vielleicht ist ein Studium auch eher für dich geeignet. Wenn dich nach der Ausbildung doch noch mal der Ehrgeiz packt, dein Abi nachzuholen, ist das kein Problem. Zwar bist du, wenn du schon länger gearbeitet hast, etwas raus aus dem Lernen, dennoch kannst du in diesem Fall von praktischen Erfahrungen profitieren. Kevins Lebenslauf zeigt uns, dass dieses Add-on nach der Ausbildung in jedem Fall möglich ist.

Kevin (25), Metallbauer in Konstruktionstechnik
Warum habe ich mich nach der Realschule entschieden, das Abi nachzuholen und im Anschluss zu studieren? Was hat mich am Abi gereizt?

Seit meiner Ausbildung war mir klar, dass ich noch etwas Anderes machen wollte. Ob es nun ein Studium wird, oder eine Meister Ausbildung, war mir zu dem Zeitpunkt erstmal egal. Stumpf auf der Baustelle zu arbeiten und später Rückenschmerzen zu bekommen, kam für mich nicht in Frage.

Warum habe ich es nicht direkt gemacht?

Ich hatte einfach keine Lust mehr auf die Schule. Außerdem war ich immer der Meinung, dass ich nie studieren werde.

Habe ich erst später meinen Ehrgeiz entdeckt?

Nein. Ehrgeiz war nicht der Grund für das Abitur. Viele meiner Bekannten fragten mich auch, ob es nicht Zeitverschwendung war. Die Ausbildung und das Abitur haben ja insgesamt fünf Jahre gedauert. Dies kann ich aber nur verneinen. Durch die Ausbildung habe ich eine große Menge Erfahrung gesammelt. Welcher Student kann denn bitte Fenster, Türen, Tische, Treppen sowie Stahlhallen bauen? Durch die Ausbildung wurde ich Selbstständig und habe gelernt, Dinge selber zu planen, zu fertigen und aufzubauen. Heutzutage suchen viele Firmen Ingenieure, die auch handwerklich begabt sind. Ein Betriebspraktikum ist zwar schön. Jeder weiß aber, dass man ein Praktikum nicht mit einer Ausbildung vergleichen kann. Allein der Zeitfaktor und somit die Erfahrung macht einen großen Unterschied.

War es sehr anspruchsvoll im Vergleich zur Realschule?

Im Vergleich zur Realschule war es natürlich anspruchsvoller. Allerdings bin ich der Meinung, dass das Fachabitur ein Mittel zum Zweck ist. Es ist nicht so anspruchsvoll, wie das Abitur an einem Gymnasium. Außerdem ist das Fachabitur, wie es der Name schon sagt, fachspezifisch. Ich hatte einige Fächer die mit dem Handwerk verbunden waren. Dementsprechend ist der Stoff, den man lernt, zielgerichtet. Ein Handwerker mit Abitur wird wahrscheinlich kein BWL studieren sondern ein Ingenieursstudium abschließen.

Was möchte ich jungen Menschen mit auf den Weg geben? Was ist vonnöten, um nach der Realschule diesen Schritt zu gehen? Kann das jeder?

Ein erweiterter Realschulabschluss. Dies kann auch durch die Ausbildung erreicht werden, wenn die Noten stimmen.

Hat sich der Aufwand gelohnt?

Ja. Das Abitur kann mir keiner wegnehmen. In 15 Jahren könnte ich immer noch etwas Neues studieren.

Was hätte ich gerne im Nachhinein gewusst? Hätte ich mich anders entschieden?

Nein, Ich hätte mich nicht anders entschieden.

Ist mein Lebenslauf gradlinig?

Mein Lebenslauf ist ganz und gar nicht gradlinig. Ich habe eine Handwerkerausbildung. Habe mehrere Praktika im Sozialpädagogischen Bereich absolviert und auch in einem Jugendzentrum für ein paar Monate gearbeitet. Außerdem war ich im Ausland für zwei Jahre.

Nochmal eine persönliche Nuance von mir. Es kann auch mal helfen sich die Frage zu stellen, wieso man keine Ausbildung machen möchte. Bei mir war es so, dass ich nach dem Abbruch meines dualen BWL-Studiums in meiner Orientierungslosigkeit auch mit einer Ausbildung geliebäugelt habe. Tatsächlich hatte ich mich sogar einmal beworben. Ich war beispielsweise eine längere Zeit auf dem Trip, Bankkaufmann werden zu wollen in Erinnerung an meinen Tresor als Grundschulkind, wo ich gerne gespart habe oder an die Besuche damals in der Bank mit dem Sparbuch. Ja, das war irgendwie aufregend für mich. Ich habe mich im Internet gründlich informiert und auch ein paar Gespräche mit angehenden Bankkaufmännern bzw. Bankkauffrauen geführt. Ich war immer noch begeistert und konnte mich mit dem Gedanken anfreunden. Um diesen Impuls abzusichern, bewarb ich mich um ein Praktikum in einer Bank meiner Nähe. Eine gute Entscheidung, wie sich im Nachhinein rausstellte. Wie wir vorhin im Kapitel über Praktika eruiert haben, ist dies eines der wertvollsten Tools, was uns in der heutigen Zeit zur Verfügung steht. Jedenfalls durfte ich ein zweiwöchiges Praktikum in der Bank absolvieren.

Ähnlich wie meine Pharmazie-Idee, erwies sich das Praktikum als Augenöffner. Ja, ich hatte Spaß als Kind, Geld zu sparen, es zu zählen und damit zu hantieren. Im Internet hieß es zudem, dass man große Freude am Umgang mit Menschen haben sollte. Das traf voll und ganz auf mich zu. Jedenfalls spürte ich mit den Tagen eine zunehmende Enttäuschung. Ich hatte mir das Ganze viel lebendiger vorgestellt. Ich sollte mich mit Themen wie Kontoführungsgebühren oder Zinseszins beschäftigen. Anlageprodukte vergleichen und am Schalter stehen. Mir war in meiner Naivität gar nicht so klar, dass die Bank ja auch ihr Geld verdienen muss. Mit einem so niedrigen Leitzins wie zu dieser Zeit ist das ein kleines Himmelfahrtskommando.

Ich sprach zudem mit den Auszubildenden und den langjährigen Filialbeschäftigten. Zwischen den Zeilen merkte ich meine inneren Alarmglocken klingeln. Attention. Attention. Hier geraten gerade Dinge ins Laufen, auf die du im Prinzip gar keinen Bock hast. Lauf Forrest, lauf. Vor mir sah ich mich als schleimigen Schlipsträger, der jahrelang in der gleichen Filiale hockt und das Leben verpasst; auf der Stelle tritt. Auch hier die so wichtige Anmerkung; ich kann es nicht häufig genug sagen: Nur, weil es bei mir so war, heißt das NICHT, dass es generell so ist. Ich kenne Bankangestellte, die total happy sind. Das war einfach nur meine subjektive Wahrnehmung. Nicht mehr und nicht weniger.

Da war der Punkt erreicht, wo ich begriff: Eine Ausbildung ist nichts für mich. Ich bin im Prinzip sehr gerne zur Schule gegangen und mir fiel das Lernen nicht schwer. Ich möchte studieren. Mich intensiv mit einem Fachbereich beschäftigen. Hinterfragen. Querdenken. Viele junge Menschen um mich herumhaben, die mich inspirieren. In meinem dualen BWL-Studium hatte ich gemerkt, dass es für mich persönlich noch nicht an der Zeit war, mit einem Team voller deutlich älterer Erwachsener zusammenzuarbeiten. Es fühlte sich einfach nicht richtig an. Ich wollte Freiheit. Inspiration. Nochmal ins Ausland. Ich wollte mich auch nicht auf eine Firma festlegen. Keine vermeintlich sicheren Übernahmen. Eine kristalline Neugier schlummerte in mir. Hochschulen kennenlernen. Über den schlechten Uni-Kaffee schimpfen. Mensen. Auf dem Campus die Füße hochlegen. Mich, wenn es sein muss, in der Bib verbarrikadieren. Von Profs inspirieren lassen. Ein Auslandssemester absolvieren. Stipendien. Master. Studenten-Partys. Katerfrühstück nach Klausurphasen.

Alles Schlagwörter, mit denen ich mich identifizieren konnte. Spätestens, als ich mich aus Torschlusspanik doch für einige Ausbildungen beworben hatte, überfiel mich schlagartig eine Erkenntnis. Als ich die Zeilen für das Motivationsschreiben verfasste, spürte ich, wie ich mich selbst betrog. Ich sog mir die Zeilen aus den Fingern, ohne sie wirklich so zu meinen; ohne aufrichtig dahinter zu stehen, was ich schrieb. Gut möglich, dass sie sich gut lesen würden. Aber war das wirklich ich? Nein. Das war eine Scheinidentität in mir, die nach Sicherheit strebte. Sie klammerte sich an diesen Gedanken, ja etwas zu haben. Besser als nichts. Aber es war eine Lüge. Ein Trugschluss. Da war der Drops gelutscht. Marvin macht keine Ausbildung. Roger.

Doch warum scheint die Ausbildung in den letzten Jahren immer unerschwinglicher? Die Akademisierung seit Beginn der 2000er fordert ihren Preis: Nachdem insbesondere die privaten Unis aus den Löchern schießen und jede überhaupt vorstellbare Nische abdecken wollen, scheint sich folgender Glaubenssatz in unsere Köpfe geschlichen zu haben: „Ich werde nur etwas im Leben erreichen, wenn ich studiere." Hier schwingen mehrere Gründe mit. Der Tenor unserer Leistungsgesellschaft ist hier nur ein Anhaltspunkt. Wir wollen immer höher hinausschießen. Gerade weil die Möglichkeiten immer mehr werden, graben wir noch tiefer. Dies schürt eine internale Grundüberzeugung, glänzen zu müssen. Wer schon mal im Ausland unterwegs war, wird an dem positiven Feedback zum deutschen Ausbildungssystem nicht herumgekommen sein. Da können wir echt stolz drauf sein. Aber zurück zur Ausgangsfrage. Sollte eine Ausbildung eine Option für mich sein, obwohl ich Abi gemacht habe? Die Antwort lautet wie so häufig in diesem Buch: Ja, es kann definitiv eine Option für dich sein. Muss es aber nicht. Es kommt auf deinen individuellen Background an. Eine Ausbildung nur aufgrund der Praxiserfahrung in Betracht zu ziehen, wäre sicher keine gute Idee. Schließlich soll der Job ja auch zu dir passen. Du visierst mit der Ausbildung einen grundsätzlichen Kurs an. Sei es die soziale, kaufmännische oder handwerkliche Schiene. Das sollte dir einfach klar sein. Lernst du den Beruf des Krankenpflegers und studierst später dann Ingenieurswissenschaften, ist das nicht die allerhellste Kombi. Aber wichtig: Auch, wenn sich die erste Ausbildung nicht als ganz kompatibel mit späteren Ideen erweist: Es können sich durchaus Synergien herstellen lassen. Planst du beispielsweise Medizin zu studieren und absolvierst vorher eine Ausbildung zur Krankenschwester oder zum Krankenpfleger, profitierst du natürlich nachhaltig. Du kannst dir beispielsweise bestimmte Kurse anrechnen lassen, sodass die Ausbildung nicht zwangsläufig verschenkte Zeit ist. Berufsschullehramt ist natürlich immer eine Option. Du merkst sicher, dass sich beliebig viele Korrelationen zwischen Ausbildungsberufen und späteren Weiterbildungen oder Studiengängen basteln lassen. Sicherlich auch spätere Querverbindungen, die du und ich jetzt noch gar nicht abschätzen können. Sicher ist aber, dass dich die Ausbildungsjahre so oder so wichtige Praxiserfahrung sammeln lassen. Du tauchst tief in einen Bereich ein und weißt, was jeden Morgen zu tun ist. Gib dem Gedanken einer Ausbildung auf jeden Fall zumindest eine Chance. Übrigens: Es gibt auch Abiturienten, die sich für eine Lehre als Gärtner entschieden haben. Sie haben praktische Erfahrungen gemacht und das Handwerk von der Pike auf gelernt. Im Anschluss haben sie dann Agrarwissenschaften studiert und sind total erfolgreich. Anderes Beispiel: Nach der Ausbildung zum Altenpfleger absolvierst du verschiedene Weiterbildungen und gegebenenfalls ein duales Studium. Später machst du dich mit deiner eigenen Pflege-Kette selbstständig und startest voll durch. Das ist alles schon vorgekommen und keine Utopie. Es ist also alles möglich. Was sagt der zu Beginn des Kapitels über Mike skizzierte Professor: „Wähle weise." Nicht nur, weil dieser Professor sehr stark an Professor Eich aus Pokémon erinnert, ist dieser Satz sehr sympathisch. Zwischenfazit: Eine Ausbildung kann für dich eine spannende Option nach dem Abi sein, wenn du keine Lust mehr auf reine Theorie hast; wenn du in den meisten Berufen endlich dein erstes eigenes Geld verdienen möchtest. Wenn dich ein Beruf anspricht, du dich gründlich über diesen informiert hast, vielleicht mit Leuten gesprochen hast, die diesen ausüben – ja warum denn nicht? Ferner bedeutet eine Ausbildung nicht zwangsläufig keinen Erfolg zu haben. Wir haben in den Erfahrungsberichten von Robin, Niklas oder Mick gesehen, wie sehr sie hinter der Entscheidung stehen. Glaub mir, sie sind alle in ihren Bereichen sehr erfolgreich.

Du kannst dir nicht vorstellen, was für lange Gespräche ich mit Mick über dieses Thema hatte. Man könnte dabei leicht Tag- und Nachtaktivität verwechseln, so lange ging das. Wir hatten beide unsere Auslandsaufenthalte und „Findungsphasen". Und vor allem eines: Gegenseitige Inspiration. Ich hoffe von Herzen, dass auch du einen solchen Freund oder eine solche Freundin hast. Jemanden, der bei Fragen rund um den Job nicht nur passiver Zuhörer ist und möglichst schnell das Thema wechseln möchte. Jemanden, mit dem du alle Sorgen, Ängste, Zweifel und Hoffnungen über deine Ideen teilen kannst. Jemanden, der dir das Gefühl gibt, hinter dir zu stehen, ob du jetzt Bäcker oder Astronaut werden möchtest. Ja, das wünsche ich dir. Du kannst dem ja mal einen kleinen Kurztest unterziehen. Du wirst merken, dass dieses Thema häufig nicht jedermanns Lieblingsthema ist und oftmals mit Skepsis und Vermeidung gehandhabt wird. Je tiefer diese Gespräche gehen, je differenzierter die vorausschauende Betrachtung ist und je konstruktiver alles verläuft, umso schneller ist ein Ziel vor Augen. Halte Ausschau. Bevor du dich aber dafür entscheidest, lese bitte unbedingt das nächste Kapitel. Mit den Jahren habe ich mit vielen Leuten gesprochen, die ihre Ausbildung abgeschlossen haben. Es entwickeln sich bestimmte Automatismen, die wir uns gemeinsam anschauen sollten.

Automatismen im Laufe der Ausbildung

Bei all den Lobeshymnen über die Praxiserfahrung und den monetären Nutzen dürfen wir einige Aspekte nicht außer Acht lassen – Automatismen, die einfach so passieren, dennoch aber häufig unausgesprochen sind. Ich habe mal die Lebensläufe von vielen meiner Bekannten verglichen, die nach dem Abi eine Ausbildung gemacht haben. Häufig passiert folgendes: Du verdienst dein gutes Geld, lieferst überzeugende Leistungen, sozialisierst dich in deinem Team, der Berufsschule und deinen Mit-Azubis. Nicht selten verkürzt du sogar deine Ausbildungszeit. Klingt doch alles rosarot, oder? #grabspopcorn und alles cool? Auf der einen Seite schon. Nur wie oft habe ich von diesen Leuten gehört, ja studieren werde ich später. Einfach nach der Ausbildung. Klingt ja auch sinnvoll. Erst Praxiserfahrung sammeln. Mal zu wissen, was in diesem Job eigentlich abgeht und im Anschluss an die akademische Krone greifen?

Lass uns differenzieren. Ein Problem liegt im Vorteil. Klingt paradox, was? Es ist ja klasse, eigenes gutes Geld zu verdienen; langsam auf eigenen Beinen zu stehen. Ausziehen. Erwachsen werden. Du gewöhnst dich jedoch mit der Zeit an das Geld. So oder so. Wohnst du noch zu Hause, sparst du auch ein wenig an. Ein neues Auto? Warum nicht. Und endlich von zu Hause ausziehen. Vielleicht sogar mit deinem Freund oder deiner Freundin zusammenziehen. Hey, deine Ausbildung hast du mit Bravour gemeistert, jetzt befindest du dich im Übernahmeprozess. Das Gespräch steht an, deine Ausbildungsleitung legt dir einen für Gesellenverhältnisse Sahnevertrag auf den Tisch. Was machst du? Klingt doch lukrativ. Vielleicht bist du schon von zu Hause ausgezogen und bist finanziell unabhängig. Irgendwann ist der Zeitpunkt erreicht, an dem es schwer wird, auf das Geld verzichten zu können. Und für ein späteres Studium wieder zurück zu den Eltern ziehen? Für viele von uns ein „No-Go". Wenn du dazu noch mit deinem Partner schon zusammenwohnst, ist das Dilemma perfekt. Ich kenne viele Abiturienten da draußen, die nach der Ausbildung nochmal richtig nach einem Studentenleben dürsten, es aufgrund dieser Automatismen aber nicht umsetzen können oder wollen. In der BWL würde man von Opportunitätskosten sprechen.

Du merkst, wir bewegen uns auf dem Kontinuum von Praxiserfahrung, finanzieller Unabhängigkeit und Flexibilität deiner Zukunftsplanung. Was ich allerdings von vielen Gesellen höre, ist ihre Feststellung, ab einer bestimmten Stelle zu stagnieren. Die offenen Türen neigen dazu, sich in bestimmten Positionen zu schließen. Es geht also um höhere Positionen. In vielen Fällen werden dann weitere Formen der Weiterbildung anvisiert. Über die IHK lassen sich weitere Qualifikationen abschließen. Handelsfachwirt, Betriebswirt etc. Vorsicht: Hier sollte immer die Branche, das individuelle Engagement und die Praxiserfahrung berücksichtigt werden. Das ist aber der grundsätzliche Tenor. Ein weiterer Kompromiss, den eigenen Lebensstandard zu halten und dennoch zu studieren, ist das Fernstudium. Dieses werden wir später noch näher beleuchten. Eine Schlüsselrolle nehmen hierbei auch deine Eltern ein. Könnten Sie dich beispielsweise nach der Ausbildung finanziell unterstützen? Werfen wir einen Blick auf die Erfahrungen von Yannick. Sein Bericht gefällt mir besonders. Er hat eine klare Meinung zu der Sache und schreibt die Zeilen vom tiefsten Innern aus sehr authentisch. Ich habe mir den Bericht damals öfters durchgelesen. Schau selbst.

Yannick (23), International Management
B.A. Europa Universität Flensburg

Warum habe ich mich für mein Studienfach entschieden?
Ich habe mich für ein International Management Studium mit Sprachschwerpunkt Spanisch entschieden, da ich im Rahmen meiner dreijährigen dualen Ausbildung zum Betriebswirt im Außenhandel einen dreiwöchigen Auslandsaufenthalt in Monterrey, Mexiko erleben durfte. In dieser Zeit entwickelte ich ein großes Interesse für Lateinamerika, die Mentalität, vor allem für die Menschen, die eine unfassbare Gastfreundschaft an den Tag legten und einen sehr respektvollen Umgang miteinander pflegten, sodass ich mich ab Sekunde eins wie zu Hause fühlte. Es war einfach unglaublich cool und aufregend, die Traditionen der Latinos kennenzulernen und in ihre Kultur einzutauchen. Dies wäre, ohne die paar Brocken Spanisch, die ich zu dem Zeitpunkt sprach, unmöglich gewesen und ich verfluchte mich, dass ich Hausaufgaben stets in der kleinen Pause vor dem Spanisch-Unterricht beim Tischnachbarn oder einer großzügigen und fleißigen Mitschülerin abgeschrieben habe. Hätte ich damals mehr als ein müdes Lächeln oder herzhaftes Gähnen für Muttis Phrase „Du lernst für dich" übriggehabt, hätte ich so viel mehr in Mexiko erleben können, als mein dürftiges Spanisch mir erlaubte. Naja, so viel dazu. Ich bin zu dem Entschluss gekommen,

dass dies jeder am eigenen Leib erfahren muss, aber ich versuche natürlich trotzdem indirekt an Euch zu appellieren.

Das International Management Studium mit Sprachschwerpunkt Spanisch bot sich dementsprechend an, da hier wirtschaftliche Inhalte, also klassische BWL überwiegend auf Englisch und Spanisch vermittelt wird. Eine erstaunliche Menge jener Inhalte kenne ich bereits aus dem praktischen und/oder theoretischen Teil meiner Ausbildung, was mir das Verständnis deutlich erleichtert oder ich mir zumindest etwas darunter vorstellen kann. Abgesehen davon werde ich das fünfte Semester in Valparaíso, Chile verbringen, was ich sowohl für meine persönliche Entwicklung als auch für mein Spanisch als essenziell betrachte. Nach dem Studium kann ich mich dann deutlich besser vorbereitet wieder in den Außenhandel mit Lateinamerika stürzen und das nachholen, was ich damals in Mexiko versäumt habe. Wem also Sprachen und Wirtschaft liegen bzw. wer sich dafür begeistern kann, ist in diesem Studiengang goldrichtig.

Was möchte ich jungen Menschen mit auf den Weg geben?

Puh, das ist eine schwierige Frage. Ich möchte Euch gerne mit auf den Weg geben – oder anders –, ich möchte Euch ersparen, dass Ihr wie 95% der Studierenden keinen Schimmer habt, was in der Arbeitswelt vor sich geht. Ich formuliere das bewusst so „hart", denn selbst die hellsten Köpfe an meiner Uni, also meine Kommilitonen, wie es so schön akademisch heißt, können zwar eindrucksvoll die unzähligen Folien der Professoren aus dem FF wiedergeben und Bombennoten einsacken, aber wissen nicht, was davon und wofür sie dies jemals brauchen werden. In dem Moment ist es ihnen aber egal, da die Noten stimmen und das ist das was zählt, denn so hat man es 12 bzw. 13 Jahre in der Schulzeit eingetrichtert bekommen, also studieren sie weiter. Allerdings geht es den Normalsterblichen, die sich wirklich hinsetzen und intensiv pauken müssen, etwas anders und viele werden über kurz oder lang frustriert sein. Manche schon beim Lernen für die Klausuren, andere schließlich bei der Veröffentlichung der Ergebnisse. Denn es erschließt sich einem schlicht und ergreifend nicht, wieso viele Inhalte oder komplizierte Modelle erlernt werden müssen. Typische Fragen sind „Wofür brauche ich das eigentlich? Was bringt mir das für mein späteres Leben?"

Diese Frustration ist meiner Meinung nach einer der Hauptgründe dafür, dass heutzutage so viele ihr Studium hinschmeißen. Die 5% hingegen, die vorher in ähnlicher Richtung eine Ausbildung absolviert haben, kennen die Antworten auf die oben genannten Fragen und werden die Zeit im Studium trotz komplizierter Inhalte, harter Lern -und Klausurphasen, als die schönste Zeit ihres Lebens empfinden. Denn man ist nun älter als in der Schule und weiß diese Menge an Freizeit, junge Leute um sich herum, coole Partys und vieles mehr was ein Studium zu bieten hat, nun unfassbar zu schätzen. Die im Verhältnis überschaubaren Phasen im Jahr, in denen man sich mal diszipliniert den Klausuren, Hausarbeiten oder Präsentationen widmen muss, überlebt man auch. Außerdem ist so eine Phase gar nicht so schlecht, um das Denken nicht zu verlernen und auch die Leber dankt es einem. Ganz nebenbei hat dieser Weg über Ausbildung und anschließend Studium noch den Vorteil, dass sich die Firmen einen erbitterten Fight um Euch liefern werden, denn Überstudierte ohne Berufserfahrung mit utopischen Gehaltsvorstellungen gibt es wie Sand am Meer. Wie unschwer erkennbar ist, ist dies meine Empfehlung für Euch und ich habe Glück, dass ich diesen Weg mehr oder weniger durch Zufall und eine Mischung aus Intuition und den Rat von Vatti eingeschlagen habe. Hätte ich die Empfehlung damals in einem Buch von Abiturienten für Abiturienten gelesen, hätte ich natürlich sofort gewusst, wie ich mich entscheiden muss. Nehmt das Leben nicht zu ernst, im Gegenteil, genießt es! Viel Erfolg auf Eurem Weg.

Ich glaube, wo wir ohne viel schnacken einen Konsens finden, ist die Relevanz der Praxiserfahrung. Ohne die geht es einfach nicht. Egal ob als Lehrer, Arzt, Bäcker, Fußballprofi, Förster oder Keksverkäufer. Wenn wir uns die skizzierten Automatismen vor Augen führen, sollten wir aber für uns ganz individuell die Ausgangslage prüfen. Auch Corinna gibt uns einen Einblick in ihren Weg von der Ausbildung, über das Abi, das sie nachholte, bis hin zum Studium. Wir bewegen uns hierbei durchweg in dem Kontinuum aus Benefits aufgrund der Praxiserfahrung und Einschränkungen durch die Verpflichtungen im Zuge der Ausbildung.

Corinna (24), Verwaltungsfachangestellte

Warum habe ich mich für eine Ausbildung entschieden?

Am Ende meiner Realschulzeit musste ich mich der Entscheidung stellen, wie es nach dem Abschluss weitergehen soll: Abitur oder Ausbildung. Ich hatte sowohl ein Angebot für einen Ausbildungsplatz als Verwaltungsfachangestellte als auch die Zusage für einen Platz am Wirtschaftsgymnasium. Ich habe lange hin und her überlegt und für mich entschieden, dass ich mein Fachabitur jederzeit nachholen kann, die Chance für diese Ausbildung jedoch möglicherweise nicht wiederkommt. Mein Interesse für den Beruf der Verwaltungsfachangestellten habe ich bereits im Rahmen eines Praktikums während der Schulzeit entdeckt und konnte mir schon damals vorstellen, in dem Beruf zu arbeiten. Als die Ausbildungszeit sich dann dem Ende neigte, stellte ich fest, dass ich noch etwas Neues kennenlernen will bevor ich endgültig ins Arbeitsleben einsteige. Daher habe ich mich entschieden mit meiner besten Freundin, die im selben Jahr ihr Abitur gemacht hatte, für ein Jahr „Work and Travel" in Australien zu machen. Zum einen wollte ich meine Englischkenntnisse verbessern und eigenständiger werden und zum anderen etwas Anderes als das Alltagsleben in Deutschland kennenlernen. Im gleichen Jahr habe ich dann auch den Entschluss gefasst, dass ich beruflich weiterkommen und studieren möchte. Deswegen habe ich nach dem Auslandsjahr nochmal die Schulbank gedrückt und mein Fachabitur nachgeholt. Mit dem Abschluss in der Tasche hatte ich dann endlich die Möglichkeit, ein duales Studium anzufangen. Der passende Arbeitgeber war dank meiner vorherigen Ausbildung auch schnell gefunden.

Was möchte ich jungen Menschen mit auf den Weg geben?

Abschließend kann ich sagen, dass dieser Weg für mich genau der Richtige war. So konnte ich noch etwas erleben und wusste durch meine Ausbildung dennoch genau, dass die Verwaltung genau das Richtige für mich ist und ein Studium sich hinterher nicht als Zeitverschwendung herausstellen wird. Zudem hat mir die Ausbildung einige Vorteile fürs Studium verschafft, da ich die Anwendungsbereiche schon aus der Praxis kannte und somit einen besseren Bezug zum Stoff hatte. Außerdem hat mir das erlernte Wissen – zumindest in den ersten Semestern – geholfen, die vermittelten Inhalte schneller zu begreifen und mir im Vergleich zu meinen Kommilitonen einiges an Lernaufwand erspart. Am Ende meiner Realschulzeit hätte ich mir nicht vorstellen können, dass ich irgendwann noch studieren würde. Falls ihr überlegt, wie es nach der Schule weitergehen soll, kann ich euch daher nur mit auf den Weg geben, dass man nicht sein ganzes Leben planen kann. Pläne können sich jederzeit ändern und man sollte sich nicht zu sehr unter Druck setzen, denn auch auf Umwegen kommt man irgendwann am Ziel an.

Wie glaubst du, entwickeln sich beispielsweise nach der Ausbildung und Übernahme in deinem Unternehmen, dem Einzug in die eigene Wohnung, die Chancen nochmal ins Ausland zu gehen? Ich kann es nicht oft genug sagen: Das überwältigende Maß an Freiheit und Unverbindlichkeit wie direkt nach dem Abi wirst du in dieser Form nie wieder haben. Danach dann nochmal von Stufe 0 anfangen im Studium? Dann vielleicht sogar ein anderer Fachbereich, wenn du gemerkt hast, dass die Ausbildung doch nicht so zu dir gepasst hat? „Wake me up when it's all over. When I am wiser and I am older." So heißt es in einem bekannten Song. Ja wann genau möchtest du aufgeweckt werden? Und vor allem für was? Denk mal bitte darüber nach. Was mir besonders bei Yannicks Erfahrungsbericht imponiert hat, ist der Aspekt der Wertschätzung. Das fällt dir in jedem Fall leichter, wenn du vorher eine Lehre durchlaufen hast; einfach mal mit so vielen Menschen in deinem Alter in einem Studiengang zusammengewürfelt zu werden; die studentischen Freiheiten zu genießen. Ja, das ist was unermesslich Tolles! Häufig vergessen wir für diese Möglichkeiten dankbar zu sein. Es geht also um die Hemmschwelle. Nach der Ausbildung und der Gewöhnung an das Geld und die Unabhängigkeit den Pioniergeist des Studiums zu treffen, ist nicht unmöglich, kann sich aber als schwierig gestalten. Insbesondere wenn du finanziell nicht über Stipendien, Ersparnisse oder Eltern abgesichert bist. Dies solltest du einfach im Hinterkopf behalten, wenn du dich für die Ausbildung entscheidest. Halten wir fest: Eine Ausbildung kann nach dem Abi definitiv eine Option für dich sein. Manchmal ist sie sogar besser für dich geeignet, als ein Studium. Unter den besprochenen Gesichtspunkten im vorherigen Kapitel kannst du also durchaus davon profitieren. Alles kann. Nichts muss. Höre nach fundierter Recherche über Inhalte und Beruf einfach mal auf dein Bauchgefühl. Was reizt dich mehr? Eine klassische Ausbildung oder eine Form des Studiums? Vielleicht die Kombi aus beidem im dualen Studium? Wir schauen uns diese Optionen in den folgenden Kapiteln an. Weiter geht die wilde Fahrt.

Schule vs Uni

Vorhin fiel das Schlagwort einer Schule 2.0. Doch ist die Uni das wirklich? Häufig fehlt es an klarer Weitsicht und realistischem Verständnis, was Uni eigentlich bedeutet. 12 oder 13 Jahre kennen wir nur das Schulsystem. Den Alltag im Klassenverbund, einem Lehrer, dem Schulhof, der Cafeteria, Wandertage, einem Tutor in der Oberstufe, einem Schulleiter, den Sommerferien, dem Lehrerzimmer und dem Kollegium. Doch was impliziert dieses „Universe" Uni denn genau? Auf den folgenden Seiten beleuchten wir alle mögliche Facetten. Von Hochschultypen über Sonderformen. Vorweg schon mal Entwarnung: Du wirst dir nicht zwangsläufig für deinen ersten Unitag ein Fernrohr zulegen müssen, wie es die Illustration nebenan vermuten lässt. Wer Fragen stellt, gilt als dumm oder als Streber. So würde wohl die provokativ-unterschwellige Meinung in der Schule lauten. In der Uni heißt es dann häufig plakativ: Wer Fragen stellt, hat den Stoff soweit verstanden, dass er überhaupt eine Frage stellen kann. Stimmt das?

Fangen wir mal ganz von Grund auf an und werfen einen Blick zurück, um Schule mit Uni überhaupt fundiert vergleichen zu können. Viele Abiturienten haben während der Schulzeit eine Uni selten von innen gesehen. Vielleicht mal an einem „Tag der offenen Tür". Ich meine die Zielrichtung erst Abi machen und dann schauen was passiert, ist ja nicht unbedingt verwerflich. Ich selbst habe damals so gehandelt. Ich habe mir gedacht: Okay, dein Ziel ist derzeit das Abitur. Was danach kommt, steht in den Sternen und juckt mich nicht. Ich versuche jetzt, das Abi einigermaßen zu rocken, damit mir möglichst viele Türen offenstehen. Habe ich zu Schulzeiten eine Uni von innen gesehen? Ja, tatsächlich. Es gab damals einen „Tag der offenen Tür" an der Uni Hamburg. Grotesker Weise gab es damals von der Schule aus wenig bis keine Hinweise dazu. Dabei ist es für viele Schüler die ideale Gelegenheit, mit jemandem in Kontakt zu treten, der mal die Möglichkeiten eröffnet und erklärt. Durch Zufall hatten wir einen Flyer entdeckt, der diesen Tag beworben hatte. Wie lief es dann weiter ab? Nicht unbedingt optimal, muss ich im Nachhinein eingestehen. Ich bin dann mit zwei Mitschülern hingefahren. Es war total überfüllt. Mit Glück ergatterten wir uns die letzten freien Plätze im Vorlesungssaal.

Quintessenz des Tages: So wirklich schlauer war ich auch nicht. Es gab viel blabla über Zugangsvoraussetzungen etc. aber einen Eindruck von dem was da genau abgeht, hatte ich nicht. Es konnte aber auch nicht wirklich gutgehen. Ich hatte auch gar nicht die große Intention, gezielt irgendwas mitzunehmen. Latent schwing bei mir immer noch die Marschroute „Erst Abi, dann alles Weitere" mit. Wie am Anfang des Buches angesprochen; du kannst erst das Maximum aus Vorträgen oder Büchern mitnehmen, wenn die innere Grundhaltung passt. Wenn du dir innerlich sagst: Ja, ich möchte unbedingt erfahren, wie die Funktionsweise oder der Zusammenhang XY abläuft. Ich möchte für mich abklären, ob XY zu mir passt. Wie verhält sich jetzt die Korrelation aus Schul- und Unizeit? Ich glaube, jeder von uns hatte Phasen in der Schule, die echt nur „semigut" waren. Stress mit Freunden oder Lehrern, in Sand gesetzte Arbeiten und Irritationen in der Pubertät. Dennoch bin ich aber eigentlich recht gerne zur Schule gegangen. Wie kann man sich die Uni jetzt vorstellen? Eine grundsätzliche Tugend ist klar von Vorteil: Lernen und Lesen. Davon wirst du in Zukunft einiges. Das wirst du natürlich auch in der Ausbildung. Jedoch unterscheidet sich die Art und Weise. In der Ausbildung bekommst du in der Schule vorgefertigte Pakete, die in der Regel direkten Praxisbezug haben. Hier läuft es ähnlich weiter wie in der Oberstufe. In der Uni – egal welcher Typus – läuft es etwas anders. Du bist in der Regel nicht mehr im Klassenverbund unterwegs (Ausnahme: Duale Studiengänge, einige Fachhochschulen oder Private Unis). Alles ist mit Vor- und Nachteilen verbunden. Im Studium hast du natürlich viel mehr Freiheiten als in der Ausbildung. Je nach Pflichtveranstaltung oder nicht entscheidest du über deinen Alltag. Wenn du deinen Stundenplan zusammenstellst, hast du vielleicht einen Tag ganz frei und kannst an einem anderen locker bis 11:00 Uhr ausschlafen. Der einzige, der für den Studienerfolg verantwortlich ist, bist du. Sofern du finanziell über deine Eltern finanziert bist, ist so ein „entspanntes" Studentenleben also prinzipiell möglich. Es hängt von deinem Fachbereich, deinem Leistungsanspruch und deiner Lernbereitschaft ab, inwiefern du trotz seltener Anwesenheit dennoch recht passable Noten einheimsen kannst. So gibt es tatsächlich diese Klischee-Studenten, die auch schon zu Schulzeiten nach dem Minimum-Maximum Prinzip gelebt haben. Mit möglichst wenig Aufwand das Optimum an Outcome. Abends Feiern gehen, bis 11:00 Uhr ausschlafen, Katerfrühstück, dann mit ein paar Freunden an See und nachmittags für ein Seminar in die Uni. Dazu natürlich noch einen Kaffee in der Hand- wir wollen uns ja nicht direkt überfordern und das Wetter draußen ist doch so schön. Vielleicht stellst du dir so oder so ähnlich das Studentenleben vor.

Aber eine so einfache Betrachtung würde dem nicht gerecht werden. Auch hier ist wieder Vorsicht vor Generalisierungen geboten. Die Frage muss immer individuell beantwortet werden. Es gibt natürlich auch solche und solche Phasen. Insbesondere zu Beginn des Semesters ist alles eher entspannt und solche Tage, wie vorher skizziert, sind in jedem Fall drin. Je nä- her Klausuren oder Hausarbeits-Deadlines rücken, verändert sich auch das Bild. Es wird dir nichts geschenkt. Wenn du Einser Noten mit nach Hause bringen möchtest, wirst du die Bib auch mal von innen gesehen haben müs- sen. Auch dein Lerntyp ist entscheidend. Sehr sinnvoll sind Lerngruppen, aber auch zu Hause können einige am besten Lernen. Vergleiche: Wie habe ich das damals mit dem Abi gemacht? Was passt mir persönlich am besten? Schauen wir uns die Impulse von Conrad und Mustafa an. Sie studieren im dritten bzw. vierten Semester und skizzieren ihre Erfahrungen so:

Mustafa (21), Hamburg

Was bedeutet es zu studieren?

Ich habe während meiner Zeit in der Oberstufe ein fachliches Interesse an der Psychologie entwickelt. Ich wusste aber noch nicht genau, was ich damit später beruflich machen will, weshalb ich mich erstmal für einen Bundesfreiwilligendienst ein einer Psychiatrie entschieden habe, wo ich mich sehr für das Berufsbild des Psychotherapeuten begeistern konnte. Dadurch hat sich mein Entschluss, Psychologie zu studieren weiter gestärkt. Ich strebe es zwar an, das Studium in der Regelstudienzeit zu absolvieren, finde es aber auch wichtig, sich nicht zu sehr drauf zu versteifen und sich nebenbei auch mit Themengebieten zu beschäftigen, die Nichts mit dem eigenen Studienfach zu tun haben. Hierfür eignen sich interessante Bücher, Veranstaltungen oder Ehrenämter. Der Hauptunterschied eines Studiums zur Schule ist, dass ein Studium in der Regel einen viel größeren Anteil am eigenen Leben einnimmt.

Deshalb sollte meiner Meinung nach das Hauptkriterium bei der Studienwahl das eigene ehrliche Interesse sein und nicht die Erwartungen anderer Menschen oder erhoffte finanzielle Vorteile (Ich denke, dass man mit jedem Studienfach später gute finanzielle Einnahmen erzielen kann, wenn man sich nur wirklich dafür interessiert). Ein Studium ist für jeden geeignet, der ein ehrliches Interesse an einem Fachgebiet zeigt und auch bereit ist, dafür eine gewisse Menge Zeit zu investieren.

Was möchte ich jungen Menschen mit auf den Weg geben?

Im Nachhinein hätte ich gerne früher mehr über die Möglichkeiten erfahren, wie ich meinen gewünschten Studienplatz erhalten kann. Dafür kann ich empfehlen, schon früh mit einer Berufsberatung zu sprechen, um sich gute Möglichkeiten aufzeigen zu lassen. Ich hätte mich im Nachhinein nicht anders entschieden, aber dann wäre mein Weg wahrscheinlich weniger improvisiert gewesen. Andererseits ist es aber auch ganz gut, dass ich nicht direkt an den gewünschten Studienplatz gekommen bin, da ich so durch Arbeitserfahrungen wichtige Soft-Skills erlangt habe und ein bisschen reisen konnte. Das ist auch der Grund, weshalb ich niemandem empfehlen würde, direkt nach der Schule zu studieren, da genau diese Erfahrungen das sind, was einen später bei Bewerbungen hervorstechen lassen. Abschließend kann ich sagen, dass das Studium in der Regel mehr Spaß macht, als die Schule, da es sich hierbei bestenfalls um einen Weg handelt, für den man sich selber entschieden hat.

Conrad, (21), Hamburg

Was bedeutet es zu studieren?

Dass ich studieren werde, war mir schon lange vor meinem Abitur klar. Natürlich war dies meine eigene Entscheidung, aber trotzdem denke ich, dass auch der berufliche Hintergrund deiner Eltern eine große Rolle bei der Frage „Studium Ja/ Nein" spielt. Ich komme aus einem Haushalt, wo beide meine Eltern studiert haben und in diesen beruflichen Feldern auch tätig sind. Ein weiterer Grund zu studieren, war definitiv der Wunsch Psychologe zu werden. Für diesen Beruf braucht man ein Studium, daher fiel mir die Entscheidung zu studieren auch sehr leicht. Momentan studiere ich im vierten Semester und kann daher schon einen ersten Vergleich zwischen Schule und Studium ziehen. Der größte Unterschied ist meiner Meinung nach die Selbstständigkeit. In der Universität bist du einer von vielen. Jeder ist für sich selbst verantwortlich, muss sich selber organisieren und auch eine große Disziplin entwickeln, welche am besten durch eine große Portion Ehrgeiz unterstützt wird. Das Studentenleben fin det aber nicht nur zwischen Auditorium und Seminarraum statt. Viele Studenten ziehen in eine neue Stadt, möglicherweise das erste Mal von Zuhause weg. Es gibt keine Eltern mehr, die dir Regeln setzten oder ständig darauf schauen, was du machst. Du musst lernen, alleine Probleme zu meistern und wirst oft vor

Fragen stehen, auf die du noch keine Antworten hast. Für mich sollte daher die Entscheidung zu Studieren nicht nur davon abhängig sein, was und wo, sondern auch ob ich denn schon bereit bin, diesen großen Schritt in Richtung Selbstständigkeit zu gehen.

Was möchte ich jungen Menschen mit auf den Weg geben?
Das erste, was ich jedem Abiturienten mitgeben möchte, ist: nehmt euch Zeit! Ich habe erstmal ein Jahr Pause gemacht, war 3 Monate in Südamerika und habe gearbeitet. Dieses Jahr war sehr wichtig für mich, um mich selber kennenzulernen und auch eine Distanz zu meiner zukünftigen Karriere zu bekommen. Mein zweiter Punkt ist, nicht jeder muss studieren. Ich habe in den letzten Jahren das Gefühl bekommen, dass jeder nach seinem Abitur studieren möchte, auch wenn es möglicherweise gar nicht sein Traum ist. Denkt über Alternativen nach und lasst euch nicht von finanziellen Anreizen oder gesellschaftlichem Druck zu stark beeinflussen. Mein letzter Ratschlag ist: genießt die Schulzeit. So entspannt und komfortabel wird es erstmal lange nicht werden und macht euch nicht zu viele Gedanken über die Zukunft. Denn glaubt mir, im Endeffekt läuft alles so wie es laufen soll und jeder wird seinen richtigen Weg finden.

Selbstständigkeit ist das Zauberwort, womit Conrad es ziemlich gut auf den Punkt bringt. Soweit so gut. Viele von uns glauben, dass die Uni einfach der nächste logische Schulschritt ist. Eine erweiterte Oberstufe quasi. Zunächst sollten wir uns vor Augen halten, dass sich das „verschulte System" in der Regel nicht fortsetzen wird. Zu Schulzeiten mussten wir uns keine Gedanken über den Stundenplan machen. Alles war gewissermaßen vorgegeben. An einigen privaten Unis oder Fachhochschulen mit stringenten Curricula bleibt dies tatsächlich so. Auch duale Studiengänge sehen sich aufgrund der engen Taktung an fest vorgelegte Module gebunden. Ein etwas anderer Wind weht dann an den klassischen staatlichen Unis. Diese zeichnen sich primär durch einen hohen Wissenschaftsbezug aus. Theorie ist hier häufig tonangebend. Du startest gewissermaßen als Einzelkämpfer; tauschst das Klassenzimmer gegen den Vorlesungssaal. Keine Schule mehr mit langjährigen Freunden, die du noch aus der Grundschule kennst. Aber das wird sich schnell ändern. Berührungsängste zu Beginn sind nur natürlich. Aber weißt du was? Jedes Jahr starten Tausende junge Menschen in ihr Abenteuer „Studium". Du bist also nicht allein. Spätestens in der Orientierungswoche an der Uni knüpfst du erste Kontakte. Angenommen, du ziehst in eine neue Stadt, um dort ein Studium zu beginnen, ändert sich dein Leben schlagartig. Ein neues Umfeld. Neue Menschen. Eine Wohngemeinschaft. Den Haushalt führen. Und eben die Uni. Du wirst schnell feststellen: Wow, ganz schön viel Neues. Das kann anfangs überfordern. Etwas Neues ist immer mit etwas Unbekanntem verbunden. Dies schürt ganz natürlich eine gewisse Unsicherheit, Zweifel oder Ängste. Aber auch Vorfreude. Neugier. Aufregung und Spannung. Es handelt sich im Kapitel Uni also nicht nur um einen Wechsel der Rahmenbedingungen des Lernens. Vielmehr geht es um einen Aufbruch in eine ganzheitlich neue Lebensphase. Ein Cut. Wenn du während des Studiums noch zu Hause wohnen bleibst, fällt dieser Umbruch natürlich entspannter aus. Wie du siehst, kannst du die Uni also nicht als erweiterte Oberstufe im klassischen Sinne sehen. Das Vokabular und die Lebenssituation ändern sich. Es geht um viel mehr Eigeninitiative und Eigenverantwortung. Kein Lehrer kaut dir den Stoff mehr vor. Es wird eher anonymer. An großen Unis bist du häufig nur noch eine Matrikelnummer und der persönliche Kontakt geht flöten. Doch wie kannst du jetzt für dich abschätzen, ob das „Uni-Universum" etwas für dich ist? Wie du dich orientieren kannst? Ab wann ein Studienabbruch vielleicht doch Mittel der Wahl ist? Lass uns gemeinsam Licht in den Dschungel der Möglichkeiten bringen.

Orientierung im Studienwahl-Dschungel

Auf geht's in ein scheinbar undurchdringliches Geflecht aus diversesten Studiengängen. Wie war es damals in der Grundschule auf gemalten Bildern deines Traumjobs? Fußballprofi, Anwalt, Zoodirektor, Förster, Kellner, Modedesigner oder doch Bäcker? In unserer kindlichen Leichtigkeit haben wir uns nicht gefragt, welcher Beruf überhaupt mit einem Studium verbunden ist. Wozu auch: Damals zählten keine latent erhobenen Zeigefinger der Eltern, Karriere-Ratgeber, Lehrerkommentare oder Einkommen. Es ging vielmehr um bedingungslose Freiheit, Wunschdenken und Intuition. Natürlich wäre es total naiv, alle diese rationalen Entscheidungskomponenten einfach auszuklammern. In den Gesprächen meiner Workshops, in Schulen oder Messen fällt mir aber eine zunehmende Diskrepanz auf dem Kontinuum von Rational auf der einen und Emotion auf der anderen Seite auf. Kein Wunder, bei derzeit knapp 19.000 Studiengängen allein in Deutschland. Es ist beinahe unmöglich, jede einzelne Option für sich zu prüfen. Darum geht es aber auch nicht. Vielmehr geht es um eine fundierte Orientierung, was dabei überhaupt möglich ist. Im Folgenden schauen wir uns das grundsätzliche Cluster der Studiengänge an und lassen uns von den zahlreichen Erfahrungsberichten inspirieren. Wir gönnen uns einen richtigen Streifzug durch diverse Winkel und Geheimgänge, wie im Dschungel. Überschriften weisen den Weg. Nicht wundern: Nur weil dieses Kapitel verhältnismäßig lang ist, soll dies nicht bedeuten, dass das Studium wichtiger wäre als die Ausbildung. Das „Uni-Universum" wirft nur mehr Fragen auf, die nach Antworten dürsten.

Grundbegriffe

Im vorherigen Kapitel haben wir uns angeschaut, was der Unterschied zwischen Uni und Schule ist. Klären wir zunächst die ersten Fachtermini im Uni-Kontext, die ein erstes Licht in den Studienwahl-Dschungel bringen:

NC

Auch in viele Klassenzimmer gelangt das Mysterium NC. Er ist entgegen vieler Mundpropaganda aber kein Abischnitt an sich. Dieser steht für Numerus Clausus. Was bringt der? Ganz einfach; ohne diesen könnte beispielsweise jeder Abiturient in Deutschland Medizin studieren. Es geht also um eine Zugangsbeschränkung. Die Nachfrage übersteigt demnach das Angebot.

Der NC hängt mit deiner Abinote zusammen. Häufig hörst du Sätze wie „Der NC für das Fach XY beträgt für das letzte Jahr 1,9". Das heißt nichts anderes, dass die Obergrenze, um sich für das Studienfach einschreiben zu können bei einer Abitnote von 1,9 lag. Mit anderen Worten: Mit einem Abi von 1,9 würdest du für diesen Studiengang zugelassen werden. Du findest online auf den Seiten der Homepages Tabellen, die die NC's der letzten Jahre übersichtlich abbilden. Als groben Richtwert kannst du diese interpretieren. Dennoch sind diese Zahlen alle retrospektiv: Es kann durchaus sein, dass der NC in dem Jahr deiner Bewerbung davon abweicht.

ECTS

European Credit ... Diese „Credit" Points sind eine Art Nachweis oder Richtwert für den zeitlichen Aufwand deines Studiums. Häufig bestehen einzelne Module im Curriculum aus 5 oder 8 ECTS. Diese erhältst du automatisch, wenn du die Klausur bestehst. Dabei ist es egal, ob du eine 1.0 oder 3,7 in der Klausur schreibst. Die Credits wandern automatisch auf dein Konto. Apropos Noten. Du kennst wahrscheinlich aus deiner Oberstufe das Punktesystem. 12 Punkte waren hier beispielsweise eine 1.7. In der Uni sind nicht mehr 15 Punkte das Maximum, sondern eine 1.0. Wenn du dich fragst, wie einige Überflieger ein Abi von 0,8 schaffen können, liegt hier der Schlüssel. Wenn also in vielen Fächern die vollen 15 Punkten abgesahnt worden, entsteht so ein Schnitt. In der Uni wirst du also keinen 0, -Schnitt hinlegen können. Entgegen deiner jetzt wahrscheinlich recht fix aktivierten Bilder im Kopf. Ein 0,-Abi ist schon ein riesiger Erfolg. Vermeintlich können diese Leute kein Sozialleben haben und sind die langweiligsten Oberstreber. Dies stimmt jedoch nicht immer. Ich habe mit den Jahren einige Abiturientinnen und Abiturienten kennen gelernt, die total ausgeglichen und super freundlich sind. Du konntest mit ihnen auch ganz entspannt ein Bierchen trinken. Als dann beiläufig der Abischnitt als Thema angerissen wurde, hätte man es nicht geahnt. Klar gibt's auch Vertreter, die alle Klischees erfüllen, aber das ist kein Muss.

Immatrikulation

Meint einfach deine Einschreibung an der Uni. Nachdem du dich an der Uni beworben hast, bekommst du deinen Zulassungs- oder Ablehnungsbescheid. Deine Immatrikulation in die Uni hat stattgefunden.

Exmatrikulation

Das Ganze in die andere Richtung. Sollte das Studium nicht zu dir passen und du es abbrechen, exmatrikulierst du dich aus der Uni. Die Exmatriku-lation erfolgt in der Regel zum Ende des Semesters. Dem Thema Studien-abbruch widmen wir uns später noch im Detail.

Bib

Steht für Bibliothek. Hier findest du sämtliche Literatur für Hausarbeiten oder deinen Lernstoff.

Mensa

Wollen wir mittags „mensen" gehen? Hier gibt's Nervennahrung zu stu-dentenfreundlichen Preisen.

Wintersemester und Sommersemester

Startet dein Studium im Oktober eines Jahres, befindest du dich im Winter-semester (Oktober bis März). Dies ist der klassische Starttermin und an vielen Unis auch nur dann möglich. Das Jahr gliedert sich zudem in das Sommersemester (April – September) und startet folgerichtig Anfang April.

Urlaubssemester

Packt dich wieder das Fernweh und die australische oder kanadische Sonne wartet auf ein Date mit dir, würde das Urlaubssemester ins Spiel kommen. Was nach Sonne Spaß und Tralala klingt, sollte aber besser nicht aus die-ser Motivation herausgewählt werden. Denn: Ein halbes Jahr Abwesenheit von der Uni ist verbunden mit einem Cut deiner Lernroutine und Stoff-affinität. Alle nötigen Klausuren verschieben sich, du verlierst Kontakt zu deinen Lerngruppen, die dann andere Module schon abgeschlossen haben. Ein Urlaubssemester ist also besser als „Back-up" zu verstehen. Solltest du unsicher mit deiner Studienwahl sein, Schicksalsschläge erleiden oder aus privaten oder finanziellen Gründen eine Auszeit benötigen, ist das Ur-laubssemester dein letzter Strohhalm. Es kann also in Extremsituationen durchaus sinnvoll sein. Eine Freundin von mir war sehr unsicher mit ihrer Masterwahl. Viele Zweifel mischten sich in ihren Studienalltag. Sie nutzte das Urlaubssemester für Praktika und Besuche an anderen Unis bzw. Ge-sprächen mit den dortigen Profs und Studis. Mit neuer Energie und Identi-fikation konnte sie so für sich erkennen, dass sie doch auf dem richtigen Kurs war und ist mit vollem Elan zurückgekehrt.

Auslandssemester und Auslandspraktikum

Solltest du dich dafür entscheiden ein Semester an einer Uni im Ausland studieren zu wollen, schlägt hier die goldene Stunde. Häufig verfügt deine Uni über diverse Kooperationen und Partnerschaften, sodass das Netzwerk bereits besteht. Zu den Auslandssemestern bzw. Auslandspraktika inklusive Erfahrungsberichten geht's später.

Praxissemester

Das Studium ist dir zu theoretisch? Du fragst dich, wofür du den ganzen Kram eigentlich brauchst. Im Praxissemester kannst du erste Antworten finden. Häufig sieht dein Curriculum ein Pflichtpraktikum vor. Insbesondere an praxisorientierten Fachhochschulen kannst du damit rechnen. Es gibt keine zwei Meinungen über den Stellenwert von praktischen Erfahrungen. Erinnere dich an das Kapitel vorhin zu den „Visionen auf Schnupperkurs".

Trimester

Trimester sind die kleinen Schwestern von Semestern. Hierbei handelt es sich um kleinere Einheiten. Ein Trimester ist folglich kürzer als ein normales Semester. Einige Private Unis oder Formate wie das der Bundeswehruniversität setzen auf diese Trimester.

Hochschulstart.de

Bei allen Recherchen wirst du an hochschulstart.de nicht vorbeikommen. Die Idee ist folgende: Wie lassen sich insbesondere stark nachgefragte Studiengänge wie Medizin oder Psychologie fairer und zentraler verteilen? Hochschulstart ist quasi die zentrale Koordinationsinstanz. Du kannst deine Bewerbungen priorisieren. So soll im Idealfall jeder seine beste Wahloption erhalten. Etwas originellere Studiengänge wie Astrophysik oder Japanologie werden dann wieder zentral von deiner jeweiligen Uni individuell gehandhabt.

Bachelor

Der Bachelor ist der erste berufsqualifizierende Abschluss, den du auf akademischem Level erreichen kannst. Er dauert grundsätzlich sechs Semester mit 180 ECTS (Abweichung möglich). Er kann sich noch unterscheiden in B. Sc, B. Arts, B. Ing. Diese kennzeichnen den Schwerpunkt des Studiums. B. Sc. steht für Bachelor of Science. Dies sind insbesondere Fächer mit einem hohen Anteil an statistisch-naturwissenschaftlichen Schwerpunkten, beispielsweise BWL oder Psychologie. B. Arts steht für Bachelor of Arts. Hier finden wir primär Fächer mit geisteswissenschaftlichen Ausrichtungen, zum Beispiel Germanistik, Kunstgeschichte oder auch Anglistik. Wie der Name vermuten lässt, steht B. Ing. für ingenieurswissenschaftliche Fächer. Wenn du sicher studieren möchtest, wäre der

Bachelor also dein nächstes Ziel nach dem Abi. Generell ist der Bachelor auf die Grundlagen eines Studiengangs ausgerichtet. Du sollst die gesamte Bandbreite deines Faches kennen lernen. In den letzten Semestern kannst du dann deinen Schwerpunkt wählen, um auch Kurs auf deine Bachelorarbeit zu nehmen. Mit dieser Thesis schließt du deinen Bachelor ab.

Master

Ist der Bachelor erst einmal erreicht, ruft der nächste Abschluss. Dieser hat in der Regel 4 Semester mit 120 ECTS (Abweichung möglich). Hier kannst du jetzt richtig loslegen. War im Bachelor das ein oder andere Modul eher „semigeil", kannst du jetzt den Bereich erklimmen, auf den du so richtig abfährst. Hier wird's spezieller. Du belegst damit quasi deine wissenschaftliche Nische. Deine Eintrittskarte für spätere Jobs und eine Grundlage für die Promotion.

Promotion

Das wäre der nächste Schritt deiner akademischen Laufbahn. Dann kannst du dich Dr. nennen. Im Vergleich zum Master ist hier die Dissertation noch umfangreicher und spezifischer. War der Bachelor die erste Grundlage, kannst du dich nach dem Master hier in der Promotion richtig austoben. Das klingt jetzt alles noch sehr weit entfernt und vielleicht irgendwie schräg. Die Frage stellt sich jetzt auch noch nicht. Erst im Bachelor und Master wirst du feststellen, wie sehr dir das wissenschaftliche Arbeiten liegt. Nur erstmal für den Hinterkopf.

Habilitation

Jetzt wird's richtig krass: Die Promotion war dir nicht genug: kein Problem. Bei der Habilitation warten Hunderte Seiten an wissenschaftlicher Expertise. Damit kannst du dann der Prof. werden, den du jetzt im ersten Semester kennenlernst. Da das aber noch so weit weg ist, können wir uns nähere Ausführungen schenken. Wenn du im Bachelor oder Master bist, ist der direkte und effektivste Weg, indem du deinen Prof. zu seinem Werdegang fragst.

Was bist du dann eigentlich mit dem Bachelor? Es handelt sich ja nicht um einen IHK Abschluss. Zum Wissenschaftler ausgebildet werden? Klingt per se vielleicht nicht so sexy. Aber dennoch ist da was dran. Natürlich finden wir je nach Fachausrichtung Unterschiede. Natürlich hat ein Ingenieur andere Schwerpunkte, als ein Historiker. Dennoch haben alle Studiengänge bis auf die Staatsexamina eines gemeinsam: Das Bachelor und Master System. Vorher hieß das Ganze noch Diplom bzw. Magister.

Hiermit soll vor allem die Dynamik gefördert und transnational erweitert werden. Durch den Leistungsnachweis deiner ECTS kannst du dir Auslandssemester anrechnen lassen oder den Master an einer anderen Uni absolvieren. Ein gutes Indiz, was ein Studium so mit sich bringt, ist eine Arbeitsform in deiner Oberstufe: Die Seminararbeit. Diese ist dein erstes kleines akademisches Werk. Du wirst an das wissenschaftliche Arbeiten herangeführt. Wie und warum zitiere ich überhaupt und was bedeutet Literaturrecherche? Dies alles sind wichtige Mechanismen, die für wissenschaftliches Arbeiten unabdingbar sind. Wenn du das noch vor dir hast, hör in dich rein, wie sich das anfühlt.

Niemand kann erwarten, dass du dieses wissenschaftliche Arbeiten von der Pike auf beherrscht, dennoch kannst du für dich prüfen, ob das Ganze zumindest vom Ansatz her machbar und für dich attraktiv erscheint. Denn mit Hausarbeiten, Exposès und Bachelorarbeit wirst du noch genug zu tun haben im Studium. Auch hier unterscheidet sich alles je nach Fachrichtung. Aber selbst mit Pharmazie oder Ingenieurswissenschaften hast du deine Protokolle zu schreiben.

Hausarbeiten sind das eine. Klausuren, Präsentationen und mündliche Prüfungen das andere. Alle drei Formen kennst du auch schon vom Abi. Einen weiteren zentralen Unterschied können wir feststellen: Art und Umfang der Klausuren. Wurde in der Oberstufe noch ewig lange auf Operatoren wie „Erläutern Sie" oder „Erörtern Sie" in mehrstündigen Klausuren rumgeritten, wird das Ganze im Studium ein wenig anders. Insbesondere der Umfang des Stoffes unterscheidet sich. So kann es durchaus mal vorkommen, dass du für eine Klausur so viel lernst, wie für das gesamte Abi. Gefühlt zumindest. Auch die Klausuren werden in der Regel kompakter. Es geht darum, viel Wissen in kurzer Zeit abzurufen. Böse Zungen würden sagen, dass es sich um reines Auswendiglernen handelt. So unrecht haben sie da tatsächlich nicht. Natürlich solltest du das Ganze auch irgendwo verstehen. Selbstverständlich.

Je nach Fach gibt es da zum Teil große Unterschiede. Wenn du in Jura einen Fall löst, in Wirtschaftsmathematik eine zweiseitige Formel auflöst oder in Politikwissenschaft ein Modell erklärst – alles basiert auf einem auswendig gelernten System bzw. Wirkmechanismus. Zum Teil wartet in den Klausuren auch die Zeitpeitsche auf dich. Wer kompakt präzise auf die

Aufgabenstellung eingeht, ist klar im Vorteil. Vorbei sind die Zeiten wie im Deutsch-Abi, wo du dir erst einmal einen kleinen Schreibplan erstellen konntest oder zwischen mehreren Klausurvorschlägen gewählt hast. Dafür geht es im Vergleich nicht so sehr in die Tiefe. Es ist eher die Masse des Stoffs, die es zu bewältigen gilt. Eine Multiple-Choice-Frage in der Klausur kann eine beliebige Folie des Profs thematisieren. Im Prinzip ist das nichts zwangsläufig Schwieriges. Dafür ist es das kleine Detail, das über den richtigen Punkt entscheidet.

Bachelor

Gliedern wir all deine Optionen doch einmal übersichtlich. Der Studienwahl-Dschungel besteht aus Folgenden Fächergruppen:

- Agrar- und Forstwissenschaften
- Beamtenstudiengänge
- Gesellschafts- und Sozialwissenschaften
- Ingenieurswissenschaften
- Kunst, Gestaltung und Musik
- Lehramtsstudiengänge
- Medizin und Gesundheitswesen (inklusive Sport)
- Naturwissenschaften und Mathematik
- Rechts- und Wirtschaftswissenschaften
- Sprach- und Kulturwissenschaften

Zack das war's schon (Es sei denn, du möchtest dich in spiritistische Kreise begeben, dann ist die „Icelandic Elf School" in Reykjavik auf Island genau das richtige für dich, denn dort kannst du Seminare zur Eltenkunde besuchen). Ist doch easy oder? Diese grobe Auffächerung könnte man jetzt tagelang weiteranalysieren. Dennoch gibt sie dir schon mal einen groben Überblick. Von Medizin-Ingenieurwesen über Politikwissenschaft, BWL, Medienkommunikation oder Sport. Es kann schon helfen, wenn du den groben Fachbereich identifizierst, den du attraktiv findest. Eher etwas naturwissenschaftliches, oder doch Richtung Gesellschaftswissenschaften? Hier können Schulfächer ein wichtiges Indiz sein. Überleg einmal ganz ehrlich: Wie gerne hast du dir Deutsch, Mathe oder Physik gegeben damals? Auch bisherige Entscheidungen können ein erster Augenwink sein.

Welches Profil hast du in der Oberstufe gewählt? Bei all der Kritik und Schelte, die mit unserem Bildungssystem verbunden wird, sollten wir diesen Aspekt nicht vergessen. Die Schulfächer lassen sich als fachliche Grundlage für deine Studienrichtung verstehen. Ohne die Basisskills in Bio werden Medizin, Psychologie oder Bio-Ingenieurwesen kein Zuckerschlecken. Die einzelnen Fächer sind jedoch immer nur ein Teil des Ganzen. In Medizin zum Beispiel benötigst du alle naturwissenschaftlichen Fächer wie Chemie, Physik, als auch des logischen Fachs der Mathematik. Hättest du bei diesen Fächern also lieber gerne die Flucht ergriffen, denk über Medizin bitte zweimal nach. In Psychologie kommen auch mathematisch-statistische Inhalte auf dich zu. Es ist also sinnvoll, sich das gesamte Modulhandbuch mal durchzulesen, sodass du auch wirklich weißt, worauf du dich einlässt. Das kannst du auf alle Fachbereiche übertragen. Schulfächer sind also ein wichtiger Faktor für deine Studienwahl. Sie dienen dir als Kompass für grundsätzliche Interessensfelder, anhand deren du in den Recherchen weiter ansetzen kannst.

Neben den Schulfächern spielen zwei weitere wichtige Faktoren eine Rolle. Die Rede ist zunächst von deinen Interessen. Stell dir vor, du bekommst den Auftrag, in einer fiktiven Bibliothek eine Zeitschrift auszusuchen. Hierbei sind in dieser ideellen Vorstellung alle möglichen Themen die es so gibt, vertreten. Von Sportarten, über Zukunftsthemen, über Serien, oder allen anderen Fachbereichen. Diese Zeitschrift sollst du dann lesen. Aber du darfst sie dir aussuchen. Nach welchen Kriterien wirst du dich entscheiden? Etwas, womit du dich intrinsisch beschäftigen möchtest. Warum auch immer scheint dieses Thema dich zu „triggern". Bewusst wie unbewusst. Du verbindest damit etwas. Ein Funke springt über.

Du würdest dich freiwillig mit diesem Thema beschäftigen. Tja, wäre unsere Studien- bzw. Berufswahl doch einfach die Wahl einer Lieblingszeitschrift. Es würde uns wohl viel einfacher fallen. Das Problem hierbei ist insofern einfach, dass wir mit der Berufswahl so viel mehr assoziieren. Lebensentwürfe, Jobaussichten, Arbeitszeiten, Gehälter, Ausbildungsdauer, Familienkompatibilität – all das prallt aufeinander. Ein multikausales Gewitter quasi. Das macht die Sache so kompliziert. Es gilt also Prioritäten zu setzen und das auch ehrlich-reflektiert. Welchen Stellenwert haben Freizeit, Geld, Karriere oder Flexibilität? Diesen Punkt greifen wir später im „Schlüssel-Schloss-Prinzip der Berufswahl" wieder auf. Diese Fragen, unabhängig von Interesse etc. solltest du wirklich im Vorfeld klären. Ein Beispiel: Bist du eher auf Karriere aus und möchtest dich nicht auf einen konkreten Beruf festlegen, wäre das Lehramt eher ungünstig. Hier weißt du schon genau was du in 20 Jahren verdienen wirst. Auf der anderen Seite hast du dafür nach der Verbeamtung Sicherheit. Andere interpretieren diese Sicherheit als Zwangsjacke. Es kommt also auf deine individuelle Interpretation an. Zudem können wir uns häufig einfach nicht genau vorstellen, welche Themen uns tatsächlich erwarten.

Ich dachte damals zum Beispiel, dass Politikwissenschaft sowas ist wie Politik in der Oberstufe. Zu kurz gedacht. Natürlich bilden die Themen in der Oberstufe den thematischen Rahmen, jedoch gehört für das Studium noch einiges mehr dazu. Viel mehr lesen, theoretische Modelle vergleichen und eben wenig aktuelles Weltgeschehen. Wir dürfen immer den Zusatz „Wissenschaft" nicht vergessen. Es ist also zum Teil deutlich abstrakter.

Was gibt es noch? Sei es zum Beispiel ein Studium bei der Polizei oder der Bundeswehr. Apropos, schauen wir uns mal die Berichte von Hendrik und Niclas an.

Hendrik (24), Hann. Münden

Warum habe ich mich für ein Studium bei der Polizei entschieden?

Für mich persönlich war es immer wichtig, später einmal einen Beruf auszuüben, bei dem ich das Gefühl habe, etwas Gutes zu tun, bei dem ich anderen Menschen helfen kann. Und vor allem einen, bei dem ich nicht stundenlang an einen Schreibtisch gefesselt bin. Natürlich macht man als Polizist nicht nur positive Erfahrungen, sondern muss auch einiges an Anfeindungen aushalten und mit persönlichen Schicksalsschlägen umgehen können. Das muss jedem, der sich für ein Studium bei der Polizei entscheidet, bewusst sein. Ich persönlich habe mein Studium bei der Polizei Niedersachsen absolviert. Jedes Bundesland gestaltet seine Ausbildung von Polizeibeamtinnen und Polizeibeamten anders. An dem Konzept des Studiums bei der Polizei Niedersachsen hat mir gefallen, dass man hier, neben den Theorievorlesungen in den Hörsälen, weiterhin noch verschiedene praktisch orientierte Unterrichtsformen wie die Selbstverteidigung und das Schießtraining vollzieht.

Nach Beendigung des Studiums erhält man einen ,Bachelor of Arts', welcher aber speziell auf den Polizeidienst zugeschnitten ist (genauere Informationen findet man im Internet unter www.polizei-studium.de). Da es in Niedersachsen nur noch den sogenannten ‚gehobenen Dienst' gibt, ist eine Ausbildung im klassischen Sinn nicht mehr möglich. Der Aufnahmetest (inklusive Sportüberprüfung) wird ausführlich unter dem oben bereits aufgeführten Link erläutert. Ich persönlich kann sagen, dass man weder vor dem Eignungstest, dem Sporttest, noch vor dem Auswahlgespräch Angst haben muss. Und solltet Ihr das Auswahlverfahren erfolgreich bestehen, erwartet Euch ein außergewöhnliches Studium und ein einzigartiger Beruf.

Was möchte ich jungen Menschen mit auf den Weg geben?

Ich selber bin ja noch nicht wirklich alt. Meine Entscheidung zur Polizei zu gehen, habe ich bis jetzt nicht bereut. Anfangs habe ich mir noch Gedanken gemacht: ‚Ist das jetzt wirklich das Richtige? Will ich nicht vielleicht erstmal noch verreisen, etwas von der Welt sehen? Mein Leben leben?' Für mich war es das Richtige. Ich bekomme mittlerweile regelmäßig mein Gehalt, kann von diesem die Welt bereisen und mein Leben so gestalten, wie ich es möchte. Ich kann Euch nicht sagen, welcher Beruf der Richtige für Euch ist. Solltet Ihr euch für den Polizeiberuf entscheiden, dann solltet Ihr auf jeden Fall gefestigt sein. Ein Dozent an der Akademie sagte uns einmal: ‚Es kann sein, dass man als Polizist innerhalb von wenigen Tagen Dinge sieht, die Außenstehende in ihrem gesamten Leben nicht sehen werden.'

Niclas (23), Hamburg

Warum habe ich mich für ein Studium mit der Bundeswehr entschieden?

Die Entscheidung für ein Studium bei der Bundeswehr zu treffen, bedeutet mehr als sich nur für ein Studienfach an einer der beiden Universitäten der Bundeswehr in Hamburg oder München zu entscheiden. Das Studium ist Teil der Ausbildung zum Offizier bei der Bundeswehr. Diesen Weg einzuschlagen erfordert von jungen Menschen sich für mindestens 13 Jahre für einen abwechslungsreichen aber gleichermaßen ausgefallenen Beruf zu entscheiden. Vor allem aber bedeutet es einen Beruf zu ergreifen der mehr ist als nur ein Job, dessen Wert schwerlich mit dem Gehalt zu messen ist, dass einem monatlich überwiesen wird. Wer sich für diesen Weg entscheidet, sollte sich vorher bewusst machen, dass er eine Verpflichtung eingeht, die junge Menschen sehr fordern kann, aber auch sehr lohnenswert sein kann. Persönlich habe ich mich bereits während des letzten Schuljahres für diesen Weg entschieden und bin im Sommer nach dem Abitur als Fallschirmjägeroffizier in die Bundeswehr eingetreten. Während meiner Ausbildung habe ich das 4-jährige Studium der Politikwissenschaft an der Universität der Bundeswehr in Hamburg absolviert. Das Studium stellt in dem Ausbildungsgang der Offiziere eine Zäsur dar, da es weitgehend losgelöst aus den militärischen Strukturen stattfindet. Zwar hat man einige militärische Verpflichtungen auch an der Universität, jedoch steht das Studium im Vordergrund und ist so von einem Studium an einer öffentlichen Hochschule vor allem darin zu unterscheiden, dass die Lerngruppen relativ klein sind und die Studierenden auch während des Studiums weiterhin ihren Sold von der Bundeswehr beziehen und eine Unterkunft auf dem Campus gestellt bekommen.

Nachdem ich die Grundausbildung und weitere aufbauende Lehrgänge besucht hatte, stellte das Studium für mich persönlich eine Rückkehr in meine Heimatstadt Hamburg dar. Hatte mir die Grundausbildung großen Spaß bereitet, da ich für eben dieses militärische Handwerk den Schritt zur Bundeswehr gewagt hatte, tat ich es mir mit meinem Studium zunächst nicht besonders leicht. Das Gefühl wieder die Schulbank drücken zu müssen, lange Vorlesungen und intensives Literaturstudium konnten mich zunächst nicht begeistern. Auch musste ich feststellen, dass zwischen meiner Vorstellung eines Politik-Studiums und der Realität eine gewisse Ablage vorlag. Hatte ich während der Schule noch das Fach Politik zu meinem Lieblingsfach und Leistungskurs im Abitur auserkoren und gehofft in einem Studium könne man sich vor allem mit aktuellen Themen befassen, stellte ich nun fest, dass studieren deutlich mehr umfasst, als die Lektüre aktueller Nachrichten und deren Diskussion, Einordnung und Bewertung. Nachdem ich mich zunächst durch die Klassiker der politischen Theorie von den alten Griechen bis in die jüngste Vergangenheit gekämpft hatte, stellte ich zunehmend fest, dass ein Studium, anders als die Schule, auch ein großes Maß an Freiheit bot und man zum Teil seine eigenen Schwerpunkte setzen konnte und eigene Interessen verfolgen konnte. So fokussierte ich meine Arbeiten und Leistungen auf Themen, die mich selbst interessierten und für die ich mich begeistern konnte.

So konnte ich das Studium inhaltlich so gestalten, dass es auch meinen eigenen Erwartungen und Ansprüchen näherkam, als noch zu Beginn. Nichtsdestotrotz freute ich mich, als ich das Studium erfolgreich abgeschlossen hatte, auf den letzten Abschnitt meiner militärischen Ausbildung, welcher mich zum Einsatz als Fallschirmjägeroffizier befähigen sollte.

Was möchte ich jungen Menschen mit auf den Weg geben?

Die Bundeswehr ist kein Arbeitgeber wie jeder andere. Insbesondere der Beruf des Offiziers, als Führer einer militärischen Einheit, der in letzter Konsequenz über den Einsatz von Waffengewalt entscheiden können muss, erfordert ein hohes Maß an Verantwortungsbewusstsein. Darin begründet sich auch das besondere Anforderungsprofil an junge Menschen, die sich für diesen Weg entscheiden. Aus meiner persönlichen Erfahrung sind einige Merkmale besonders ausschlaggebend für die Eignung für diesen Beruf. An erster Stelle sollte das Interesse an der Arbeit mit Menschen stehen. Militärischer Führer zu sein, bedeutet in erster Linie vor allem Vorgesetzter seines unterstellten Bereichs zu sein und diese durch persönliches Vorbild zu führen und zu prägen. Erst in zweiter Instanz ist der militärische Führer auch Kämpfer. Das heißt im Klartext, wer sich von dem Offiziersberuf erhofft im Sinne von „Call-of-Duty" als Shooter in die weite Welt zu ziehen, der täuscht sich. Die Entscheidung für den Offiziersberuf habe ich selbst nie bereut. Sowohl militärische Ausbildung, als auch Studium haben mir einiges abverlangt, aber haben mir weitaus mehr zurückgezahlt. Wer sich für eine solche Laufbahn interessiert, sollte sich im Vorhinein intensiv mit der Thematik auseinandersetzen und sich bewusst machen, dass eine Entscheidung für die Bundeswehr auch bedeutet mindestens 13 Jahre eine Verpflichtung einzugehen, die prägend für den weitergehenden Lebenslauf ist.

Diese Form des Studiums ist insbesondere aus zwei Gesichtspunkten interessant. Du verdienst wie im dualen Studium schon während des Studiums dein Geld. Und das im Vergleich echt ordentlich. Zudem bist du an eine große Institution gebunden, durch die sich langfristig Türen öffnen. Auf der anderen Seite bist du auch recht festgelegt. Einmal Cop, immer Cop, würden böse Zungen jetzt sagen. Auch hier gibt's wieder diverse Abteilungen in die du gehen kannst. Vom klassischen Streifenwagen, über die Kripo bis hin zur Wasserschutzpolizei. Insbesondere wenn du im Leistungssport aktiv bist, ist die Polizei eine spannende Adresse. Bei der Bundeswehr bleibt ein Hauch der alten Wehrpflicht erhalten. Wenn du mit der Bundeswehr studierst, gibt es verschiedene Laufzeitmodelle. Nicht selten verpflichtest du dich für mehrere Jahre und studierst häufig in Trimestern. Ganz unabhängig von der Qualität des Studiums oder der Frage der Organisation muss man sich ehrlich die Frage stellen, ob man nach dem Abi eine solch langfristige Entscheidung treffen kann. Wer weiß schon, was in fünf oder mehr Jahren sein wird? Die Bundeswehr kann allerdings auch „voll dein Ding" sein. Wichtig ist es nur, diese Entscheidung wirklich nachhaltig zu prüfen und nicht aus einer Laune bzw. einer Torschlusspanik heraus zu treffen.

Und darüber hinaus? Wenn ich mich rückblickend frage, warum ich studieren wollte, kann ich Folgendes feststellen: Ich habe mich intensiv auch damit beschäftigt, ob eine Ausbildung in Frage kommen würde. Dies war nicht der Fall. Ich wollte ein System, das mir Freiheit bietet; keine Festlegung auf einen verschulten Job. Irgendwie hatte ich aber auch einfach Bock, zu studieren. Wie viele Abiturienten neben mir das auch denken würden, fragte ich mich: Ich habe jetzt das Abi als Eintrittskarte. Warum also diese nicht einlösen, wenn ich sie mir schon „erarbeitet" habe. Für die Ausbildung hätte ich ja schon nach der 10. Klasse abgehen können. Diese für viele intuitive Sicht ist allerdings recht naiv im Nachhinein. Klar ist das ein Gedanke, der sich im Hinterkopf vieler tummelt. Viel wichtiger für die Entscheidung für oder gegen ein Studium ist aber die wirkliche Motivation am Studium selbst. Wie wir uns im Ausbildungskapitel vor Augen geführt haben, ist unser duales Ausbildungssystem in Deutschland international gesehen große Klasse. Das hat in dieser Form nicht jeder. Also bitte nicht die einfache Gleichung „Abi = Studium" skizzieren. Aus dem Matheunterricht wissen wir, dass sich nicht jede Formel einfach nach „x" auflösen lässt. Stellt sich heraus, dass du eher für eine Ausbildung geeignet bist, wirst du diese Diskrepanz im Studium feststellen. Lassen wir uns vor diesem Hintergrund von einigen Erfahrungsberichten inspirieren. Steffi, Julian und Lennard berichten von ihrem individuellen Weg.

Stefanie (26), Münster

Warum habe ich mich für mein Studienfach entschieden?

Dass ich studieren werde, war für mich schon früh klar. Ich habe bis zur 12. Klasse nicht wirklich darüber nachgedacht, dass es auch eine Alternative geben könnte. Während der 12. Klasse schlug mein Vater vor, ich könne auch eine Ausbildung machen, z.B. beim Finanzamt; das sei ein sicherer Job. Ich war irritiert von der Idee und habe sie schnell verworfen. Finanzamt klang für mich monoton und um eine Ausbildung muss man sich viel eher kümmern, als um einen Studienplatz. Ich hätte mich in der 12. schon mit der Frage auseinandersetzen müssen, was ich später machen will. Ich habe die Entscheidung aufgeschoben bis ich die Uni-Zusagen hatte. Ich habe mich neben Münster in Bielefeld und Bochum auf verschiedenste Studienfächer beworben. Viel mit Kultur, Sozialwissenschaften und Umwelt, aber auch Jura und Wirtschaftspsychologie (letzteres wohl eher um zu schauen, ob ich einen Platz bekomme ;-)). Die Entscheidung ist mir schwergefallen, weil ich mich nicht auf einen Bereich festlegen, sondern weiter breit die Welt erkunden wollte. Wahrscheinlich ist meine Wahl daher auf Geographie gefallen, weil es breit aufgestellt ist. In den ersten drei bis vier Semestern haben wir die Grundlagen gelernt, also in alles mal reingeschnuppert; Physische und Humangeographie, Geoinformatik, Planung, Statistik, Kartographie ... Ich habe meine Studienwahl eher spontan nach Bauchgefühl getroffen und es war eine gute Wahl, wenn auch nicht die einzig richtige. Ich kann mir vorstellen, dass ich z.B. auch an Jura Spaß hätte. Geographen lernen nicht einfach den Atlas auswendig und zeichnen schöne Karten, sondern sie betrachten, wie sich Menschen im Raum verhalten und wie sie den Raum verändern. Mit dieser ‚Räumlichen Brille‘ kann ich auf jedes Thema schauen, von Braunkohleabbau über kriegerische Auseinandersetzungen, alternative Wirtschaftssysteme bis zur zukunftsfähigen Energieversorgung. Ich habe meinen Studienschwerpunkt auf Nachhaltigkeit und die Entwicklung ländlicher Räume gesetzt, im Nebenfach öffentliches Recht studiert und mich nebenbei im Studium, auf Tagungen und Veranstaltungen mit unterschiedlichsten Themen beschäftigt.

Was möchte ich jungen Menschen mit auf den Weg geben?

Es gibt Menschen, die sehr früh im Leben wissen, was sie machen möchten und andere die es nicht wissen oder für die es vielleicht nicht die eine Sache gibt, für die sie brennen. Beides ist völlig okay. Anders als bei einer Ausbildung wähle ich ein Studium meist nicht, um einen bestimmten Beruf auszuüben, sondern weil mich das Fach interessiert. Zu Beginn meines Studiums wusste ich gar nicht so genau, wo können Geographen eigentlich später arbeiten und auf Fragen wie; ‚möchtest du nicht etwas mit mehr Zukunftsperspektive machen?' wusste ich keine Antwort. Heute weiß ich, ich kann super viele spannende Berufe damit ausüben und nicht alle gab es schon oder waren verbreitet als ich mein Studium begonnen habe wie z.B. den kommunalen Klimaschutzmanager. Vor dem Studium hätte es mir geholfen, mit mehr Studenten sozial- und gesellschaftswissenschaftlicher Studiengänge zu sprechen.

Auf Messen, Infoveranstaltungen und in Studienwahlbroschüren waren immer die gleichen Studiengänge vertreten und die ganze Bandbreite des Studienspektrums wurde nicht abgebildet. Die Studiengänge sind so vielfältig, dass es vor dem Studium kaum möglich ist einen Überblick darüber zu erhalten, was es alles gibt und wie sich verschiedene Studiengänge unterscheiden. Vor allem die kurzen Beschreibungen auf nicht immer übersichtlichen Uniseiten oder in Studienwahlbüchern können oft den Inhalt und das Gefühl des Studiengangs kaum vermitteln. Ich schlage daher vor: lasst Hochschulrankings links liegen und sprecht mit Studenten. Fragt nach, was und warum sie das studieren, was ihnen gefällt und was nicht oder auch welche ähnlichen Studiengänge es gibt, von denen sie vor Studienbeginn vielleicht noch nichts wussten, die sie aber auch interessant finden. Schaut euch eine Uni an, sprecht mit der Fachschaft oder der Studienberatung. An manchen Unis gibt es die Möglichkeit, ein Jahr lang Module aus verschiedenen Bereichen zu studieren bevor man sich für ein Fach entscheidet. Hätte ich die Möglichkeit gehabt, hätte ich es super gerne gemacht. Manchmal ist es auch eine gute Idee, nach dem Abi noch mal ein Jahr was anderes zu machen, wie FSJ, FÖJ, Au-pair, Work & Travel oder Bufdi. Es gibt so viele Möglichkeiten und man hat die Chance noch mal ganz neue Eindrücke zu gewinnen und sich selbst besser kennen zu lernen und zu entscheiden: das will ich. Für den Fall, dass die Wahl doch nicht richtig war – macht auch nichts, nach einer Ausbildung könnt ihr noch studieren, ein Studienfach kann man wechseln und auch Studienabbrecher finden eine Ausbildungsstelle. Daher stresst euch nicht zu stark mit der Frage, ‚was will ich werden?'

Julian (20), Hamburg

Warum habe ich mich für mein Studienfach entschieden?

Die Entscheidung Architektur zu studieren, fiel schon als kleines Kind, da ich viel Begeisterung für die unterschiedlichsten Bereiche dieses Themengebiets aufbringen konnte. Als ich nach dem Abitur dann einen Studiengang wählen musste, habe ich diese als Kind getroffene Entscheidung glücklicherweise nicht aus monetären Gesichtspunkten revidiert. Alternativen kamen mir nie ernsthaft in den Sinn, zwar habe ich durchaus auch Interesse an Betriebs- und Volkswirtschaft, allerdings schätzte ich den Arbeitsmarkt aufgrund der vielen Absolventen als schwierig ein. Zudem mochte ich den Ansatz vieler meiner Mitabiturienten nicht, mit dem BWL Studium mit möglichst wenig Aufwand viel Geld zu verdienen. Als Architekt schafft man Dinge, die 50 bis 100 Jahre Bestand haben, das können nicht viele Berufsgruppen von sich behaupten.

Was möchte ich jungen Menschen mit auf den Weg geben?

Ein Rat an Abiturienten im Allgemeinen lautet, die berufliche Laufbahn danach zu wählen, woran man Freude hat und wo die eigenen Talente liegen. Wer einen Studiengang wählt, um möglichst viel Geld zu verdienen, wird dies wahrscheinlich nie erreichen und sein Leben lang keinen Spaß an seiner Arbeit haben. Wahrscheinlich stehen diese beiden Umstände sogar in einer Wechselwirkung miteinander. Abiturienten, die sich für ein Architekturstudium interessieren, sollten wissen, dass sowohl der spätere Berufsalltag, als auch die höheren Semester deutlich weniger mit kreativer Arbeit verbunden sind, als mit Rationalität, Logik und vor allem Disziplin.

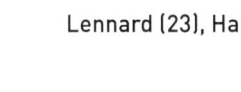

Lennard (23), Hamburg

Warum habe ich mich für mein Studienfach entschieden?

Ich habe mich in erster Linie für das Studienfach Nanowissenschaften entschieden, weil es ein recht neues Thema ist, was mir meiner damaligen Einschätzung nach viele Möglichkeiten offenlegen konnte. Ich habe mich bereits während meiner Schulzeit überwiegend für die wissenschaftlichen Themen interessiert, daher lag die Entscheidung in diese Richtung zu gehen für mich am nächsten. Auf das Fach bin ich durch einen Freund gekommen, welcher es vor mir studiert hat, allerdings dann abgebrochen hatte. Die Alternativen zu meinem Studiengang, die ich mir nach meinem Schulabschluss zurechtgelegt hatte, waren entweder BWL zu studieren und ins Banking zu gehen, Medizin zu studieren, oder als Jetpilot bei der Luftwaffe anzufangen. Jeder dieser Bereiche vertrat einen für mich interessanten Aspekt. Sei es Geld und wirtschaftlicher Erfolg (BWL), Menschen zu helfen (Medizin) oder einen Beruf zu tätigen, welcher aufregend ist und nie langweilig wird (Luftwaffe). Einer der wohl ausschlaggebendsten Argumente für meine Entscheidung Nanowissenschaften zu studieren, war, dass dieser Studiengang am ehesten die Möglichkeit bietet, all diese Aspekte zu kombinieren.

Was möchte ich jungen Menschen mit auf den Weg geben?

Meiner Meinung nach gibt es drei Dinge, die jeder Abiturient nach seinem Schulabschluss beachten sollte. Das Erste ist, dass jeder versuchen sollte sich so weit wie möglich im Klaren zu sein, was man im Leben vielleicht mal erreichen möchte (sei es Erfolg oder Geld zu haben, in sozialen Bereichen zu arbeiten, weil man Menschen helfen möchte, sich für politische Themen einzusetzen, oder anderes) und seine Entscheidung des Studiengangs, der Ausbildung oder Berufswahl so gut wie möglich danach treffen sollte. Das zweite ist, dass ein Studium nicht für jedermann geeignet ist. Etwas, was viele Leute gerade toll am Studieren finden, ist die Freiheit, sich seinen Studenplan selbst einzuteilen, was allerdings voraussetzt, dass man auch selbstständig dazu in der Lage ist. Jemandem, der einem strukturierten Tagesablauf nur dann folgt, wenn es für ihn zwingend ist (z.B so jemandem wie mir), könnte es möglicherweise während des Studiums schwerfallen, die benötigte Zeit aufzuwenden. Das Dritte – und meiner Meinung nach das wichtigste – ist, dass sich jeder klar sein sollte, dass es fast nie beim ersten Anlauf klappt und es nie zu spät ist, seine Ziele zu ändern und eine andere Laufbahn einzuschlagen, falls man das möchte. Zu glauben, dass die erste Entscheidung, welche man trifft, absolut feststehen muss und zu allen Zielen führen sollte, die man sich vornimmt, baut nur unnötigen Druck und Stress auf und wirkt somit dem Erreichen der Ziele eher entgegen.

Nanotechnologie? Ich dachte da zuerst an Astronauten oder irgendwas sehr „Abgespacetest". Zu meiner Entschuldigung: Ich habe Physik sobald es nur möglich war abgewählt und bin mehr als froh, seitdem von Ohm'schen Gesetzen oder Schaltkreisen verschont geblieben zu sein. Aber du siehst: Die

Nischen in den skizzierten groben Fachrichtungen sind divers. Erinnerst du dich noch an die Darwin-Finken aus Bio? Wo jeder einzelne Fink auf den Galappagos-Inseln sich nur aufgrund einer kleinen Nuance unterschied? So ist es auch mit den Studiengängen. Sie haben selbst auch ihre „ökologische Nische" gefunden. Was das Futter oder die Schnabellänge der Finken ist, sind berufliche Perspektiven und thematische Schwerpunktsetzungen der einzelnen Fachrichtungen.

Wo wir gerade bei Bio und Evolution sind; das Überleben einer Art im Tierreich ist zurückzuführen auf ihre reproduktive Fitness. Das meint nichts anderes, als ihre Fähigkeit zu überleben und Nachkommen zu zeugen. Auch die Studiengänge unterliegen diesem Selektionsdruck. Schließlich müssen die Unis diese aus dem Boden stampfen, geeignete Professoren finden und das Ganze sollte möglichst auch noch Nachfrage finden. Die älteste Uni in Deutschland steht in Heidelberg. 1386 wurde dort schon eifrig studiert. Natürlich völlig anders, als wir heute studieren. Dennoch sind die Studiengänge ein Spiegelbild der gesellschaftlichen Verhältnisse. Im mittelalterlichen Dorf damals gab es ganz klassisch den Arzt, Lehrer, Pfarrer, Schmied oder Bauer. Ende aus – Micky Maus. Und heute? Heute Stellen sich uns ganz andere Rahmenbedingungen. Im Zuge der Digitalisierung ändern sich auch jetzt vermeintlich „sichere" Berufe. Wie zukunftsfähig sind noch Banken im Filialsystem? Bei der Frage, was wir später mit unserem Leben anfangen möchten, dürfen wir vor den Veränderungen in der Arbeitswelt nicht die Augen verschließen. Niemand weiß, was genau in 20 Jahren sein wird. Und genau aufgrund dieser Unberechenbarkeit ergibt es keinen Sinn nach absoluter Sicherheit zu suchen. Diese kann es nicht geben. Wir können deswegen dem ganzen Inferno der perfekten Entscheidung entkommen, indem wir uns ein Maß an Grundflexibilität bewahren. Ja, es kann passieren, dass wir im Laufe der nächsten Jahre nochmal „umswitchen" werden. Der Kurs kann noch feinjustiert werden. Wir befinden uns in keiner Einbahnstraße, auch wenn einige diese als solche wahrnehmen. Es würde die Möglichkeiten dieses Buchs sprengen, wenn wir versuchen, uns jeden einzelnen Studiengang im Detail anzuschauen. Darum kann und soll es also nicht gehen. Vielmehr geht es darum, ein erstes Gefühl dafür zu bekommen, was alles möglich sein kann. Kleine wohldosierte Impulse, die dich zum Nachdenken anregen. Was doch augenscheinlich nicht ganz so vorteilhaft wäre, wenn du dir in zehn Jahren nach allen Abschlüssen denkst; „ach Mensch, hätte ich doch mal über Variante ‚xy' nachgedacht. Vor diesem Hintergrund warten hier die nächsten Berichte darauf von dir entdeckt zu werden.

Julia (24), ICADE Madrid, ESB Reutlingen, TU München

Warum habe ich mich für mein Studienfach entschieden?
Während der Schulzeit war ich jemand, der sehr vielseitig interessiert war. So brauchte ich eine Weile bis ich mir darüber im Klaren war, wo meine wahren Talente liegen und welchen Weg ich in der Zukunft einschlagen sollte. Im letzten Schuljahr bzw. nach dem Abitur konnte ich mir viele verschiedene Studiengänge vorstellen – von Jura, Psychologie, Lehramt, soziale Arbeit bis hin zu BWL. Außer dem naturwissenschaftlichen Bereich, war ich keinem sonst abgeneigt. Ich war Abiturientin des letzten G9-Jahrgangs in Baden-Württemberg. Auf Drängen meiner Eltern bewarb ich mich in der 12. Klasse zunächst auf duale Studiengänge, um einem soliden und schnellen Weg zu folgen. Eine dieser Bewerbungen war wider Erwarten erfolgreich und ich bekam die Zusage eines US-amerikanischen Großkonzerns im Bereich Wirtschaftsinformatik. Diese Zusage erachtete ich als ein großes Privileg und ich nahm die Stelle an, da es meiner Familie und mir nach einem vernünftigen und sicheren Weg erschien. Während meines letzten Schuljahres haderte ich jedoch längere Zeit mit dieser Entscheidung, da zum einen der Studiengang nicht ganz meinen Wunschvorstellungen entsprach und ich zum anderen auch gerne ins Ausland wollte. Dieses Thema stieß bei mir Zuhause allerdings auf großen Widerstand. Meine Familie zeigte zunächst wenig Verständnis, da sie sich für mich den sicheren und in ihren Augen „typischen" Weg wünschten. Jedoch ließ mich der Gedanke nicht los nach dem Abitur ins Ausland zu gehen. Dabei wusste ich für mich, dass ich einen Unterschied machen wollte und ein Leben kennenlernen wollte, das mir bisher fremd war. So vertiefte sich dieser Wunsch über das letzte Schuljahr immer weiter und nach langen Überlegungen und viel Überzeugungsarbeit sagte ich meinen dualen Studienplatz ab und ging für sieben Monate über eine soziale Organisation nach Lateinamerika (Ecuador und Peru). In dieser abgeschiedenen und für mich ganz anderen Welt hatte ich wirklich Zeit, meine Talente und Gaben zu hinterfragen und mich mit meiner Zukunft auseinanderzusetzen. Dabei stach neben meinen ganzen Hobbies eine Sache besonders hervor: Organisieren und

Sprachen. Schon in der Schule lagen darin meine Stärken. Ich war als Schüler-sprecherin, im Tennisclub, im Abi-Organisationsteam und im Jugendgemeinde-rat engagiert.

Meine größte Leidenschaft war es schon immer, andere Menschen mitzureißen, sie zu überzeugen, begeistern und gemeinsam etwas auf die Beine zu stellen. So kam eines zum anderen und das Mosaik der Unklarheiten wurde zu meinem persönlichen Wunschbild meiner Zukunft: Meine Gabe für Fremdsprachen mit meiner Leidenschaft zum Organisieren und den Umgang mit Menschen zu ver-binden. Als ich wieder zurück in Deutschland war, fand ich den perfekten Stu-diengang für mich: International Management Double Degree Deutsch — Spa-nisch. Jeweils zwei Jahre Studium in Spanien und in Deutschland, verbunden mit knapp einem Jahr praktischer Erfahrung durch Praktika. Ich hatte durch meine Spracherfahrung und meine Vorliebe für soziales Engagement das große Glück direkt angenommen worden zu sein und studierte somit meine ersten 2 Jahre an der ICADE in Madrid.

Mein Studium war und ist genau das Richtige für mich. In der ersten Studien-hälfte an der ICADE in Madrid erhielt ich Grundkenntnisse in der Betriebswirt-schaftslehre und sammelte zahlreiche interkulturelle Erfahrungen durch den langzeitigen Auslandsaufenthalt sowie den Unterricht auf Spanisch. Außerdem gefiel es mir, die Herausforderung eines Auslandsstudiums anzunehmen und für unerreichbar geglaubtes zu schaffen. Ebenso war das Studium durch die vielen praktische Erfahrungen eine gute Möglichkeit, erste Einblicke in das Ar-beitsleben zu gewinnen, welche Möglichkeit man an einer normalen Universität eher weniger hat. Nach den ersten zwei Jahren in Spanien wechselte ich an die Hochschule Reutlingen. Dort spielte soziales Engagement eine große Rolle. Ich war beispielsweise Teil des National Model United Nations und im Studienparla-ment sowie Fakultätsrat engagiert Eine weitere besondere Erfahrung waren die zahlreichen Gruppenarbeiten und Präsentationen, die meine Fähigkeiten und mein Selbstvertrauen mit der Zeit in diesem Bereich definitiv stärkten und mich positiv beeinflussten. Natürlich war diese Erfahrung nicht immer leicht, da man im Studium plötzlich mit Leuten umgeben ist, die ähnliche Gaben und Talente haben und man deshalb nicht unbedingt immer zu den Besten gehört, wie man es vielleicht von der Schule gewohnt war. Allerdings ist es auch ein schöner Lernprozess, für sich selbst herauszufinden, inwiefern man sich weiterentwi-ckeln möchte und individuelle Stärken weiter fördern kann. Seit Oktober 2017 mache ich nun meinen Master an der TU in München in Technology and Management, der meinen ursprünglichen Studiengang sehr gut mit dem technischen und innovativen Bereich verbindet.

Was möchte ich jungen Menschen mit auf den Weg geben?

Das Wichtigste ist, sich selbst treu zu bleiben, das bedeutet auf sein Bauchgefühl und die innere Stimme zu hören. Sich selbst zu fragen, was einen in seinem bisherigen Leben erfüllt hat und was einen selbst ausmacht. Niemand kennt Dich und Deine Gefühle, Talente und wirklichen Gaben besser als Du selbst, daher ist auch Deine Meinung die Bedeutende und nicht der Wunsch Deiner Mitmenschen. Letztendlich bist Du die Person, die mit der Entscheidung leben muss. Frage Dich also, worüber Dein Zukunfts-Ich glücklich wäre. Während der ersten zwei bis drei Jahre meines Studiums hatte ich oftmals Momente, in denen ich mir dachte: Hätte mir jemand vor fünf Jahren gesagt ich würde einmal knapp drei Jahre im Ausland leben, hätte ich das lachend abgestritten und es nicht glauben können. Nun bin ich glücklich, dass ich nach dem Abitur mir selbst treu war und meinen Weg ging, unabhängig von dem was eventuell Andere von mir erwarteten und nur so war ich erfolgreich. Ich will Dir mitgeben, dass das Leben oftmals Überraschungen birgt und Dinge unerwartet kommen, jedoch am Ende alles richtig ist, wenn Du ehrlich zu dir bist und zu Deinem Weg stehst. Heute studiere ich in meinem Master im Nebenfach doch Informatik, aber weil es jetzt eine bewusste Entscheidung war und ich der Herausforderung nun gewachsen bin und es sich bei mir zu einem echten Interesse entwickelt hat. Nebenbei habe ich eigene Projekte, wie meinen Blog zum Thema Glück (www.fromourstories.com), oder bilde mich durch Nebenjobs oder Seminare in meinen Talenten weiter. Als abschließender Satz: Glaube an Dich und gehe DEINEN WEG, denn es geht um DEIN GLÜCK und DEINE GABEN alleine und nicht die eines anderen Menschen!

Anike (24), Sporthochschule Köln

Warum habe ich mich für mein Studienfach entschieden?

Für mich war schon früh klar, dass ich mein Hobby gern zum Beruf machen möchte: und zwar den Sport. Als meine Eltern mir damals in der 10. Klasse von der Sporthochschule in Köln erzählten, war für mich klar, da will ich hin. Nachdem ich erfolgreich die Sporteignungsprüfung absolvierte, bewarb ich mich für „Sport auf Lehramt", „Sportmanagement und -kommunikation" und „Sport, Gesundheit in Prävention und Therapie". Zu diesem Zeitpunkt wusste ich zwar, dass ich später gerne etwas mit Sport machen möchte, aber was, wie und welche Möglichkeiten es gibt, wusste ich nicht. Für die drei Studienfächer habe ich mich tatsächlich eher intuitiv entschieden, weil die Studienpläne und Kurzbeschreibungen in meinen Augen interessant klangen. Da ich nicht für alle drei Studienfächer Zusagen erhielt, hatte ich nicht allzu viel Entscheidungsspielraum und im Endeffekt habe ich mich dann für den Bachelor „Sport, Gesundheit in Prävention und Therapie" entschieden. Wie sich herausstellen sollte, entsprach dies genau meinen Interessen. Vor allem am Anfang des Studiums gab es einen sehr hohen Praxisanteil. Ich hatte täglich Fächer wie Leichtathletik, Turnen, Handball oder Tennis auf dem Plan, aber auch Statistik, Biomechanik, Anatomie und Trainingswissenschaft. Nach den ersten zwei Semestern wurde das Ganze etwas theoretischer und studiengangbezogener. Auch hatte man die Möglichkeit nach seinen Interessen verschiedene Module zu wählen. Nun hatte ich Fächer wie Sportmedizin, Gesundheitsmanagement in Betrieben und Sportpsychologie. Diese Vielfältigkeit an Fächern, der hohe Praxisanteil und immer der Bezug zum Sport hat mir in meinem Studienfach sehr gefallen.

Im Laufe des Studiums hat man so viele verschiedene Einblicke in mögliche Berufsfelder und -themen erhalten, von denen ich während meiner Studienfachwahl noch überhaupt keine Vorstellung hatte, oft noch nicht einmal wusste, dass es sie überhaupt gibt. So habe ich für mich feststellen können, dass ich gerne meinen Weg in die betriebliche Gesundheitsförderung gehen möchte. Im Nachhinein muss ich sagen, habe ich sehr wenig über mögliche Alternativen der Studienfachwahl nachgedacht. Eine Ausbildung kam mir damals gar nicht erst in den Sinn, da ich von Anfang an für mich entschieden habe, dass ich studieren möchte. Wahrscheinlich auch, weil man es von fast allen so kennt. Heute sehe ich auch viele Vorteile in einer Ausbildung. Man wird schnell in ein Unternehmen integriert, hat meist einen Job nach der Ausbildung im Unternehmen sicher und man verdient sein eigenes Geld. Aber man hat nicht die Freiheiten, die man während eines Studiums hat. Hier ist man einzig allein auf sich gestellt und hat jede Entscheidung frei in der Hand – gehe ich ins Ausland, schiebe ich ein Praktikumssemester ein, schreibe ich die Hausarbeit dieses oder nächstes Semester?! Und das Beste: die Semesterferien! Zwar muss oft und viel in dieser Zeit für Klausuren gelernt werden, dennoch hat man vermutlich nie wieder im Leben so viel freie Zeit, die ausgiebig genossen werden sollte.

Was möchte ich jungen Menschen mit auf den Weg geben?

Im Nachhinein hätte ich mich immer wieder so entschieden, wie ich es getan habe. Aus dem Bauch heraus das, worauf man einfach am meisten Bock hat. Auch wenn man noch keine richtigen Vorstellungen von dem hat, was konkret man später wirklich machen will, erhält man während seines Studiums so viele Einblicke, es öffnen sich neue Türen und man geht Schritt für Schritt weiter seinen Weg. Ein gradliniger Lebenslauf ist da meiner Ansicht nach Nebensache. Solange man die Zeit sinnvoll nutzt, Erfahrungen sammelt und vor allem glücklich ist, ist diese Zeit jede Lücke wert. Trotzdem sollte man sich Ziele setzen und an diesen arbeiten. Durch mein Kapitel Studium habe ich gelernt, auf was es mir im Leben ankommt und was ich erreichen möchte. Wir sollten aufhören mit dem Konkurrenzdenken, „wer hat die besten Noten, das beste Praktikum, den besten Nebenjob" und das machen, was einen erfüllt und glücklich macht.

Wie verhält sich jetzt die Korrelation aus Schul- und Unizeit? Ich glaube, jeder von uns hatte Phasen in der Schule, die echt „semigut" waren. Stress mit Freunden oder Lehrern, in den Sand gesetzte Arbeiten und Irritationen in der Pubertät. Dennoch bin ich aber eigentlich recht gerne zur Schule gegangen. Ein großer Faktor in der Retrospektive ist sicherlich auch die simple Tatsache mit jungen Menschen zusammen eine geile Zeit zu haben. Der soziale Faktor darf bei all der Lernerei, Klausuren oder Abistress nicht vergessen werden. Zusammen mit seinen Freunden zur Schule zu fahren, Kurs- oder Abifahrten, all das gehörten ebenso dazu wie die Pausen zwischen den Stunden. Diesen Grundgedanken kannst du auf das Studium übertragen. Der Kontext ist nur deutlich freier und eigenverantwortlicher. Vorbei sind die Zeiten mit Fehlzeitenbüchern – vorausgesetzt in deinem Studiengang gibt es keine Anwesenheitspflicht. Wenn du mal mit Menschen sprichst, die damals studiert haben hörst du häufig Phrasen wie „Geilste Zeit meines Lebens", „Freundschaften fürs Leben", Persönlich am meisten gewachsen". Du bist im Studium auch einfach nicht so festgelegt. In der Ausbildung bist du an ein Unternehmen gebunden. Auf der anderen Seite sammelst du hier natürlich wertvolle Praxiserfahrung und kannst tiefer eintauchen als in einem Praktikum. Wie so häufig finden wir immer Vor- und Nachteile. Wir dürfen die zweite Seite der Medaille einfach nicht vergessen.

Studium im Heimathafen oder einer neuen Stadt

Jeder von uns kennt sie. Sie wirkt smart, obwohl wie sie nicht genau kennen. Fast schon ein wenig vertraut. Der Reiz den bekannten Straßen, Clubs und Sportvereine erhalten zu bleiben ist nicht von der Hand zu weisen. Dazu noch den Großteil des Freundeskreises um die Ecke. Das Fernweh kann ich doch mit einem Auslandsjahr oder Auslandssemester stillen? Oder nicht? Wie wichtig sind überhaupt fachliche Schwerpunkte? Ist ein Jurastudium in München nicht das gleiche wie in Berlin? Diese CHE-Rankings werden doch ohnehin überbewertet oder schaut da tatsächlich ein Personaler drauf, wo ich meinen Abschluss gemacht habe? Nun, die glasklare Antwort wie Apollinaris gibt's wohl nicht. Dafür sind die Wahrnehmungen und Urteile zu subjektiv. Dennoch sind einige Unis schon „Aushängeschilder" für bestimmte Fächer, sodass ein Blick auf das CHE-Ranking nicht die schlechteste Idee ist. Dennoch ist dein Leben nicht verwirkt, wenn du das gleiche Fach an einer anderen Uni studierst.

Der Start an einer neuen Uni in einer fremden Stadt kann ein richtiges Abenteuer sein. So viele junge und neugierige Menschen auf einen Haufen. Alle aus unterschiedlichen Regionen Deutschlands. Alle ein wenig schüchtern und ein wenig voll Zweifel, wie schnell sie Anschluss finden werden. Das Gute: Es geht nicht nur dir so. Spätestens nach der O-Woche, bzw. Erstsemesterwoche hast du ein wahres Blitzlicht an neuen Kontakten erfahren. Manchmal wird dir die Entscheidung auch abgenommen: Du bewirbst dich an verschiedenen Unis für dein Wunschfach und schaust wo du angenommen wirst. Erfahrungsgemäß gilt aber: Das was du dort tust, ist wichtiger als die Frage wo das Ganze stattfindet. Heißt: Wenn du deinen Plan C in deiner Heimat studierst, nur weil du nicht ausziehen wolltest, stehen die Odds für dein Glücksorakel nicht ganz so blendend. Schließlich kann das Umfeld noch so komfortabel sein, den alltäglichen Gang zur Vorlesung, das Recherchieren, Gruppenarbeiten, Präsentieren orientiert sich immer an deinem Fach. Wenn das nicht stimmt, läufst du langfristig in der Gefahr in eine Abwärtsspirale zu geraten.

Es gibt aber auch diejenigen unter uns, die einfach nur zu Hause können, einfach weil sie absolute Familienmenschen sind. Wie auch schon zum Thema „Work & Travel" diskutiert, gibt's eben kein Patentrezept für jeden. In jedem Fall kann es helfen sich näher mit der Option eines Studienstarts in einer anderen Stadt zu beschäftigen. Solltest du dich hierfür ent-

scheiden braucht es keiner Hexerei zu prognostizieren: „Adventure ahead".
Simon zeigt uns mit seinen reflektierenden Worten, wie er den Studienstart
in einer fremden Stadt erlebt hat.

Simon (22), Vallendar

Wie war es für mich für ein Studium in eine andere Stadt zu ziehen und den Heimathafen zu verlassen?

Schenkt man dem chinesischen Philosophen Konfuzius glauben, dann gilt: „Wer ständig glücklich sein möchte, muss sich oft verändern". Frei nach diesem Motto entschied ich mich im Jahr 2015 meine Heimatstadt Hamburg zu verlassen, um ein Studium in Vallendar (Rheinland-Pfalz) zu beginnen. Ich erinnere mich noch gut an die Zeit nach dem erfolgreichen Abschluss des Abiturs und der großen Wolke der Ungewissheit über die Zukunft, die damals über den meisten von uns schwebte. Soll es eine Ausbildung, ein Studium, ein Praktikum oder doch ein Jahr Work & Travel werden? Über alledem steht die Frage, ob man wirklich bereit ist für seinen weiterer Lebensweg seine Heimat zu verlassen und für wen ein Tapetenwechsel sinnvoll sein kann. Allgemeingültig kann ich diese Frage wohl auch heute nicht beantworten, jedoch kann ich von meinen Beweggründen sprechen und nach über drei Jahren in einer anderen Stadt ein gut begründetes Fazit ziehen. Da es in diesem Buch auch darum geht, Anregungen zu geben, möchte ich diese Zeilen nutzen, um einige zu ermutigen, den Schritt in eine neue Umgebung zu wagen. Um dies zu erreichen, habe ich mir die Zeit genommen, meine damalige Entscheidung zu reflektieren und die aus meiner Sicht drei stärksten Gründe für ein Studium in einer anderen Stadt zusammenzustellen:

Du kannst dir die Uni und den Studiengang aussuchen, die am besten zu dir passen. Es ist ganz klar, dass Universitäten unterschiedliche Schwerpunkte legen und in bestimmten Fächern einen besonderen Ruf genießen. So ist beispielsweise die Uni Mannheim bekannt für das Studienfach BWL, die LMU München für Jura und die Uni Heidelberg für Medizin. Die Hochschulen unterscheiden sich jedoch nicht nur durch ihr Ansehen, sondern auch die Studiengänge haben einen unterschiedlichen Aufbau mit verschiedenen Vertiefungen – in anderen Worten: Ein Studienfach hat unterschiedliche Ausprägungen abhängig von der Hochschule. Daher ist es wichtig, die Studiengänge einzelner Universitäten zu vergleichen und so seine Favoriten auszumachen. Hilfreich dabei können Gespräche mit Studierenden sein, die häufig die Unterschiede durch ihren

Bekanntenkreis und ihrer eigenen Unerfahrung besser kennen und einordnen können. Wenn nun euer Lieblingsstudiengang an eurer Lieblingshochschule genau in eurer Heimatstadt liegt, dann würde ich an eurer Stelle genau das machen! Das Wegziehen soll kein Selbstzweck sein, sondern dabei helfen, seine Sicht für weitere Optionen zu öffnen und aus einem größeren Pool an Möglichkeiten zu schöpfen.

1. Du lernst neue Leute und eine neue Umgebung kennen, die sich zu einer zweiten Heimat entwickelt.

Wer schon einmal in einen neuen Ort gezogen ist, weiß wie einfach es sein kann, neue Leute kennenzulernen. Insbesondere in einem Umfeld, in dem man keinen bestehenden Freundeskreis hat, entwickeln sich erfahrungsgemäß Freundschaften schnell. Der Austausch mit Leuten aus anderen Städten und das Kennenlernen einer neuen Stadt kann bereichernd sein und auch dazu führen, sich selbst besser kennenzulernen. So habe ich zum Beispiel schnell festgestellt, dass selbst die Leute aus anderen Teilen in Deutschland ihre eigene Kultur, Gewohnheiten und Dialekte haben, von denen ich vorher noch nichts wusste. Neben dem neuen Freundeskreis kann mit den Freunden aus der Heimat durch soziale Medien oder bei gelegentlichen Besuchen zuhause Kontakt gehalten werden.

2. Du durchbrichst deine Routine und wächst an neuen Herausforderungen.

Nicht zuletzt bietet der Start in einer neuen Stadt die Möglichkeit, sich selbst neu zu entdecken, schlechte Angewohnheiten abzulegen und seine Routine zu verändern. Bei einem Wochenend-Seminar habe ich beispielsweise einen Studenten kennengelernt, der mit seinem Umzug nach Rotterdam den Versuch gestartet hatte, jeden Morgen Sport zu treiben. Diese Angewohnheit hatte sich schließlich so sehr gefestigt, dass alle Zimmernachbarn in unserer Unterkunft unfreiwillig um 6 Uhr morgens ihres Schlafes beraubt wurden, als er sich für seinen täglichen Lauf vorbereitete. Ich kenne viele Personen, die von solchen Erfolgsgeschichten berichten, die sie im Zusammenhang mit einem Umzug in eine neue Stadt erlebten. Sei es ein neuer Sport, ein neues Hobby, das Aufhören mit dem Rauchen oder eine Diät, das Verlassen der Komfortzone macht das Leben spannend oder wie der deutsche Psychologe Bandelow es formuliert: „Es ist das legale Doping fürs Leben".

Wenn du denkst, du bist gewissermaßen „festgefahren", kann es helfen bereits abgegraste Wiesen hinter dir zu lassen und neue Akzente zu setzten. Mal einen neuen Weg gehen. Die Kapitel am Ende des Buches bieten verschiedene Ansätze. Denn eines ist so, so wichtig für deine Wahl nach dem Abi, der Ausbildung oder dem Bachelor. Die Rede ist von Intuition. Wir verlieren oft den Bezug dazu. Mit den permanenten Leistungsanforderungen in unserer Multioptionsgesellschaft konfrontiert, fällt es schwer dem Hamsterrad zu entkommen; Inne zu halten. Mut zur Lücke zu lassen. Die Dinge nicht als gegeben hinzunehmen, sondern kritisch zu hinterfragen. Dabei sich aus dem Klammergriff von Perfektion, dem eigenen Anspruch und gesellschaftlicher Konventionen zu lösen. Die kognitive Blockade zu umgehen. Das eigene Bauchgefühl wiederzufinden ohne ständig doch wieder irgendwas anzuweifeln zu können.

Master

Dieses Wort ist eine Begleiterscheinung des Bologna-Prozesses, wodurch Bachelor und Master überhaupt erst entstanden sind. Vorher hieß der ganze Spaß Diplom. Man war also beispielweise Diplom-Betriebswirt (BWL). Es war insgesamt nicht so stringent getaktet. Mit dem Master erreichst du quasi dein äquivalentes Diplom. Zu Recht fragst du dich, ob du den Master überhaupt brauchst. Die Antwort ist „suprise" … „suprise", mal wieder nicht schwarz-weiß. Zu viele Faktoren spielen eine Rolle. Zunächst entscheidet dein Fachbereich über die Berufsperspektiven. Faustregel: Je mehr Absolventen deines Studiengangs auf den Arbeitsmarkt strömen, je größer die Nachfrage nach individuellen Profilen und belegten Nischen. BWL-Studenten findest du wie Sand am Meer. Da besitzt du mit einem durchschnittlichen Bachelor an einer Uni in Deutschland wenig Asse im Ärmel. Auf der anderen Seite kannst du mit einem exzellenten Bachelor-abschluss – auch abhängig vom Praxisbezug deiner Uni – und wertvollen Praktika den Berufseinstieg ohne Probleme schaffen. Der Bachelor fungiert analog zum Abi als Eintrittskarte.

Das Abi brauchst du für den Bachelor, den Bachelor brauchst du für den Berufseinstieg oder Master. Nicht umsonst ist der Bachelor der erste berufsqualifizierende Abschluss. Ähnlich wie die Ausbildung. Viele Studenten haben nach der Bachelorarbeit einfach keinen Bock mehr, direkt weiter den Vorlesungsstuhl zu drücken. Nochmal Reisen oder Praktika. Sind das alles sinnvolle Aktivitäten? Aber auch hier sollten wir die Automatismen wie im Kapitel zur Ausbildung nicht vergessen.

Sollte ich jetzt schon vor dem Bachelor meinen Master kennen?

Das kannst du, musst du aber nicht. Häufig ist es auch de facto nicht möglich. Du kennst ja noch nicht einmal alle Inhalte deines Bachelors. Erst im Laufe der Semester findest du heraus, wo deine Stärken liegen, welchen Content du weiter vertiefen möchtest und was dir einfach auch am meisten Spaß macht. Wie heißt es so schön: „Erstmal kleine Brötchen backen." Das ist so, als ob du den zweiten Schritt vor dem ersten gehen willst. Du solltest dir nur vorher im Klaren sein, welche **prinzipiellen** Möglichkeiten du im Master hast. Wenn du beispielsweise auf Lehramt im Bachelor studierst, wäre der Master der einzig sinnvolle Schritt, um anschließend ins Referendariat zu gehen. Jura oder Medizin laufen hingegen über Staatsexamen. Hier geht's also nicht um den Bachelor.

Du kannst dir zwar die ganzen Module durchlesen, wie tief die inhaltliche Bedeutung tatsächlich geht, merkst du erst in den verschiedenen Vorlesungen. Gewissermaßen ist also der Weg das Ziel. Du kannst im Laufe des Studiums Schwerpunkte setzen, Wahlfächer besuchen und so die Quintessenz erst richtig erfassen. Hier noch eine weitere spannende Beobachtung: Die Frage, was du nach dem Abi machst, ist mit deiner Bachelor- oder Ausbildungswahl erstmal vom Tisch. Wenn der Bachelorhut in die Luft katapultiert wird, erleben wir ein wohlbekanntes Déjà-vu. Bachelorurkunde ersetzt Abizeugnis. Die Lotterie startet von vorne. Du machst nicht mehr den ersten, sondern den zweiten Schachzug. Gehst du vor dem Master nochmal ins Ausland? Wie wäre es mit einem längeren Praktikum? Insbesondere wenn du der Kategorie „Study first" direkt nach dem Abi angehörst, ist jetzt der passende Zeitpunkt dafür, um ein wenig Lebenserfahrung zu sammeln und über den Tellerrand zu schauen. Die Entscheidung will gut durchdacht sein. Schließlich bildet sie deine so wichtige Nische für den Arbeitsmarkt. Dein „field of expertise". Blicken wir auf den Hintergrund von Inga, Viola und Elisabeth. Was hat die Mädels-Fraktion dazu veranlasst?

Inga (23), Southampton (UK)

Warum habe ich mich für mein Master-Studienfach entschieden?

An meinem Studienfach gefällt mir der Mix aus zahlenlastigen Modulen die sich mit Accounting und Finanzen beschäftigen und Management Modulen, die sich mit verschiedenen Formen von Führungstheorien, Personalmanagement, Risiko und Entscheidungstheorien befassen. Nachdem ich meinen BWL- Bachelor mit Schwerpunkt Wirtschaftsprüfung abgeschlossen hatte, wusste ich, dass ich im Bereich Wirtschaftsprüfung/Steuern/Rechnungswesen/Finanzen tätig sein möchte. Um mein Wissen in diesem Bereich zu vertiefen, habe ich mich für Accounting entschieden. Um mein Wissensspektrum und meine Qualifikationen zu erweitern habe ich dazu noch Management gewählt. Ein Master in Deutschland kam für mich nicht in Frage. Insbesondere, da der Master in Deutschland mehr Zeit in Anspruch nimmt, ich in meiner Wahlheimat Hamburg keinen geeigneten Studiengang gefunden habe und die Chance nutzen wollte, noch einmal für eine begrenzte Zeit ins Ausland gehen zu können. Zum anderen ging es mir darum, meinen kulturellen Horizont zu erweitern und meine Sprachkenntnisse zu festigen. Die berufliche Perspektive hat meine Entscheidung nur bedingt beeinflusst: In meiner Wahlbranche ist der Berufseinstieg gleichermaßen mit Bachelor und Master möglich und die Einstiegsqualifikation hat aufgrund späterer Berufsexamen nur geringe Auswirkung auf die weitere Karriere. Die Entscheidung für den Master beruht somit zum einen auf der zusätzlichen Qualifikation und zum anderen auf der Weiterentwicklung auf persönlicher Ebene sowie zusätzlicher Erfahrung in einem internationalen Umfeld.

Was möchte ich jungen Menschen mit auf den Weg geben?

Im Hinblick auf den Master empfehle ich, den Studiengang mit Bedacht zu wählen. Sofern keine akademische Karriere angestrebt wird, ist der Master wohlmöglich der letzte Abschluss vor dem Einstieg ins Berufsleben. Zu berücksichtigen ist hier unter anderem: Möchte ich mein Wissen in einem anderen Fachbereich erweitern oder im selben Fachbereich vertiefen? In einigen Ländern sind die Zulassungskriterien für Masterstudiengänge an die Fachrichtung des vorhergehenden Studiums geknüpft, im europäischen Ausland ist das nicht unbedingt der Fall und es kann durchaus die Möglichkeit geben, den Master in einer völlig neuen Fachrichtung zu machen (Wer suchet, der findet). Was steht für mich im Vordergrund? Persönliche Erfahrung und Entwicklung, Studienort, Sprache, Reputation der Universität? Mein angestrebter Masterabschluss vertieft und festigt mein Wissen in einigen Bereichen und ich lerne komplett neues in anderen Bereichen; dazu befinde ich mich in einem internationalen Umfeld, was mein kulturelles Verständnis erweitert und meine Sprachkenntnisse fördert. Es ist ganz klar eine Herausforderung, den Master im Ausland anzustreben: Alleine, in einem fremden Land, eine fremde Sprache sowie ein fremdes Universitätssystem, das andere, neue Herausforderungen birgt als der vorherige Abschluss.

Meiner Meinung nach unterliegen die zahlreichen Herausforderungen die sich immer wieder im universitären als auch privaten Alltag ergeben allerdings den gewonnen akademischen Kenntnissen und persönlichen, lehrreichen Erfahrungen, die ich während meiner Zeit in England sammeln konnte und die mich mein Leben lang begleiten und unterstützen werden.

Viola (23), Lüneburg

Warum habe ich mich für mein Master-Studienfach entschieden?

Mein Masterstudienprogramm „Management & Entrepreneurship" mit dem Hauptfach „Business Development (M.Sc.)" beschäftigt sich mit allen strategischen Fragen rund um die Gründung und Entwicklung von Organisationen. Insbesondere geht es um die Herausforderungen des Managements im Wandel mit dem Ziel des nachhaltigen Wirtschaftens. Ich habe die Wahl meines Masterstudiengangs zum einen getroffen, da dieser mein Bachelorstudium mit den Schwerpunkten Marketing, Corporate Responsibility und Wirtschaftspsychologie sehr gut vertieft und ergänzt. Im Hinblick auf meinen zukünftigen Berufseinstieg interessiere ich mich vor allem für das Verantwortungs- sowie Innovationsmanagement von Unternehmen, welche nun die Themenschwerpunkte meines Masterstudiums bilden. Zum anderen sind es die sehr guten Studienbedingungen an meiner Universität, die ich persönlich im Bachelorstudium erlebt habe, weshalb ich den Wunsch entwickelte, mein Aufbaustudium an der gleichen Universität fortzusetzen. Wirtschaftswissenschaften werden hier vor allem als ganzheitlicher Ansatz der ,Nutzenmaximierung' für die Gesellschaft gelehrt, anstelle von reiner ,Gewinnmaximierung'. Es war mir sehr wichtig, dass die Universität viel Freiheit zur Selbstverwirklichung bietet, sei es durch die Förderung interdisziplinärer Forschung innerhalb des Studiums oder durch die vielfältigen Möglichkeiten des Austauschs in verschiedensten studentischen Initiativen. Da Change-Prozesse im Hinblick auf die Digitalisierung und den zukünftigen Herausforderungen des Arbeitsmarktes besonders relevant sind, soll mich mein Masterstudium auf einen zukünftigen Berufseinstieg in einer Unternehmensberatung vorbereiten und dabei generalistisch ausbilden, um selbst am Arbeitsmarkt anpassungsfähig zu bleiben. Ich kann mir eine spätere Spezialisierung nach mehreren Jahren Berufserfahrung im Rahmen einer Promotion vorstellen.

Was möchte ich jungen Menschen mit auf den Weg geben?

Ich denke, dass die Motivation, Zufriedenheit und der Erfolg einer Tätigkeit langfristig ganz maßgeblich davon abhängen, inwiefern diese mit den eigenen Wertvorstellungen im Leben übereinstimmen. Daher sehe ich es als grundlegend an, die persönlichen Werte für die Wahl des Studiengangs und späteren Berufs konkret zu hinterfragen.

Zugleich ist es dabei wichtig, ein Bewusstsein über die eigenen Stärken zu entwickeln, auf diese zu vertrauen und zu reflektieren, inwiefern diese unter den Bedingungen des zukünftigen Arbeitsmarktes eingesetzt werden können. Das Ganze verstehe ich mehr als Prozess, der auf Erfahrungen basiert. Ich habe diese Erfahrungen maßgeblich erst nach dem Abitur gewonnen; viele zukunftsrelevante Themen und Fächer, wie z.B. Informatik, wurden meiner Einschätzung nach in der Schulzeit unzureichend behandelt. Genauso wichtig wie es ist, sich kontinuierlich weiterzuentwickeln, ist es meiner Auffassung nach anzuerkennen, dass die Studien- und Berufswahl nicht unbedingt als punktuelle Entscheidung nach dem Abitur verstanden werden sollte.

Dies führt vielmehr zu Überforderung, die auch ich erlebt habe, da ich zwischen verschiedensten Studiengängen abgewogen habe – ob Architektur, Ökotrophologie, Lehramt oder Wirtschaftswissenschaften. Der ein oder andere hat vielleicht eine offensichtlich ausgeprägte Stärke, welche die Studien- und Berufswahl vereinfacht. Andererseits können viele Stärken und Interessen meiner Meinung nach in besonderem Maße als Chance begriffen werden. Ich habe nach meinem Abitur direkt mit dem Studium angefangen und mich dabei mit ergänzender Praxiserfahrung weiterentwickelt, doch rückblickend hätte ich mir ein Gap Year sehr gut vorstellen können, in dem verschiedene Praktika absolviert werden können. Ich persönlich habe erlebt, dass während des Abiturs kaum Zeit für Zukunftsorientierung blieb; viele Duale Studiengänge, für die ich mich interessierte, hatten längst abgelaufene Bewerbungsfristen. Daher denke ich, dass es sich bei Unsicherheit in jedem Falle lohnen kann, ein Jahr Orientierungsphase nach dem Abitur einzulegen. Aufgrund mangelnder Praxiserfahrung kann es sehr schwierig sein, einen Praktikumsplatz in Unternehmen direkt nach dem Abitur zu erlangen. Daher sehe ich es als eine wertvolle Möglichkeit, sich innerhalb eines Gap Years ehrenamtlich zu engagieren und auf diese Weise über eigene Werte und Stärken bewusst zu werden – die Hauptsache ist meiner Ansicht nach, viel auszuprobieren, um seinen eigenen Weg im Laufe der Zeit zu finden.

Elizabeth (23), Berlin

Warum habe ich mich für mein Master-Studienfach entschieden?

Ich komme aus Kanada und studiere im Master Linguistik in Berlin. Sprachen zu dekonstruieren und zu verstehen, wie sie funktionieren, hat mich von ganz jung an fasziniert. Als ich erfahren habe, dass Linguistik als Fach- und Forschungsbereich existiert, kam es für mich überhaupt nicht in Frage, irgendetwas anderes zu machen. Das war mein erster Glücksfall: Ich wusste genau, was ich studieren wollte. Im Laufe des Bachelors (den ich in Kanada gemacht habe) habe ich mich in die Linguistik verliebt und habe mich am Ende entschieden, auch einen Master in dem Fach zu machen. Ein zweiter Glücksfall war, dass meine Eltern meinen Bachelor vollständig bezahlt haben.

Aus deutscher Perspektive klingt das vielleicht nicht so bedeutsam, aber mein Bachelor hat ca. 30.000 kanadische Dollar gekostet (ca. 19.000 Euro) – eine völlig normale Summe in Kanada – und das hätte ich ansonsten an Studiendarlehen zurückzahlen müssen. Dadurch, dass meine Eltern das Studium jedoch finanziert haben, habe ich einen Bachelorabschluss und dabei auch den Luxus der Schuldenfreiheit, was bei Weitem nicht für jede/n mit Bachelorabschluss in Kanada der Fall ist. Ich wollte ja unbedingt weiter studieren, aber der Master in Kanada hätte wieder 5.000–6.000 CAD pro Jahr gekostet, also dachte ich, warum nicht ab nach Deutschland? Ich hatte im Bachelor ein Austauschjahr in Berlin verbracht und das Leben hier hat mir richtig gut gefallen, und außerdem ist die Studiengebühr ein Zehntel dessen, was ich in Kanada hätte zahlen müssen. Darüber hinaus hat man die ganzen Vorteile eines längeren Aufenthalts im Ausland: eine andere Kultur kennenlernen, Sprachkenntnisse verbessern, Selbstständigkeit und Selbstbewusstsein gewinnen, internationale Freundschaften und Verbindungen knüpfen – die Liste ist lang. Es hat geklappt und ich freue mich sehr, hier zu sein. Was berufliche Perspektiven angeht ist es so, dass in der Linguistik eine Promotion und eine Forschungskarriere die normalen nächsten Schritte sind, aber es ist nicht selbstverständlich, dass man irgendwann einen Lehrstuhl bekommt, auch wenn man sehr hart arbeitet. Mein Ziel ist es, Linguistikprofessorin zu werden, aber wenn das am Ende nicht passiert, dann tröste ich mich mit dem Gedanken, dass ich wenigstens zehn oder zwanzig Jahre in einem unglaublich spannenden Forschungsbereich verbracht haben werde. Ich gehe mit viel Hoffnung vor, aber nicht mit blinder Hoffnung; ich achte z.B. jetzt auch schon darauf, andere Fähigkeiten nebenbei zu erwerben, die auch außerhalb der Linguistik anwendbar sind, sollte ich in einem anderen Bereich arbeiten müssen, z.B. Informatikkenntnisse.

Was möchte ich Abiturienten und Studenten mit auf den Weg geben?
Meiner Erfahrung nach gilt: je höher man sich ausbildet, desto mehr Spaß macht es. Die Schule war nicht meine beste Zeit, der Bachelor war schon tausendmal besser und im Master fühle ich mich jetzt richtig wohl. Im Master ist man von Leuten umgeben, die ähnlich denken und ähnliche Interessen haben wie man selbst, und man kann sich endlich wirklich in dem Fachbereich austoben, der einen am meisten interessiert. Das Wunderbare am Studium in Deutschland ist, dass Geld kein so großes Hindernis ist; wenn man eine solche Leidenschaft hat, kann und sollte man ihr (meiner Meinung nach) unbedingt nachgehen.

Promotion

Jetzt steppt so richtig der Bär. Immer noch nicht genug vom wissenschaftlichen Arbeiten, Forschungsdesigns und Paper-Veröffentlichungen? Du bist in „big-love" mit deinen SPSS-Dateien (ein statistisches Auswertungsprogramm)? Du hast eine Nische in der Forschungslandschaft identifiziert, für die du Feuer und Flamme bist? Dann greif nach den Sternen bzw. der Promotion. Die Promotion ist der nächste akademische Schritt nach dem Master. In unserer Eintrittskarten-Metaphorik dient der Master hier als solche. Insbesondere, wenn du dir eine berufliche Zukunft in der Forschung vorstellen kannst, wirst du jetzt ganz hibbelig. Zugegeben: Nach dem Abi oder im Bachelor ist dieser Schritt noch in weiter Ferne. Zunächst müssen wir ein Gefühl dafür bekommen, wie sehr wissenschaftliches Arbeiten unsere Geduld strapaziert, bzw. inwiefern wir uns dafür gemacht sehen. Was meint eigentlich wissenschaftliches Arbeiten? Die Grundessenz dafür bekommst du in jedem Bachelor vermittelt. Wie funktioniert eine Literaturrecherche? Welche Datenbanken nutze ich und was sind die Zitierrichtlinien meiner Uni? Wie schreibe ich einen Abstract und was gehört in den Diskussionsteil einer Hausarbeit? Diese Grundskills benötigst du in jedem Studium. Wenn dir das liegt und dich in diesem Bereich der Ehrgeiz packt, dann kann die Promotion eine harte aber schöne Zeit werden. Fun Fact am Rande: Frage einen Doktoranden niemals, wann er fertig ist mit seiner Thesis. Der Umfang ist zum Teil gigantisch und der Schreibprozess ist keine Sache von heute auf morgen. Wenn du nach der Promotion noch Lust hast Professor zu werden, schließt die Habilitation deine akademische Laufbahn ab. Aber das soll uns zum jetzigen Zeitpunkt nicht interessieren. Florian gibt uns Einblicke in seine Promotionserfahrung. Er promoviert in Jura. Wäre dies auch etwas für dich?

Florian (28), Heidelberg

Warum habe ich mich für eine Promotion entschieden?

Als ich im Jahr 2010 von meiner Heimatstadt Braunschweig aus nach Baden-Württemberg zog, um an der Ruprecht-Karls-Universität in Heidelberg Jura zu studieren, habe ich nicht im Entferntesten daran gedacht, irgendwann einmal zu promovieren. Ich war der Erste aus meiner Familie, der ein Studium aufnahm, habe also keinen „akademischen Hintergrund". Der Schritt ins Studium erschien mir allein schon so bedeutsam und respekteinflößend, dass ich es niemals gewagt hätte, darüber hinaus zu planen und gar höhere Ambitionen zu hegen. Obwohl ich schon immer ein ganz guter Schüler war, war der Weg an die Universität für mich kein leichter. So brauchte ich relativ lange (1,5 bis 2 Semester), um mich an das unbekannte Milieu und die neuen universitären Anforderungen zu gewöhnen. Relativ schnell wurde mir bewusst, dass Uni eben nicht Schule ist, und es gerade in meinem Fach zu den größten Herausforderungen zählt, mit den neuen akademischen Freiheiten vernünftig umzugehen. Mit zunehmender Studiendauer konnte ich mich allerdings immer besser in das System „einfuchsen", sodass im Laufe der Zeit Neues zu Gewohntem wurde. Diese Entwicklung habe ich bei vielen Kommilitonen feststellen können und ich finde, das ist eine sehr beruhigende Beobachtung für jeden „Neuling".

Am Ende stehen die Chancen dafür, dass sich alles irgendwie einpendelt, meiner Meinung nach gar nicht so schlecht. Dabei hat es mir ungemein geholfen, dass ich sehr gute Freunde hatte, mit denen ich den zuweilen frustrierenden und manchmal endlos erscheinenden Weg vom ersten Semester bis hin zum ersten juristischen Staatsexamen gemeinsam durchstehen konnte. Je näher jenes Examen rückte, desto deutlicher reifte in mir der Wunsch heran, nach dem jahrelangen Auswendiglernen und der keinesfalls stets vergnügungssteuerpflichtigen Examensvorbereitung, etwas „Eigenes" zu produzieren. Ich wollte wieder kreativer sein, gedanklich freier und methodisch flexibler werden. Diese Aspekte kamen mir im juristischen Studium deutlich zu kurz. Kurz vor dem Examen war mir dann schließlich ganz klar, dass ich danach unbedingt promovieren möchte, sollte es die Abschlussnote zulassen. Davon hängt nämlich in Jura – mehr noch als in den meisten anderen Fächern – so gut wie jede Zukunftsentscheidung ab. Glücklicherweise lief mein Examen gut und der Weg zur Promotion stand mir offen. So promoviere ich nunmehr seit gut einem Jahr an der Schnittstelle vom Öffentlichen Recht zur Kriminologie zum Thema der hoheitlichen Videoüberwachung des öffentlichen Raums. Ich habe von Bekannten schon viele eher düstere Geschichten über die Zeit des Promovierens gehört. Man sei „vollkommen allein", ein „trauriger Einzelkämpfer" und verliere sich in den Untiefen des Themas, sodass man sich mit niemandem mehr austauschen könne.

Bei mir sieht es zum Glück etwas ermutigender aus. Ich empfinde diese Lebens- und Karrierephase als ungemein selbstbestimmt und spannend. Wann bekommt man im Leben schon die Möglichkeit, sich mit einem Thema, das einem am Herzen liegt, über mehrere Jahre hinweg zu befassen? Es ist sicherlich eine Typenfrage, ob einem diese Aussicht überhaupt verlockend erscheint. In meinem Fall jedenfalls war es bis jetzt genau die richtige Entscheidung. Spezifisch für mich als Juristen kommt hinzu, dass mir die Dissertation eine willkommene Atempause zwischen erstem und zweitem Staatsexamen verschafft, sodass ich hoffentlich intellektuell „erfrischt" ins Referendariat werde starten können. Nicht zuletzt möchte ich ganz unromantisch zugestehen, dass das in juristischen Kreisen ungebrochen sehr hohe Renommee eines Doktortitels ein zusätzliches motivierendes Moment darstellte.

Was möchte ich jungen Menschen mit auf den Weg geben?

Mein wichtigster Tipp ist, jede neue Herausforderung mit einem „frechen" Vertrauen in die eigenen Fähigkeiten anzugehen und niemals etwas nicht zu machen, nur weil man glaubt, es eh nicht zu können. Ich hatte solche Zweifel auch sehr oft. Bis auf wenige Ausnahmen kennen wir alle dieses Gefühl. Was mir persönlich geholfen hat, ist – das ist nicht immer einfach, erfordert viel Überwindung und der Prozess wird (auch bei mir) wohl niemals wirklich abgeschlossen sein –, mich kurzerhand selbst vor vollendete Tatsachen zu stellen. Ein Beispiel: Obwohl ich es unbedingt wollte, hatte ich großen Respekt vor einer Promotion. Was habe ich dagegen getan? Noch in der Phase des inneren Lamentierens habe ich den Professor angeschrieben und mir selbst „keine Ausflucht" mehr gelassen – gewissermaßen also „Fakten geschaffen", die einen Rückzug kaum möglich machten. Denn meine Erfahrung bis jetzt sagt mir, dass man sehr viel schaffen kann, wenn man es denn muss; dass man sich aber aus Angst, Selbstzweifeln und manchmal auch Bequemlichkeit heraus zu oft gar nicht erst traut, etwas Neues zu beginnen.

Dazu passt eine zweite Beobachtung: man sollte sich nicht davon einschüchtern lassen, dass man am Ausgangspunkt viele Fähigkeiten nicht zu haben glaubt, die dort, wo man hinmöchte, zwingend erforderlich sind. Vielmehr hilft ein gesundes Grundvertrauen in das Phänomen des „Lernens auf dem Weg" zum Ziel. Vieles wird man sich nach und nach wie selbstverständlich und ganz nebenbei aneignen können und hinterher überrascht **von** und stolz **auf** sich selbst sein.

Studium international

Die Option, nur in Deutschland zu studieren ist nicht mehr gegeben. Ausländische Unis locken mit attraktiven Programmen und einem internationalen Studienambiente. Zudem gibt es oftmals noch andere Zulassungsvoraussetzungen. So kannst du an einigen Unis beispielsweise einen Test absolvieren. Häufig hörst du Stories von Abiturienten, die es nach Ungarn oder Österreich verschlägt, um dort Medizin studieren zu können. Bei NC's von 1,1 in Deutschland ist das häufig die einzige Option neben privaten Unis. Starten wir zunächst mit einem globalen Ausblick: Wie läuft das mit dem Studium eigentlich in anderen Ländern? Hier in Deutschland können wir uns an staatlichen Unis einfach einschreiben, wenn der NC passt. Um das auch einfach mal wertschätzen zu können, lohnt sich ein Blick in andere Länder. Als ich damals in Australien war, war ich ein wenig erstaunt bei den Berichten der australischen Studenten. „Well Marvin, it's quite usual here to take a loan. We need to pay a lot of money to study here. We are used to it." Damals kannte ich dieses Prozedere nur von privaten Unis in Deutschland, wo man gut und gerne um die 700.- Tacken überweisen darf. In Australien zum Beispiel ist das gängige Praxis. Was hier in Deutschland per se abschrecken würde, ist dort normal wie der Sprung aufs Surfbrett nach Feierabend. Auch in anderen Ländern läuft der Hase ein wenig anders. Gönnen wir uns einen Blick auf die Berichte von Rosanne (Niederlande), Terell (USA) und Wolfgang (Spanien), Hmaidi (Tunesien) und Juan (Kolumbien).

Rosanne (21), Rotterdam

Why did I choose my study program?

I chose to study the bachelor of International Business Administration because at the time I had to choose my studies I enjoyed solving business-related problems and particularly liked the international aspect of the program. For me, it was a huge advantage that this program consists of a majority of international students, because I enjoy talking with people from other backgrounds. Furthermore, the program stimulates students to go on exchange abroad. I made use of this opportunity since I am passionate about exploring the world. I also considered starting my bachelor studies abroad, but because of the huge difference in study and living fees between the Netherlands and the other countries I was interested in I decided to start in the Netherlands and make use of the exchange option instead. The reason for the large difference in costs is that the Dutch government provides subsidy of 300 Euro per month and free transport to Dutch students studying in the Netherlands.

Furthermore, the study fee in the Netherlands is 2000 Euro per year for EU students, while at business schools abroad this fee is often way higher. Within the Netherlands, Rotterdam was a logical option for me, since it has the best business of the country and is also a fun city with an international character. In fact, I liked Rotterdam so much that I also decided to stay here for my master's in Business Information Management. I truly enjoyed studying in this Rotterdam and got in touch with amazing people during this period, both via studies and side activities. In the Netherlands, it is quite coming to do side activities next to studies and become a member of student clubs, such as study committees, fraternities, sports associations, etc. I myself have been active in the university's running association, both as a regular member and as a board member. This was a great addition to my student life. In the Netherlands it is also common to do one or more internships next to studying. In some study programs this is even mandatory. I see internships as a valuable experience, since otherwise you have no clue what is going on in practice once you start your job after studies. In my bachelor I did one marketing internship at a dairy firm. In my masters I combined my master thesis with an internship at a market research firm. Right now I am almost finishing my masters (1 month left) and I am happy with the study decisions I made.

What's my message to German students?

For me, one thing I would have liked to realize earlier is that when choosing subjects, profiles or studies this can have a large effect on your opportunities later on. When I was a bit younger I never really thought far in the future and just chose what seemed most fun. However, this gave me limitations later in my life. For example, in the Netherlands, we have two types of mathematics. When choosing my bachelor studies, I realized that choosing one of these math types disabled me to for example study architecture or psychology, even though before I never thought of this since it is not so obvious. The same counts for masters. Only when choosing my masters, I realized that some master programs abroad require a certain percentage of statistical courses, IT courses, economics courses, etc. However, whenever I heard about this, I had already finished most of my bachelor courses. Point of the story: Keep the long-term perspective in mind in all your decisions. Sometimes you need to sacrifice a bit to benefit later on.

Terell (25), Kansas City, US

Why did I choose my study program?

As an American Student, most people start to consider attending college once they enter high school (Grade 9–12). Colleges will factor in your academic performance, organizations and sports you've played in, and your involvement in your community. It is very important to maintain a high overall Grade Point Average(GPA) to better your chances to get into a good college of your choice. Also, it is encouraged that students perform several hours of community volunteer work and should join several clubs to better stand out when universities review your personal resume. The United States (U.S) has some of the top Universities in the world such as Harvard, Stanford, Massachusetts Institute of Technology to name a few. The cost to attend a US University highly depends on your decision to attend a public or private university. Attending a Public University tends to provide a larger cost savings. The average cost of tuition and fees for the 2017–2018 school year was $34,740 USD at private colleges, $9,970 USD for state residents at public colleges, and $25,620 USD for out-of-state residents attending public universities. (NACAC,2018). Students are solely responsible for paying for their tuition; some students are given academic or athletic scholarships while others borrow money from the government and family to cover their cost.

Once enrolled in a University, it is very important to accelerate in your very first year. The average U.S. college student will take 15 Credit hours per semester; and Enroll in 2 semesters per calendar year. School in the USA are similar to other colleges around the world. Most students will obtain one of these 3 degrees in their life: Associates Degree (2 Years), Bachelor's Degree (4 Years) and Master's Degree (6 years). The most important factor to consider before graduation in the United States in when and where you complete an apprenticeship/internship. Chances are if you perform well during your apprenticeship/internship, the company will offer you a job before you even graduate. Typically, these internships last anywhere from 3 months — 1 year. Most college students will only complete one internship during their college career; but more than one is encouraged. If you perform well during your apprenticeship/internship, it often turns into a Full-time Job offer! Students who graduate without completing any apprenticeship/internships typically find it difficult to find a full-time job offer in their desired career field. I was offered an attractive full-time job offer before I even graduated college in my desired career field which was Supply Chain. I chose my area of study, Business Administration, because I have been exposed to a business environment ever since I was a child. My mom studied the same subject I did and has been working as a business professional for the past 20 years. If it were not for working business professionals, most of the top companies in the world would not exist. It was very appealing to me because Business has so many different areas you can focus on such as: Supply Chain Management, Accounting, Finance, Management, Information Systems, Marketing, Etc. With my major, it is more generalized so I could choose which subjects I wanted to focus on; I decided to focus my attention on Supply Chain Management and Finance. In my current career field as a Transportation Specialist for a large cheese company, I use nearly every subject in my day-to-day job duties.

What's my message to German students?

My advice to German students currently in High School preparing for college is to experience as many activities as possible, build a strong network of friends and mentors, do things outside your comfort zone, and don't be afraid to make bold moves. If you want something bad enough, you must put in the work and never let anyone or anything stop you. Early on in life you should get out and travel and experience different parts of the world. Things are very different outside of Germany and its valuable to develop your own personal definition of the world.

Also, it is very important to both your personal and professional life to surround yourself with like-minded individuals; people who share the same interests and push you to better yourself. These people will most likely be there for both the good and bad times in your life. You should also seek guidance and mentorship in individuals who you admire and would like to follow a similar career path. These mentors can prevent you from making the same mistakes they did in life. You are in 100% control of your life outcome. If you want an extraordinary life you must be willing to do what the average person will not do. Often people get too comfortable in life and won't take massive action and calculated risks that could send them to another level. The earlier you can make bold moves in life, the better the outcome. I always ask myself this question every single morning: "What is the one thing you can do today that makes you uncomfortable?" Then guess what? I go out and do it. If I could do anything different I would have work twice as hard all four years in high school to put myself in a better position to attend a top university such as Harvard. Overall, I had the best experience could ever wish for at the University of Kansas. It taught me so much about myself and my strengths. The best part of it all is I was able to meet several lifelong friends, learned how to push past my comfort zone, network with other working professionals, and build my own personal brand. In regards to the subject I decided to study, I believe I have selected the best Major possible that suits my personal strengths and life goals. Currently as a working professional, I am able to see inside and out, the full scope of a billionaire company and how its operated. My biggest goal in life is to one day own and manage a successful company

 ### Wolfgang (26), Barcelona

Warum habe ich mich für ein Studium in Spanien entschieden?

In Spanien zu studieren ist besonders einfach. Man muss die Oberstufe bis zur 10. Klasse beenden und dann entscheiden, ob man eine Berufsausbildung machen, oder weiter bis zum Abitur in der Schule bleiben möchte. Ich habe mich für das Abitur entschieden, weil ich schon wusste, welchen Studiengang ich dann machen wollte: Psychologie. Kurz vor dem Abitur muss man sich auf einer staatlichen Webseite anmelden, um aus bis zu 12 verschiedenen Studiengängen an unterschiedlichen Universitäten auszuwählen. Nachdem man die Durchschnittsnote vom Abitur hat, bekommt man eine Nachricht an welcher Universität und zu welchem Studiengang man angenommen wurde. Ein Bachelor in Spanien entspricht 240 CP (4 Jahre). Nach erfolgreichem Psychologie-Bachelor kann man sich entscheiden, zu welchem Bereich die Ausbildung erfolgen soll, und zwar: Klinische Psychologie, Sozialpsychologie, Pädagogische Psychologie, Grundpsychologie, Neuropsychologie oder Methodik und Verhaltenswissenschaften (natürlich gibt es bei jedem Bereich noch eine Unterkategorie). Bei jeder Branche für die man sich entscheidet, muss man dann ein Masterstudiengang durchführen und dann kann man nach erfolgreichem Abschluss arbeiten. Nur für Klinische Psychologie gibt es eine bestimmte Regelung und man kann 2 Wege nehmen: entweder führt man den Masterstudiengang als „Psicólogo General Sanitario" (Allgemeiner Gesundheitspsychologe) durch, was einen dann dazu befähigt, nur im privatem Sektor zu arbeiten; oder man bereitet sich auf eine staatlichen Prüfung vor, um „Psicólogo Interno Residente" (Interner Residentpsychologe) zu werden, was einen dazu befähigt, als spezialisierter Psychologe im staatlichen Bereich zu arbeiten (z. B. öffentliche Krankenhäuser). Eine Ausbildung wie in Deutschland gibt es nicht, und man ist nicht verpflichtet, so eine praktische Schulung zu machen, da auch nicht alle Universitäten oder Institute so etwas anbieten. Laut der Psychologenkammer genügt es, einen Master zu machen, der ein Praktikum beinhaltet. Noch etwas ganz Interessantes dazu ist, dass man in Spanien im Allgemeinen eine Siesta macht, vor allem wegen der warmen Temperatur. Es ist sehr erfrischend nach dem Mittagsessen ein Nickerchen zu machen.

Hmaidi (27), Tunis

Wie verläuft die Studienwahl in Tunesien?

Bis zur 10. Klasse werden tunesische Schülerinnen und Schüler noch gemeinsam unterrichtet und müssen die gleichen Fächer besuchen. Am Ende dieser Klasse müssen sie sich für ein bestimmtes Fachgebiet entscheiden: Informatik, Naturwissenschaft, Mathe, Geisteswissenschaften u.a. Ab der 11. Klasse können sie sich dann auf das gewählte Fachgebiet spezialisieren, in welchem sie auch das „Abitur" (13. Klasse) ablegen. Das Niveau des Abiturs in Tunesien ist sehr hoch. Alle 3 Jahre werden bis zum Abschluss Prüfungen durchgeführt. Wiederholungen sind dabei nur einmal zugelassen. Die Durchfallquote ist daher ebenfalls sehr hoch. Bekommt ein Schüler seinen Abitur Abschluss, hat er dann die Wahl zwischen 12 großen Universitäten, diversen "Higher Institutes of Technological Studies" und einer staatlich anerkannten virtuellen Universität, wo er studieren kann. Das Studium ist kostenlos, Unterrichtssprachen sind Arabisch und Französisch. Das Abitur garantiert das Recht auf einen Studienplatz, diese werden allerdings zentral nach im Abitur erreichten Noten vergeben, so dass nicht jeder Schüler das gewünschte Fach bzw. an der gewünschten Hochschule studieren kann. Generell ist es leichter, einen Studienplatz in geisteswissenschaftlichen Fächern statt technischen oder Wirtschafts-Studiengängen und an einer Universität außerhalb von Tunis zu bekommen als in der Hauptstadt. Privatunis und Kooperationen mit ausländischen Bildungseinrichtungen machen nur rund 1% aus, was vor allem auf bürokratische Hürden zurückzuführen ist. Nach meinem Abitur in Geisteswissenschaften habe ich mich entschieden, Deutsch mit dem Schwerpunkt ‚Internationaler Handel' an der Hochschule für angewandte Geisteswissenschaften in Tunis zu studieren, weil im Vergleich zu anderen geisteswissenschaftlichen oder auch technischen und Wirtschafts-Studiengängen, bietet dieser Studiengang später mehr Arbeitsmöglichkeiten an. Außerdem konnte ich früher sehen, dass Deutschland viel macht, um diese Sprache zu verbreiten. Für Studenten dieses Fachs existieren viele Stipendien und Veranstaltungen, die von deutschen Institutionen angeboten werden.

Die meisten Studenten, die mit ihrem Abi-Abschluss keinen guten Studiengang erreichen können oder die später bemerken, dass das Studium ihnen keinen Spaß mehr macht, haben die Möglichkeit eine Berufsausbildung zu machen. Die teilbetriebliche Berufsausbildung ähnlich wie in Deutschland entwickelt sich in Tunesien nur langsam. Bisher erfolgt der überwiegende Teil der Berufsausbildung in den ca. 130 über das gesamte Land verteilten Berufsbildungszentren. In diesen wird das gesamte Spektrum der Berufe in Tunesien abgedeckt. Üblich sind 3 verschiedene Abschlüsse:

CAP: (Certificat d'aptitude professionnelle) – vergleichbar mit dem deutschen Gesellen, Dauer: ca. 18 Monate

BTP: (Brevet de technicien professionnel) – weiterführende Ausbildung, Dauer: ca. 2 Jahre

BTS: (Brevet de technicien superieur) – Meisterausbildung, Dauer: ca. 3 Jahre

Was möchte ich jungen Menschen mit auf den Weg geben?

Als ich meinen Abitur Abschluss bekommen habe, habe ich ein Heft bekommen, worin ich mich über die verschiedenen Studiengänge und Unis informieren sollte. Ausreichende Informationen gab es in diesem Heft nicht. Ich dachte, Deutsch wird in den verschiedenen tunesischen Unis gleich unterrichtet. Später habe ich aber bemerkt, dass meine Hochschule eine der schlechtesten Hochschulen ist, wo Deutsch studiert wird. Wir hatten keine guten ausgebildeten Dozenten, sondern die Dozenten waren Masterstudenten. In anderen Unis gab es bessere Dozenten, die ihre Studien in Deutschland gemacht haben. Ich finde es ganz interessant, dass deutsche Unis viele Veranstaltungen für Abiturienten organisieren, damit sie sich über die verschiedenen Studiengänge informieren können. Ich würde jedem empfehlen, solche Veranstaltungen zu besuchen, damit er oder sie die richtige Entscheidung treffen kann.

Juan (22), Neiva, Kolumbien

Why did I choose my study program?

When I finished my high school, at 15, I did not know what to do with my life. During 4 years I wanted to study something about cinema (actor, director, etc) but at the end I just chose International Business and relations. I do not know why, but the only thing I knew at that moment is "Juan, you are here already, let's finish". My university was a private one and is the second one of the best in south of Colombia. During the all career you have to pay an amount every semester however it's not that expensive for forging students to be honest. One of the most awesome things about my academy experience, was when I found an international organization (NGO) working now as a partner with my university, it's called AIESEC. Now, after four years, I am working full time for this organization and thanks to this, I had the opportunity to be in fifteen countries already, working or contributing in something in each one of them. If you have the opportunity to go to Colombia, to study, for a volunteer program, to work or whatever, I can ensure you will love it, because we have many festivals, huge culture in food, crafts, and many beautiful places to know.

What's my message to German students?

My message to young people in Germany is, the best thing that you can do while you are young is known culture and diversity as much as you can. Do not be afraid to explore, to get out of your comfort zone. Try to travel with a purpose, knowing that you will gain something with that experience, even knowing new people, knowing new culture, find a job abroad, find a career abroad, enjoy your life every single time. Do not wait for it. I've been working for a global NGO where I have.

Why did I choose my study program?

The opportunity to travel for work and trust me: every single country or place is just magic. Where you can find new family, create an international networking and probably, where you can find yourself.

Rosanne spricht einen sehr wichtigen Aspekt an, der für sämtliche Studiengänge meines Erachtens auf der ganzen Welt und darüber hinaus gelten: „Sometimes you need to sacrifice a bit to benefit later on." Es wird kein Studium für dich geben, wo alles, aber auch wirklich alles „chico" für dich ist. Wo du jedes Modul vergötterst und nachts vor Vorfreude schon nicht mehr schlafen kannst. Auch wenn jeder von uns das gerne so hätte; hat das leider wenig mit der Realität zu tun. Seien es die Statistik-Module in vielen Studiengängen oder die Aussieb-Matheklausur; sie sind „part of the story". Wenn wir dies allerdings als „sacrificing" begreifen und akzeptieren, kann sich unser Blick für das große Ganze eröffnen. Unsere Ziele bleiben sichtbar und unsere Frustrationstoleranz wird erhöht. Im Endeffekt ist es egal, ob wir in Spanien, den Niederlanden oder den USA studieren; das eigene „Mindset" ist und bleibt eines der entscheidenden Faktoren. Wenn man sich die Rahmenbedingungen in anderen Ländern vor Augen führt, können wir erst so richtig wertschätzen, wie gut wir es hier in Deutschland haben. An staatlichen Unis ohne Kredite. Mit einem guten Abi stehen alle Türen im In- und Ausland offen. Zwar unterscheiden sich zum Teil die Zugangsvoraussetzungen und Rahmenbedingungen, jedoch ist die Tätigkeit eines Studenten überall gleich. Auseinandersetzen mit den Vorlesungsinhalten, Lernen, Klausuren, Abschlussarbeiten. „What is the one thing you can do today that makes you uncomfortable?" Diesen Satz hat Terell mir schon damals auf der Summer-School in China mit auf den Weg gegeben. Anfangs war dies irgendwie recht befremdlich. Mit der Zeit habe auch ich diese Frage in meinen Alltag integriert. Dies hat viel mit Persönlichkeitsentwicklung zu tun. Und dieses skizzierte „Mindset" ist auch wichtig für die Berufswahl als solche. Wie gehen wir mit Misserfolgen um? Können wir unsere Ziele und Werte überhaupt definieren? Und was genau hat die Komfort-Zone damit zu tun? Diesen Fragen werden wir später noch begegnen. Aber auch Abiturienten und Studenten aus Deutschland zieht es für den Bachelor oder Master ins Ausland. Dies kann viele Gründe haben. Ein Hauptfaktor ist sicher der NC. Als „NC-Flüchtling" nach Österreich oder Ungarn, um dort Medizin oder Psychologie zu studieren, ist für viele eine spannende Idee. Schauen wir uns konkret die Erfahrungen von Jeremias und Caren an.

Caren (22), Groningen

Warum habe ich mich für ein Studium im Ausland entschieden?

Als ich in die Oberstufe gekommen bin, haben meine Eltern mir die Frage gestellt, was ich nach dem Abitur machen möchte. Für mich war immer klar, dass ich studieren möchte, weil ich erstens nicht viel über Ausbildungsberufe wusste und ganz einfach noch keine Lust auf Arbeiten hatte. Nach ein paar Studienwahl- und Persönlichkeitstests im Internet war mir klar, ich würde gerne etwas in Richtung Kommunikationswissenschaften studieren. Leider waren aber alle deutschen Studiengänge in diese Richtung mit einer Zulassung beschränkt, die nicht im Ansatz meinem Abiturschnitt entsprach. An der Leuphana in Lüneburg habe ich den Studiengang Kulturwissenschaften mit Schwerpunkt Medien und Kommunikation gefunden, der mir als Alternative sehr passend schien und worauf ich mich dann zwei Jahre lang fixiert habe. Bis ich davon erfuhr, dass man in den Niederlanden ohne Zulassungsbeschränkung studieren kann, solange man (Fach-) Abitur vorweisen konnte. Ich fand den Studiengang International Communication an der Hanze University of Applied Sciences in Groningen. Damals haben mir ein paar Dinge besonders zugesagt: Der Studiengang war auf Englisch, in den vier Jahren Grundstudium war ein Auslandssemester und ein Auslandspraktikum integriert, die Uni verfolgte einen sehr Praxis-orientierten Ansatz und die Inhalte entsprachen genau meiner Vorstellung. Also nichts Verwandtes, sondern genau das, was ich machen wollte. Und es bedeutete einen größeren Schritt, als nur in die nächste Studentenstadt zu ziehen. Ein neues Land, eine neue Kultur, internationale Kommilitonen usw. Kulturwissenschaften in Deutschland schien auf einmal zu naheliegend und einfach, aber um einen Back-up-Plan zu haben, bewarb ich mich trotzdem. Entschieden habe ich mich für die Niederlande und das nie bereut, weil die Menschen und die Kultur auf der einen Seite sehr umgänglich sind und weil mich auf der anderen Seite nichts mehr nach vorne hätte bringen können, als meine Komfortzone zu verlassen, internationale Erfahrungen zu sammeln und über neue Kulturen, Länder und Menschen auch mehr über mich selbst zu lernen.

Was möchte ich jungen Menschen mit auf den Weg geben?
Du kommst nicht darum herum, dich irgendwann aktiv damit auseinander zu setzen, was du mit deiner Zukunft anfangen möchtest. Ob das in der Oberstufe, nach dem Abitur, nach einem Gap-Year oder während irgendeines Nebenjobs ist. Die Entscheidung, welchen Weg du einschlagen möchtest, wird dir keiner abnehmen und sie wird dir auch nicht zufliegen. Deshalb ist es wichtig, zu recherchieren, im Internet, diesem Ratgeber oder bei der Agentur für Arbeit. Sprich mit deinen Eltern, Freunden, Bekannten, um deine Möglichkeiten und Interessen zu ergründen. Halte dir so viele Möglichkeit offen, wie du kannst, d.h. informier dich rechtzeitig über Fristen, Zulassungsbedingungen und Inhalte, um wirklich das machen zu können, was dir gefällt. Hab immer einen Alternativplan und egal welche Entscheidung du triffst, formulier dir dafür einen Grund und ein Ziel. Denn wer ziellos umherirrt, wird den Weg auch nicht finden. Ich habe den direkten Weg gewählt: Abitur, Bachelor und Master ohne Pause. Mir hat das Sicherheit gegeben aber das heißt nicht, dass es für dich das Richtige ist. Das Wichtigste ist nur, dass du deine Entscheidung bewusst triffst und nicht einfach irgendwo reinschlidderst. Viel Glück!

Jeremias (20), Kopenhagen

Warum habe ich mich für ein Studium Dänemark entschieden?
Was mir an der Kombination von Business Administration und Soziologie und der Art und Weise, wie es an der CBS umgesetzt wird am besten gefällt, ist, dass aktuelle wirtschaftliche Themen im Zusammenhang mit theoretischen Grundlagen der Soziologie in Zusammenhang gebracht werden. Dies sorgt oftmals für ein detaillierteres Verständnis. Darüber hinaus lernt man Themen reflektiert und kritisch zu behandeln und lernt abstrakt zu denken und somit Problem-

stellungen ideal zu lösen. Ein anderer Aspekt, der mir besonders gut an dem Studiengang gefällt, ist, dass wir lernen mit Programmen wie zum Beispiel Excel und Stata umzugehen; uns also ein praxisbezogenes Skillset an die Hand gegeben wird. Eine ideale Studienumgebung wird zum einen durch die Größe des Kurses von gerade einmal 60 Studenten aber auch der extremen Motivation der Masse geschaffen. Den größten Vorteil an diesem Studium sehe ich weniger in dem Wissen, was man sich aneignet, sondern vielmehr darin, dass die Art und Weise sich mit Problemen auseinander zu setzen und zu denken viel komplexer und reflektierter wird.

Warum nicht in Deutschland?

Der erste Punkt, der für mich gegen ein Studium in Deutschland gesprochen hat, war der Wunsch auf Englisch zu studieren. Natürlich kann man auch in Deutschland auf Englisch studieren, allerdings bin ich der Meinung, dass es besser ist, in einem internationalen Umfeld zu studieren. Das bezieht sich sowohl auf die Studenten, als auch auf die Professoren.

Ein Studium im Ausland ist ein toller Weg, um den eigenen Horizont zu erweitern und zwangsläufig das eigene Englisch zu perfektionieren. Meiner Meinung nach ist ein Auslandsstudium auf dem Arbeitsmarkt zunehmend gefragt. Ein anderer Aspekt war die Auswahl der Kurse an deutschen Unis. Für mich war eigentlich klar, dass ein reiner BWL Studiengang nicht in Frage kommt, da die Kombination von Wirtschaft mit Themen wie zum Beispiel Soziologie oder Politik sehr interessant ist. Einen vergleichbaren Studiengang habe ich an deutschen Unis nicht fin den können. Darüber hinaus habe ich das Gefühl, dass Studenten in Deutschland wenig Wertschätzung erfahren und staatlich kaum gefördert werden. In Dänemark hat man vielmehr das Gefühl, als Student respektiert zu werden. Darüber hinaus erhalten Studenten extreme staatliche Förderung. Sofern Studenten aus dem Europäischen Ausland den Nachweis erbringen können, dass sie 11 Stunden pro Woche oder mehr arbeiten, erhalten sie die fin anzielle Unterstützung des dänischen Staats, die sich SU nennt und umgerechnet circa 800 Euro im Monat beträgt, die nicht zurückgezahlt werden müssen. Somit ist es möglich, sich das Studium selbstständig zu fin anzieren, ohne fin anzielle Unterstützung der Eltern.

Was möchte ich jungen Menschen mit auf den Weg geben?

Wenn man sich allerdings die Lebenshaltungskosten in Kopenhagen anschaut, ist diese Unterstützung beinahe notwendig. Mieten von 900 Euro für ein WG

Zimmer sind keine Seltenheit und auch die kosten für Lebensmittel sind mit deutschen Preisen nicht zu vergleichen. Dazu kommt, dass selbst wenn man bereit ist, die hohen Mietkosten auf sich zu nehmen, es immer noch unfassbar schwierig ist, überhaupt eine Wohnung zu finden. Ich habe zum Beispiel mehrere Monate in Airbnb Apartments gelebt, bis ich eine Wohnung gefunden habe. Das ist allerdings ein Phänomen, was in deutschen Großstädten kaum anders ist. Trotz aller Herausforderungen hätte ich mich nicht anders entschieden und bin sehr zufrieden. Was ich jedem zukünftigen Studenten mit auf den Weg geben würde, ist, sich nach dem Abi nicht verrückt zu machen und erstmal ein Jahr Auszeit zu machen. Praktika zu machen, wenn möglich im Ausland. Reisen und jobben. Mich hat das „Gap-Year" in der persönlichen Entwicklung wirklich weitergebracht und kann mit Sicherheit sagen, dass ich sonst jetzt nicht in Kopenhagen wäre.

Sebastian (20), Manchester

„Confucius said: He who says he can and he who says he can't are both usually right." (Will Smith)

Seit 2016 studiere ich Klassische Komposition am Royal Northern College of Music in Manchester, einem der besten Musikkonservatorien der Welt, mit dem Ziel, im Jahr 2027 den Oscar für die beste Filmmusik zu gewinnen. Ich habe gerade genau das gemacht, wovor viele Menschen Angst haben: Ich habe ein klares Ziel mit einer klaren Zeitvorgabe formuliert, an dem ich mich von nun an messen lassen muss. Aber genau dieses Formulieren meines größten Ziels ist es, was mein Denken und mein tägliches Handeln definiert.

Aber von Anfang an: Warum habe ich mich für dieses Studienfach entschieden?
Mit 5 Jahren habe ich das Musical „The Lion King" in London besucht und wusste, dass es das ist, was ich machen möchte: Ich möchte Musik kreieren, die andere Menschen berührt. Um mein Handwerk des Komponierens auf dem höchstmöglichen Level entwickeln zu können, war mir mit 17 Jahren dann klar, dass ich auf eine der besten Musikhochschulen gehen muss, um Klassische Komposition zu studieren. Mein Problem war nun, dass ich bis zu diesem Zeitpunkt in meinem Leben nichts mit klassischer Musik zu tun hatte und infolgedessen im Herbst 2014 an allen Musikuniversitäten in England grandios gescheitert bin. Diese Universitäten akzeptieren jährlich zwischen 2–7 Kompositionsstudenten, was mir bei über 100 Mitbewerbern nicht den Hauch einer Chance ließ. Ich möchte

an dieser Stelle wieder auf das oben genannte Ziel zu sprechen kommen. Hätte ich mein Ziel zu schwammig formuliert (‚Ich möchte irgendwann einen Preis für meine Musik gewinnen.'), hätte ich mir ein zu kleines Ziel gesetzt (‚ich würde gerne die Musik für ein Schultheaterstück komponieren.') oder hätte ich mir gar überhaupt kein Ziel gesetzt, dann hätte dieser Rückschlag vermutlich das Ende meiner musikalischen Karriere bedeutet, weil das Hindernis mir die Sicht auf mein Ziel verbaut hätte. Dank der riesigen Größe meines Ziels wusste ich aber, dass es das noch nicht gewesen sein konnte. Ich hatte mein großes Ziel noch total im Blick und mir wurde nach nicht einmal 12 Monaten harter Arbeit ein Studienplatz an den 5 der 6 besten Konservatorien Englands angeboten. An diesem Etappenerfolg auf meinem Weg zum Oscar habe ich nicht einen Moment lang gezweifelt. Diese uneingeschränkte positive Einstellung war nicht mit Arroganz oder ungesunder Selbstüberzeugung zu erklären, sondern damit, dass ich an den simplen Satz ‚He who says he can and he who says he can't are both usually right.' geglaubt habe, und somit keinen Zweifel am Erfolg ließ. Es gab nie einen Plan B, da dieser ‚von Plan A abgelenkt hätte' (Will Smith).

Mir gefällt an meinem Studienfach, dass mich mein Studium jeden Tag Stück für Stück näher an mein großes Ziel bringt und ich merke, wie mein klassisches Kompositionsstudium stetig auch meine Filmmusik positiv beeinflusst. Alternativen zum Musikstudium gab es für mich keine. Und das ist, wenn man es an sich herankommen lässt, ein beängstigender Gedanke. Was, wenn ich wieder nicht genommen werde? Was, wenn ich es nicht schaffe, anschließend einen Job zu bekommen und meine Miete zu bezahlen?

Was, wenn meine Karriere selbst nach einem erfolgreich abgeschlossenen Studium noch in Schwierigkeiten gerät? Ich bin mir sicher, dass die allermeisten Abiturienten und auch Studierenden regelmäßig solche oder ähnliche Ängste verspüren. Ein super wichtiger Tipp an dieser Stelle ist wieder ein Zitat, diesmal von Jim Carrey: ‚You can fail at what you don't want, so you might as well take a chance on doing what you love.' Auf gut deutsch: Du kannst immer noch scheitern, wenn du einen Job machst, der dir nicht gefällt. Warum also nicht in eine Richtung gehen, die dir Spaß macht? Aus meiner eigenen Erfahrung kann ich jedem Menschen nur ans Herz legen, sich täglich mindestens ein paar Minuten Zeit zu nehmen, seine Ziele zu formulieren, aufzuschreiben, und gegebenenfalls anzupassen. Diese Ziele dürfen auch gerne private Ziele beinhalten, wie z.B. „Wo möchte ich in 10 Jahren leben?", „Wie groß soll mein finanzielles Vermögen in 10 Jahren sein?", oder auch „Was für ein Mensch möchte ich in 10 Jahren

sein und wie möchte ich von meinen Mitmenschen wahrgenommen werden?"
Sobald ein großes Ziel feststeht, darf darüber auch gerne und häufig gesprochen werden. Je mehr Menschen über dein Ziel Bescheid wissen, desto mehr fühlst du dich „in der Pflicht" dieses auch zu erreichen und desto mehr Energie wird in dir freigesetzt. Wenn ich noch einen letzten Tipp geben darf: Streich das Wort „realistisch" aus deinem Vokabular – es kreiert bloß gedankliche Grenzen, die dein Potential sowie deine Motivation limitieren. Google doch einfach mal den Tagesablauf eines erfolgreichen Menschen wie z.B. Elon Musk – ich bin mir sicher, es wird dich inspirieren und motivieren! Auf dem Weg, große Ziele zu erreichen, werden dir regelmäßig Menschen begegnen, die dir Zweifel einreden, Grenzen aufzeigen und „gut gemeinte Ratschläge" geben wollen – oft auch in der eigenen Familie! Sei auf der Hut davor, solche Ratschläge zu befolgen und dich auf Zweifel einzulassen. Kontaktiere doch anstatt dessen lieber jemanden, der in deinem Traumberuf schon seit Jahren erfolgreich arbeitet und in dieser Branche ein wahrer „Superstar" ist. Und da wir das Wort „realistisch" bereits aus deinem Vokabular gestrichen haben, gibt es auch keinen Grund mehr, nicht ernsthaft eine Antwort auf deine Nachricht zu erwarten! Ich wünsche dir viel Erfolg und Spaß beim Erreichen deiner Ziele!

PS: Im Jahr 2027 findet die 99. Oscarverleihung statt – bitte einschalten!

 **Matthias (24), Wien**

Warum habe ich mich für mein Studienfach entschieden?

Das Interesse an der Zahnmedizin wurde mir im Prinzip in die Wiege gelegt und andere Berufsvorstellungen waren rar. Die Frage war eher, „wie erreiche ich mein Ziel?" Die Straße zum qualifizierten Zahnarzt ist steinig und schwer. Leider begann mein Ehrgeiz nicht unbedingt in der Schule, weshalb ich zuerst eine Abzweigung von meinem Weg nehmen musste. Durch meinen Abiturschnitt war die Straße zum direkten Zahnmedizinstudium gesperrt. Die Umleitung führte mich in ein Duales-Studium zum Betriebswirt und Zahntechniker. Schlussendlich hat es mich nach Wien geführt, wo ich seit 2015 meinen Weg zum Zahnmediziner beschreite. Meine Liebe zum Handwerk und zur Wirtschaft in Interaktion mit den Mitmenschen vereinigen sich als Zahnarzt und so zu meinem Berufswunsch.

Auch an den dortigen Unis erwartet dich eine erstklassige akademische Ausbildung. Hier ist vor allem deine kreative Recherche gefragt. Überhaupt eine Uni im Ausland für den Bachelor zu finden, ist erstmal eine Aufgabe. Es kann sich aber lohnen. Die beiden sind super happy und sammeln wertvolle interkulturelle Erfahrungen. Nicht zuletzt ihr Englisch wird am Ende des Studiums sicher davon profitieren. Auf der anderen Seite sind da die Kosten und Studiengebühren, die sich erheblich unterscheiden können. Also auch hier wieder die Frage des nötigen Kleingelds bzw. deiner Ersparnisse. Nicht zuletzt den zukünftigen Personaler wird es auffallen, wenn sich jemand vom Status Quo unterscheidet. Den Lichtblick im Lebenslauf hast du sicher. Insgesamt sicherlich auch wieder eine Typfrage. Unter Umständen fällt es dir sogar leichter, den Bachelor in Deutschland zu machen und erst im Master den Kompass Richtung Ausland zu justieren. Vielleicht teilst du aber auch nicht den Auslandsspirit und machst sowohl Bachelor als auch Master in Deutschland und möglicherweise nur ein Auslandssemester. Aber Moment mal, wie leicht lässt sich ein Auslandssemester umsetzen?

Auslandssemester

Ein Auslandssemester bietet dir die erstklassige Möglichkeit, deine Freude am Fach mit dem Entdecken eines neuen Landes zu verbinden. Abenteuer inklusive. Du verlässt hier den gewohnten und abgegrasten Horizont deiner Uni und schnupperst Morgenluft. Die Vernetzung der Unis hat in den letzten Jahrzenten rasant zugenommen und neue Türen öffnen sich an vielen Stellen. Geh mal ins International Office deiner Hochschule und frag nach. Was du dir aber direkt merken kannst: du wirst einigen organisatorischen Effort benötigen. Nicht immer sind die Semesterzeiten äquivalent, sodass es mancherorts vorkommen kann, dass du bereits frühzeitig anreisen solltest. Häufig brauchst du auch sogenannte „Learning-Agreements", um die

Gleichwertigkeit der im Ausland erworbenen Module sicherzustellen. Diese klärst du mit dem zuständigen Modulverantwortlichen. Schließlich willst du nicht unbedingt in Deutschland ein Semester länger studieren. In der Regel brauchst du auch Sprachnachweise. Für den englischsprachigen Raum z.B. den TOEFL-Test. Diese sind zum Teil nicht ohne und erinnern stark an das Englisch-Abi. Also nochmal tief in die Grammatik-Kiste greifen und Basiskompetenzen reaktivieren. Für Spanisch oder andere Sprachen gilt dies analog. Insbesondere wenn du vorher noch nie im Ausland warst, kann das Auslandssemester sehr spannend für dich sein.

Das Thema mit der Komfort-Zone haben wir ja schon besprochen. Dies gilt auch für hier. Aber dennoch eine kleine Fußnote im Vergleich zu Work & Travel. Zwar finden beide Parts im Ausland statt, dennoch sind es grundsätzlich zwei verschiedene Paar Schuhe. Im Auslandssemester bist du wie in Deutschland in den regulären Uni-Alltag eingebunden und primär auf deinen Hochschulort fixiert. Was fehlt, ist dieses gewisse Ungewisse. Die Spontanität. Der Impuls, doch abends nochmal woanders hinzufahren und die Segel zu hissen. Deswegen ist Ausland nicht gleich Ausland. Generell: Ob du dein Auslandssemester jetzt im Bachelor oder Master machst; das ist deine einmalige Möglichkeit für ein Semester auf Zeit in einer anderen Stadt bzw. einem anderen Land zu leben. Ohne große Verbindlichkeit, weil du weißt, es ist auf Zeit.

Also gib dem Gedanken doch einfach eine Chance und informiere dich rechtzeitig. Die Orga zu Beginn kann sich richtig auszahlen. Ein erweiterter Horizont, internationale Freundschaften und nicht zuletzt neue akademische Blickwinkel wandern auf dein Haben-Konto. Schon mal ein heißes Gerücht vorab: Viele denken mit dem Auslandssemester noch einen Vorteil einzuheimsen: die leicht zu erreichenden Noten.

Hey yo, ein freshes Auslandssemester in Barcelona. Nur 2x die Woche in die Uni. Parallel jeden Abend WG-Party im Studentenwohnheim. Um 11:00 Uhr aufstehen und dann erstmal Siesta. Irgendwo „frühstücken" gehen. Dann mit Kommilitonen eine Präsentation vorbereiten. Das Wetter ist aber so geil. Vorher nochmal an den Strand. Danach aber sicherheitshalber noch eine Siesta. Wir wollen es ja nicht übertreiben. Abends kommt dann die spontane Idee schnelle Welle nach Lloret de Mar rüberzutigern. Morgen wäre eigentlich eine Pflichtveranstaltung. Aber was soll's. Die Klausuren am Ende schaffen wir doch locker mit einer 1.0. Young and wild and free.

Ganz so idyllisch läuft der Hase dann wohl doch nicht. Ich glaube du darfst nirgends erwarten, die Noten hinterhergeschmissen zu bekommen. Nichtsdestotrotz kann es an einigen Unis im Ausland tatsächlich leichter sein. Ich kenne Freunde von mir, die Bestnoten im Gepäck hatten. An anderen Unis wiederum kann es auf einmal ganz anders aussehen. Insofern diese Gerüchteküche lieber vorsichtig genießen. Häufig scheitert das Auslandssemester schon daran, dass die Fristen zu nah rücken und dein Trip dann aufgrund von Torschlusspanik scheitert. Auf jeden Fall also auf das Timing achten. Schauen wir mal wie Nils und Fiona ihre Auslandssemester erlebt haben. In petto haben wir hier Portugal und die Türkei.

Nils (25), Lissabon

Warum habe ich mich für ein Auslandssemester entschieden?

Die Entscheidung für ein Auslandssemester ist eine ganz besondere und mag einigen Studenten zunächst etwas Überwindung abverlangen. Insbesondere für junge Menschen, die bislang weder Auslandserfahrung während ihrer Schulzeit noch unmittelbar danach beim Work & Travel oder internationaler Freiwilligenarbeit gesammelt haben, ist es der erste Lebensabschnitt in einer neuen Kultur und einer fremden Sprache. Mich persönlich hatte bereits nach dem Abitur das Fernweh gepackt, sodass ich dank meiner Auszeit als Backpacker schon vor meinem Bachelorstudium in Flensburg Eindrücke vom eigenständigen Leben in fremden Ländern hatte und mir aufgrund dieser schönen Erlebnisse weitere Auslandserfahrungen wünschte. Mein Bachelorstudium hatte den Titel „International Management" und integrierte gezielt ein Auslandssemester in den Studienverlauf. Das ist an sich nicht notwendig, ein Auslandssemester lässt sich auch ohne einen vorgegebenen Studienverlaufsplan hervorragend organisieren. Aus diesen Gründen fiel mir die Entscheidung für ein Auslandssemester leicht. Die Schwierigkeit bestand für mich allein darin, welches Land, welche Sprache und welche Universität die richtige sein würde. Ich entschied mich gemeinsam mit einem Freund aus meinem Studiengang für eine Partneruni, eine Business School in Frankreich, an der überwiegend auf englischer Sprache unterrichtet wird. Eine Kombination aus englischsprachigen Kursen und einer weiteren Sprache im Alltag, sofern ihr sie ein wenig beherrscht, kann ich euch sehr empfehlen. Das besondere an meinem ersten Auslandssemester war die unglaublich starke Gemeinschaft an Austauschstudenten aus aller Welt, die sich dort entwickelt hat. Für mich stand bereits vor meiner Bachelorarbeit fest, dass ich im Anschluss direkt ein Masterstudium angehen wollte. An meiner neuen Uni in Lüneburg organisierte ich mir eigenständig als Freemover noch ein zweites Auslandssemester. Wieder an einer englischsprachigen Business School, nur diesmal in der schönen portugiesischen Hauptstadt Lissabon. Auch in dieser Zeit habe ich viele neue Mitstudenten kennengelernt und mit ihnen viel gesehen, erlebt und auch dazugelernt.

Was möchte ich jungen Menschen mit auf den Weg geben?

Jedes Auslandssemester ist anders. Es hängt ganz maßgeblich davon ab, was ihr daraus macht und wie ihr euch in das neue Studentenleben einbringt. Wenn ihr darauf und auf die neue Stadt und das Land Lust habt, wird es eine klasse Zeit in der ihr eine Menge neues erleben könnt. Das wichtigste ist meines Erachtens möglichst viele junge Menschen aus anderen Ländern und Kulturkreisen kennenzulernen. Ob ihr mit Freunden oder alleine in ein Auslandssemester geht liegt ganz bei euch, meiner Erfahrung nach funktioniert beides sehr gut. Es kann sich für den späteren Transfer der im Ausland belegten Kurse lohnen, nicht nur auf die Qualität der Universität zu achten, sondern auch auf den Ablauf der individuellen Anerkennung der Kurse an eurer Heimatuni. Dies ist insbesondere dann sinnvoll, wenn ihr selbstorganisiert als Freemover ins Ausland geht und nicht über das Erasmus-Programm an eine Partneruni vermittelt werdet. Freemover haben es ein wenig schwerer als Erasmus-Studenten, da sie von der Uni im Ausland weniger Hilfe bekommen, bspw. bei der Wohnungsvermittlung und zahlreichen administrativen Angelegenheiten, keine finanzielle Erasmus-Unterstützung erhalten und die Studiengebühr, sofern sie nicht für das Auslands-BAföG berechtigt sind, selbst zu tragen haben. Es kann in einigen Fällen kompliziert werden mit einem Auslandsaufenthalt die, gern überschätzte, Regelstudienzeit einzuhalten, wenn sich die Kursangebote der Heimat- und Austauschuni nicht ausreichend überschneiden. Daher sollte man sich für die Planung des Auslandssemesters genügend Zeit lassen, am besten mindestens ein Jahr im Voraus.

Fiona (22), Istanbul

Warum habe ich mich für ein Auslandssemester entschieden?

Schon im ersten Semester spielte ich mit dem Gedanken für eine Zeit im Ausland zu studieren. Wie sonst kann man so einfach sein Fernweh stillen und gleichzeitig seinen Lebenslauf aufpolieren? Nein wirklich, ich wollte im fünften Semester mal wieder etwas ganz Anderes kennen lernen, in eine fremde Kultur eintauchen, Studenten aus der ganzen Welt treffen und die Möglichkeit haben meine Komfortzonen zu erweitern. All das, wovon meine Freunde an der Uni erzählen, die diesen Schritt bereits gegangen sind. Ich wollte dieses Semester nutzen um mich auszuprobieren, verschiedene Bereiche der Psychologie zu vertiefen, auch solche, die ich an meiner deutschen Uni nie belegen könnte. Viele meiner Bekannten waren begeistert, als ich ihnen von meinem bevorstehenden Erasmus-Semester erzählte.

Als ich erwähnte, dass ich nach Istanbul gehen würde, hatten für meine Entscheidung jedoch nur die Wenigsten Verständnis, aufgrund der politischen Lage. Ich habe mich damals tatsächlich sehr bewusst für die Türkei entschieden und bin im Nachhinein sehr froh darüber. In dem halben Jahr in Istanbul bin ich viel gereist, hatte zwei türkische Mitbewohner, habe wunderbare internationale Freundschaften aufgebaut, mich in der Sportpsychologie als Studentische-Hilfskraft im Labor ausprobiert und Erfahrungen vom ersten türkischen Frühstück, über Friseure in der Uni bis zum Rudern auf dem Bosporus, gesammelt. All das hat definitiv meinen Horizont erweitert. Ich betrachte die politische Situation aus einem anderen Blickwinkel und würde in Zukunft nie einzig auf der Berichterstattung über Land und Menschen urteilen. Sportpsychologie soll es wohl doch nicht sein. Zugegeben, ein Auslandssemester hat natürlich auch seine Schattenseiten und zu Beginn bin ich an unbeantworteten E-Mails, oder gestrichenen Kursen fast verzweifelt, vom Verkehr ganz zu schweigen. Doch man lernt damit umzugehen und geduldig zu sein. Das geniale am Auslandssemester ist, dass man so viele Studenten aus den unterschiedlichsten Ländern trifft. Seid offen und lasst euch inspirieren, wie ich von z.B. Nuran, meiner türkischen Freundin, die mit 25 noch einmal ein ganz neues Studium begonnen hat. Für die Wahl der Uni habe ich folgende Tipps: Überlegt euch vorher, was das Ziel eures Semesters ist. Wollet ihr schon immer in einem bestimmten Land leben? Habt ihr besondere Kurse, die ihr belegen wollt oder müsst? Wolltet ihr eine bestimmte Sprache lernen, oder einfach möglichst einfach gute Noten erzielen und am Strand surfen gehen? Sobald die Intention klar ist, würde ich mir die Partner-Universitäten eurer deutschen Uni genau anschauen und Erfahrungs-berichte von Kommilitonen lesen und über ihren Aufenthalt sprechen. Erkundigt euch nach Finanzierungsmöglichkeiten. Dafür gibt es viele Stipendien, wie z.B. Erasmus. Manchmal würde ich gern wieder im Klassenraum sitzen und 3 Tage, statt 3 Wochen für eine Klausur lernen. Aber keine Sorge, man wächst bekannt-lich mit seinen Aufgaben. Sucht euch Streckenziele, wie z.B. ein Auslandsse-mester, um eure Motivation aufrecht zu erhalten. Ich glaube diese Zeit tut jedem gut bzw. schadet zumindest niemandem. Es ist eine prima Möglichkeit sich mal auf sich zu fokussieren, neue Rollen einzunehmen und zu experimentieren. Da-mit es eine positive Erfahrung wird ist es in meinen Augen wichtig, die für euch passende Uni und das Land auszuwählen, also nehmt euch dafür genügend Zeit.

Was möchte ich jungen Menschen mit auf den Weg geben?

Nach meinem Abi habe ich viel Zeit im Ausland verbracht und die unterschied-lichsten Zukunftspläne geschmiedet. Vom Kellner, über Tanzlehrerin bis psy-chologischer Coach habe ich in den verschiedensten Jobs gearbeitet und schreibe jetzt eine Bachelorarbeit im Bereich Tourismus. Ich möchte euch mit auf den Weg geben, so viel wie möglich auszutesten. Es ist in Ordnung sich neu zu orientieren. Habt Mut zum Scheitern und fragt euch dann, was ihr beim nächsten Mal besser machen könnt. Es geht nicht darum, einen Lebenslauf zu füllen, wie er im Buche steht; davon gibt es ohnehin genug. Vielmehr geht es da-rum Erfahrungen zu sammeln, durch die ihr euch eurer Stärken und Motivation bewusstwerdet. Erinnert, was ihr bis hierhin bereits geleistet habt und versucht Lebensinhalte, die euch Spaß machen, zu verbinden. Bei mir waren es das Rei-sen und die Psychologie, die ich in meinem Auslandssemester vereinen konnte. Lasst euch nichts von denen ausreden, die sich selbst vor dem eigenen Tel-lerrand fürchten und sprecht lieber mit Menschen, die ihr als bewundernswert empfindet. Ihr werdet ganz schnell merken, dass die wirklich beeindruckenden Persönlichkeiten einige Umwege gegangen sind, um dort anzukommen wo sie heute sind, ohne bei ihren ersten Schritten die genaue Richtung zu kennen. In diesem Sinne: Never let schooling get in the way of your education! Viel Erfolg.

Summer-School

School? Eine Rückkehr in die alte Schule oder was soll das? Viele Studis haben noch nie von einer Summer-School gehört. Man könnte es als die softe Variante eines Auslandssemesters definieren. Bei einer Summer-School bist du für ein paar Wochen an einer Uni im Ausland und kannst dort auch Credit Points erwerben. Häufig ist es nicht so wichtig, ob du im Bachelor oder Master bist, da diese Credit-Points nicht entscheidend für dein reguläres Transcript of Records ist. Diese müssen gar nicht zwangsläufig direkt mit deinem Programm verwandt sein; du kannst also einfach mal über den Tellerrand blicken. Meine Summer-School habe ich damals in China gemacht an der Sun-Yat-Sen University in Guangzhou. Vier Wochen in China – eine wahnsinnig spannende Erfahrung. Die Teilnehmer kamen aus aller Welt. In diesem Klassenverbund hatten wir verschiedene Seminare, von Chinesisch-Kursen über wirtschaftlich oder kulturell angehauchte Schwerpunkte war alles dabei. Zusätzlich können Exkursionen und ein buntes Abendprogramm das Ganze abrunden. Die Unterbringung ist in der Regel in einem Studentenwohnheim. Häufig bekommst du bei solchen Summer-Schools einen „Buddy" vermittelt, der selbst an der Uni studiert und dein Ansprechpartner ist. Noch heute habe ich zu einigen Teilnehmern Kontakt und ich muss echt sagen, dass ich diese Erfahrung nicht missen möchte. Frag mal nach in deinem International Office, ansonsten kannst du auch online nach solchen Programmen suchen. Häufig werden sogar explizit Stipendien ausgeschrieben, auf die du dich bewerben kannst. Wenn dir ein Auslandssemester too much ist, ist eine Summer-School die Gelegenheit, doch nochmal ein wenig Fernweh zu schnuppern. Andreas zeigt uns, wie seine Entscheidung für eine Summer-School in Dänemark zu Stande gekommen ist.

Andreas (29), Gießen, Erlangen, Shanghai

Warum habe ich mich für eine Summer-School entschieden?

Im Sommer 2011 habe ich an einer dreiwöchigen Summer-School an der ‚Technical University of Denmark' (DTU) in Kopenhagen teilgenommen. Damals hatte ich gerade das dritte Bachelor-Semester meines Studiengangs Medizintechnik abgeschlossen. Die Gründe, überhaupt an einer Summer-School teilzunehmen, waren zum einen ein spannendes Thema und zum anderen der Reiz, eigenverantwortlich ein solches ‚Abenteuer' zu planen und umzusetzen. Rückblickend kann ich sagen, dass das Thema zwar wirklich spannend war, ich aber langfristig für mein Leben einen viel größeren Nutzen als fachliche Erkenntnisse daraus ziehen konnte. Die Eigenverantwortlichkeit war eine spannende Erfahrung; hinzu kommt allerdings noch ein Punkt, den ich im Vorfeld wenig bis gar nicht auf dem Schirm hatte: Interkulturelle Kompetenz. Die Teilnehmer kamen aus mindestens 10 verschiedenen Ländern mit ihrer jeweils eigenen kulturellen Prägung. Schnell konnte ich bei mir selbst beobachten, wie ich meine Verhaltensweisen im Vergleich zu meinem Leben in Deutschland anpasste. Beispielsweise waren die Gesprächsthemen und der Umgang anders als zu Hause und das gewohnte Abendessen um 18:00 Uhr konnte man sich in die Haare schmieren, wenn man den Abend mit Südländern verbrachte, die offensichtlich erst kurz vor Mitternacht ein Hungergefühl verspüren. Oft habe ich in der Zeit zu hören bekommen, dass ich sehr deutsch sei, was mich dazu brachte, mithilfe des Blicks von außen zu überlegen, was es denn eigentlich bedeutet, deutsch zu sein. Sicher war es auch das Festklammern am Bierglas und Wippen mit dem Fuß, während der Rest des Clubs tanzte und feierte. An dieser Stelle nochmal besten Dank an die Spanier und Portugiesen der Gruppe, die mir gezeigt haben, wie man wirklich tanzt. Heute liebe ich es und schüttle selbst innerlich den Kopf wegen der Bierglashalter. Etwas, was ich bis heute und für die Zukunft aus der Zeit an der DTU mitgenommen habe, ist die Erkenntnis, dass es für das korrekte Einschätzen und Bewerten vieler Dinge zwei Perspektiven bedarf; zum einen den Blick von innen und zum anderen den Blick von außen. Vier Jahre später konnte ich die Summer-School sogar in meinem Masterstudium als Leistung anrechnen lassen, was mich dann sogar noch Jahre später mal wieder gelehrt hat, dass sich Mühen im Leben zu einem späteren Zeitpunkt oftmals noch auszahlen.

Was möchte ich Abiturienten mit auf den Weg geben?

Ich möchte jeden, der mit dem Gedanken spielt, eine Summer-School zu besuchen, darin bekräftigen, es auch zu machen. Der Besuch einer Summer-School kann wesentlich zur Persönlichkeitsbildung beitragen und da Persönlichkeitsbildung im Vergleich zu Lernstoff, den man zur Not auch in nächtlichen Sessions kurz vor der Klausur noch pauken kann, schlichtweg Zeit braucht, ist es umso besser, möglichst früh damit zu beginnen. Ganz wichtig ist dabei, Neuem möglichst offen gegenüber zu sein. Lasst euch auf Neues ein und probiert dabei, eure etablierten Verhaltensmuster und Denkweisen auf den Prüfstand zu stellen und probiert, eure Komfortzone möglichst häufig zu verlassen, um euch weiterzuentwickeln!

Wahl des Hochschultyps

Studieren ist nicht gleich Studieren. Verschiedene Hochschultypen bieten unterschiedliche Rahmenbedingungen. Wie dem Bild zu entnehmen ist, unterscheiden wir neben den Fernunis im Wesentlichen zwischen vier verschiedenen Formen, welche wir uns im Folgenden näher anschauen:

I. Staatliche Uni
II. Fachhochschulen
III. Private Unis
IV. Duale Hochschulen

I. Staatliche Uni

Hier sprechen wir vom Klassiker: Die staatlichen Unis bilden generell den größten Sektor ab und finden sich in der Regel in jeder größeren Stadt. Uni Münster, Uni Köln oder Uni Bamberg etc. Diese haben eine lange Tradition und bilden schon seit dem Mittelalter Wissenschaftler aus. Im Kapitel rund ums Studium haben wir ja bereits besprochen, was dies meint. In diesen Sektor fallen auch die technischen Unis, wie die TU Braunschweig oder TU München. Entgegen der ersten Assoziation kannst du an den technischen Unis auch „nicht-technische" Studienfächer wie z.B. das Lehramt oder BWL studieren. Die „Alma Mater" im herkömmlichen Sinne hat meist vor allem Forschung und Wissenschaft im Sinn. Der ultimative Vorteil: Der Spaß ist nahezu für lau. Außer dem Semesterbeitrag und dem Semesterticket bleibt dein Portemonnaie verschont. Du bist ergo nicht so sehr auf Nebenjobs/Kredite oder „Vaddis Sparschwein" angewiesen. In der Regel sind staatliche bzw. öffentliche Unis auch breiter aufgestellt. Hier sind auch die Staatsexamina beheimatet. Also Studiengänge wie Jura, Medizin oder Pharmazie, die du nicht mit dem Bachelor abschließt. Du findest zudem „Koryphäen-Studiengänge" wie Japanologie, Kunstgeschichte, Astrophysik oder Yu-Gi-Oh. Kleiner Joke im letzten Fall, auch wenn es sicher sehr spannend wäre. Im Vergleich zu Fachhochschulen und Privaten Unis ist das Ausmaß an Studenten häufig ein Unterschied. Keine Seltenheit, dass du in beliebten Studiengängen mit knapp 1.000 Kommilitonen startest. Im Raum stehen Klischees wie:

Böse Zungen sprechen von Massen-Unis. Einer reinen anonymen Matrikel-nummer. Kein Platz für Nachfragen an den Prof. Keinem fällt es auf, ob du in die Vorlesung kommst oder nicht. Da gibt es diese Phantom-Studenten, die nur zu den Klausuren erscheinen und einen Vorlesungssaal noch nicht von innen gesehen haben. Wenn du dann doch mal kommst, darfst du auf der Treppe Platz nehmen. Jipie Jay Jey. Ach ja, Fernrohr nicht vergessen!

Ganz so stigmatisierend ist die Rechnung allerdings nicht. Also räumen wir auf und differenzieren. Ich habe in den letzten Jahren alle Studien-formen selbst kennen gelernt und kann die Unterschiede aus der Praxis be-schreiben. Dass staatliche Unis immer riesig sind, stimmt so pauschal auch nicht. Es gibt auch kleinere Studienstädte. Hier ist alles eher überschaubar-er. Nichtsdestotrotz kann die Tendenz der größeren Anzahl an Studenten festgehalten werden. Aber das muss doch nicht per se negativ sein. Dieses gewisse Studentenflair wie du es beispielsweise in Münster, Göttingen oder Freiburg erfährst, ist ein anderes Studentenleben als in einer Großstadt wie Hamburg oder München. Mal eben aufs bike schwingen und zum anderen Studentenwohnheim auf die WG-Party fahren. Ein fließendes Campus-leben. Ein fächerübergreifender Approach, der ordentlich Spielraum fürs Erkunden bietet. Ein weiterer grundlegender Aspekt, der zwischen allen Hochschultypen unterschieden werden kann, ist der der Strukturiertheit. Ist an vielen Fachhochschulen, privaten Unis oder dualen Hochschulen dein Stundenplan bereits festgelegt, übernimmst du an der staatlichen Uni die Rolle des Regisseurs. Die eine Veranstaltung doch eher ins nächste Semes-ter legen? Kein Problem. Kein Wunder also, dass die Quote an Studenten, die an staatlichen Unis in der Regelstudienzeit abschließen verhältnismäßig gering ist. Die Verlockung des „vor-sich-hin Studierens" und der Prokras-tination par exelence ist auf jeden Fall gegeben. Viele Bundesländer haben daher Langzeitstudiengebühren eingeführt, die aber häufig erst nach 12 Se-mestern beginnen und dann pro Semester gezahlt werden müssen. Dass mit der Anzahl der Studenten gewissermaßen auch die Anonymität steigt, ist keine Überraschung. Wenn 1.000 Studis im Audimax hocken, fällt eben nicht auf, ob der 269te da ist oder nicht. Du kannst ja ohnehin nicht mit jedem so close sein. An deiner Uni können 20.000 Studenten sein, wenn du dennoch deine feste „peer group" hast, wäre es selbst bei 100.000 Studen-ten kein Ding. Wenn du entsprechend vernetzt bist, kannst du dich auch in einer großen Masse harmonisch verbunden fühlen. No worries.

Ein wichtiger Unterschied bezieht sich ferner auf den Praxisbezug. Wenn der Schwerpunkt auf abstraktem und theoretischem Denken basiert, kann dem Praxisbezug nicht immer genügend Rechnung getragen werden. Du behandelst die Theorie X oder das Modell Y und fragst dich: Was soll ich bitte damit anfangen? Werde ich das jemals wieder brauchen? Diese berechtigte Frage sollte sich am besten jeder zu Beginn seines Studiums stellen. Denn wer im Vorfeld weiß damit umzugehen, kann sich Motivationslöchern besser aus dem Weg gehen. Schauen wir uns hierzu den Expertenbeitrag von Herrn Dr. Becker an:

Dr. Frank Stefan Becker

Ihr könnt noch gar nicht wissen was alles in euch steckt!

Als ich mit 18 mein Abitur machte, hatte ich – ehrlich gesagt – kaum eine Ahnung, was ein Studium bedeutet. Und als ich knapp zehn Jahre später als frischgebackener Dr. rer. nat. meine erste Stelle in der Forschungsabteilung eines Konzerns antrat, hätte ich mir nie träumen lassen, dass ich ein Jahrzehnt danach in die Finanzabteilung wechseln und nach noch einmal zwölf Jahren mich in der Personalabteilung wiederfinden würde – und dass mir diese völlig verschiedenen Aufgaben großen Spaß machen könnten! Was ich mit diesem Beispiel, das ich gerne zur Eröffnung meiner Karrierevorträge anführe, sagen will? Ganz einfach: Dass man als junger Mensch noch gar nicht wissen kann, welche Möglichkeiten und Herausforderungen einem später begegnen werden, und was in einem an Potenzial schlummert. Nicht nur, dass sich das Umfeld wandelt, dass sich unerwartete Chancen auftun – auch man selber verändert sich, entdeckt oder entwickelt neue Fähigkeiten. Dabei gilt: worin man gut und erfolgreich ist, das macht auch Spaß!

Mir ist bewusst, dass unsere traditionelle Universitätsausbildung anders prägend wirkt – ein Professor für Maschinenbau wird schließlich nie in die Fakultät für Germanistik wechseln. Hier gilt besonders stark die gerade in Deutschland mit seiner Handwerkerkultur tief verwurzelte Maxime: „Schuster, bleib bei deinen Leisten!" Man arbeitet sich gleichsam vom Lehrling über den Gesellen zum Meister hoch, wird zu einem anerkannten Experten in dem jeweiligen Gebiet, dem natürlich keine Fehler unterlaufen! Das Ausbildungsfach legt somit zugleich den Beruf fest. Diese Mentalität befähigt uns zu qualitativ hochwertiger, wohldurchdachter und gründlicher Arbeit – zu sorgfältiger Handwerksleistung, den besten Autos und den sichersten Kraftwerken. Nur was, wenn sich die Umstände während vier Jahrzehnten Arbeitslebens radikal verändern? Wenn Wagemut, Schnelligkeit und Flexibilität mehr zählen, als jahrelange Vertiefung in ein Fach? Dann haben die Amerikaner die Nase vorne, die mit ihrer Pioniermentalität einfach mal was Neues probieren, die z.B. ein Hochschulstudium primär als Denkfähigkeitstraining und somit als Vorbereitung auf die unterschiedlichsten Herausforderungen begreifen, nicht als lebenslange fachliche Festlegung. Mit dieser von uns oft belächelten „Pi mal Daumen" Einstellung wurden milliardenschwere Technologiekonzerne auf die Beine gestellt, irgendetwas muss wohl richtiggemacht worden sein.

Mein Rat? Versteht ein Studium primär als Hirnschulung, als meist mühsames, aber notwendiges Einüben bestimmter analytischer Fähigkeiten am Beispiel eines Faches. Viel von der oft beklagten Trockenheit und manchmal auch Praxisferne einer akademischen Ausbildung dient einfach diesem standardisierten Lern- und Selektionsprozess, hat jedoch mit der späteren Berufspraxis nicht mehr zu tun als Skigymnastik mit Skifahren. Wer heute z.B. Elektrotechnik, Jura oder Literatur studiert, sollte das aus Interesse am Fach tun aber nicht glauben, sein ganzes Leben lang Schaltkreise zu entwerfen, Gesetze anzuwenden oder Texte zu interpretieren. Das heißt nicht, dass ihr euer Studium nicht bestmöglich absolvieren sollt – nur vergesst nicht, auch mal einen Blick auf die interessanten Dinge rechts und links des Weges zu werfen, offen für neue Chancen zu sein. Denn ihr könnt noch gar nicht wissen, was alles in euch steckt!

Herr Becker hat jahrelang in der Industrie gearbeitet und ist als Referent deutschlandweit unterwegs. Er bringt die Quintessenz eines jeden Studiums vortrefflich auf den Punkt: Im Endeffekt geht es um Metakognition. Lernen zu Lernen; sich schnell in neue Wissensgebiete einzuarbeiten, sich einzuprägen und in anderen Kontexten anzuwenden. Es ist ein offenes Geheimnis, wenn du dir vor Augen führst, dass du einen Großteil des im Studium gelernten Wissens de facto nicht mehr direkt benötigst. Dies unterscheidet sich natürlich von Fachbereich und Modul, insbesondere die theoretischen Grundlagen werden aber teilweise im Arbeitsalltag obsolet. In der Forschung ist die Gewichtung natürlich eine andere. Diesen Umstand zu verinnerlichen, kann im long-term enorm helfen. Wenn du dich mit einer

Statistik-Formel oder einem Chemie-Molekül herumschlägst, denk dir einfach: Hey, das gehört nun einmal dazu. Es ist ein Puzzleteil vom Ganzen. Auch wenn ich es so in der Form vielleicht nicht mehr benötigen werde, ist es einfach ein Teil. Ganz einfach. So wie Ying zu Yang gehört, das Meer zum Strand oder der Baum zum Wald. Es gibt hierzulande oder weltweit so viele Studenten, die auch ihre Frustrationstoleranz testen. Am Ende zeige ich es einfach dieser Statistik Klausur. Ich habe keine Angst, sondern werde sie aus dem Weg räumen. Zick Zack. Ende aus Micky Maus. Alleine das wir hier in Deutschland die Möglichkeit haben quasi kostenlos staatlich zu studieren, ist ein Privileg. Wir haben uns die Bedingungen in anderen Ländern angeschaut. Auch wenn es so selbstverständlich erscheint, dürfen wir das ruhig mal wertschätzen. Also: Wenn du keine Angst vor Theorien und abstraktem Denken hast, wenn du finanziell die günstigste Variante präferierst, wenn dich die Worte Wissenschaft und Forschung nicht in Schnappatmung versetzen, du dich selber strukturieren und motivieren kannst, du richtig Bock auf ein klassisches Campusleben hast und du mit einem im Vergleich geringerem Praxisbezug umgehen kannst, kann ein Studium an einer staatlichen Uni voll dein Ding sein.

II. Fachhochschulen

Fachhochschulen oder „Universities of applied Science" sind im Vergleich zu staatlichen Unis eher praktisch auslegt. Zwar schließt du hier auch mit einem Bachelor oder Master ab, dennoch ist der Anwendungsbezug höher. Auch die FH's haben zum Teil beachtliche Studierendenzahlen. Schon lange lebt die Debatte: Welcher Abschluss ist denn jetzt höherwertiger? Dies müssen der Einzelfall und der Studiengang entscheiden. Jedoch ist es augenscheinlich, dass wenn du auch in Richtung Master oder Promotion tendierst, du das breitere wissenschaftliche Rüstzeug an der staatlichen Uni an die Hand bekommst. Alleine schon aufgrund des Forschungsschwerpunkts. Es mag auch den ein oder anderen konservativen Personaler geben, der bei FH ein ominöses Stirnrunzeln entwickelt. Ich wäre aber vorsichtig, FH-Abschlüsse zu diskreditieren. Im Gegenteil: Nicht selten hast du in Folge des starken Praxisbezugs am Arbeitsplatz Vorteile, kannst auf durchgeführte Projekte verweisen und die Strategie reaktivieren. Generell gilt: Bachelor ist Bachelor. Das heißt du kannst problemlos für einen Master an eine staatliche oder private Uni wechseln.

Das ist im Übrigem der zentrale Vorteil der Bologna-Reform und des Bachelor- bzw. Mastersystem: noch einmal die Tapeten zu wechseln, im Ausland zu studieren oder einen neuen Hochschultyp kennen zu lernen. Wenn du also eher praktisch veranlagt bist, ein eher verschultes System bevorzugst, dich wissenschaftliche Theorien und Forschung eher abturnen, dann geht die Tendenz eher in Richtung Fachhochschule. Aber Achtung: Wir sprechen hier nur von Tendenzen. Reines Schubladendenken führt hier nicht weit. Häufig ist es schwer, überhaupt antizipieren zu können, wie genau Praxisbezug oder abstraktes Denken definiert sind. Schauen wir uns mal ein fiktives Modell an. Es geht immer um diverse Ursache-Wirkung Zusammenhänge. Sei es ein Modell aus der BWL, Psychologie, Ingenieurswissenschaft oder Quantenphysik. Der Schwierigkeitsgrad ist natürlich immer individuell. Viele Modelle kennen wir ja auch schon aus Schulzeiten.

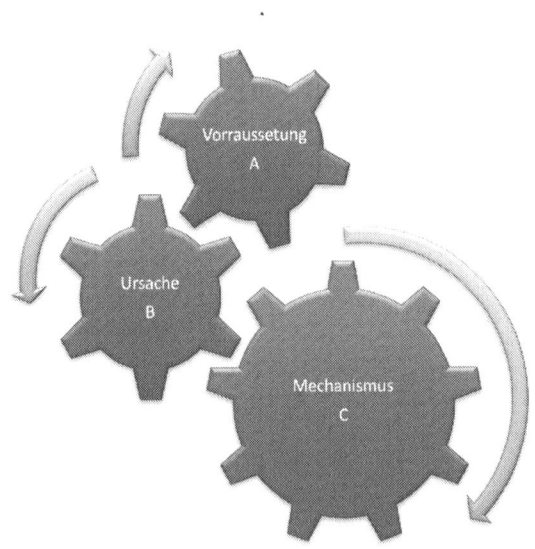

Manchmal fehlt vielleicht an der staatlichen Uni der Praxisbezug direkt durch den Professor. Das heißt aber nicht, dass man jede Theorie unmittelbar zu den Akten legen muss. Man kann ja auch mal selbst überlegen, welche Relevanz das Ganze hat und recherchieren. Wenn es also nicht mehr ums Fach, sondern rein um den Hochschultyp geht, schau dir beide Varianten mal an. Wie wirkt die Beschreibung auf der Homepage? Was steht im Modulhandbuch? Was sagen Studenten, die an der Uni studieren? Es geht also darum, ein Gespür dafür zu entwickeln.

III. Private Unis

„Hey Prof., fang den Schlüssel." Alleh hopp! Natürlich sprechen wir hier nicht vom Haustürschlüssel. Die Rede ist vom neuen Porsche. Und natürlich: nicht das Vorgängermodell, versteht sich.

So viele Mythen ringen sich um den Habitus eines privaten Studenten. „Sponsored by daddy", arrogant, Markenklamotten, gekaufter Abschluss – die Vorurteile sitzen teilweise sehr tief. Aber Vorsicht: Die privaten Unis haben sich in den letzten Jahren als wichtige Säule in unserer Hochschullandschaft erwiesen. Sie werben mit exzellenten Studienbedingungen, kleinen Seminargruppen, Praxisnähe und einem brillanten Netzwerk. Das Alles hat dafür seinen Preis: Pro Monat darfst du ordentlich ins Portemonnaie greifen. Leider meine ich damit nicht das Münzenfach. Ad hoc kommt die Vorstellung von Ärzte- oder Unternehmerfamilien, die für den Spaß blechen können. Dies ist aber ein Trugschluss. Viele Studenten arbeiten selbst neben der Uni, nehmen Kredite auf oder haben Stipendien. Mehr dazu im Unterpunkt Studienfinanzierung. Dass an den privaten Unis nur Bonzen mit Porsche zu finden sind, können wir schon mal verneinen.

Ich habe in den letzten Jahren viele private Unis besucht, um mir einen Eindruck zu verschaffen. Diese liegen häufig in guter Lage und bieten zum Teil Studienmöglichkeiten, die du nicht an jeder staatlichen Uni findest. Spezielle Verbindungen aus wirtschaftlichen Themen in Verbindung mit Medien, Sport, Musik oder Tourismus wecken die ein oder andere neugierige Nase. Jede Uni ist akkreditiert, also sollte ein gesundes Maß an Lehrqualität gegeben sein. Aus vielen Gesprächen mit Profs und Studierenden wird offensichtlich: Du lernst im Kern das Gleiche wie im äquivalenten

Fach an der staatlichen Uni, jedoch unterscheidet sich die Art und Weise. Du bist in kleinen Seminargruppen bzw. hast engeren Kontakt zum Dozierenden, sodass sich Fragen einfacher stellen lassen. An staatlichen Unis besuchst du oftmals hierfür angebotene Tutorien. Eine Tendenz lässt sich aber diesbezüglich erkennen, liegt aber auch in der Natur der Sache: An den Privaten Unis hast du schlicht und ergreifend weniger Studenten und damit einen engeren Betreuungsschlüssel bzw. Verwaltungsapparat. Ohne Hokuspokus. Auch in puncto Praxisbezug können viele private Unis brillieren; insbesondere abhängig von deiner Fachrichtung. Ein enormer Vorteil liegt auf der Hand: Du kannst dein Wunsch-Studienfach studieren, obwohl dein Abi nicht gereicht hat. Wenn du nicht den Weg gehen möchtest, dich einzuklagen oder Wartesemester zu sammeln, erfolgt hier die Abkürzung. Der Plan A winkt. Wie das aussieht, zeigt uns Yara in ihrem Erfahrungsbericht:

Yara (20), Hamburg

Warum habe ich mich für ein Studium an einer privaten Uni entschieden?

Das Studium an einer privaten Uni war eher spontan. Vorher hatte ich mir nie genaue Gedanken über private Universitäten gemacht oder ob das für mich in Frage käme. Auf mein Traumstudium Psychologie hatte ich durch den hohen N.C. nur geringe Chancen an einer staatlichen Universität, obwohl ich mir sicher war, dass ich Psychologie studieren möchte. Nach einiger Recherche bin ich auf die MSH Medical School Hamburg gestoßen und war offen für Neues. Ich muss sagen, dass ich anfänglich doch sehr kritisch war und besonders geleitet durch die vielen Vorurteile über private Universitäten einige Sorgen hatte. Ich habe mich trotzdem entschieden, hier anzufangen und bin mehr als zufrieden. Es herrscht ein sehr angenehmes Lernklima, die Dozenten sind kreativ und motiviert und es freut mich einfach, in die Uni zu gehen. Ich denke, darauf kommt es auch an. Die meisten Leute, die schlecht über private Universitäten sprechen, waren selbst vielleicht noch nie an einer oder sind auch durch die Meinungen anderer voreingenommen. Ich denke, man muss allem erst einmal eine Chance geben und es für sich bewerten. Natürlich sind nicht alle privaten Universitäten gleich, aber das gilt doch genauso für staatliche Universitäten. Ich denke, der Anspruch an private Universitäten ist sehr hoch und daher ist die Schwelle für Kritik sehr niedrig. Ich finde die MSH Medical School ist gerade dadurch attraktiv, weil sie so jung ist und sie sich täglich entwickelt. Diese Wandelbarkeit und Diskussions- und Lernbereitschaft findet man nicht überall.

Was möchte ich jungen Menschen mit auf den Weg geben?

Ich würde allen die dieses Buch in die Hand nehmen auf den Weg geben, dass sie offen sein sollten und nicht zu streng zu sich selbst. Die Abiturnote hat auch nur so viel Wert, wie man ihr persönlich gibt. Wir sind alle mehr als die Noten auf einem Papier und auch wenn sich dadurch Hürden durch das Bildungssystem auftun können, ist das kein Grund, um an sich selbst zu zweifeln. Das Leben wirft einem manchmal Steine in den Weg aber Schmerz, Verzweiflung und Enttäuschung gehören genauso zum Leben wie Glück, Freude und Spaß. Vielleicht hilft es ja zu wissen, dass wir alle manchmal durch Höhen und Tiefen gehen und die meisten Menschen stetig auf der Suche sind. Wo wäre der Reiz, wenn das Leben immer nur geradlinig verläuft? Wir sind nicht alleine und ich bin stolz, zu dieser Generation zu gehören. Wir haben das Potenzial, die Welt zu verändern und das fängt vor allem bei uns selbst an. Gegenseitige Unterstützung, Akzeptanz, Verständnis und Toleranz ist meiner Meinung nach unerlässlich. Das ist doch das, was wir letztendlich eigentlich alle suchen, oder?

Fassen wir zusammen: Nicht ohne Grund sind in den letzten Jahren die privaten Unis aus dem Boden geschossen. Sie bieten spannende wissenschaftliche Nischen und punkten oftmals durch gute Studienbedingungen, Praxisbezug oder auch einer guten Vernetzung. Auf der anderen Seite ist da der finanzielle saure Apfel. Wir reden hier nicht von lapidaren Semesterbeiträgen, sondern von mehreren Scheinen pro Monat. So kommen für den Bachelor gut und gerne schlappe 25.000 Euro zusammen. Es bleibt dem Einzelfall überlassen, inwieweit sich diese Summe im Vergleich zu den anderen Optionen rechtfertigen lässt. Dein Wohnort ist nicht unerheblich: Wohnst du in der Nähe deiner privaten Wunschuni, kannst du für den Bachelor noch zu Hause wohnen. Wenn du im Vergleich dazu in eine andere Stadt ziehst, kommen hier alle Kosten aus Miete, Lebensunterhalt, Heimatfahrten etc. zusammen, sodass am Ende des Monats ähnliche Summen auf den Tisch legst, wie bei der privaten Uni. Auch die finanzielle Situation deiner Eltern ist entscheidend: Es ist etwas Anderes, wenn sie dir das Studium finanzieren können, oder du einen Kredit aufnimmst und auf regelmäßiges Arbeiten während des Studiums angewiesen bist. Mehr dazu gleich im Abschnitt zur Studienfinanzierung. Wie so häufig steht deine Präferenz im Mittelpunkt: Lieber in eine neue Stadt, ein neues Umfeld, auf eigenen Beinen stehen und mehr Freiraum, oder eher kleine Seminargruppen, mehr Praxisbezug und ein verschultes System? Generell: Verschaff' dir einen persönlichen Eindruck. Wie wirkt die Uni auf dich? Welchen Eindruck machen die Professoren und Studenten? Um dieses Gedankenexperiment zu Beginn aufzulösen: Es wird nicht vorkommen, dass Kommilitonen ihre Porsche-Schlüssel den Professoren zuwerfen. Genauso wenig haben private Unis ausschließlich ein Elite- & Bonzen-Klientel. Natürlich gibt es immer Kandidaten, die etwas besser betucht sind und in einzelnen Fällen stehen auch mal schickere Autos am Uni-Parkplatz. Das allein sollte aber kein direktes K.O- Kriterium sein. In deinem Masterplan der Studien- Berufswahl kann diese Option also zumindest einmal durchdacht werden.

IV. Duale Hochschulen

Beginnen wir mit einer kurzen Zeitreise zum 02. Juli 2012.

Ich bin 18 Jahre alt und bekomme mein Abizeugnis überreicht. Der Schulleiter hält gerade die Rede und ich drehe mich nach links. Erleichterte Blicke meiner Mitschüler und langjährigen Weggefährten. Ich glaube, wir nehmen gar nicht alle Worte wahr. Zu sehr liegt ein Schleier aus Freude über den Abschluss unserer Schulzeit in der Luft. Aber zu diesem Optimismus gesellt sich auch ein Hauch von Sentimentalität, gepaart mit einem ungreifbaren Gefühl. Acht Jahre ist es her, als wir in diesem Forum unsere Verteilung in die fünften Klassen erfahren haben. Es spricht derselbe Schulleiter wie damals. Gefühlt mit dem exakt gleichen Stimmenlaut. Aber wo sind diese acht Jahre geblieben? Es war schon ein kleines Déjà-vu. „Auf dass sie auf all Ihren verschiedenen Wegen stets einen freien Geist wahren." So oder so ähnlich leitete er die Schlussworte seiner Rede ein. Nach den Ehrungen und weiteren Reden wurde zu den letzten Fotos getrommelt. Glückwünsche und Umarmungen ließen erkennen, dass hier gerade ein Kapitel zu Ende geht. Eine Ära. Scheinbar etwas Besonderes. Da war er getan: der offiziell letzte Schritt als Schüler aus dem alten Gymnasium. Zu diesem Zeitpunkt loderte schon ein Gedanke in mir: das duale Studium.

In den folgenden Monaten reifte dieser Gedanke prächtig vor sich hin. Zu attraktiv schienen die Rahmenbedingungen eines dualen BWL-Studiums. Ich hatte wirklich keinen Schimmer, was ich machen sollte. Ehrlich gesagt habe ich mir auch kaum tiefergehende Fragen gestellt. Für mich war klar: Du verbindest Theorie mit Praxis und kannst theoretische Inhalte direkt im Unternehmen anwenden; du zahlst keine Studiengebühren, sondern kassierst noch eine zünftige monatliche Vergütung und lernst ein Unternehmen von der Pike auf kennen. Keine Sorgen um die Studienfinanzierung. Kein Kaffee kochen während eines Praktikums, keine staubtrockene Theorie, kein Kredit für die Finanzierung des Studiums. Soweit so gut. Retrospektiv sind das ja faktisch die Proargumente, die sich nach wie vor aufrechthalten. Das duale Studium liegt auch voll im Trend: In den letzten Jahren kamen immer mehr Abiturienten auf die Idee, Ausbildung und Studium zu verknüpfen. So auch Nico und Tanja, wie sie in ihren Berichten zeigen.

 ### Nico (25), Nordakademie Elmshorn

Moin liebe Leserin oder lieber Leser,

mein Name ist Nico und ich bin 25 Jahre alt. Im März 2017 habe ich mein duales Studium im Fach Wirtschaftsinformatik an der „FH Nordakademie" in Elmshorn abgeschlossen und arbeite seit dem in meinem Ausbildungsbetrieb als Software-Entwickler. Vor Beginn meines Studiums im August 2013 befand ich mich in einer ähnlichen Situation wie Du. Viele Möglichkeiten nach dem Abi, aber was mache ich jetzt? In der Schule wird zwar eine Menge gelehrt, aber die dritte Ableitung einer Funktion bilden zu können, hilft nicht wirklich dabei eine Entscheidung über seine berufliche Zukunft zu treffen. Wie bin ich also zu dem Entschluss gekommen ein duales Studium im Fach Wirtschaftsinformatik zu absolvieren?

Dabei spielten vor allem zwei Faktoren eine Rolle. Zum einen hatte ich damals ein gewisses Interesse an Technik und konnte gut mit Zahlen umgehen. Zum anderen gehörte eine gewisse Portion Glück dazu. Direkt nach meinem Abitur 2012 hatte ich nicht wirklich einen Plan. Ausbildung, Studium, Work and Travel, FSJ und vieles mehr waren einfach zu viele Optionen. Ich wusste zu diesem Zeitpunkt aber auch nicht, welches Fach ich studieren oder in welchem Beruf ich mich ausbilden lassen wollte. Deshalb kam ich zu dem Entschluss, erst einmal innerhalb eines Freiwilligen Sozialen Jahres die Arbeitswelt kennen zu lernen.

Während dieses Jahres reifte meine Entscheidung, in Richtung Informatik zu gehen, da ich während meines FSJs auch zum Teil mit Computern zu tun hatte. Die reine Informatik erschien mir dann aber doch etwas zu „nerdy". Da wirtschaftliches Denken in vielen Berufen von Vorteil ist, kam ich dann auf Wirtschaftsinformatik. Gleichzeitig konnte ich mir aber auch vorstellen, eine kaufmännische Ausbildung wie meine Eltern zu machen. Eine Entscheidung hatte ich durch die Eindrücke meines FSJs zu diesem Zeitpunkt jedoch schon getroffen: Ich wollte arbeiten und mein eigenes Geld verdienen!

Ein rein theoretisches Studium kam also schon einmal nicht in Frage. Ein duales Studium würde da schon eher passen. Doch braucht man für ein duales Studium nicht einen sehr guten Notendurchschnitt im Abitur? Ich konnte mir damals nicht vorstellen, dass mein doch recht durchschnittlicher Abischnitt das zulassen würde. Doch ich wurde eines Besseren belehrt. Während dieser Zeit besuchte ich eine Berufsmesse, auf der ich einige Kontakte zu Firmen knüpfte, die ein duales Studium der Wirtschaftsinformatik in Kooperation mit einer Hochschule anboten. Dort spielten eher gute Noten in Mathe, Naturwissenschaften und Englisch eine Rolle und nicht der Durchschnitt im Abitur. Daher ergriff ich die Chance und bewarb mich bei mehreren dieser Firmen auf ein duales Studium. Da ich aber nicht alles auf eine Karte setzen wollte, schrieb ich auch mehrere Bewerbungen für die Ausbildung zum Industriekaufmann. Nur um auf Nummer sicher zu gehen. Am Ende konnte ich mich zwischen zwei Angeboten entscheiden. Eine große Versicherung bot mir ein duales Studium im Fach Wirtschaftsinformatik an, ein großer Energiekonzern eine Ausbildung zum Industriekaufmann. Meine Wahl ist Dir ja bereits bekannt. Und es war für mich eine der besten Entscheidungen meines Lebens. Meiner Meinung nach ist es nach dem Abi also nicht nachteilhaft, keinen genauen Plan zu haben. Manchmal kann es sich auszahlen, die Dinge einfach auf sich zukommen zu lassen. Das soll natürlich nicht bedeuten, dass Du Dich zurücklehnen und Dir keine Gedanken um Deinen nächsten Schritt in Richtung Berufsleben machen solltest. Allerdings führt es auch nicht zum Erfolg, eine vorschnelle und überstürzte Entscheidung zu treffen, die am Ende in einem Abbruch deiner Ausbildung oder deines Studiums endet. Doch auch das wäre kein Beinbruch. Viele Freunde von mir haben sich auch nicht direkt für das Richtige entschieden, sondern über Umwege ihren Weg gefunden. Ich hatte da einfach ein wenig Glück, direkt das Passende zu wählen. Ein duales Studium ist sicher kein Zuckerschlecken, aber meiner Meinung nach die beste Möglichkeit, um als Akademiker in der Berufswelt Fuß zu fassen.

Tanja (23), Hamburg School of Business
Administration

Warum habe ich mich für ein duales Studium entschieden?
Ich habe mich nach dem Abitur für ein Duales Studium bei der Hamburger Sparkasse AG entschieden, weil ich theoretische Inhalte mit praktischen Erfahrungen kombinieren wollte. Im Rahmen meines 3-wöchigen Schulpraktikums bei der Deutschen Bank habe ich bereits vielseitige Erfahrungen im Bankenbereich sammeln können und mich dafür entschieden, dass es nach dem Absolvieren des Abiturs in jedem Fall in den Bereich Finanzen gehen soll. Der Ruf der Hamburg School of Business Adminstration (HSBA) in Hamburg und viele Erfahrungsberichte von ehemaligen Studenten dieser Hochschule haben mich überzeugt, dass ich mein Duales Studium im Bereich Business Administration machen wollte. Darüber hinaus werden an der HSBA 25% der Studieninhalte auf Englisch gelehrt, was mich auch sehr gereizt hat. Eine reine Ausbildung oder ein reines Studium kamen für mich aufgrund der Vorteile des Dualen Studiums, direkt die Theorie in die Praxis umzusetzen, nicht in Frage.

Was möchte ich jungen Menschen mit auf den Weg geben?
Für mich ist das Duale Studium an der HSBA die richtige Entscheidung gewesen. Hätte ich allerdings vorher gewusst, dass man bei der Hamburger Sparkasse lediglich Abteilungen im Vertrieb und nicht im Betrieb durchläuft, hätte ich vermutlich ein anderes Unternehmen ausgewählt. Die direkte Umsetzung der theoretischen Inhalte in der Praxis konnte leider nicht wie erhofft erfolgen. Ein duales Studium ist für eine Person geeignet, die zielstrebig ist und ein gewisses Organisationstalent besitzt. Das zeitgleiche Absolvieren eines Studiums und einer Ausbildung erfordert Ehrgeiz und Disziplin. In den drei Jahren hat man dann aber auch zwei Abschlüsse erfolgreich absolviert und kann sehr gut ausgebildet in das Berufsleben starten.

Wenn du mit der Idee liebäugelst, solltest du folgende drei Punkte für dich abklären:

Intensität

Du darfst nicht vergessen, dass du wie die „normalen" Vollzeitstudenten an der Uni einen richtigen Bachelor mit nach Hause bringst. Hier kommt der Clou: Gleicher Bachelor mit gleicher Anzahl an Credit-Points. De facto studierst du also den gleichen Inhalt in der Hälfte der Zeit. Das duale Studium gliedert sich generell in Theorie- und Praxisblöcke. (manchmal auch 2 Theorietage und den Rest der Zeit im Unternehmen). In den Theoriephasen wird ordentlich Stoff durchgeprügelt, denn in der Regel hast du nur knapp 3 Monate Zeit. Heißt unterm Strich: Kein Platz für bunte Semesterferien und mal eben ein paar Wochen durch Europa touren. Du bist kein Student, sondern Arbeitnehmer mit einem Jahresurlaub wie jeder Angestellte auch. Darauf musst du Lust haben und gewissermaßen „Opfer" bringen.

Du genießt quasi eine betriebliche Ausbildung „mit akademischem Antlitz". Auch der Stundenplan ist eng getaktet. Wo wir beim zweiten Aspekt wären.

Fachliche Begeisterung

Es ist kein Geheimnis, dass dich das duale Studium unter allen Hochschultypen am meisten fordert. Zeitmanagement, Lernbereitschaft und Disziplin sollten deine Freunde sein. Nach meiner Erfahrung und vielen Gesprächen glaube ich, dass das alles nur gut geht, wenn du auch richtig Bock auf das Fach hast. Andernfalls kannst du die Paukerei nicht kompensieren. Ich erinnere mich noch genau, wie ich in einer Kostenrechnung-Vorlesung saß und wir Aufgaben dazu rechnen sollten. Um mich herum tüftelten meine Kommilitonen vor sich hin, eifrig an der Lösung der Aufgabe interessiert. Ich guckte meinen Sitznachbarn an und sah auch in ihm einen Mundwinkelgrad, der eher an einen Friedhofsbesuch erinnerte. „Hast du das Ergebnis?", murmelte er apathisch. Ein explosives Schweigen offenbarte die fachliche Diskrepanz, die sich zwischen uns entfaltete. „Ne, du?", antwortete ich trocken. Dass war das erste Mal, dass ich eine richtige Lernblockade in mir spürte. Das hatte ich zu Schulzeiten nicht ein Mal erlebt. Warum? Weil ich die Dissonanz meiner Entscheidung generell erkannte. Ich hatte einfach keine Motivation, kein größeres Ziel vor Augen, keine Identifikation mit dem Fach. Es hat mich nicht im Ansatz interessiert, diese fiktive Aufgabe zur internen Kostenrechnung zu lösen. Ich dachte mir nur: Da draußen ist so viel möglich. So viele Türen, die darauf warten, geöffnet zu werden. Sind das deine inneren Talente, die aussehen wie eine Zimmerpflanze, die zwei Wochen nicht gegossen wurde? Deswegen: Ein duales Studium kann genau dein Ding sein. Es qualifiziert dich zweifelsohne und katapultiert dich in eine gute Ausgangslage für zukünftige Bewerbungsgespräche. Das Unternehmen ist ja schließlich auch daran interessiert, dich zu halten. Schließlich pumpen sie eine Menge Geld in dich rein.

Commitment

Zu diesem Punkt gehen die Meinungen wohl auseinander. Zunächst ist es offensichtlich, dass du dein Unternehmen wirklich fundiert kennen lernen kannst. Verschiedene Abteilungen, evtl. Auslandseinsätze oder je nach Branche auch praktische Elemente; du kratzt sicher nicht an der Oberfläche. Während ein Student an staatlichen Unis, Fachhochschulen oder privaten Unis die Freiheiten hat, verschiedene Praktika zu machen; und zwar nicht nur auf eine Branche begrenzt. Jedem dualen Studenten sollte also klar sein, dass er sich gewissermaßen an ein Unternehmen bindet und einen großen Teil seiner studentischen Freiheiten einbüßt. Das kann man als Vorteil auslegen oder Nachteil empfinden. Auf der anderen Seite bist du an die ‚Welt' deines Betriebs gebunden. Laufen die Dinge nicht so gut, kannst du nicht mal eben ohne weiteres das Pferd wechseln. Nicht unwichtig ist zudem der Ausbildungsplan. Frag nach, inwiefern dein Unternehmen einen klaren Plan hat von der Struktur. Plausible Rechnung: Gibt es klare Ansprechpartner, klare Absprachen was Abteilungen etc. angeht, wird die Sache um einiges angenehmer. Zu meiner Zeit damals waren auch noch Bindungsklauseln üblich; du hast dich also verpflichtet nach dem Ab- schluss für mindestens zwei Jahre bei deinem Unternehmen zu arbeiten. Jobgarantie oder Zwangsjacke? Entscheide selbst. Schau also genau in den Vertrag, auch das Kleingedruckte.

Studienfinanzierung

Kredite, Sparen, Stipendien, Almosen von den Großeltern, BAföG oder Nebenjob – der Pool an Finanzierungsmöglichkeiten ist tief. Der wohl größte Einflussfaktor auf die Antworten zur Finanzierung ist der sozioökonomische Status deiner Eltern. Können sie dir ein Studium in einer anderen Stadt finanzieren? Wie überweist du den finanziellen Obolus für Miete, Supermarkt und Co.? Hier sind die verschiedenen Optionen im Überblick.

Eigene Ersparnisse

Mit den Jahren ist vielleicht der ein oder andere Euro auf dein Konto gewandert. Seien es schlicht und ergreifend Ersparnisse von irgendwelchen Geburtstagen oder Weihnachten oder smarte Beträge zu deiner Volljährigkeit – das eigene bereits vorhandene Geld lässt sich am einfachsten anzapfen.

Nebenjob/ Werkstudententätigkeit

Selbst wenn du auf keine weiteren Ersparnisse zurückgreifen kannst, liegt es an dir jeden Monat etwas dazuzuverdienen. Seien es Regale räumen bei Rewe, Burger zubereiten bei McDonald's, Nachhilfe geben oder Kellnern, an diese Nebenjobs kommst du in der Regel problemlos ran. Ein wenig Fingerspitzengefühl ist jedoch ebenfalls gefragt, wenn du die Arbeitsstunden mit deinem Stundeplan an der Uni abgleichst. Mit ein wenig Voraussicht und Flexibilität sollte das aber hinhauen.

Studienkredit

Insbesondere wenn du mit einem privaten Studium liebäugelst, kommt ein Studienkredit ins Rennen. Es gibt verschiedene Anbieter, wie zum Beispiel KfW. Der Vorteil: du bekommst den Kredit vergleichsweise günstig und hast Spielraum beim Zurückzahlen. So bestehen Konditionen, bei denen du erst 2 Jahre nach Studienende und Berufseinstieg anfangen musst, den Kredit abzubezahlen. Natürlich ist die Hemmschwelle recht groß, da viele die Aussicht nach dem Studium erst einmal verschuldet zu sein, abschreckt. Es gilt abzuwägen: Ist diese Investition in mich selbst mehr wert als Ressentiments gegenüber der Verschuldung? Liv zeigt in Ihrem Bericht, wie sie zu der Entscheidung für einen Studienkredit gekommen ist.

Liv (21), Hamburg

Warum habe ich mich für einen Studienkredit entschieden?

Nach meinem Abitur stand ich vor der Wahl was ich nun eigentlich machen möchte. Ich schwankte zwischen einem Psychologie- und einem Mathematik-studium. Da Psychologie aber einen so hohen NC hat und ich mein Abi etwas zu entspannt angegangen bin, entschied ich mich für das Mathematikstudium. Nach kurzer Zeit wurde mir aber klar, dass dies die falsche Wahl war und ich machte mich auf die Suche nach einer NC-freien Möglichkeit, Psychologie zu studieren, wodurch ich meine jetzige Uni fand. Das Problem an meinem neuen Plan war nun aber die Finanzierung, da das Studium etwa 700€ im Monat kostet und ich ja auch ein WG-Zimmer, die Krankenkasse, Lebensmittel etc. finanziell stemmen musste. Die finanzielle Realisierung dieses Studiums gestaltete sich also trotz der Hilfe meiner Familie ziemlich schwierig.

Nach einigen Durchrechnungen manifestierte sich dann die Erkenntnis, dass ich gar nicht so viel Arbeiten kann (wenn ich mit dieser Arbeit im Rahmen des Gesetzes bleiben will) wie ich eigentlich müsste um das notwendige Geld zu verdienen. Vor allem nicht, wenn ich auch noch Zeit zum Lernen außerhalb der Vorlesungs- und Seminarzeiten haben möchte, was ja schon ganz ratsam wäre. Die Lösung für mich war dann – nach vielen schlaflosen Nächten – ein Studien-kredit. Ich entschied mich für den von der KFW, da dieser staatlich gefördert und sehr flexibel ist. Ich kann jedes Semester wieder neu entscheiden wie viel ich Monatlich ausgezahlt bekommen möchte, wobei der Betrag bei Maximal 650 € im Monat liegen darf. Sobald man nicht mehr auf das Geld angewiesen ist, kann die Auszahlungsphase beendet werden und man hat zwei Jahre Zeit, in denen man nur die Zinsen monatlich weiter zahlt, bis die Rückzahlungsphase beginnt. Durch diesen Kredit ist es mir möglich, mein Wunschfach zu studieren, was mich sehr freut, das Problem ist aber, dass einem unaufhörlich bewusst ist, wie viele Schulden man sich in so jungen Jahren schon aufhalst. Daher besteht für mich nicht die Option, ein Semester zu verlängern und ich arbeite neben dem Studium trotz des Kredits recht viel, damit ich mir nur so wenig Geld wie möglich leihen muss. Grundsätzlich bin ich aber dennoch froh, den Kredit zu haben, da dieser es mir ermöglicht Psychologie zu studieren, was mir sehr viel Spaß bringt.

Was möchte ich jungen Menschen mit auf den Weg geben?

Macht das, worauf ihr Lust habt! Ich bekomme bei so vielen meiner Freunde (und auch ich machte den Fehler) mit, dass sie nach dem Abitur einen Weg einschlugen, der ihnen lediglich vernünftig vorkam aber kaum was mit ihren Interessen zu tun hatte. Dadurch wurden sie schnell unglücklich, die Motivation sank und die Noten wurden auch immer schlechter. Manchmal muss man auch ins kalte Wasser springen und etwas riskieren um dort hin zu kommen, wo man glücklich ist. Und wenn man dort erstmal angekommen ist, lohnen sich auch alle Steine über die man stolperte und alle Hürden über die man kletterte. Außerdem braucht ihr keine Angst vor dem Studium zu haben. Zu Beginn meines Studiums stand ich auch vor der Uni und hatte keine Ahnung, wie ich es jemals schaffen sollte so viel zu wissen und solche Theorien und Modelle zu verinnerlichen wie die Studenten aus höheren Semestern. Diese Sorge war aber vollkommen unberechtigt. Die Uni ist ja dafür da um euch, als Abiturienten, die ihr halt auch „nur" die Fähigkeiten und das Wissen von Abiturienten habt, die Studieninhalte näherzubringen. Und ein Hexenwerk ist das alles nicht. Also freut euch auf das Studium oder die Ausbildung und habt keine Angst davor.

Auch hier ist Druck ein zweiseitiges Schwert. Auf der einen Seite bekommst du den Motivationsbooster gratis zum Kredit, da du weißt, was du tust. Du wirst in der Regel keinen Kredit für ein Studium aufnehmen, für das du dich nur halbherzig begeistern kannst. Daher bist du gewiss fokussiert und hast ein Ziel vor Augen (im besten Fall). Die andere Seite des skizzierten Schwertes macht sich dann bemerkbar, wenn sich der gehegte Traum als Trugschluss entpuppt. Plötzlich wandelt sich all die Motivation in eine Zwangsjacke. Die Erfahrungen von vielen jungen Studienkredit-Nehmern zeigen, dass es durchaus sinnvoll ist, wenn du wirklich für die Sache brennst. Aufgrund deines Abi-Schnitts bleibt dir dein Wunschstudiengang verwehrt?

Dein Traumberuf lässt sich nur mit einem Studium an einer privaten Uni erreichen? Dann solltest du dich nichts wie aufmachen und dich näher mit allen Formen der Finanzierung beschäftigen.

BAföG

Erinnerst du dich noch an den Bericht von Rosanne aus den Niederlanden? Sie hat quasi dafür Geld bekommen, zu studieren. Ähnliche Szenarien finden sich auch in den skandinavischen Ländern. Und wir in Deutschland? Bevor das große Jammern startet, dürfen wir den Blick in andere Länder der Welt nicht vergessen. Wie ergeht es den Amerikanern oder Australiern? Genau, dort ist erst der richtig tiefe Griff ins Portemonnaie erforderlich, bevor auch nur eine Uni von innen gesehen wird. Daher sollten wir dankbar sein, in Deutschland an staatlichen Unis quasi umsonst studieren zu dürfen. Ein Privileg, welches nicht überall auf der Welt zu finden ist. Zu allen Fragen rund um die Studienfinanzierung bietet die Plattform Arbeiterkind.de eine hervorragende Übersicht. Details finden wir in dem eigenen Beitrag, der extra für „**Early-Life-Crisis**" verfasst wurde:

ArbeiterKind.de –

Für alle, die als Erste in ihrer Familie studieren

Studium oder Ausbildung? Vielleicht erst eine Ausbildung und danach studieren? Oder lieber gleich an die Hochschule oder Universität? Diese Fragen treiben Schülerinnen und Schüler meist kurz vor Ende ihres Schulabschlusses um. Denn danach heißt es, eine Entscheidung für den beruflichen Werdegang zu fällen. Dabei sollten Schülerinnen und Schüler nach ihren Fähigkeiten und Interessen eine Wahl treffen, damit sie so ihr Potenzial voll ausschöpfen können und Freude an dem haben, was sie tun. Jedoch haben die Bildungs- und Berufswege der Eltern und anderer Familienmitglieder großen Einfluss auf die Ausbildungsentscheidung ihrer Kinder. Es ist naheliegend, dass Eltern für ihre Kinder Vorbilder sind und auch den eigenen oder einen ähnlichen Bildungsweg empfehlen. Kinder von Akademikereltern, also Eltern, die selbst ein Studium absolviert haben, gehen in Deutschland dreimal häufiger an die Uni oder Hochschule als Kinder, deren Eltern nicht studiert haben.

Was ist mit dir: Erste oder Erster an der Uni?

Vielleicht denkst du darüber nach, als Erste oder Erster aus deiner Familie zu studieren? Vielleicht bist du sogar die oder der Erste mit (Fach-)Abitur oder du hast die Möglichkeit, ohne Abitur zu studieren? Auch wenn deine Eltern nicht studiert haben, kannst du das sehr wohl, wenn du das möchtest. Immerhin hast du dir mit deinem (Fach-)Abitur, einer abgeschlossenen Berufsausbildung oder einem Nachweis deiner Studierfähigkeit eine Hochschulzugangsberechtigung erarbeitet und bist damit grundsätzlich für ein Studium geeignet.

Viele Fragen zur Uni, wer kann antworten?

Doch was studieren, wo studieren und wie das Studium finanzieren? Und dann: Wie lese ich einen Stundenplan? Wie schreibe ich eine Hausarbeit? Wie beantrage ich BAföG? Was sind Credit Points? Deine Eltern kannst du wahrscheinlich nicht fragen, weil sie die Erfahrung nicht gemacht haben. Wir kennen das, denn wir haben selbst als Erste studiert und haben damit in unseren Familien einen neuen Bildungsweg eingeschlagen. Wir wissen, was es heißt, sich alleine und häufig mühsam die notwendigen Informationen zu erarbeiten und passende Ansprechpartnerinnen und Ansprechpartner zu finden. Die ein oder andere Information haben wir auch zu spät erhalten, um uns beispielsweise für Stipendien bewerben zu können. Oder uns war gar nicht klar, dass wir zur Gruppe der sogenannten Studierenden der ersten Generation gehören und hätten uns mehr Austausch mit anderen darüber gewünscht.

ArbeiterKind.de hat die Antworten!

Wir – wir sind ArbeiterKind.de! Wir sind eine gemeinnützige Organisation, die Schülerinnen und Schüler aus Familien ohne Hochschulerfahrung dazu ermutigen möchten, als Erste in ihrer Familie zu studieren. Dabei unterstützen wir dich mit wertvollen Informationen und Tipps bei deinem Weg an die Hochschule und begleiten dich vom Studieneinstieg bis zum erfolgreichen Studienabschluss und Berufseinstieg. Über 6.000 Ehrenamtliche engagieren sich bundesweit in 75 lokalen ArbeiterKind.de-Gruppen. Wir sind größtenteils selbst die Ersten in unseren Familien, die studieren oder studiert haben. Daher wissen wir aus eigener Erfahrung, welche Herausforderungen und Hürden dir im Studium begegnen können. Wir möchten unsere Erfahrungen, insbesondere die zur Studienfinanzierung, mit dir teilen. Unsere Unterstützung ist umfassend, vielfältig und leicht zugänglich. Unser kostenfreies Infotelefon steht dir von Montag bis Freitag in der Zeit von 13 bis 18.30 Uhr unter 030-679 672 750 zur Verfügung. Dort kannst du alle Fragen rund um ein Studium loswerden.

Möglich ist auch, dich an eine lokale ArbeiterKind.de-Gruppe in deiner Nähe zu wenden. Schreibe eine E-Mail mit deinen Fragen oder besuche das monatlich stattfindende offene Treffen. Jede und jeder ist willkommen! Alle Gruppen, Infos und Kontakte findest du hier: www.arbeiterkind.de/gruppen

Unsere Webseite gibt dir grundlegende, umfassende Informationen rund ums Studium: www.arbeiterkind.de

In unserem eigenen sozialen Online-Netzwerk kannst du ebenfalls leicht Anschluss finden, in Foren Fragen stellen, mitdiskutieren, selbst ein persönliches Profil anlegen, mit den Gruppen in deiner Nähe Kontakt aufnehmen und, und, und …: www.netzwerk.arbeiterkind.de

Mitmachen bei ArbeiterKind.de

Natürlich kannst du auch selbst bei uns mitmachen. Die ehrenamtliche Mitarbeit in einer lokalen Gruppe ist die Tür zu vielfältigen Angeboten vor Ort. Die eigene Geschichte bei offenen Treffen, Schulveranstaltungen und an Infoständen erzählen und dadurch andere ermutigen – dazu laden wir herzlich ein! Unterstütze deine lokale Gruppe, indem du neu Dazugekommene begrüßt, alle zum Austausch von Fragen und Sorgen ermutigst, E-Mails beantwortest, die Facebook-Seite pflegst, Kontakte zur lokalen Presse aufbaust oder bei der Organisation von Veranstaltungen mithilfst. Auf Workshops und Trainings kannst du dich mit anderen Ehrenamtlichen vernetzen und austauschen.

Gute Gründe für ein Studium

Und übrigens: Für ein Studium sprechen gute Gründe! Zunächst das Interesse für ein bestimmtes Studienfach sowie darüber hinaus der Fakt, dass es Berufswünsche gibt, die sich ausschließlich über ein Studium realisieren lassen. Aber auch die Erweiterung des Horizonts, die Eröffnung vieler beruflicher Möglichkeiten sowie die Aneignung spezifischer Fach- und Schlüsselkompetenzen sind gute Gründe, ein Studium aufzunehmen. Außerdem ist ein Bachelor-Abschluss – ebenso wie eine Ausbildung – innerhalb von drei Jahren machbar und die Arbeitslosenquote von Akademikerinnen und Akademikern liegt aktuell bei unter 3 Prozent.

Von BAföG hast du bestimmt schon mal gehört. Dennoch kursieren einige Mythen um das Ganze. Wichtig zu wissen ist, dass du die Hälfte deines BAföG-Checks später zurückzahlen musst. Das bedeutet dennoch mehr Scheine auf deinem Konto im Vergleich zum Studienkredit. Viele denken, dass sie es aufgrund des Einkommens ihrer Eltern nicht bekommen. Doch wenn man sich genauer anschaut, was da alles mitberücksichtigt wird, ist das System ad hoc kein einfacher Dreisatz. Die Anzahl der Geschwister spielt ebenso eine Rolle wie etwaige Freibeträge. Es kann also definitiv nicht schaden, das Ganze einmal näher unter die Lupe zu nehmen und sich aktuelle Fallbeispiele und Grenzwerte anzuschauen. Grundsätzlich kannst du hierbei nichts verlieren, außer dass du eventuell kein BAföG genehmigt bekommst. Give it a try.

Stipendien

Apropos Mythen. Stipendien sind wohl ebenfalls mit vielen Klischees behaftet. Wie das Foto links zeigt, verstehen viele unter einem Stipendium den Musterstreber vom Dienst. Ohne 1,0er Abi keine Chance. Letztens fragte mich Lara, eine Teilnehmerin meines Studienwahl-Workshops:

> *Ich sehe da keinen Sinn, mich für ein Stipendium zu bewerben. Ich habe ein 2,1 er Abi und hab' noch keine zwei Auslandsjahre in der Schule sowie ein Praktikum in Shanghai oder Washington absolviert. Zudem kann ich keine vier Sprachen sprechen und habe mit 16 Jahren kein Start-Up gegründet. Die Chancen sind aussichtslos.*

Ich habe es jetzt bewusst ein wenig zugespitzt formuliert, aber der Tenor war genau der. Und jetzt kommt die Krux: Leider denken viel zu viele junge Menschen da draußen genauso. Die Angst davor eine Absage zu kassieren dominiert jeden möglichen Funken Optimismus. Dabei gibt es Stipendien wie Sand am Meer. Leider wird einem in der Schule davon herzlich wenig erzählt und auch an der Uni muss man mal versehentlich in den falschen Seminarraum stolpern. Es mangelt in vielen Stellen einfach an der ausreichenden Information. Räumen wir ein wenig auf.

Für wen ist ein Stipendium geeignet?

Um Laras Erwartungshaltung zu relativieren: Du brauchst kein 0,75 Abi und auch keine Praktika in den entferntesten Ländern in den renommiertesten Häusern absolviert haben. Was viele Stiftungen interessiert ist schlicht und einfach: Dich und deine Persönlichkeit. Was zeichnet dich individuell aus? Was machst du in deiner Freizeit und engagierst du dich ehrenamtlich? Das Spektrum hier ist sehr breit. Kannst du dich noch an Fabian oder Lauritz aus dem Ehrenamt erinnern? Nichtsdestotrotz sind Noten natürlich ebenso ein Faktor. Aber nicht der einzige. Du kannst also ein eher mittelmäßiges Abi also durchaus mit dem nötigen Engagement ausgleichen. Die Bewerbungen sind in der Regel immer etwas aufwendiger, aber es lohnt sich. Da ironischer Weise viele so denken wie Lara sind die Bewerberzahlen (relativ) gering. Mit anderen Worten: du hast auf jeden Fall Chancen. Natürlich sind diese auch ein wenig davon abhängig, welches Stipendium du anvisiert. Von den Stiftungen gibt es in Deutschland knapp 2.600.

Es heißt also, tief buddeln und recherchieren. Die größten Stiftungen sind die folgenden:

- Avicenna-Studienwerk
- Cusanuswerk
- Deutschland-Stipendium
- Friedrich-Ebert-Stiftung
- Friedrich-Naumann-Stiftung
- Hanns-Böckler-Stiftung
- Hans-Seidel-Stiftung
- Heinrich-Böll-Stiftung
- Konrad-Adenauer-Stiftung
- Rosa-Luxemburg-Stiftung
- Stiftung der Deutschen Wirtschaft
- Stiftung deutsche Sporthilfe
- Studienstiftung des deutschen Volkes
- Studienwerk Villingst

Darüber hinaus gibt es noch viele weitere. Ein wenig Recherche kann sich also lohnen. Für die Studienstiftung der deutschen Wirtschaft werden häufig beispielsweise die besten Abiturienten von der Schulleitung vorgeschlagen. Andere Stiftungen haben hingegen einen politischen oder religiösen Hintergrund. Lass' dich von diesen Schlagworten aber bitte nicht abschrecken. Auch in den Stiftungen mit politischem Hintergrund musst du nicht zwangsweise Mitglied in der jeweiligen Partei sein. Die Bewerbungen sind zwar etwas aufwändig, dennoch potenzieren sich die Mühen überaus. Es geht um ein aussagekräftiges Motivationsschreiben sowie auch Persönlichkeitsgutachten, sowie Gutachten von Lehrern oder Professoren. Du musst demnach nicht direkt nach dem Abi starten, sondern kannst dich auch im Laufe des Studiums bewerben. Das kann insbesondere spannend werden, wenn du aufgrund diverser Gründe dein Abi unter deinen Potentialen absolviert hast.

Was heißt das jetzt genau? Nun, ein Stipendium bei den großen Stiftungen besteht aus zwei Säulen. Die ideelle und die finanzielle. Die finanzielle Förderung eröffnet dir das große Privileg, dein Studium finanzieren zu können. In der Regel bekommst du eine Studienkostenpauschale, die unabhängig vom Einkommen deiner Eltern ist. Zusätzlich besteht ein Anspruch auf BAföG – mit dem goldenen Ass, dass du nicht die Hälfte zurückzahlen musst. Aber noch nicht genug: Das Portfolio besteht ferner aus eventuellen Zuschüssen zu deiner Krankenversicherung. Die Förderung kann sich nach dem Bachelor auch über den Master erstrecken. Je nach Stiftung ist hierfür kein neues Assessement erforderlich, sondern der Übergang erfolgt fließend. Auch ein Promotionsstipendium im Anschluss ist möglich. Auslandssemester können ebenso auf Antrag gefördert werden. Rosige Aussichten, oder?

Neben der finanziellen Förderung ist die ideelle Förderung weiterer Balsam für deine Persönlichkeitsentwicklung. Hier geht's nicht um Scheine, sondern Glühbirnen. Glühbirnen, die dich zum kritischen Denken anregen, sensibilisieren und deinen fachlichen Blick über den Tellerrand hinaus ermutigen. Es geht also darum, Seminare zu den unterschiedlichsten Themen der Stiftung zu besuchen. Das gehört quasi zu deinem Pflichtenkatalog. Zugleich ist es die Chance, diverse junge Menschen aus ganz Deutschland kennen zu lernen. So kann es vorkommen, dass du mit einem Zahnmediziner aus München, einer Juristin aus Berlin oder einer Lehramtsstudentin aus Frankfurt abends an einem Tisch sitzt. Neue Blickwinkel und spannende Gespräche sind vorprogrammiert. Fängst du erst einmal dein Studium an welcher Uni auch immer an, wirst du feststellen, dass sich recht viel ums eigene Fach dreht. Häufig hast du entsprechend auch viel mit den Kommilitonen deines Studiengangs zu tun. Der „inner-circle" ist gewissermaßen ein wenig einseitig. Der große Vorteil der Stiftungen ist vor diesem Hintergrund, dass sie die Interdisziplinarität nachhaltig fördern. Ein Blick auf den Erfahrungsbericht von Chris verdeutlicht nochmal den Kerngedanken der Stipendien.

Chris (21), Hamburg

Warum habe ich mich für ein Stipendium beworben?

Ich habe mich im ersten Semester meines Studiums der Technomathematik in Hamburg um ein Stipendium beworben . Da ich politisch interessiert bin, habe ich mich dabei für eine politische Stiftung entschieden . Allerdings gibt es weitaus mehr Stiftungen und Förderwerke, von denen Du ein Stipendium erhalten kannst . Manchmal gibt es an Schulen Informationsver- anstaltungen, bei denen sich Stiftungen vorstellen, oft führt der Weg aber nicht an der eigenständigen Recherche im Internet nach potenziellen Stiftungen vorbei, um eine für Dich passende Stiftung zu finden . Passend bedeutet dabei, dass Du dich mit der Stiftung gut identifizieren kannst, Dich nicht verstellen musst und Dich einfach wohl dort fühlst .

Ich habe sowohl die finanzielle als auch die ideelle Förderung in Anspruch genommen. Finanzielle Förderung bedeutet, ich habe monatlich Geld von der Stiftung erhalten, welches ich nicht zurückzahlen muss. Ideelle Förderung beschreibt dabei alle menschlichen Interaktionen, die ich im Rahmen meiner Förderung erleben durfte. Das sind Seminare, Hochschulveranstaltungen, Gespräche mit Referenten und Mitarbeitern von der Stiftung, aber auch der Austausch mit anderen Stipendiaten. Ich denke, dass gerade der ideelle Aspekt eines Stipendiums extrem wertvoll sein kann. Dabei kommt es immer darauf an, was Du selbst aus einer solchen Chance machst.

Was möchte ich jungen Menschen mit auf den Weg geben?

Viele Schüler, aber ebenfalls ein großer Anteil der Studenten wissen leider überhaupt nichts von Stipendien. Oft wissen sie nicht einmal, dass sie existieren. Und wenn sie schon einmal davon gehört haben, dann wird ein Stipendium oft als etwas Elitäres bezeichnet, was fernab der Realität für „normale" Leute liegt. Das ist ein großer Irrglaube! Die erste große Hürde ist also schonmal genommen, da Du mittlerweile bereits von Stipendien gehört hast.

Du musst keinen Abiturschnitt von 1,0 haben und Du musst auch kein Überflieger in der Universität sein, um eine Förderung durch ein Stipendium zu erhalten. Du solltest natürlich auch keinen Abiturschnitt von 4,0 haben, sondern gute Leistungen vorweisen können. Viel wichtiger ist aber das Gesamtpaket, zu dem neben der Leistung noch das gesellschaftliche Engagement und die eigene Persönlichkeit gehören. Diese drei Grundpfeiler sind alle drei wichtig.

Ein Spitzenschüler ohne Gesellschaftliches Engagement wird bei den meisten Stiftungen kein Stipendium erhalten können. Ein engagierter Student mit guten Leistungen in der Universität wird jedoch ebenfalls keine Förderung bekommen, wenn seine Persönlichkeit nicht zu der Stiftung passt. Aber bei einer anderen Stiftung hat er vielleicht sehr gute Chancen und könnte ein Stipendium erhalten. Was ich damit sagen will ist, dass viel mehr junge Menschen ein Stipendium erhalten könnten, als oft vermutet wird. Entscheidend ist dabei aber vor allem, dass Du eine für Dich passende Stiftung findest, Dich im Idealfall natürlich gesellschaftlich engagiert (dazu ermuntere ich Dich unabhängig von Stipendien zu, denn wenn wir alle der Gesellschaft etwas zurückgeben, dann wird die Welt zu einem besseren Ort!) und gute bis sehr gute Leistungen vorweisen kannst.

Die nächste große Hürde ist dann die Bewerbung um ein Stipendium, denn ohne die kannst Du keine Förderung erhalten. Bei deiner Bewerbung musst Du mit viel Sorgfalt vorgehen. Dazu findest Du im Internet viele Anleitungen und Hilfestellungen, falls Du noch nicht viele Bewerbungen geschrieben hast. Zögere auch nicht, erfahrene Freunde, Bekannte oder Familienmitglieder um Hilfe zu bitten.

Der Weg zu einem Stipendium kann lang und anstrengend sein, aber er ist es auf jeden Fall wert. Die neuen Menschen, die man kennenlernen wird, die neuen Erfahrungen, die man mitnehmen darf und natürlich die finanzielle Unterstützung sind unbezahlbar!

Friede Freude Eierkuchen? Im Prinzip spricht also nichts dagegen, dass du eine Bewerbung abschickst. Was dir natürlich klar sein sollte ist die Tatsache, dass du im Prinzip automatisch zielorientierter studieren wirst. Die Stiftungen sind auch an deinem Studienerfolg interessiert, weswegen Treffen mit Vertrauensdozenten oder Referenten mit im Gesamtpaket enthalten sind. Mentoring-Programme sind keine Seltenheit. Das kann unter Umständen auch Druck aufbauen. Einige Stiftungen legen viel Wert auf Bestleistungen. Insofern bekommst du eine zusätzliche Motivationsspritze. Es zeigt sich, dass Stipendiaten in großer Mehrzahl auch ihr Studium besonders gut abschließen. Es ist aber auch offensichtlich, dass du hier nicht vier zusätzliche Semester studieren wirst, solange du noch in der Stiftung bleiben möchtest. Ein simples „vor sich hin studieren" wirst du hier eher nicht vorfinden. Wenn du allerdings zielorientiert studieren möchtest, bzw. dir mit deinem Notendurchschnitt möglichst viele Türen offenhalten möchtest, wird dir ein Stipendium gewiss nicht schaden. Du schreibst zudem Jahresberichte, in denen du dein gesellschaftliches Engagement sowie Studienleistungen reflektierst und auch berufliche (Teil)Ziele anpeilst. Das Ganze bereitet dich sehr fundiert auf die Zeit nach dem Studium vor. Du solltest aber nicht nur den monetären Nutzen sehen in deinem Stipendium. Es bietet einen reichhaltig gedeckten Tisch an Möglichkeiten, Kontakten und persönlicher Entwicklung. Das Netzwerk der Altstipendiaten eröffnet dir zudem auch Hintertürchen in Jobs und Praktika. Recherchier' ein wenig nach möglichen interessanten Stiftungen und dann gilt: Du kannst nur gewinnen.

Verbindungen

Verbindungen sind für Außenstehende geheimnisumwoben. Oft fallen Schlagworte wie „Sekte", „Blutsbrüder" oder auch Bilderbuchklischees wie fechtende Erz-Konservative mit abwertendem Frauenbild in verruchten Kellern. Viele Vorurteile kreisen um Inhalt und Struktur der Verbindungen. Wichtig für uns zu konstatieren ist zunächst, dass Verbindung nicht gleich Verbindung ist. Sie unterscheiden sich in Tradition, Geschichte und Offenheit. Einige sind für Frauen offen, andere nicht. Einige fechten, andere nicht. Einige sind katholisch, andere nicht. Einige haben eine sehr stringente Trinkkultur, andere nicht. Einige pflegen altdeutsche Liedtexte, andere nicht. Verbindungen sind eine Art Gemeinschaft. Mitglieder verbringen sehr viel Zeit zusammen, sodass Verbindungen durchaus ihr Leben prägen. Viele Verbindungen pflegen ein System verschiedener „Ränge" die man während der Mitgliedschaft durchläuft. Der Deal ist folgender: Du bekommst ein Zimmer in einem in der Regel recht ansehnlichen Haus oder Wohnung für einen sehr geringen Betrag. Im Gegenzug zahlst du dann – wenn du sicher im Berufsleben stehst – einen prozentualen Anteil deines Einkommens zurück. Ein Geben und Nehmen also. Ähnlich wie bei den Stiftungen wartet auch hier ein riesiges Netzwerk. Im Vordergrund steht fast immer der Kameradschaftsgedanke. Gemeinsame Traditionen, Feiern oder Häuser: Der Leitgedanke ist „zusammen sind wir stark". Selten findest du eine Webseite, die alle Details einer Verbindung ausführlich offenlegt. Die Eintrittstür wird häufig über Freunde und Bekannte geöffnet. Sätze wie „Schau dir das doch mal an" fallen hierbei gerne. Da es an Transparenz an einigen Stellen mangelt, gilt es also sich sein eigenes Bild zu verschaffen. Moritz zeigt uns den Weg zu seiner Verbindung und was das für ihn bedeutet.

Moritz (22), Hamburg

Wie bin ich in eine Verbindung gekommen?

Wie viele andere hatte ich anfangs kein ausgeprägtes Bild gegenüber Verbindungen. Ich betrachtete sie als veraltete und konservative Zusammenschlüsse, deren Sinn in vergangenen Tagen verloren ging. Um ehrlich zu sein, findet man leider nur Reportagen darüber, die dieses Klischee unterstützen. Meinen ersten Kontakt mit Verbindungen machte ich schon sehr früh im Kindesalter, da bereits mein Vater in seinen Studienjahren einer Studentenverbindung beitrat. Dort aufs Haus zu kommen war für mich immer etwas, wie ein Besuch bei der Familie. Als ich dann mein Studium der Medizintechnik in einer anderen Stadt begann, stand die Wohnungssuche an und so hat es mich ganz unverhofft – durch die große Wohnfläche und den günstigen Mietpreis – sofort zu einer Verbindung gezogen. Schnell wurde klar, dass diese beiden Punkte in den Hintergrund rücken würden, denn der Gemeinschaftssinn und die Freunde, die ich dort gefunden habe, schafften einen deutlich größeren Mehrwert während des Studiums und auch jetzt noch. Denn wir verstehen uns als Lebensbund, in dem jung und alt auch nach Jahren noch in Kontakt stehen und Freundschaften pflegen.

Man muss dazu sagen, dass ich in einer Verbindung des Schwarzburgbundes – dem vermutlich progressivsten und offensten Dachverband – aktiv geworden bin. Wir leben nach rational vernünftigen, christlichen Werten. Es werden Frauen, ebenso wie Männer aufgenommen, es wird nicht gefochten, wir unterstützen uns gegenseitig im Studium, gestalten ein kulturelles und akademisches Programm und – ja – es wird getrunken, aber jeder ist für seine eigene Maßregelung verantwortlich. Ich kann sagen, dass ich während meiner Zeit auf dem Haus so viel wie noch nie über jegliche Bereiche des Lebens gelernt und erfahren habe. Durch Übernahme einiger Ämter innerhalb der Verbindung oder des Dachverbandes ist es einem möglich, auf spielerische Art und Weise Führungskompetenzen, Selbstorganisation, Allgemeinwissen und Soft Skills zu entwickeln und sich weiterzubilden. Jedem, der das Studentenleben vollends erleben möchte, kann ich nur empfehlen sich die Studentenverbindungen mit aktuellen Bewohnern und Gestaltern in der Stadt seines Studiums anzuschauen. Denn was Verbindungen prägt, sind diejenigen die die Gestaltung dort übernehmen und damit musst Du dich identifizieren können.

Was möchte ich jungen Menschen mit auf den Weg geben?

In den letzten Jahren ist mir immer bewusster geworden, wer ich werden möchte. Möglich wurde mir dies dadurch, dass ich immer den Austausch mit so vielen Persönlichkeiten wie möglich gefördert habe, die mich interessieren und an denen mir Dinge gefallen. Aus Gesprächen und Erfahrungsberichten kann man einiges für sich lernen, dennoch ist ganz klar zu sagen: mach deine Erfahrungen selbst! Nur davon zu hören, wie surreal und schön die Halong-Bucht in Vietnam ist, lässt dich die Emotionen nicht fühlen. Du hast Zeit, all die schönen Dinge der Welt zu erfahren. Also entscheide auch mal aus dem Bauchgefühl heraus. Meine Reisen haben mich in meinen Zielen immer etwas weiter vorangebracht. Ein nicht gradliniger, perfekt aussehender Lebenslauf verschafft Anhaltspunkte für Fragen in Bewerbungsgesprächen, die sich dadurch deutlich interessanter gestalten könnten.

Bitte gehe dem nach, bei dem Du eine starke innere Motivation verspürst.

Wie auch Verpflichtungen bei der Bundeswehr sollte eine Mitgliedschaft in welcher Institution auch immer, die quasi lebenslag gilt, nicht aus einer spontanen Laune heraus geschlossen werden. Ich selbst kenne viele Studenten in den Verbindungen, die super happy sind. Auf dem Kontinuum werden sich alle Ausprägungen finden. Daher gilt die Prämisse: Schau selbst. Viele Verbindungen sind offen für Besuche und einen schönen Abend. Hier setzt du keine verbindliche Unterschrift oder sonst einen Eid. Frag genau nach, wie die anderen es dort empfinden. Wie sieht der Alltag aus? Welche „Pflichtprogramme" stehen an? Wie wirkt die Atmosphäre da? Nimm' dir auf jeden Fall Zeit für die Entscheidung. Es kann eine riesen Möglichkeit für dich sein, die dein Leben womöglich nachhaltig prägt. Wichtig ist nur die Basis, auf der du die Entscheidung triffst; hast du alle nötigen Infos? Hast du Lust auf Kameradschaft, Traditionen und Co.? Dann verschaff dir ein persönliches Bild und stell auch kritische Fragen.

Zweitstudium

Kennst du noch den Slogan von den Losverkäufern auf Dorffesten? „Neues Spiel, neues Glück". Mit dem zweiten neuen Los ziehst zu vielleicht den Hauptgewinn. Oder auch nicht. Wir haben uns eben vor Augen geführt, wann es durchaus einen Sinn haben kann, das Studium oder die Ausbildung durchzuziehen. Doch was passiert, wenn du tapfer deine Zähne zusammengebissen hast und jetzt der neue Schritt ansteht? Du vielleicht schon wusstest, dass du nach Beendigung etwas Neues machen möchtest? Du die Ausbildung oder das Studium nur durchgezogen hast, um etwas „in der Hand" zu haben? Bei der Ausbildung ist das Prozedere recht simpel. Du kannst dich einfach auf eine neue bewerben, bzw. sogar umschulen, wenn der Bereich nicht allzu weit entfernt ist. Solange du im Bewerbungsgespräch überzeugst, ist alles möglich. Und im Studium? So leicht ist die Rechnung hier nicht. Was viele nicht wissen: Wenn du bereits einen Bachelorabschluss erworben hast, läufst du an staatlichen Unis über die Zweitstudienquote. Das Problem: Diese Quote ist leider ziemlich gering. Teilweise nur 3–4% der Bewerbungen können sich hierüber immatrikulieren. Zudem wird häufig ein Motivationsschreiben verlangt, in der du offenlegst, wie dieser neue akademische Spirit zu erklären ist. Auswahlkriterium können erneut der Abischnitt oder die Note deines ersten Bachelors sein. Recherchier' am besten die individuellen Angaben deiner favorisierten Uni. Das ist auch ein Faktor, wenn es darum geht die Frage „Studium durchziehen?" zu beantworten. Zwar ist die Quote an Zweitstudien relativ gering, dennoch obliegt es dem Einzelfall, ob du hierdurch bessere Chancen auf eine Zulassung hast. Grundsätzlich wird es eher schwerer. Wenn du also denkst „ja das Studium ist zwar nicht so geil, ich ziehe es dennoch erstmal durch", sollte die Zweitstudienquote nicht unvergessen bleiben. Blicken wir auf den Erfahrungsbericht von Max, der sich nach seinem BWL-Abschluss für ein Psychologie-Studium entschlossen hat.

Max (25), Göttingen

Warum habe ich mich für ein Zweitstudium entschieden?
Vor meinem Psychologie-Studium studierte ich BWL. Ein Studiengang, der mir an sich auch sehr viel Spaß gemacht hat. Jedes Semester folgten neue Fächer, neue Herausforderungen, man hatte ein gewisses Studentenleben, lernte neue Leute kennen – kurz gesagt: Es gibt viel Abwechslung. Ich glaube auch, dass bei mir genau diese Abwechslung dazu geführt hat, dass ich mich mit der Frage: „Was will oder kann ich eigentlich später genau machen?" immer ein wenig im Hintergrund stand. Man studiert irgendwie so vor sich hin, erlebt neues und denkt wenig an später. Je weiter es allerdings auf den Abschluss (Bachelor) zuging, desto mehr merkte ich, dass eben genau die Frage,

was ich eigentlich später machen möchte, gar nicht so einfach zu beantworten ist. Ein Vor- und Nachteil von BWL ist eben, dass es eine schier unbegrenzte Auswahl von Möglichkeiten gibt. Ich muss hierbei auch gestehen, dass mir die ganze Zeit über schon irgendwie klar war, dass der Bereich „Wirtschaft" nicht unbedingt meinen „Traumbereich" darstellt. Allerdings lernt man eben hier viel Alltägliches und Interessantes – wie Steuern funktionieren; warum Marketing funktioniert; und so weiter. Es ist also, wenn man erstmal angefangen hat, gar nicht so einfach aufzuhören und deswegen studierte ich weiter. Gegen Ende des Studiums hatte ich immer noch keine Ahnung, was ich eigentlich später machen sollte, die Noten stimmten zwar, aber irgendwie interessierte mich keiner der Masterstudiengänge so recht und ein Praktikum in einem Unternehmen wirkte auch keinen wirklichen Reiz auf mich aus. Gerade wenn man seine Bachelor-arbeit schreibt, kann das ganze ziemlich bedrohlich wirken. Je später im Studium man feststellt, dass der derzeitige Studiengang nicht so wirklich mit den eigenen Zukunftseinstellungen übereinstimmt, desto schwieriger ist es, eine Entscheidung zu treffen. Soll man einfach abbrechen und sich für einen anderen Studiengang einschreiben oder einfach weiter studieren, seinen Abschluss (den man dann immerhin in der Tasche hat) und sich danach nochmal nach Alternativen umschauen? Ich entschied mich für letzteres und bereue meine Entscheidung keinen Tag. Psychologie hatte all dass, was ich bei BWL vermisst habe.

Was möchte ich jungen Menschen mit auf den Weg geben?

Hört euch in eurem Freundkreis um. Viele meiner Freunde haben mich schon sehr früh gefragt, ob BWL das richtige ist, oder sagten, dass ich mit meiner „Ein-stellung" einen guten Psychologen abgeben würde. An sich sind das alles nur Tendenzen, aber manchmal ist es wichtig noch andere Perspektiven zu hören.

Die Entscheidung, ob ihr euren Studiengang abbrecht, wechselt oder ihn ab-schließt und einen neuen beginnt, kann euch niemand abnehmen. Allerdings gibt es auch hier Punkte die man bedenken sollte. Es ist beispielsweise so, dass es für Studierende die nach ihrem Bachelor einen zweiten Bachelor beginnen (sogenanntes Zweitstudium) spezielle Regelungen gibt. Häufig gibt es ein sehr begrenztes Kontingent an Plätzen, bei dem sich die Position auf der Liste je nach Uni aus einem speziellen Punktesystem ergibt, zusätzlich kann es sein, dass Leistungen wie BAföG wegfallen.

Ein Studium ist selten gradlinig. Ich habe dutzende Studenten kennengelernt, die ihr Studium abgebrochen haben, um eine Ausbildung oder einen anderen Studiengang zu beginnen. Manchmal muss man Dinge auch einfach probieren, das ist in der heutigen Zeit keine Schande. Man kann sich meiner Meinung nach noch so gut in einen Studiengang einlesen, manchmal muss man ihn einfach mal studieren um festzustellen ob es wirklich etwas für einen ist. Universitäten sind öffentliche Gebäude und in den meisten Vorlesungen so viele Leute, dass es gar nicht auffällt, wenn man sich einfach mal dazu setzt. Ich kann jedem nur empfehlen sich ruhig mal ein paar Vorlesungen von Studiengängen anzuschauen die einen interessieren. Die Pläne hierfür stehen meistens im Internet, direkt an den Vorlesungssälen oder man kann auch einfach in der Facebook-Gruppe der Uni oder des Studiengangs nachfragen.

Fernstudium

Folgendes Szenario:

Dein Wecker klingelt um 06.30 Uhr. Zeit zur Uni zu fahren, könnte man meinen. Schließlich musst du noch von deinem Bett dorthin gelangen. Du denkst dir, dass du ja nochmal den Wecker auf Schlummern stellen kannst. Denn du bestimmst selbst, wann du dich mit dem Vorlesungsstoff beschäftigst.

Wie ist das möglich? Indem du ein Fernstudium absolvierst. Der Vorlesungssaal wird gegen den Schreibtisch getauscht. Du entscheidest, was wann gemacht wird. Freiheit. Freiheit. Freiheit. Klingt auf den ersten Blick ganz smart. In der Regel bekommst du deine Skripte zugeschickt und eignest dir alles selbst an. Gelegentliche Präsenzveranstaltungen oder Sprechzeiten an der Fernuni runden dein Profil ab. Für wen ist das jetzt was? Schauen wir uns zunächst den Ehrfahrungsbericht von Christoph an.

 **Christoph (25), Studienort: Zuhause**

Warum habe ich mich für ein Fernstudium entschieden?
Ich studiere das Fach „Systemisches Management und Nachhaltigkeit" an der Fernhochschule AKAD Stuttgart. Kurz gesagt geht es darum, die immer komplexer werdenden Strukturen von global agierenden Unternehmen besser zu verstehen und diese mit dem Nachhaltigkeitsgedanken zu verknüpfen. Ich denke, dass ein generelles Umdenken in Richtung einer nachhaltigeren Gesellschaft vonnöten ist, bei dem gerade die großen Unternehmen eine wichtige Rolle ein-

nehmen werden. Daher hat mich zunächst einmal das Studienfach Systemisches Management und Nachhaltigkeit überzeugt. Die Studienform ist natürlich nochmal ein anderer Punkt. Das Themengebiet Nachhaltigkeit hat in den letzten Jahren mehr und mehr an Bedeutung gewonnen und daher auch ganz neue Studiengänge hervorgebracht. Auch mein Studienfach ist noch ziemlich „jung", es wurde erstmals 2016 an der AKAD angeboten. Dennoch kann man das momentane Studienangebot im Bereich Nachhaltigkeit natürlich nicht mit wirtschaftswissenschaftlichen oder technischen Studiengängen vergleichen, weshalb die Möglichkeiten für mich nach meinem Bachelor im Fach Umweltwissenschaften an der Leuphana Universität eher begrenzt waren. Dazu kommt der Punkt, dass ich ein sehr heimatverbundener Mensch bin und eine schöne Wohnung in unmittelbarer Nähe zu Hamburg hatte – ein Umzug kam für mich also nicht infrage. Interessante Studiengänge im Raum Hamburg an einer staatlichen Universität gab es zwar, allerdings waren diese teilnehmerbegrenzt und setzten einen sehr guten Bachelorabschluss voraus. Letztendlich hatte ich bei vier Bewerbungen nur bei einer staatlichen Uni – der Leuphana – eine Zusage erhalten. Hier hatte ich bereits meinen Bachelor gemacht, war allerdings vom dort angebotenen Studiengang inhaltlich nicht restlos überzeugt. Daher habe ich mich nach weiteren Möglichkeiten umgeschaut und bin auf das Fernstudium gestoßen. Im Prinzip funktioniert es so, dass sehr viel über den sogenannten Online Campus läuft. Hier werden Module gewählt, Fragen in Foren gestellt, Dozenten oder andere Studenten kontaktiert und Prüfungsanmeldungen vorgenommen. Auch der Lernstoff ist dort digital zu finden, allerdings wird dieser einem auch jeden Monat auf dem Postwege in Form von 4–6 Heften zugeschickt, die dann bis zur Prüfung durchgearbeitet werden müssen (insgesamt 300–400 Seiten). Die Prüfungen können, obwohl sich der Hauptstandort in Stuttgart befindet, an ca. 30 weiteren Standorten (auch in Hamburg) geschrieben werden. Pro Monat sollte eine Prüfung abgelegt werden, sodass man zwar ständig etwas zu tun hat, aber keine Prüfungsphasen bestehend aus vier oder fünf Prüfungsleistungen hat, denen man sich dann innerhalb kurzer Zeit stellen muss. Da ich oft spät angefangen habe zu lernen, hat mich das während meines Bachelors wahrscheinlich um die ein oder andere gute Note gebracht. Im Fernstudium habe ich das Problem so nicht, da ich monatlich liefern muss und eben früher diesen „Druck" habe. Nach nun knapp fünf Monaten kann ich sagen, dass dies eine hohe Selbstdisziplin erfordert, da man eben nicht gezwungen ist, irgendwo anwesend zu sein, sondern den Stoff zuhause in den eigenen vier Wänden lernt.

Damit geht sicherlich auch einher, dass soziale Kontakte nicht in der Form geknüpft werden können, wie es bei einem „normalen" Studium der Fall ist. Ein letzter Punkt ist natürlich der Kostenfaktor. Die AKAD ist vergleichsweise teuer (ca.500€ monatlich), es gibt in Deutschland aber glücklicherweise Studienkredite, die ein solches Studium trotz bescheidener finanzieller Mittel dennoch ermöglichen. Die Studienform ermöglicht es außerdem, in der Woche sehr flexibel z.B. als Werkstudent arbeiten zu können. Die Fernuni Hagen ist beispielsweise deutlich kostengünstiger (ab 50€ monatlich), bot für mich aber nicht das richtige Studienprogramm. Alles in allem bin ich sehr zufrieden mit dem Fernstudium und denke, dass es eine gute Alternative zu den üblichen Studienformen darstellt.

Was möchte ich jungen Menschen mit auf den Weg geben?

Auch ich war nach der Schule für ein halbes Jahr im Ausland und habe da über meine Zukunft nachgedacht. Die Schule bietet einem leider keine optimale Vorbereitung darauf, was danach kommt und welche Möglichkeiten es so gibt. Das Thema Nachhaltigkeit habe ich in der Schule tatsächlich nie behandelt, bin aber auf meiner Auslandsreise in Kontakt damit gekommen und habe angefangen, mich dafür zu interessieren. Ich halte es für richtig, nach der Schule nichts zu überstürzen, sondern sich zunächst wirklich Gedanken darüber zu machen, wer man selber ist und was für ein Berufsfeld dann später zu einem passen würde.

Stell dir mal vor, diesen speziellen Studienalltag zu leben. Klingt das verlockend? Zunächst bietet es sich an zwischen den verschiedenen Zeitpunkten zu differenzieren. Christoph macht das Ganze im Master – hat einen regulären Bachelor also schon hinter sich. Ein entscheidender Faktor fehlt: Der soziale. Wo bleibt das Kennenlernen von Kommilitonen, die Lerngruppen oder WG-Partys? Im Fernstudium bist du Einzelkämpfer. Zudem brauchst du eine gehörige Portion Selbstdisziplin. Ja, du könntest morgens um 07:00 Uhr aufstehen, kannst aber auch locker-flockig bis 12:00 Uhr weiterschlafen. Wen kümmert's? Niemanden. Es geht doch im Studium nicht nur um das reine Aneignen von Wissen. Vielmehr geht es um eine einzigartige Lebensepisode nach der Schulzeit. Mit Anfang 20 stellen wir die Weichen für das weitere Leben, haben allerdings auch enormen Freiraum. Ausprobieren. Entdecken. Hinterfragen. Tun. Die Adoleszenz neigt sich dem Ende zu, Charakterprofile werden geschärft und die Persönlichkeit weiter feinjustiert. Freundschaften fürs Leben geschlossen oder die Liebe des Lebens getroffen. All das verpasst du gewissermaßen im Fernstudium. Insbesondere im Bachelor – deiner ersten akademischen Standortbestimmung – ist so viel Platz für Spontanität, Lebenserfahrung und Pragmatismus. Anders verhält es sich im Master oder berufsbegleitenden Studienideen. Hier blickst du in der Regel auf ein bereits bestehendes Fundament, auf das sich aufbauen lässt. Dabei arbeitest du häufig schon in einem Unternehmen in Teil- oder Vollzeit bzw. als Werkstudent. Hier läuft das Studium eher als eine Art Weiterbildung und weniger als einschneidende Lebensphase. Das Fernstudium hängt darüber hinaus natürlich von deinem Fachbereich und Bachelorabschluss ab. Manchmal sind die Zulassungsgrenzen bei solchen Fernunis entspannter. Ist deine Note nicht ausreichend oder kannst du es dir beispielsweise nicht vorstellen für den Master in eine andere Stadt zu ziehen, liebäugelt man sehr schnell mit dem Gedanken, vom heimischen Schreibtisch aus zu studieren. Wie so häufig hängt es also an deiner individuellen Ausgangslage. Wichtig ist nur, dass du weißt worauf du dich da einlässt.

Studien- und Ausbildungsabbruch

Doch was wenn dein erster Schuss buchstäblich in den Ofen ging? Nicht nur Pokémon-Fans können diesen Slogan richtig interpretieren. Was wenn die Zukunftsversion zu platzen droht? Dein innerer Masterplan ins Wanken gerät? Die Abbrecherquoten gehen in den letzten Jahren nicht zurück. Eher im Gegenteil. Doch warum? Die Gründe sind vielseitig. Ein fundamentaler Grund liegt im Bildungssystem. Wir lernen viel über Goethe, Lineare Algebra und Photosynthese – die eigene Person, Stärken bzw. Schwächen oder auch schon vertiefte Behandlung von konkreten Berufen bleiben im Curriculum leider auf der Strecke. Das soll nicht heißen, dass Photosynthese und Co. überflüssig sind. Sicher nicht. Die Balance stimmt nur nicht. In einigen Bundesländern steht nur ein einziges Pflichtpraktikum auf der Agenda. Warum also nicht mehr praktische Elemente integrieren und den Kontakt zu Hochschulen und Unternehmen stärken? Hinzu kommt, dass viele von uns in ihrer Orientierungslosigkeit und zum Teil auch in ihrer Naivität die erstbeste Möglichkeit ergreifen. So war es bei mir persönlich auch. Es gab einen solchen Moment noch zu Zeiten meines dualen BWL Studiums. Es war Mittagspause in der damaligen Abteilung.

Meine Kolleginnen waren alle um die 35 bis 40 Jahre alt. und ich saß da als 19-jähriger Abiturient mit meiner Kaffeetasse am Tisch. Thematisch ging es um Stricken und den neuesten Mode-Trend – verkündet in einer Modezeitschrift. Ich versuchte mein latentes Grinsen aufrecht zu erhalten, um nicht mein inneres abgrundtiefes Desinteresse zum Vorschein zu bringen. Ich zählte schon die letzten Minuten, bevor die Odyssee ein Ende hatte. Ich glaube, auf eine Alibi-Frage zu meiner Meinung zum Thema reagierte ich ein wenig apathisch, weil ich mir dachte: Du sitzt hier an einem sonnigen Mittag, du bist jung, dynamisch und voller Tatendrang. Die Welt steht dir offen und du hockst hier in einem dich innerlich zermürbenden Studium, voller Zweifel und Unzufriedenheit. Jetzt verbringst du deine Mittagspause in diesem Umfeld. Wo waren all die akademischen Abenteuer, die ich mir erhoffte? Die jungen Menschen, die mich inspirieren, mit den ich auf voller Wellenlänge bin?

Wo waren die WG-Partys, Beschwerden über das Mensa-Essen oder freiwillige Trips in die Bib, wo mich ein Vorlesungsthema inspiriert, vielleicht später nochmal auf eigene Faust zu recherchieren? Ein mögliches Auslandssemester ohne Hürden? Ich kam mir in diesem Moment so deplatziert vor, dass ich gar nicht merkte, in dieser Apathie die Antwort zu vergessen. Es waren wohl nur 1–2 Sekunden. Gefühlt war es bestimmt eine Zeitstunde. Meine Kolleginnen waren wirklich super. Es hatte nichts mit ihnen zu tun. Fachlich waren sie kompetent und auch menschlich schwer in Ordnung. Es war für mich einfach nicht der richtige Zeitpunkt. Die falsche Rahmenbedingung. Eine berufliche Umgebung ohne entsprechendes mentales Rüstzeug. Als ob du als Pfadfinder zwar mit Heringen und Campingkocher, jedoch ohne Zelt losgeschickt wirst. Zu dieser Zeit war ich schlicht und einfach auch nicht reif genug. Ich hatte keinen Plan. Keinen Plan von mir und meinen Zielen bzw. Werten. Ich bin da einfach irgendwie reingeschliddert. Ein voreiliges Manöver. Eine Titanic-Tour ohne Eisberg-Observation. Ein Mario-Kart Rennen mit zu vielen Bananenschalen. Ein naiver Schritt auf zu dünnem Eis. Ein Studienabbruch ist keine Schande. Wichtig ist es, die richtigen Schlüsse draus zu ziehen. Über Fehler haben wir bereits gesprochen. Sie sind menschlich und auch wichtig, um zu lernen.

In Erklärungsnot gerätst du, wenn du denselben Fehler zweimal machst. Das kommt dann auch in Bewerbungsgesprächen nicht so gut. Zudem gibt's auch verschiedene Abbrüche.

Der frustrierende Abbruch

Okay, eins kann ich schon mal verraten: Jeder Abbruch ist frustrierend. Insbesondere der Prozess dorthin. Es benötigt eine Kaskade an Selbstreflexionsprozessen, um überhaupt erstmal kognitiv das negative Bauchgefühl bestätigen zu können. Du wirst schnell intuitiv merken, ob dir etwas gefällt oder nicht. Jedoch ist unsere Stimmung von vielen Parametern abhängig, sodass „ein schlechter Tag" nicht über Licht oder Dunkel entscheidet. Das heißt konkret: Wenn du irgendwo anfängst zu studieren; sei es im Bachelor oder Master solltest du vorsichtig mit Kurzschlussentscheidungen sein. Das Gleiche gilt natürlich auch auf die Ausbildung bezogen. Insbesondere wenn du irgendwo neu hinziehst, verändert sich dein Leben schlagartig. Es kann schon mal ein paar Wochen dauern, bis man sich eingegroovt hat. Es gibt aber auch Kandidaten, die kurz vor Ausbildungsende bzw. im 5. Semester das Handtuch werfen.

Aus vielen Gesprächen mit jungen Menschen, die ihre Ausbildung bzw. ihr Studium abgebrochen haben, glaube ich, dass es einen gewissen Schmerzpunkt gibt, ab dem es einfach sinnvoll ist, die Zähne zusammenzubeißen und einfach durchzuziehen. Faustregel: Je näher du am Abschluss bist, desto eher solltest du nicht von Bord gehen. Selbst wenn du dann merkst, dass du mit diesem Bereich später nichts mehr zu tun haben möchtest, hast du den Abschluss in der Tasche. Den kann dir keiner mehr nehmen. Hier in Deutschland brauchen wir diese eben, wie überall sonst auch. Es gibt natürlich auch Umstände, die sofortige Reaktionen erfordern, beispielsweise sexuelle Übergriffe oder andere Schicksalsschläge. Im Studium kannst du jederzeit den Joker des Urlaubssemesters ziehen. Im Studium solltest du allerdings auch das Prozedere des Zweitstudiums im Hinterkopf haben, welches wir uns später noch näher anschauen werden. Hast du bereits einen Bachelor, läufst du an den Unis unter einer anderen Quote und hast ggf. mehr Schwierigkeiten einen Studienplatz zu erhalten. In Unternehmen kann der Betriebsrat oder Azubivertretungen deine Anlaufstelle sein. Der Spielball liegt aber immer bei dir und du musst die Initiative ergreifen. Niemand kann deine Gedanken lesen. Auch keine Psychologiestudenten, falls du über dieses Klischee stoßen solltest. Wie sind andere mit ihrem Studienabbruch umgegangen? Blicken wir auf die Berichte von Lisa, Sascha, Klara und Steven. Du merkst auch hier, dass der Prozess eines Abbruchs immer individuell verläuft. Die Grundprinzipien ähneln sich jedoch.

Fast immer handelt es sich um ein Agglomerat aus mangelndem Interesse, fehlender Identifikation, finanziellen Problemen oder unklarer beruflicher Perspektiven. Wie haben andere junge Menschen ihren Abbruch erlebt?

Lisa (23), Universität Hamburg

Warum habe ich mein Studienfach abgebrochen?

Als ich jünger war, wollte ich immer im sozialen Bereich arbeiten. Ich mochte es, Zeit mit anderen, auch fremden, Menschen zu verbringen oder anderen zu helfen. Gleichzeitig war ich aber auch immer sehr ehrgeizig und wollte mich nicht mit einem Job „zufriedengeben", in dem ich vielleicht nicht so viel verdienen könnte oder in dem es wenig Aufstiegsmöglichkeiten gäbe. Außerdem hieß es damals, dass mein gutes Abi verschwendet wäre, wenn ich damit „nur" eine Ausbildung machen würde. Deshalb habe ich mich nach dem Besuch einer Berufsmesse relativ spontan dazu entschieden, BWL dual zu studieren. Schneller, als ich erwartet hätte, erhielt ich die ersten Einladungen zu Vorstellungsgesprächen und kurz darauf lag auch schon der Arbeitsvertrag unterschrieben vor mir. Im Nachhinein glaube ich, dass ich nach dem Abschicken der Bewerbungen nicht mehr wirklich über mein damaliges Berufsziel nachgedacht habe. Erst wollte ich unbedingt eine Zusage bekommen und dann war ich zu stolz darauf, einen dualen Studienplatz in einem großen, bekannten Unternehmen bekommen zu haben, als dass ich meinen eingeschlagenen Weg noch einmal hinterfragt hätte.

Außerdem war ich voll und ganz mit der Abi-Vorbereitung beschäftigt. Als das duale Studium im Oktober losging, gab es einige Fächer, die mir Spaß gemacht haben – aber auch genauso viele Fächer, die mir keinen Spaß machten – und Fächer, die mir überhaupt nicht lagen. Ich fing an, zu hinterfragen, was ich mit meinem Studium eigentlich erreichen wollte, und fand keine Antwort. Ich hatte zunehmend immer mehr Schwierigkeiten, mich auf die Seminare zu konzentrieren. Ich hörte auf, die Grundlagentexte zu lesen und meine Hausaufgaben zu machen. Ich war hin- und hergerissen. Auf der einen Seite hatte ich einen Weg eingeschlagen, den ich nie für möglich gehalten hätte. Auf der anderen Seite machte mir das, was ich tat aber keinen Spaß und mein Interesse an den Fachinhalten wurde von Tag zu Tag weniger. Ich wollte Journalistin werden oder etwas Soziales machen, aber auf keinen Fall mehr das. Deshalb beschloss ich schließlich schweren Herzens, das Studium abzubrechen. Ich glaube im Nachhinein, dass das Schwierigste für mich die Angst davor war, meine Familie und meine Freunde zu enttäuschen. Zum Glück konnten diese meine Begründungen für den Studienabbruch aber nachvollziehen und so verließ ich nach knapp drei Monaten dualen Studiums diesen Pfad wieder. Heute denke ich, dass das die beste Entscheidung meines Lebens war. Ich habe nach ein paar Praktika wieder den sozialen Pfad eingeschlagen und befinde mich nun mitten im 2. Mastersemester. Es gibt immer noch Fächer, die mir Spaß machen und welche, die mir weniger Spaß machen, aber zumindest gibt es keine Fächer mehr, die mir nicht liegen. Und ich habe einen Traum. Einen Berufstraum, den ich mir durch mein Studium erfüllen kann und den ich seit vier Jahren verfolge. Ich kann nicht sagen, dass ich nie wieder an meinem Studienfach gezweifelt habe, aber zumindest weiß ich, wofür ich studiere und bald werde ich dieses Ziel erreicht haben.

Was möchte ich jungen Menschen mit auf den Weg geben?

Im Nachhinein denke ich, dass es nicht schlimm ist, wenn man sich im Leben noch mal umentscheidet. Niemand wird dir einen Umweg in deinem Lebenslauf übelnehmen, solange du diesen vernünftig begründen kannst. Das Wichtigste ist, herauszufinden, was man im Leben erreichen möchte. Ob das schon vor dem Abi oder erst ein, zwei Jahre später passiert, ist nicht so wichtig. Geld spielt dabei natürlich auch eine Rolle, das tut es immer. Aber viel wichtiger ist, dass dir dein Beruf Spaß macht. Schließlich ist er das, was du in den nächsten 45 Jahren tun wirst. Auch wenn sich Abteilungen und Anforderungen ändern können: Wenn du kein Büromensch bist, dann wirst du es im Zweifel auch nie werden und solltest diesen Weg nicht unbedingt einschlagen. Egal, wofür du dich entscheidest: Du sollst später nicht mit Magengrummeln sondern gerne zur Arbeit gehen und sie sollte dir perspektivisch auch ermöglichen, deine Träume zu verwirklichen – egal, ob in beruflicher oder privater Hinsicht.

 **Sascha (24), Hamburg**

Warum habe ich mich mein Studienfach abgebrochen?

Mein Soziologie-Studium war von Anfang an zum Scheitern verurteilt. Schon bei der Studienwahl war ich mir alles andere als sicher, dass ich die richtige Entscheidung getroffen habe. Dass es Soziologie geworden ist, begründete sich damals auf zwei Faktoren: Zum einen wurde die Zeit sehr knapp und ich wollte unbedingt im Wintersemester 2013 mit dem Studium anfangen. Zum anderen ließ ich mich von einem einigermaßen spannend klingenden Beschreibungstext über den Studiengang auf der Universitäts-Website in die Irre führen. Schon in der Einführungswoche merkte ich, dass ich menschlich kaum zu meinen Kommilitonen passte. Neue Freunde – Fehlanzeige! Mit Beginn der Vorlesungen wurde es nicht besser und die Inhalte waren mir viel zu theoretisch. Allerdings war es anfangs recht leicht, die Kurse zu bestehen, also wollte ich das Studium „einfach durchziehen". Daraus wurde nichts, denn die Aufgaben wurden im zweiten Semester deutlich schwerer. Die Erkenntnis sickerte durch, dass das Studium einfach nicht das richtige war und ich brach ab. Rückblickend die beste Entscheidung! Diesmal informierte ich mich besser und schrieb mich in einen Medienstudiengang ein, der sehr gut zu mir passt.

Was möchte ich jungen Menschen mit auf den Weg geben?

Lass dir von niemandem einreden, dass du unbedingt studieren musst, nur weil dein Schulabschluss es dir ermöglicht. Ein Studium ist nun mal nicht für jeden etwas. Es ist oft sehr theoretisch und man kommt manchmal an den Punkt an dem man denkt: Was mache ich hier eigentlich gerade? Wer sich für ein Studium entscheidet, sollte sich vorher sicher sein, dass ihn die Inhalte genug interessieren. Immerhin muss man sich drei oder mehr Jahre diesem Thema widmen. Immer daran denken: Studienzeit ist auch Lebenszeit! Wenn sich ein Studium dann doch unerwartet anders entwickelt als geplant, ist das kein Grund zu verzweifeln. Für mich zeugt es von einer starken Persönlichkeit, auch zu erkennen, was NICHT das Richtige für einen ist. Dann heißt es, das Kapitel abzuhaken und ein neues zu beginnen. Nur wenn man etwas mit der nötigen Leidenschaft angeht, wird man gute Leistungen bringen und glücklich mit sich sein. Ein gradliniger Lebenslauf ist dabei nebensächlicher, als viele glauben.

Klara (22), Hamburg

Warum habe ich mich mein Studienfach abgebrochen?

Eigentlich wollte ich immer Psychologie studieren, fand jedoch Jura auch sehr interessant. Da mein NC nicht für einen Psychologie-Studienplatz ausreichte und ich nach einem Praktikum in Houston bei einem Pflichtverteidiger für Jugendstrafrecht einen Einblick in den Beruf des Juristen bekam, konnte ich mir stattdessen gut vorstellen, Jura zu studieren. Ich empfand die Arbeit als sehr aufregend und befriedigend und sah die Möglichkeit, Jugendlichen aus häufig äußerst prekären Verhältnissen eine zweite Chance zu geben. Für mich ist die Rechtswissenschaft auch die Option, einen hohen sozialen Faktor in seine Arbeit einfließen zu lassen sowie Menschen zu Gerechtigkeit zu verhelfen. Das Jura-Studium hatte viele interessante Seiten. Jedoch merkte ich gerade in meinem Lieblingsfach Strafrecht, dass ich vor allem die Hintergründe der Täter und Opfer hinterfragte und mich weniger für die Verteidigung oder die rechtlichen Aspekte interessierte. Ich habe mein Studium letztendlich nach 1½ Semestern abgebrochen. Es war keine einfache Entscheidung, jedoch merkte ich, dass es keinen Sinn ergibt, etwas zu studieren, hinter dem ich nicht voll und ganz stehe. Ich glaube, es ist wichtig, leidenschaftlich neugierig auf die Inhalte des Studienfaches zu sein und das traf bei mir leider nur teilweise zu. Mein Interesse bezog sich, wie ich bereits vor Beginn des Studiums ahnte, doch deutlich stärker auf die Psychologie.

Was möchte ich jungen Menschen mit auf den Weg geben?

Ich empfand die Schule nie als schlimm, sondern genoss die Zeit sehr. Man ist nie wieder so frei – auch frei von jeder Verantwortung –, wie in diesen 12 Jahren. Das wird einem danach sehr bewusst: Erst fühlte ich mich etwas verloren, da man nach dem Abitur das erste Mal selber entscheiden kann – aber auch muss –, wie es weitergeht. Ich habe schon, seitdem ich 15 war, in der Gastronomie gejobbt – nach dem Abitur war das erstmal der einzige geplante Teil meiner Woche. Und da ich in einer Bar auf dem Kiez arbeitete, war dieser Teil nachts, weshalb ich keinen geregelten Tagesablauf mehr hatte. Dadurch habe ich gelernt, wie wichtig es ist, sich eine Beschäftigung und eine Aufgabe zu suchen – auch wenn man sich eine Auszeit nach der Schule gönnt, was meiner Meinung nach wichtig und richtig ist. Ich habe mich viel meiner Kunst gewidmet, Yoga gemacht und bin gereist. Nach dem Abbruch des Jura-Studiums fühlte ich mich zunächst ähnlich verloren wie nach dem Abitur. Zudem kam das Gefühl des Versagens und der Zeitverschwendung, obwohl ich eigentlich sehr im Reinen mit mir war bezüglich der Gründe des Abbruchs und jedem anderen dazu gratuliert hätte. Aber man ist mit sich selbst ja bekanntlich strenger als mit anderen. Mittlerweile sehe ich das alles auch nicht mehr als Zeitverschwendung: Ich bin durch Asien gereist, habe in einer Flüchtlingsunterkunft gearbeitet und mich nochmal dazu entschlossen, ein FSJ zu machen, was eine tolle Erfahrung war und mich noch mehr in meinem Entschluss bestärkt hat, Psychologie zu studieren. Nun bin ich im dritten Semester und könnte nicht glücklicher mit meinen Entscheidungen sein. Mein Lebenslauf ist absolut nicht gradlinig, aber es waren interessante und lehrreiche Jahre seit meinem Abitur.

Steven (23), Hamburg

Warum habe ich mich mein Studienfach abgebrochen? Wie bin ich auf das Fach gekommen?

Das Ziel im Blick: Das Abitur – Aber was würde mich danach erwarten? Glücklicherweise komme ich nicht aus einer Familie, die meinen beruflichen Werdegang schon bestimmt hatte, bevor ich mir selbst darüber Gedanken machen konnte, wobei ich das zeitweise auch als Nachteil gesehen hatte, da ich für zu viele Themenfelder große Begeisterung und Interesse empfand. Zuletzt konnte ich mich auf ein Interessengebiet festlegen: Ein großes Interesse für das Fach Geschichte begleitete mich schon während meiner gesamten Schulzeit. Doch welche Berufe im Bereich der Geschichtswissenschaft kamen für mich in Frage? Da für mich ein dynamisches Berufsumfeld wichtig erschien, konnte ich Berufe in Archiven, Bibliotheken und Museen schnell ausschließen. Ich entschied mich für das Lehramtsstudium in den Fächern Geschichte und katholische Religionslehre.

Was gefiel mir an meinem Studienfach nicht?

Für Geschichtsinteressierte ist das Berufsbild des Lehrers sicherlich attraktiv und eine gute Möglichkeit Geschichte und Beruf in einem dynamischen Umfeld zu verbinden. So dynamisch aber das Alltagsgeschäft des Lehrers sein mag, so beschränkt sind leider auch die Möglichkeiten der Weiterentwicklung – so meine Erfahrung aus unterschiedlichen Praktika, die ich im Rahmen meines

Lehramtsstudiums absolviert habe. Für mich war es wichtig und entscheidend zu erkennen, was ich wirklich will und wie ich meine Zukunft gestalten will. Die Einen wissen schon sehr früh und sehr genau, was sie wollen; die Anderen entwickeln diese Erkenntnis in einem längeren Prozess. Für mich war ein erster wichtiger Schritt zu dieser Erkenntnis der Schritt, aus dem sorgenfreien Elternhaus herauszuwachsen und in die Realität hineinzuwachsen, die doch ganz anders ist, als man als Jugendlicher zu wissen geglaubt hat.

Was möchte ich jungen Menschen mit auf den Weg geben?

1. Sofern du dein Berufsziel auch über eine Ausbildung oder ein Duales Studium erreichen kannst, solltest du diesen Weg ernsthaft in Betracht ziehen. Ein Hochschulabschluss ist nicht das Nonplusultra, auch wenn viele das meinen. Außerdem bietet eine Ausbildung oder ein Duales Studium früher finanzielle Selbstständigkeit.

2. Lass dich nicht zu stark von Stimmen in Internet-Foren oder aus dem Bekanntenkreis beeinflussen. Es ist deine Zukunft! Versuche dir ein eigenes Bild von deinem Traumberuf und dem Weg dorthin zu machen.

3. Mache dir Gedanken darüber, welche Anforderungen du an deine berufliche Zukunft stellst.

4. Entscheide dich für etwas was dir Spaß macht. Die Gehaltsaussichten sind nicht unwichtig, aber sollten deine Entscheidung nicht dominieren.

5. Habe den Mut Fehler zu machen!

Die neue Chance

Schließt sich eine Tür, öffnet sich eine neue. Da ist was dran. Bei meinem Abbruch damals war der Plan B noch nicht klar definiert. Musste er aber auch nicht. Wenn du schnell merkst, dass hier irgendwas völlig verkehrt läuft, du in die melancholisch-sentimentale Stimmung am Sonntagabend angesichts der neuen Arbeitswoche verfällst, ist es irgendwann an der Zeit die Reißleine zu ziehen. Unabhängig von dem sicheren Plan B. Wenn du beginnst, körperliche Symptome zu entwickeln, Freundeskreise vernachlässigst und einfach nicht mehr happy mit dem eingeschlagenen Weg bist, ja WARUM sollst du es weiter über dich ergehen lassen? Lieb gemeinte Ratschläge von wem auch immer, laufen immer unter der Außenperspektive. DU stehst jeden Morgen auf und bist den Umständen auf der Arbeit oder im Studium ausgesetzt. Ich habe Leute kennengelernt, die den Glaubenssatz: „Was ich einmal angefangen habe, ziehe ich auch bis zum Ende durch" vertreten. Ich wage es mal stark zu bezweifeln, inwiefern diese Einstellung im long-term fruchtet. Burn-out mit Ende 20? Keine Seltenheit. Wenn du dich in einer ähnlichen Situation befindest, kannst du dich an folgendem Notfallplan orientieren. Ein Abbruch ist ernsthaft zu erwägen, je mehr und intensiver du diese Fragen mit ‚Ja' beantworten kannst.

1. Du fühlst dich seit mehreren Wochen unwohl. Der Gedanke an den nächsten Arbeitstag/Unitag versetzt deine Gesichtszüge nach unten – unabhängig von der neuen Lebenssituation (neue Stadt, neue Menschen, eigene Wohnung etc.)

2. Deine schlechte Stimmung ist nicht auf ein einziges Modul/ eine einzige Abteilung zurückzuführen. Immer sind Teilbereiche dabei, die eher nicht so geil und interessant sind. Es handelt sich eher um das Gesamtpaket. Beim Blick auf die noch bevorstehenden Module herrscht eher Friedhofsstimmung.

3. Deine Fähigkeiten/ Talente kommen nicht zum Vorschein: Du merkst, wie andere in dem Bereich deiner Ausbildung/ Studium aufgehen und strahlen. Es bereitet ihnen Freude, über die Themen zu sprechen, während du dich fragst, wozu genau du das alles eigentlich brauchst.

4. Auch nach Gesprächen mit besten Freunden/ Eltern ist keine Besserung in Sicht. Dir wird zurückgemeldet, dass sie dich selten gut gelaunt sehen.

5. Du befindest dich noch im ersten Drittel deiner Ausbildung/Studium.

6. Neben reinem Desinteresse kommen auch noch körperliche Symptome hinzu. Du bist niedergeschlagen, antriebslos und siehst einfach keine Perspektive in dem Studium/ der Ausbildung.

Halten wir fest: Ein Abbruch ist kein leichter Schritt. Er erfordert vor allen Dingen eines: Mut. Mut für etwas Besseres. Etwas, was mehr zu dir passt. Es liegt auf der Hand, dass deine Entscheidung nicht von allen Seiten mit Lobeshymnen überschüttet wird. Konservative Onkels oder Tanten kommen vielleicht sogar mit „Versager-Parolen". Aber das interessiert nicht. Wichtig ist, dass du jeden Tag möglichst gerne in die Uni fährst. Du mit Freude, Neugier, und Wissensdurst deine Ausbildung absolviert. Wenn du dir innerlich sagen kannst; das hier ist nicht mein Weg und dir wirklich sicher bist, dann zieh die Notbremse. Lieber ein Ende mit Schrecken als ein Schrecken ohne Ende. Neue Türen warten von dir entdeckt zu werden.

Praxisschock

Abi? Check. Bachelor? Check. Master? Check. Ende der Fahnenstange im rein theoretischen Bildungssystem. Jetzt wird abgerechnet. Das klingt ein wenig negativ konnotiert, jedoch empfinden viele von uns ihren Einstieg in den Job ziemlich brutal. Wo sind all die Theorien und Hypothesen die wir gelernt haben? Wozu brauche ich all das? Im Kapitel zum Studium haben wir uns bereits damit beschäftigt, dass es durchaus normal ist von dem Erlernten je nach Fach nur 10–20% wirklich zu gebrauchen. Die entscheidenden Faktoren sind die Metafähigkeiten: Sich schnell in neue Wissensgebiete einarbeiten zu können, Systeme zu verstehen und lernen zu lernen. Daher ist es keine große Überraschung, dass viele von uns der Praxisschock überfällt. Ein Sprung ins kalte Wasser. Wo gestern noch entspannter Kaffee in der Mensa mit Kommilitonen war, ist heute die passiv-aggressive Excel Tabelle. Oder aber der OP-Tisch, die Schulklasse, das Architektenbüro oder die Produktionshalle – in so vielen Bereichen ist der Anfang kein Zuckerschlecken. Im Grunde genommen waren wir die ganze Zeit nur in Ausbildung, haben gelernt und stellenweise ausprobiert. Jedoch waren wir keine „feste Stellschraube" im ganzen System. Marvin und Marc zeigen uns ihre individuelle Wahrnehmung des Praxisschocks.

Marc (25), Hamburg

Wie war es für mich nach dem Studium mit dem Arbeiten zu beginnen? Ein Praxisschock?

In der Theorie Erlerntes direkt in der Praxis anwenden zu können, ist auch in den meisten dualen Studiengängen nicht möglich. Viel zu komplex ist die Herausforderung häufig für die Unternehmen, den Studenten in die passende Abteilung einzuteilen. Doch es sei auch die Frage gestellt, ob dies wirklich notwendig ist. Das Studium vermittelt Grundkenntnisse zu den wichtigsten Forschungsbereichen der jeweiligen Wissenschaft und bietet zudem tiefen Einblick in einzelne Fachthemen. Was aus meiner Sicht jedoch noch relevanter für das spätere Berufsleben ist, sind die methodischen Fähigkeiten, die das Studium vermittelt. Die Fähigkeit, sich in komplexe Aufgabenstellungen hineinzudenken, Herausforderungen anzunehmen, zum Zeitpunkt, in dem es zählt, Leistung zu bringen, und strukturiert zu arbeiten, sind Kompetenzen, welche ein Student im Studium aufbaut, entwickelt und welche – mehr noch als das fachliche Wissen – für den späteren Arbeitsalltag von Bedeutung sind. Duale Studenten trainieren den Übergang von Theorie zu Praxis permanent. Die Neueingliederung in eine Abteilung, das Kennenlernen neuer Kollegen und das Übernehmen einer neuen Verantwortung, gehören zum Alltag dazu. Ich persönlich wurde während meiner Zeit als dualer Student in acht Unternehmensbereichen in Deutschland und China eingesetzt. Stets bekam ich neue Aufgaben übertragen, hatte neue Vorgesetzte und musste mich erst einmal zurechtfinden.

Ich wurde häufig herzlich aufgenommen, mir wurden bedeutende Projekte übertragen und auch die Vorgesetzten förderten mich. Doch ich erlebte auch Situationen, in denen ich mich nicht vollständig wohlfühlte, da ich z. B. zu wenig gefordert wurde. Hier wurden mir die Probleme, denen viele Berufsanfänger gegenüberstehen offensichtlich. Als Tipp kann ich diesen nur mitgeben offen für Neues zu sein, Geduld mitzubringen und stets zu zeigen, was man im Stande ist zu leisten. Negative Situationen im Berufsalltag werden durch Kommunikation gelöst. Gehen Sie auf Ihre Vorgesetzten und Kollegen zu und teilen Sie diesen Ihre Sicht der Situation mit. Seien Sie offen für Feedback, das Ihnen entgegengetragen wird und auch die Menschen in Ihrer Umgebung werden sich Ihr Feedback zu Herzen nehmen. Halten Sie an Ihren Zielen fest und kämpfen Sie für Ihren Erfolg, und wenn Sie dabei noch ein bisschen auf Ihr Herz hören und auf Ihre Werte achten, werden Sie Ihre Ziele auch erreichen. Mein Name ist Marc-Kevin Küssner, nach fünf erfolgreichen Jahren als dualer Student des Faches Business Administration, als Junior Compliance Manager und Internal Auditor, verantworte ich heute als Strategischer Einkäufer zwei Einkaufsbereiche mit einem jährlichen Einkaufsvolumen im oberen zweistelligen Millionenbereich für einen deutschen MDAX-Konzern. Aufgaben kann jeder, sich der Situation stellen, eine eigene Strategie entwickeln und schließlich das Problem zu lösen, das können nur Sie!

Marvin (24), Hamburg

Wie war es für mich nach dem Studium mit dem Arbeiten zu beginnen? Ein Praxisschock?

Für mich persönlich war das Arbeiten kein Praxisschock, sondern eine Chance meiner Motivation freien Lauf zu lassen. Zum einen hatte man auf einer privaten Hochschule den großen Vorteil, frühzeitig mit Unternehmen und in Form von Praxisprojekten in Kontakt zu treten und zum anderen würde ich mich als eine eher pragmatische Person beschreiben.

Dafür waren das Studium und die Schule doppelt so hart für mich und zwar nicht vom Anspruch her, sondern wegen dem meiner Meinung nach zu strengen Lehrplan und dem großen Theorieanteil, der wenig Platz für Kreativität und die eigene Entfaltung lässt. Wo man in der Schule noch ohne Lernen und einfaches Aufpassen im Unterricht durch die Kurse und Klausuren gekommen ist, wird im Studium ein deutlich höheres Maß an Fleiß und Eigeninitiative abverlangt. Die großen Klausuren im Studium wie z.B. Mathematik, VWL oder Statistik waren jede für sich mindestens dreifach so umfangreich wie das ganze Abitur und dann kommt noch dazu, dass diese teilweise innerhalb der gleichen Woche geschrieben wurden. Deshalb meine Empfehlung an euch, guckt euch den Lehrplan genau an, fangt frühzeitig an zu lernen und sucht euch ein Studium, welches euch wirklich gefällt, gerade wenn man es in der Regelstudienzeit beenden möchte. In Bezug aufs Arbeiten kann ich aus meinen Erfahrungen sagen, eine gute Mischung aus Hard-Skills und Soft-Skills sind entscheidend, daher sucht euch am besten einen passenden Werkstudenten-Job und/oder bildet euch parallel zum Studium zielgerichtet anderweitig weiter und arbeitet an euren Kommunikations-Skills. In der heutigen Arbeitswelt ist flexible Lösungsfindung wichtig, da man nicht jede Theorie universal anwenden kann und sich unsere Wirtschaft durch die Digitalisierung momentan radikal verändert. Außerdem werden die

Kommunikationswege immer kürzer und Menschen fühlen sich immer noch zu Persönlichkeiten hingezogen, deshalb macht so viele Erfahrungen in unterschiedlichen Bereichen eures Lebens wie möglich.

Elementar wichtig für den Schweregrad des Praxisschocks ist die Vorbereitung auf diesen. Waren beispielsweise genügend Praktika in der Studienordnung vorgesehen, sodass der Beruf in der Praxis überhaupt fundiert kennen gelernt werden konnte? Wenn ich weiß, was mich erwartet, ist die Enttäuschung folglich nicht mehr so groß. Vor ein paar Wochen traf ich Franzi, eine Freundin von mir, die nach ihrem Kommunikationsdesign-Studium ihren ersten Job angetreten hatte. Wir trafen uns abends beim Italiener zum Abendessen und sie gab mir alle Updates. Eigentlich wollte sie mir von der sich anbahnenden Beziehung mit einer neuen Feier-Bekanntschaft berichten. Die Desillusionierung über ihren neuen Job war aber derart gravierend, dass die erste Stunde des Treffens hiervon überschattet war. Das Gespräch äußerte sich wie folgt:

„Marvin, ich frag' mich ja gerade, ob ich mich nach dem Abi richtig entschieden habe", sprach sie mit einer leicht melancholischen Stimme. *„Ich bin einfach überfordert."*
„Warum genau?", antwortete ich direkt.
„Ich war mir immer so sicher, dass Medien und Kreativität voll mein Ding sind. Das Studium hat mir auch wirklich Spaß gemacht. Aber jetzt danach finde ich so wenig davon wieder. Es geht primär nur noch um Meetings, Deadlines und Zahlen. Das habe ich so in der Form während des Studiums nicht kennen gelernt."
Sie bestellte Scampi und ich Lachs. Nach einem ‚prego' des Kellners fuhr sie fort.
„Wie du weißt, habe ich damals direkt nach dem Abi angefangen zu studieren. Alles war auf Kurs, der Masterplan geschmiedet. Jetzt spüre ich so einen rauen Wind bei den Kollegen. Es geht darum immer mehr zu liefern. Wettbewerb gibt's nicht nur um den letzten Kaffee um 19:00 Uhr, wenn noch ein wichtiges Abendmeeting ansteht."
Sie hielt kurz inne und pausierte. Ich kenne Franzi schon lange. Eigentlich war sie immer diese Frohnatur, die jederzeit etwas Schönes auch an tragischen Dingen erkannte. Eine Frohnatur, die trotz Gewitter draußen

die letzten Gänseblümchen pflückt, auch wenn es mal ein wenig ungemütlich wird. Eine Frohnatur, die eigentlich stets ein offenes Ohr hat für jemanden, auch wenn bei ihr selbst nicht alles rosarot ist.

Ich erkannte in ihr einen Schmerz, der sich in diesem ersten Praxisschock äußerte. Fragen, die nach Antworten suchten. Mindsets, die eine Klärung benötigen. Ich versuchte sie zuerst zu beruhigen.

„Meinst du nicht, es wäre zu schön und einfach, wenn alles so 1:1 übergeht? Neue Rahmenbedingungen erfordern neue Herangehensweisen. Vielleicht auch neue Erwartungen. Du bist jetzt zwei Monate in dieser neuen Phase. Das geht nicht von heute auf morgen. Du bist ja ohnehin noch in der Probezeit, also können wir einfach noch ein wenig abwarten und schauen, wie sich die Dinge entwickeln. Die Reißleine der Kündigung kannst du immer noch ziehen. Genau wie damals vom Übergang von der Schule zur Uni brauchen gewisse Automatismen Zeit sich zu entwickeln. Such doch mal das Gespräch mit deinem Chef bzw. Ansprechpartner. In der ersten Bestandsaufnahme bzw. Feedbackgesprächen ist Freiraum auch sowas zu thematisieren.

„Hmmm, ich weiß ja nicht“, japste sie ein wenig vor sich hin. Die Vorstellung, Ängste und Zweifel mit Kollegen in der Werbeagentur zu besprechen, verstärkte offensichtlich ihre Unruhe. Als sie in den Scampi biss, hatte ich kurzzeitig das Gefühl, als wolle dieser wieder zappelnd ins Meer, solch merkwürdige Züge nahmen ihre Mundwinkel an.

Es sind Fälle wie dieser, die uns vor Augen führen, wie belastend Transitionen im Studien- und Berufskontext ablaufen können. Ein explosives Gemisch aus Unsicherheit, Überforderung und Identitätskrisen können den Weg in die **„Early-Life-Crisis“** bahnen. Hier wird wieder einmal deutlich, wie sehr Zeitpunkte dieses Krisen-Empfindens variieren können. Nach dem Abi war Franzi noch felsenfest überzeugt davon, voll auf Kurs zu sein. Rückschläge in der Praxis brachten ihr Selbstbild jedoch ins Wanken. Deswegen ist es so wichtig, auf ein stabiles Gerüst blicken zu können, die ihre berufliche Perspektive umgeben. Wie wir später in den verschiedenen Ansätzen sehen werden, geht es nicht nur um Interesse. Der Faktor Persönlichkeit ist mindestens ebenbürtig, um langfristig berufliches Glück erfahren zu können. Ob Franzi auf ihrem Weg in die Medienbranche und das Agenturleben ankommen wird? Das lässt sich jetzt noch nicht beantworten. Es hilft ihr aber, ein wenig Brisanz aus der Nummer zu nehmen, für sich zu prüfen, ob sie dort langfristig eine Perspektive sieht und natürlich auch zu lernen. Sind regelmäßige Abendmeetings normal? Welchen Verantwortungsbereich traue ich mir zu? Welche Coping-Strategien kann ich verwenden, um mit Stress oder Wettbewerb umzugehen.

Auch hier lassen sich viele Parallelen zum Ausbildungs- bzw. Studienabbruch erkennen: Wann ist der Rubikon überschritten? Kurz zum Hintergrund: Das Rubikon-Modell[1] lässt sich ursprünglich auf einen kleinen italienischen Fluss, den Rubikon zurückführen. Diesen überquerte Cäsar mit seinen Truppen, was mit einer Kriegserklärung an den römischen Senat einherging. Das Modell gliedert sich in die vier Phasen Abwägung, Planung, Handlung und Bewertung. Entscheidend ist, wann der Rubikon überschritten wird. Mit anderen Worten: Wann ist der Drops gelutscht oder das Kind in den Brunnen gefallen? Wann ist der mentale Schritt vollzogen, den Job zu wechseln oder die Unterschrift für die Kündigung zu schreiben? Es braucht folglich Zeit dies zu entscheiden, die allgemeine Phase des „sich Einlebens" zu vollziehen und Rahmenbedingungen, Aufgaben bzw. Perspektiven für sich zu verorten. Es kann und muss nicht alles vom ersten Handgriff an glattgehen. Erstens kommt es anders und zweitens als man denkt. Es ist völlig normal, wenn die ersten Schritte auf praktischem Terrain ein wenig labil sind. Wenn wir davon ausgehen, dass wir nur 10–20% des Wissens aus dem Studium in der Form brauchen, müssen die anderen 80–90% ja irgendwo herkommen. Und das geht über lernen, konsolidieren und ein wenig anpassen, Hinfallen und gestärkt wieder aufstehen. Mut zur Lücke. Sofern du dir einige der in diesem Buch vorgestellten Fragen stellst, hinterfragst und reflektierst, bist du in der Lage, dir ein bewusstes und ehrliches Bild über deinen individuellen „Ist-Zustand" zu kreieren und Wege zu prüfen, die deinen anvisierten „Soll-Zustand" ebnen.

---

1 Heckhausen, H., & Gollwitzer, P. M. (1987). Thought contents and cognitive functioning in motivational versus volitional states of mind. Motivation and emotion, 11(2), 101-120.

Angebote nutzen

Da draußen sind viele kleine Helfer unterwegs, um dich auf deiner Suche nach Antworten zu unterstützen. Einige sind bekannt und offensichtlich, andere warten darauf, dass du sie entdeckst. Im Folgenden schauen wir uns diverse Player und Akteure an, die du als Weggefährten für deinen Weg ansehen kannst. Impulse, die gewiss nicht schaden können, auch wenn man ihre Message nicht überbewerten sollte. Sie sind vielmehr Wegbereiter für neue Ideen, Konzepte. Operieren als Katalysator für etwas, was neu gedeihen und einordnen kann. Los geht's.

Ratschläge von Eltern und Freunden

Ganz so krass wie das Foto nebenan ist es zum Glück nicht immer. Kein Richterspruch des Vaters postuliert den Rahmen deiner Entscheidungskompetenz. So die Theorie. Leider gibt es viele Fälle, in denen der Einfluss der Eltern den freien Bahnen der persönlichen Entfaltung Steine in den Weg legt. Sei es die Kanzlei der Mutter oder die Zahnarztpraxis des Vaters. Dabei ist die Grundintention ja überaus positiv. Deine Eltern wollen nur das Beste für dich und meinen, dass ihre eigenen Errungenschaften dir persönlich sehr helfen können. Leider vergessen sie dabei manchmal, dass du einen ganz individuellen Bezug zu ihrem Beruf hast. Insofern können und sollen sie nicht die Entscheidung für dich treffen. Auf der anderen Seite darfst du eines nicht vergessen: Es gibt keine anderen Menschen auf diesem Planeten, die dich seit der Geburt so gut kennen. Wo hattest du als Kind schon funkelnde Augen? Bei welchen Themen bzw. Tätigkeiten? Daher sollte ihr ehrliches Bild von dir mit in den Gesamtentscheidungsprozess einfließen – wenngleich mit der nötigen kritischen Reflexion. Den gleichen Mechanismus haben wir am Anfang des Buches in der Story von Dustin kennengelernt. Nur aufgrund des Abi x, bin ich nicht zwangsläufig für einen bestimmten Studiengang prädestiniert. Genauso wenig gilt dies für den Job deiner Eltern. Auch die Einschätzung von deinen Freundinnen und Freunden kann wertvolle Perspektiven eröffnen. Ähnlich wie deine Eltern kennen dich langjährige Sandkastenfreunde vom ersten Krabbeln an.

On top hast du mit ihnen womöglich einen anderen Gesprächskanal, als du ihn mit deinen Eltern hast. Bestimmte Themen und innere Konflikte kennen sie teilweise besser. Sie wissen, was dich bewegt, welche Ängste dich plagen und was du gut bzw. nicht so gut kannst. Insofern hat es

doch einen Sinn, ihren Rat zu suchen. Aus dem Austausch kannst du nur profitieren. Aber auch diese Empfehlungen sind mit einer gewissen Vorsicht zu genießen. Es kann passieren, dass du die Meinung deines besten Freundes oder deiner besten Freundin zu schnell als die eigene internalisierst. Das gilt übrigens sowohl für Bachelor, Master und Ausbildung.

Ein Negativ-Beispiel soll uns die Schattenseiten der Helikopter-Eltern vor Augen führen. Stellen wir uns vor, dass Max' Vater aus der Case-Study vorhin seine eigene Anwalts-Kanzlei hat. Er ist Feuer und Flamme dafür und arrangiert auch für Max das Schülerpraktikum. Da Max während des Praktikums recht privilegiert war, hatte er auch insgesamt ein gutes Bild vom Job des Anwalts. Sein Vater setzte ihm zudem den Floh ins Ohr, dass das Jurastudium mit den zwei Staatsexamina recht lange ist und er doch bitte am besten direkt nach dem Abi startet. Somit war der Plan bereits eingetütet und das Ticket gebucht. Seit jenem Entschluss – bereits in der 10. Klasse – gab es nie einen Moment, in dem Max diese Entscheidung nochmals kritisch hinterfragt hat.

In einer kritischen Phase im zweiten Semester steckt Max nun mitten in der „**Early-Life-Crisis**". Was wäre eine Prophylaxe gewesen? Es hätte Max helfen können, seinen Masterplan nicht nur aufgrund des einen einzigen Praktikums und dem latenten Zeigefinger des Vaters zu schmieden. Es war nicht schlecht – okay. Aber geht da nicht noch mehr? Und auch hier kann er nur gewinnen. Entdeckt er durch ein weiteres Praktikum, dass der neue Bereich sicher nichts für ihn ist, ist er dennoch einen Schritt weiter. Wenn du merkst, dass die Meinung deiner Eltern nicht der Vorstellung deiner Zukunft entspricht, heißt es aktiv zu werden. Klar und explizit zu kommunizieren ist immer der erste Schritt. Am besten noch gepaart mit Wertschätzung gegenüber des Engagements deiner Eltern und wie toll du es findest, dass sie sich so um dich sorgen. Triffst du Wahl gegen dein Bauchgefühl und denkst „das wird schon werden" bewegst du dich auf ganz dünnem Eis. Eine tickende Zeitbombe quasi. Die Fallhöhe steigt von Semester zu Semester, in der du der klassischen Selbsttäuschung zum Opfer gefallen bist. Von daher: Orientierungshilfe und wichtige Ratschläge: Ja! Entscheidungsübernahme und Fremdbestimmung: Nein!

Junior-Studium

Junior-was? Dieses Modell ist vielen jungen Menschen da draußen unbekannt. Hierbei geht es um die Idee, schon während der Schulzeit Module an der Uni zu besuchen. Diese kannst du dir sogar für spätere Bewerbungen anrechnen lassen. Ehrlicherweise muss man sich natürlich fragen, ob man sich während des Abis einen weiteren „Klotz ans Bein" binden möchte. Alles eine Frage der zur Verfügung stehenden Zeit. Sollte dir das Buch noch während der Schulzeit in die Hände fallen oder kennst du jemanden in deinem Bekanntenkreis der dies noch tut, kannst du ja mal drüber nachdenken. Der Mehraufwand kann sich nicht nur zeittechnisch lohnen: Du weißt schon mit Übergabe des Abi-Zeugnisses wie der Hase an der Uni läuft. Johnny zeigt uns in seinem Bericht, was alles mit dem Junior-Studium in Verbindung steht.

Johnny (17), Hamburg

"Du machst was?" - Diese Frage habe ich gefühlt schon tausende Male gehört.   Freunde, Lehrer, Eltern - kaum jemand kann sich vorstellen, dass es die Möglichkeit gibt, schon als Schüler „richtig" zu studieren, und wenn, dann dürften das doch bestimmt nur Hochbegabte oder zumindest Schüler mit Einserschnitt! Denn tatsächlich ist das Junior-Studium, das ich bereits seit mehreren Jahren betreibe, ein recht unbekannter Weg, um die Entscheidung zu erleichtern, was man später machen will, gleichzeitig aber der vielleicht sinnvollste! Denn was liegt näher, wenn man überlegt, ob und was man studieren möchte, als sich das Studium einfach mal anzugucken?

Da die Nachfrage aber momentan erheblich steigt, bieten immer mehr staatliche und sogar private Universitäten dieses Angebot völlig kostenfrei an, um die hohe Quote an Studiengangwechslern und -abbrechern zu senken; ganz besonders weit ist hierbei meiner Erfahrung nach die Uni Hamburg.

Dort benötigt man im Wesentlichen bloß das Einverständnis der Klassen- und Schulleitung, ein Studienfach, das man sich anschauen möchte und beispielsweise bei Interesse an einem Physikstudium eine gute oder sehr gute Note in Physik auf dem Zeugnis, auf gar keinen Fall jedoch einen bestimmten Notendurchschnitt, wie die Uni auch immer wieder betont! Mit anderen Worten, kann so gut wie jeder, der Lust hat, eine E-Mail an juniorstudium@uni-hamburg.de senden und das Junior-Studium ausprobieren, da Lehrer laut Aussage der Uni auch meistens ein sehr großes Verständnis für solcherlei Pläne haben und man sich später sowieso noch zwischen Terminen während und nach der Schulzeit komplett alleine entscheiden kann!

Danach schaut man sich das Studienfach ein Semester lang an und kann dann entweder aufhören, zu einem neuen Fach wechseln oder weitermachen, wenn man es interessant fand und sich vorstellen kann es auch weiter nach dem Abi zu studieren. In diesem Fall benötigt man im Übrigen tatsächlich später keine Bewerbung mehr für die Uni Hamburg, sondern wird automatisch angenommen und alle Klausuren und Semesterstunden, die man schon absolviert hat, werden anerkannt sodass man diese nicht noch einmal wiederholen muss und natürlich viel Zeit spart.

Ich persönlich erfuhr von der Möglichkeit, ein Junior-Student zu werden, von meiner Klassenlehrerin und halte es bis heute für die beste Entscheidung meines Lebens, da es nicht nur eine willkommene Abwechslung zum recht eintönigen Schulstoff und interessante Erfahrungen und Erkenntnisse bot, sondern ich auch viele tolle Kontakte knüpfen konnte und sehr viel selbstständiger und selbstbewusster geworden bin und jetzt vor allem auch sicher weiß, was zum Studieren alles dazugehört und dass die Lehrform des Studiums etwas für mich ist. Und damit nicht genug: Ich bin jetzt sogar in meiner Studienfach-Entscheidung sehr viel weiter! Und das alles ohne den geringsten Schulstress!

Abschließen kann ich euch mit sehr gutem Gewissen sagen, dass ich überzeugt bin, dass das Junior-Studium für jeden geeignet ist, ganz besonders aber für Schüler, die interessiert sind und herausfinden möchten, ob und was sie studieren wollen.

Wissenschaftliches Gap-Year

Nils (19), München

Warum habe ich mich für ein Wissenschaftliches Gap-Year entschieden?

Mein Studienfach habe ich gewählt, da es meine Interessensgebiete perfekt mit der Möglichkeit verbindet, unsere Zukunft aktiv mitzugestalten und bei aktuellen Themen wie der Digitalisierung oder den aktuellen Entwicklungen des Internets und seinen Akteuren mitzudiskutieren. Auf der anderen Seite habe ich mit den Management- und Marketinginhalten auch Chancen bei einem Unternehmen zu arbeiten, welches nicht in der Medienbranche tätig ist. Allerdings habe ich mich schwergetan, dies nach der Schule direkt zu erkennen und habe mir deshalb im Rahmen eines Orientierungsjahres am Salem Kolleg helfen lassen, diese Entscheidung zu treffen.

Letzten Endes habe ich dort meine Leidenschaft für die Medien entdeckt und in meinem Studienfach genau das gefunden, wonach ich gesucht habe. Eine Ausbildung kam für mich aufgrund der direkten Annahme an meiner Hochschule nicht infrage. Allerdings ist dieser Bildungsweg keineswegs zu verachten, da man sehr viel mehr Praxiserfahrung sammelt, als bei den Praktika, welche man während des Studiums absolviert.

Was möchte ich Abiturienten mit auf den Weg geben?

Ich habe mir bei meiner Entscheidung, wie es nach dem Abitur weitergehen soll, Zeit gelassen um sicher zu gehen, dass ich nicht überstürzt etwas anfange zu studieren, was mir dann wieder missfällt. Diese Zeit sollte sich jeder nehmen dürfen, der das möchte. Eventueller Druck von außen hilft da nicht weiter und arbeitet eher gegen eine Entscheidung, mit der man am Ende des Tages glücklich ist. Mit diesem neuen Kapitel kommen natürlich auch neue Aufgaben und Verantwortungen auf einen zu. Ein Professor ist nicht mit einem Lehrer zu vergleichen, der noch ein größeres Interesse daran hat, dass man die Klausur und das Abitur besteht. All die Organisation und Vorbereitungen fallen nun in den Bereich des Studenten. Daran muss man sich gewöhnen. Ich empfand die Schule damals immer als sehr angenehm, da in einem gewohnten und kontrollierten Umfeld gelehrt und gelernt wurde. Mit der Zeit gewöhnt man sich natürlich auch an die Universität, doch wird man am Anfang doch manchmal ins kalte Wasser geschmissen.

Das Orientierungsjahr nach dem Abi. Einige pokern mit dem Flugticket nach Australien, andere setzen voll auf ein FSJ und wieder andere warten einfach ab. So wie Nils es uns in seinem Bericht zum Salem Kolleg schildert, bietet dir ein wissenschaftliches Gap-Year eine weite Bandbreite. Die Pokerspieler unter uns würden sich mit einem Paar Königen auf der Hand recht glücklich schätzen. Im Prinzip ist es eine Art Junior-Studium mit dem Unterschied, dass du dein Abi bereits in der Tasche hast. Im Vergleich zum Junior-Studium ist das Wissenschaftliche Gap-Year noch umfangreicher und vielfältiger. Die Grundlage für eine fundierte Ausbildungs- und Studienwahl ist geschaffen. Das „kalte Wasser" von dem Nils spricht, wird so quasi ein wenig für dich aufgewärmt, da du schon Uniluft schnupperst, ohne die Entscheidung bereits getroffen zu haben. Zudem lässt du den alten Kameraden Humboldt Luftsprünge machen. Dadurch, dass in einem wissenschaftlichen Gap-Year verschiedene Fachdisziplinen gestreift werden, wird dem Humboldt'schen Bildungsideal mit dem Blick über den Tellerrand hinaus voll Rechnung getragen. Auch ich habe damals ein solches Gap-Year absolviert. Es muss nicht immer in speziellen Internaten sein. Lass' dich auch nicht direkt von den Preisen der Internate abschrecken. Häufig gibt es diverse Stipendien- und Fördermöglichkeiten. Es lohnt sich zu recherchieren. In diesem Jahr passiert vieles von dem, was während der Schulzeit leider meist auf der Strecke geblieben ist: die Auseinandersetzung mit dir persönlich. Und das nicht in einem Workshop, sondern über mehrere Jahre. Du hast ein wenig Hogwarts-Feeling nur ohne Zauberei. Eine Zeit die verbindet und Werte schafft. Häufig ist die Rede von Investitionen. Doch in wen kannst du besser investieren, als in dich selbst? Auch verschiedene Unis bieten hin und wieder solche Programme an – häufig klassifiziert als Studium Generale. Der Alltag kann dabei so bunt sein, wie der Blick auf den Waldboden bei einem zünftigen Herbstspaziergang:

- 10.00 Uhr: Kaffee holen in der Uni-Cafeteria
- 10.15 Uhr: Vorlesung zum Fach Religion an Grundschulen
- 11:45 Uhr: Tapetenwechsel zu Grundlagen der Mechanik in Ingenieurswissenschaften
- 13.15 Uhr: Mensen mit den Kommilitonen
- 14.00 Uhr: Seminar zu Führung in Unternehmen
- 15.30 Uhr: Kaffeepause und dann zum letzten Seminar: Umweltwissenschaften und Nachhaltigkeitsmanagement

So in etwa kann ein Tag exemplarisch aussehen. Der riesen Vorteil ist, dass du eben nicht auf ein Fach festgelegt bist, sondern „auf Probe" studierst. Hiernach kannst du dir nicht nur vorstellen, wie es wäre das Fach XY zu studieren, sondern du weißt es. Privilegien, die nicht jeder Abiturient erfahren kann. Leider müssen wir all die Euphorie auch ein wenig relativieren, da es allein schon aus logistischen Gründen nicht möglich wäre, jedem Studieninteressierten diesen Orientierungsbooster zu gewähren. Also schau mal nach, welche Unis in deinem Radius sowas ähnliches anbieten. Für Internate und Co. durchstöbere doch einfach mal die Webseiten – insbesondere in puncto Finanzierungshilfen. Mein Wissenschaftliches Gap-Year damals war in Kooperation mit einer Uni in China. Sprich: wir haben das normale Studium Generale an der Uni hier in Deutschland und zudem schon Chinesisch-Sprachkurse absolviert. Neben all den Impressionen der verschiedenen Fächer haben wir in China in Verbindung mit der Summer School nochmal ganz neue Inspirationen sammeln können – insbesondere der Austausch mit Studierenden aus aller Welt gibt weiteren Input, den du nirgendwo kaufen kannst.

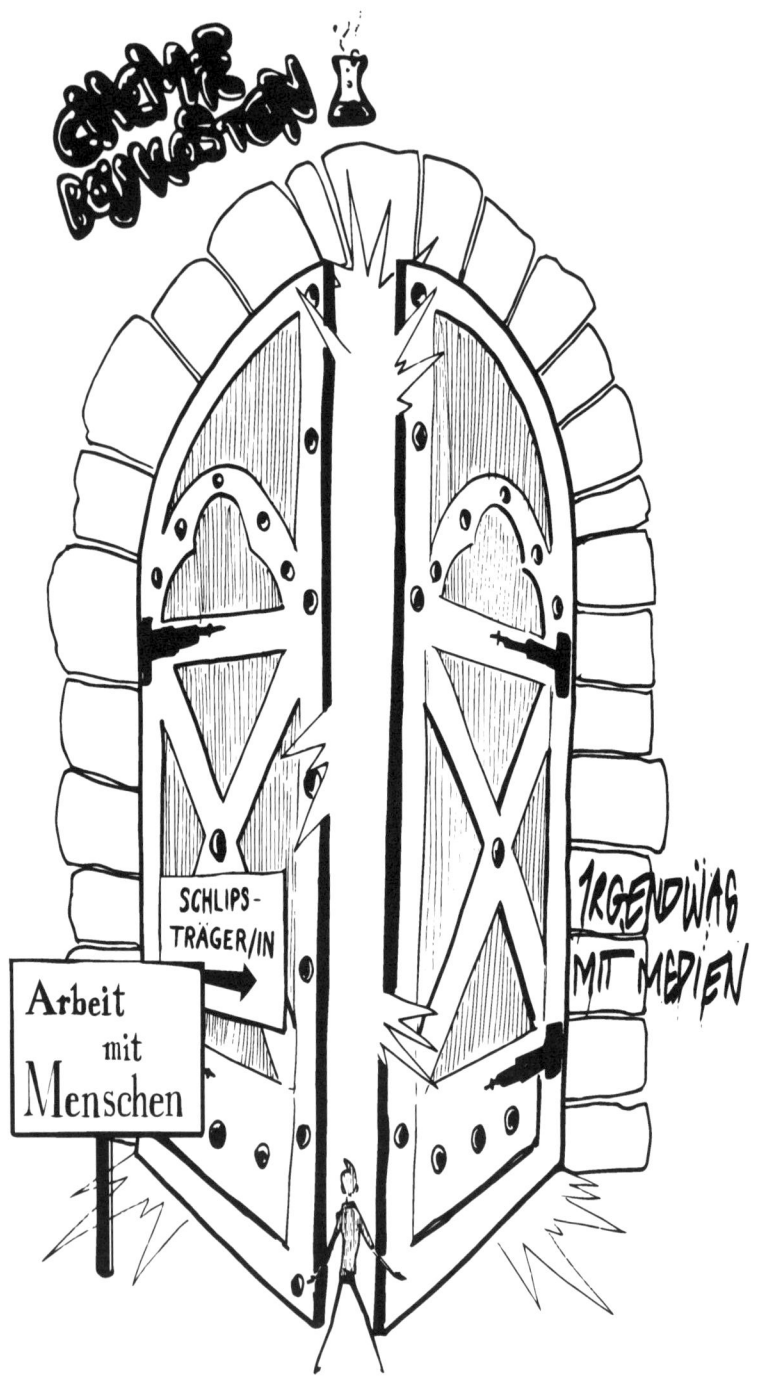

Tage der offenen Tür und Messen

Gibt's was zu verschenken? Einmal schnell den Kuli-Vorrat auffüllen und sich ein wenig Honig ums Maul schmieren lassen? Gekünstelte Lächeln und scheinheilige Versprechungen gibt's noch oben drauf. Aber nein, ganz so desaströs negativ sollten wir das Bild zu Tagen der offenen Tür und den Messen nicht skizzieren. Auch wenn davon natürlich ein Hauch noch mitschwingt und nicht abzustreiten ist. Aber es ist ja auch legitim. Schließlich wollen die Unis und Unternehmen auch deine Bewerbung bei sich einflattern sehen. Schau dir nochmal das Größenverhältnis der Grafik nebenan an. Die Tür erschlägt quasi unseren Charakter des Buchs und ist überproportional groß. Hier geht's um folgenden Wirkzusammenhang: Die Masse an Infos die an solchen Tagen auf dich einprasseln gilt es erstmal richtig einzuordnen. Und das ist wieder für alle Kanäle gültig; sei es Bachelor, Ausbildung oder auch Master. Auch wenn man im Anschluss an die Messe einmal alles punktuell reflektieren sollte, beachte die Prämisse: du kannst nur gewinnen. Warum? Du bekommst wieder ein Arsenal an neuen Blickwinkeln und Impulsen, die dich auf eine bestimmte Richtung bringen. Dich recherchieren lassen. Deine Ideenschmiede zünden lassen. Bei Ausbildungsmessen oder Messen zum dualen Studium punktest du zudem durch persönlichen Kontakt mit den Entscheidern und kannst dir einen erheblichen Vorteil verschaffen.

Auch in der Nähe deiner (nächstgrößeren) Stadt finden solche Tage der offenen Tür oder Messen statt. Schau doch einfach mal vorbei. Im Vorfeld kannst du schon mal einen Blick drauf werfen, was da so alles erzählt wird. Oder aber du machst es einfach spontan und lässt alles auf dich zukommen. Wichtig ist in jedem Fall, auch kritische Fragen zu stellen. Viele Aussteller oder Unis lassen ihre Sicht gerne rosarot erscheinen. Hak nach, wenn dir etwas komisch vorkommt. Und zeig authentisches Interesse, wenn du direkt mit Personalern in Kontakt bist. Lächeln nicht vergessen. Nicht so krass wie Donald Duck und nicht wie Oma um 23:00 Uhr. Irgendwo in der Mitte. Solltest du dich bewerben, sollten sie dein Gesicht mit einem smarten Gespräch assoziieren. Es gibt also nichts, was gegen einen Messebesuch spricht. Die 2–3 Stunden, die du an einem Samstagnachmittag opferst, sind eine gut investierte Zeit. Ich bin selbst seit 2017 auf Messen als Referent für Vorträge und Studienwahlworkshops deutschlandweit unterwegs und bin positiv von den vielfältigen Inputs auf den Messen überrascht. Von neuen

Ansätzen zur Studienfinanzierung, Lerntipps oder Vorträgen zum Studium im Ausland ist alles dabei. Bestimmt auch eine Uni oder ein Ausbildungsbetrieb, mit dem du liebäugelst.

Viele Besucher berichten nach den Messen von einem Gefühl des „Erschlagen-Seins". Wenn du dir die volle Dröhnung gegeben hast, kann das durchaus passieren. Es ist aber völlig normal. Eine Art induzierte Reizüberflutung. Schlaf ruhig eine Nacht darüber und frag dich: Welcher Ansatz hat mich wirklich interessiert? Welche Personen haben einen bleibenden Eindruck hinterlassen? Was sagt dein Bauchgefühl? Welches Unternehmen oder welche Uni wäre der nächste Suchbegriff bei Google für weitere Infos? Eine Randnotiz, welche wir im „Schlüssel-Schloss-Prinzip" der Studien- und Berufswahl noch näher beleuchten, ist der subtile Hinweis, bei all den Angeboten den Blick auf dich selbst nicht zu verlieren. Was also zeichnet dich aus? Die passenden Angebote sind dann der zweite Schritt nachdem dein individueller „Ist-Zustand" geklärt ist.

Orientierungstests

Es ist ein verregneter Donnerstagmorgen irgendwann im Herbst 2011. Heute soll es in der Schule richtig kurios hergehen. Berufsorientierung steht auf der Agenda. Wir sind damals in der 11. Klasse und ein mysteriöser Schweif aus Unsicherheit, Fernweh, Neugier und Skepsis liegt in der Luft. Sehr wenige aus unserem Jahrgang haben wirklich einen Plan, wie es nach dem Abi weitergehen soll. Der Fokus liegt zunächst darauf, den ganzen Bums überhaupt zu bestehen. Wir waren damals Abiturienten im G8-System – mal komplett entspannt Türklinkenpädagogik zu betreiben ging also nicht wirklich. Der Berufsberater kommt in den Raum. Seine Krawatte ist so eng gezogen, dass er bei seiner Vorstellung ein wenig nach frischer Luft japst. Der Clou am damaligen Tage: Die zwei engsten Schulfreunde geben Fremdbewertungen ab. Es soll sich zeigen, ob diese mit der Eigeneinschätzung übereinstimmen. Vom Ding ein spannender Grundgedanke. Damals hatte ich keinen Schimmer von der tatsächlichen Aussagekraft dieser Orientierungstests. Heute haben wir im Studium eine Vielzahl an psychologischen Tests analysiert.

Exkurs zu der Funktionalität dieser ganzen Testverfahren

Methodisch sprechen wir insbesondere von der Validität eines Tests. Neben Objektivität und Reliabilität sind dies die entscheidenden Gütekriterien, wenn es darum geht, einen Test zu bewerten. Misst der Test also tatsächlich, was er vorgibt zu messen? Im Kontext der Berufs- und Studienwahl stellt sich die Frage, von welchem Konstrukt wir sprechen. Ist es das Interesse? Die Fähigkeiten? Die Persönlichkeitsfaktoren? Bei den kostenlosen Online-Tests ist es häufig unklar, was genau jetzt gemessen werden soll. Es werden einfache Antworten auf schwierige Fragen postuliert. „Der Test sagt, ich soll BWL studieren, dann wird das wohl stimmen." Nicht nur in der Politik ist bei einfachen Antworten auf komplexe Zusammenhänge Vorsicht geboten. Im Prinzip muss man auch gar kein Experte in Diagnostik sein um zu erahnen: Wie kann ein Test mit 30 Fragen das Feld an 19.000 Studiengängen und sämtlichen Ausbildungsberufen erfassen? Das ist in etwa so, als wenn du mit verschlossenen Augen in der Disco eine Person ansprichst und denkst, das ist die Liebe deines Lebens. Unabhängig vom Alter, dem Geschlecht und der Haarlänge. Zudem muss für eine angemessene Klassifikation des Tests eine entscheidende Komponente involviert sein.

Und das bist du. Faustregel: Je mehr Infos zu dir in die Auswertung aufgenommen werden, desto besser. Wichtig: Interesse ist zwar ungemein signifikant. Deine Persönlichkeit darf bei all dem aber nicht zu kurz kommen. In der Psychologie ist das Konzept der Big Five[2] sehr verbreitet. Es geht um die Persönlichkeitsfaktoren Neurotizismus, Extraversion, Verträglichkeit, Offenheit und Gewissenhaftigkeit. Wie punktest du auf diesen Dimensionen bzw. werden diese in irgendeiner Form erfasst? Dein Interesse kann noch so groß sein. Wenn deine Persönlichkeit nicht kompatibel damit ist, beißt sich die Katze dennoch selbst in den Schwanz. Kurzes Beispiel:

Unser bekannter Max hatte ein riesen Interesse für Events und Organisation. Sei es im Sport- oder Musikbereich. Beim Gedanken den Orga-Hut auf zu haben, macht er innerlich Luftsprünge. Er macht einen Online-Test und die Empfehlung ergibt 90% Eignung für das Studium Sport- und Eventmanagement. In diesem Beispiel wird im Online-test allerdings nicht berücksichtig, dass er sehr introvertiert ist und wenig Stressverträglichkeit offenbart. Spannungen in zwischenmenschlichen Beziehungen machen ihm folglich sehr zu schaffen und er macht gerne sein eigenes Ding. Es bleibt die Frage offen, wie sehr Max dieses Studium liegen wird. Theoretisch wird er womöglich punkten und gute Noten mit nach Hause bringen. Wenn es jedoch um die praktische Umsetzung geht, könnte es schwierig werden.

Mit anderen Worten: Alle Orientierungstests sind mit einer gesunden Portion kritischer Reflexion verbunden. Als Faustregel: Je mehr Infos individuell von dir mit einbezogen werden, desto besser. Absolvierst du den nächstbesten Online-Test bestehend aus 10 Fragen, ist es kein Wunder, wenn dabei sowohl die Empfehlung für eine Schauspielerkarriere, als auch für einen Berufsweg als Keksverkäufer rumkommen. Du kannst die Ergebnisse aber sehr wohl als Impulse verstehen, die dich über bestimmte Richtungen nachdenken lassen. Legen die verschiedenen Tests eine Empfehlung für wirtschaftsnahe Fächer nahe, ist dies ein Anlass für weitere Recherchen. Wenn du nach entsprechenden Tests googelst, wirst du schnell fündig. Es wäre an dieser Stelle vermessen zu behaupten, dass es da draußen den einen wahren Test gibt, der allen hilft. Solche Allheilmittel sind leider mehr Schein als Sein.

---

2 Fehr, T. (2006). Big Five. Die fünf grundlegenden Dimensionen der Persönlichkeit und ihre 30 Facetten. Persönlichkeitsmodelle und Persönlichkeitstests, 15, 113–135

Wenn du dich an der beschriebenen Faustregel orientierst, bewegst du dich in sicherem Fahrwasser. In meiner Neugier und Verzweiflung habe ich damals so ziemlich jeden Test absolviert, den ich finden konnte. Immer in der grotesken Hoffnung, jetzt das letzte Puzzleteil zu finden, dass den entscheidenden Hinweis für den großen Schatz der beruflichen Erfüllung bietet. Es dauerte einige Zeit, bis ich begriff, dass diese Denkweise ein Fass ohne Boden ist. Es bedarf anderer Strategien, Mechanismen und Mindsets, um wirklich weiter zu kommen. Mehr dazu in den folgenden Kapiteln.

In diesem Zusammenhang sei auch auf die Bundesagentur für Arbeit verwiesen. Vielleicht hast du in der Oberstufe mal ein Berufsinformationszentrum (BIZ) besucht. Auch der Studienführer der Agentur gibt einen guten Überblick, wenngleich die Masse an Infos auf einen Schlag auch überfordern kann. Auf berufe.net der Arbeitsagentur findest du eine sehr gelungene Übersicht zu den verschiedenen Berufsbildern. Weitere Seiten, die zum Durchstöbern einladen sind berufe.tv oder azubiyo.de. Im Studienkontext bietet sich der kostenlose Test „Borakel" an. Bei alledem geht es ja nicht darum, im Sonderexpress DIE Eingebung zu haben, sondern vielmehr gedankliche Kaskaden zu starten, die einen Prozess ins Rollen bringen. Wie beim Domino-Day, zu dem Abertausende Dominosteine verschiedene Muster in Erscheinung bringen. Was braucht es dazu? Genau: ein erstens einfaches Schnipsen. Darüber hinaus bietet die Arbeitsagentur auch einen Berufspsychologischen Service kostenlos an. Diesen habe ich ebenfalls damals durchlaufen. Als Impuls kann das sicher nicht schaden. Du durchläufst hierbei verschiedenen Tests und sprichst mit einem Psychologen der Agentur. Es kommt natürlich auf diesen an, was er mit den Testergebnissen anstellt und wie er diese klassifiziert. Da das Ganze für dich jedoch völlig kostenlos ist, hast du nicht viel zu verlieren.

Bei all den Optionen werden dir auch kostspielige Angebote über den Weg laufen. Sei es der geva-Test oder andere Anbieter. Wenn man sich das ganze Spektrum der Angebote vor Augen führt, fällt auf, dass viele der mit Kosten verbundenen Varianten umfangreicher sind. Häufig werden nicht nur Interessen, sondern auch Fähigkeiten abgefragt. An sich ist das schon mal ein Vorteil. Viele Angebote kreisen in einem Preisspektrum von 15–40 €. Also irgendwo für die meisten noch zu verschmerzen, selbst wenn der Test den gewünschten Effekt als leeres Versprechen hinterlässt. In meinen Workshops lobe ich zudem den Test „Explorix". Dieser überzeugt durch einen simplen Aufbau und punktet durch den Abgleich von Interessen und Fähigkeiten. Zudem gibt es ein Register mit entsprechenden Berufen, welche mit den Testergebnissen verbunden werden. Zusätzlich baut der Test auf dem RIASEC-Modell nach Holland[3] auf. Demnach gibt es verschiedene grundsätzliche Persönlichkeitsorientierungen. Hier eine grobe Übersicht, wofür die jeweiligen Buchstaben stehen:

R: Realistische Orientierung: Handwerklich-praktische Affinität.
(z.B. Handwerker, Ingenieur, Friseur)

I: Intellektuelle Orientierung: Forschend-abstrakte Affinität
(z.B. Naturwissenschaftler, Mathematiker

A: Künstlerische Orientierung: Kreativ-intuitive Affinität
(z.B. Musiker, Regisseur, Philosoph)

S: Soziale Orientierung: Emotional-interaktive Affinität
(z.B. Lehrer, Psychologe, Sozialarbeiter)

E: Unternehmerische Orientierung: Kommunikativ-führende Affinität
(z.B. Unternehmer, Versicherungsvertreter)

C: Konventionelle Orientierung: Administrativ-strukturierte Affinität
(z.B. Buchhalter, Sachbearbeiter)

Hierbei geht es nicht darum, sich nur einzig einer Orientierung zugehörig zu fühlen. Jeder von uns ist in vielen verschiedenen Bereichen erfolgreich und talentiert. Am Ende des Tests bekommst du eine Auswertung zu deinen Dimensionen auch in grafischer Darstellung. Grundsätzlich empfiehlt es sich, die Testergebnisse mit einem Außenstehenden zu besprechen, da man bei den ganzen Selbsttests manchmal den Wald vor lauter Bäumen nicht mehr sieht. Daher sind insbesondere Coachings – die wir uns gleich näher anschauen – so wertvoll. Wir sprechen eben nicht von einer Entscheidung, die dein Frühstück betrifft.

---

3 Holland, J. L. (1997). Making vocational choices: A theory of vocational personalities and work environments. Psychological Assessment Resources

Da lohnt es sich ein wenig Zeit zu investieren. Es lohnt sich also insgesamt, den Wald der Hilfsangebote zu durchforsten. Es gibt diverse Seiten im Internet, die allesamt wertvolle Impulse liefern. Dabei beschreiben viele zwar das gleiche Thema, jedoch unterscheiden sich die Blickwinkel.

Extra für **Early-Life-Crisis** hat das Online-Portal Seitenwaelzer.de einen Impuls-Artikel geschrieben. Seiten wie diese können dich durch Zufall auf einen neuen Gedanken bringen.

Seitenwaelzer.de

Wie helfen wir jungen Menschen bei allen Fragen rund um ihre Berufswahl?

Du hast noch keinen Plan, wie es nach dem Abitur weitergehen soll? Oder studierst du schon und möchtest dich gerne journalistisch und im Medienbereich ausprobieren? In beiden Fällen sind wir die richtigen Ansprechpartner. „Warum hat unsere Schule eigentlich keine Schülerzeitung?" Diese Frage stellte sich Robin Thier, der Gründer von seitenwaelzer, im Jahr 2011 und beschloss kurzerhand, selbst ein Magazin auf die Beine zu stellen. Aber nicht als selbstgedrucktes Heft: Im Internet sollte es sein, überregional und für jede/n zugänglich. Der Idee schlossen sich schnell eine ganze Reihe von Freiwilligen aus ganz Deutschland an und machten seitenwaelzer zu dem, was es heute ist: Das Online-Magazin für Studierende. Über 25 ehrenamtliche HelferInnen entwickeln Konzepte, schreiben Artikel und helfen SchülerInnen und Studierenden bei ihrem Weg ins Studium und bei der Berufswahl. Das ist möglich, da wir eine rein online arbeitende Redaktion sind, die ihren Hauptstandort jedoch in unserer Lieblingsstadt Münster hat.

Dabei möchten wir vor allem Studierenden eine Stimme geben und die Möglichkeit, sich journalistisch im Medienbereich auszuprobieren um das Wissen, das sie in der Uni gelernt haben, praktisch anzuwenden. Daher kann auch jede/r bei uns mitmachen: Als freie/r AutorIn, im Marketing oder bei der Entwicklung von neuen coolen Inhalten. Denn schon längst beschränkt sich unser Angebot nicht mehr nur auf Artikel rund um Schule und Studium: Podcasts, E-Books sowie rege Beratungstätigkeiten auf Messen ergänzen unser Portfolio. Die Themen bestimmen die AutorInnen und das geht von Inhalten zum Studium über gesellschaftliche Themen, Kultur und Lifestyle bis hin zu Politik oder Karriere. Aber eines liegt uns ganz besonders am Herzen: SchülerInnen bei der Zeit nach dem Abitur zu unterstützen – und zwar auf Augenhöhe. Aus diesem Grund haben wir zusammen mit der Wirtschaftspsychologin Amelie Haupt ein E-Book mit dem Titel „Abi – und dann?" geschrieben, das eine Stütze für die Zeit nach dem Abitur sein und SchülerInnen die Angst vor der großen Entscheidung nehmen soll.

Zu all deinen Recherchen gehört aber auch ein Feingefühl für die Balance. Du kannst es auch übertreiben. Irgendwann sind deine Informationsbalken gesättigt. Den Verlauf kannst du mit einer Parabel gleichsetzen. In diesem fiktiven Beispiel wäre bei einer Informationsmenge von 2 der Gipfel erreicht. Alles was darüber hinaus geht, spiegelt sich in einem geringeren Benefit wieder.

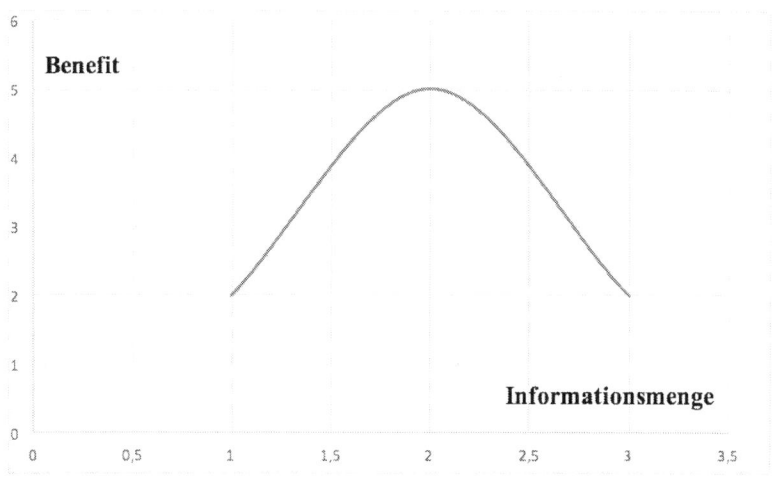

Wir können nicht jeden noch so kleinen Informationsspiltter in die Waagschale werfen. Genauso wie ein Kandidat bei „Wer wird Millionär?" nicht alles wissen kann, gilt auch bei der Studien- und Berufswahl die These „Mut zur Lücke". Wenn du darauf wartest, alles zu wissen und sämtliche Eventualitäten doppelt abzusegnen, verlierst du irgendwann den Blick für das Wesentliche. Es braucht den Zeitpunkt, an dem du einen Strich setzt und sagst: Soweit, so gut. Ich habe jetzt wirklich gründlich recherchiert und alles Weitere wird sich ergeben.

Coachings

Heute spielen wir im 4-4-2. Ganz klassisch. Voll auf Ballbesitz. Dann spielen wir die Konter gezielt aus und schlagen eiskalt zu. Das ist der Matchplan. Da kann nichts schiefgehen.

Mit einem Coach verbinden viele zunächst die Verknüpfung zu Fußball, Handball oder zum Turnen. Doch was macht ein Coach? In der Regel hat er Ahnung von der Sportart und kann sein Team motivieren bzw. taktisch einstellen. Er kennt die Stärken und Schwächen, hat das nötige Fingerspitzengefühl, Auswechslungen vorzunehmen und die Passung von Spieler und Position zu erkennen. Genau das macht ein Karrierecoach auch. Der entscheidende Vorteil ist: sowohl Fachwissen, Empathie und Objektivität sind vorhanden. Eltern und Freunde können zwar wertvollen Rat und Impulse geben, dazwischen grätschen aber leider auch einige persönliche Erfahrungen über viele Jahre. Wenn man jetzt noch bedenkt, dass die heutige Schule (wie gesagt gibt es Ausnahmen) eher „semigut" auf die Zeit nach dem Abi vorbereitet, ja, woher sollen und können wir wissen, was der nächste Schritt ist? Schauen wir uns zunächst einen Erfahrungsbericht an. Marcel gibt Einblicke, wie er sein Coaching damals erlebt hat.

Marcel (24), Hamburg

Warum habe ich mich für ein Coaching entschieden?

Nach der Schule war ich sehr unsicher, in welchen Bereich ich gerne gehen möchte und ein Coaching klang da am sinnvollsten, um ein paar Bereiche kennenzulernen. Ich kann es daher jedem empfehlen, der noch gar nicht weiß, in welche Richtung er gehen möchte. Da man sich beim Coaching aber auch selber informieren muss, würde ich es keinem empfehlen der schon ungefähr weiß, in welche Richtung er gehen möchte, da man sich dann auch gut selber informieren kann und dafür ist ein Coaching ein bisschen teuer für das, was es dann noch leistet. Während des Coachings wurde dann ein Test durchgeführt, der deine Stärken und Schwächen aufzeigt und dir anhand dessen Berufsvorschläge macht. Die Vorschläge waren zwar teilweise ein wenig abstrakt, aber man hat dadurch einen guten Überblick bekommen, in welchen Bereichen man überdurchschnittlich befähigt ist und in welchen nicht. Dadurch grenzt sich das Feld auch ein wenig ein, in dem man nach Berufen sucht.

Was möchte ich Abiturienten mit auf den Weg geben?

Schlussendlich habe ich mich entschieden, Biologie zu studieren, da dies auch das Ergebnis meines Coachings war. Nach dem Abschluss des Bachelors habe ich dann aber gemerkt, dass es doch nicht genau das richtige war. Trotzdem hat mir das Studium gezeigt, dass ich sehr gerne im Labor arbeite und daher mache ich jetzt noch eine Ausbildung für das medizinische Labor, in der ich mich sehr wohl fühle. Auch wenn es daher im ersten Moment nicht richtig klingt: studiert erst einmal etwas in der Richtung, die euch interessiert. Ihr lernt dadurch sehr gut, was euch eigentlich gefällt und es zeigt euch auch neue Wege auf, die ihr durch die Schule noch gar nicht kanntet.

Bei mir habe ich in der Schule nie im Labor gearbeitet und erst durch das Studium herausgefunden, dass es mir sehr viel Spaß macht und daher würde ich diesen Weg auch genauso wieder gehen. Aber denkt auf keinen Fall so wie ich, dass man mit einem Abitur studieren muss. Ein Studium ist nicht immer besser als eine Ausbildung. Macht auf jeden Fall das, was euch interessiert.

Das wertvollste am Coaching ist das individuelle und professionelle Feedback, so wie es auch die Tests versuchen; jedoch ohne den Faktor Mensch. Es ist schlicht und ergreifend wichtig, hin und wieder eine Rückmeldung zu bekommen. Wir überlegen, eruieren, schmieden und haben dann schon wieder eine neue Idee. Neben der wertvollen praktischen Erfahrung durch Praktika oder Unibesuche schließt der Coach die mentale Komponente. Ähnlich wie beim berufspsychologischen Service der Arbeitsagentur steht und fällt natürlich alles mit dem Coach und seiner Expertise. Du kannst auch ohne Probleme 1.500 € an einem Tag für ein Coaching auf den Tisch legen. Immer stellt sich die Frage: Ist das jetzt wirklich nötig? Ich selbst habe damals diverse Coachings in Anspruch genommen und würde die Frage folgendermaßen beantworten:

Theoretisch ist es absolut nicht nötig, so einen Haufen Geld für ein Coaching zu bezahlen. Die Impulse und Fragen, die man während des Coachings durchläuft, lassen sich auch im kleineren privaten Rahmen bearbeiten. Entscheidende Einflussfaktoren sind die eigene Selbstreflexionsfähigkeit, realistische Einschätzungen zu eigenen Interessen und Fähigkeiten sowie Wissen um die eigene Persönlichkeitsstruktur. Genau darum geht es ja im Coaching; diese gezielt zu identifizieren. Auf Spurensuche zu gehen nach dem Rahmen, der beruflich alles begleitet. Das ist per se verdammt schwer. Umso geringer deine Kompetenzen in diesem Bereich, umso eher der Gedanke an ein Coaching. Selbst wenn du schon grobe Ideen hast, wird das Coaching dir nicht schaden. Vielleicht geht es auch nur um eine Bestätigung deiner Ideen. Auch das kann den inneren Kritiker ruhigstellen. Ein Coaching ist also nicht essentiell. Es stellt eine weitere Säule dar, die dich im Gesamtentscheidungsprozess wirkungsvoll begleitet.

Im Endeffekt sprechen wir hier von Investitionen. Wir stecken so viel Geld in Kleidung, Urlaube oder Partys. Beim Coaching ist es so gesehen ein Investment in uns selbst. Das hat auch nichts mit Schwäche oder Minderwertigkeitskomplexen zu tun. Sich an entscheidenden Stellen im Leben Hilfe und Rat zu suchen ist vielmehr eine wichtige Kompetenz – auch im Berufsleben. Abschließend gibt uns Karrierecoach Gabriele David einen Impuls aus ihren Coachings.

Gabriele David, Karrierecoach

Was möchte ich jungen Menschen in puncto Berufs- und Studienwahl mit auf den Weg geben?

Es gibt mehr als 300 Ausbildungsberufe und fast 19.000 Studiengänge deutschlandweit – und jährlich kommen neue Studiengänge dazu. Dabei den Überblick zu verlieren, ist keine Kunst, sondern ein Fulltime-Job. Das sich heute immer mehr für ein Studium entscheiden ist nachzuvollziehen, aber nicht immer die beste Entscheidung, denn nicht jeder ist auch für ein Studium, geschweige denn ein Duales Studium geeignet. Ich hatte mal einen Teilnehmer auf einem Workshop und er war sich ganz sicher, dass er Medizin bei der Marine studieren werde. Als wir dann unter anderem darüber sprachen, mit was für Leuten er gerne zusammenarbeiten wolle, sagte er: „Ach, die sollen schön gechillt und nicht so angestrengt sein." Kaum hatte er das ausgesprochen, merkte er auch schon, dass da irgendwas nicht passte ... Es stellte sich heraus, dass die Idee bei der Marine zu studieren von seinem Opa kam. Das ist (bestimmt) eine gute Ausbildung, aber eben nicht für ihn. Er hatte das nun schon so viele Jahre „nachgesagt" und bestimmt hatte er es auch wirklich geglaubt, dass er es nie wieder in Frage stellte. Doch genau das sollte jeder tun, der sich mit seiner Berufung auseinandersetzt. Es reicht eben nicht nur, Verwandte und Freunde zu fragen sondern den Input, den man bekommt auch zu hinterfragen. Fragen wie: Wie möchtest du arbeiten, wo, mit was für Leuten? Was kannst du besser, als alle andern? Und was muss ein Job haben, damit er für dich zum Traumjob wird?

Gallup Consulting berät Unternehmen in den Bereichen Kunden- und Mitarbeiterzufriedenheit. Kurz: Sie erarbeiten Analysen wie Mitarbeiter z.B. einen guten Job machen und was sie dazu brauchen. Es gibt eine jährliche Studie, die zeigt, wie engagiert Mitarbeiter sind und es zeigt sich, dass (Stand 2015) nur 15% gerne zur Arbeit gehen und Spaß daran haben. Nur 15 Prozent!!!! Der Rest macht Dienst nach Vorschrift, hat innerlich gekündigt oder noch schlimmer ist aktiv-unengagiert. Wie schlimm muss das sein – für alle Beteiligten, abgesehen davon, was es die Firmen und die Wirtschaft kostet. Deswegen ist es mir eine Herzensangelegenheit, meinen Teil dazu beizutragen, dass diese Zahlen sich ändern und mit meiner Arbeit dafür zu sorgen, dass du zu den ersten 15% gehörst! Es gibt so viele Faktoren, die wichtig sind bei der Berufswahl, doch der Faktor Geld ist es bestimmt nicht. Es kann eine Motivation sein. Aber bitte nicht der Einzige. Denn das ist nur am Anfang interessant, doch wenn der Job keinen Spaß macht, dann ist die viele Kohle auch nur ein Schmerzensgeld, wofür man dann richtig hart arbeiten muss. Und genau das soll Arbeit nicht sein – harte Arbeit. Wenn man sich montags morgens aus dem Bett quälen muss und hofft, dass bald Freitag ist, nur damit man seinen (teuren) Lebensstil finanzieren kann, dann ist da irgendetwas massiv falsch gelaufen. Die Asiaten sagen immer so schön: wenn du tust, was du liebst, muss du nie wieder arbeiten.

Wer kennt das nicht, wenn man etwas gerne tut und Spaß dabei hat, dann merkt man gar nicht, wie die Zeit verfliegt und man so richtig im Flow ist. Genau so darf und soll es sich auch bei der Arbeit anfühlen, nur das erleben eben leider nur 15%! Wann bist du im Flow? Kann man daraus nicht einen Job machen? Viel wichtiger als Spaß ist aber auch der Sinn, den du in deiner Arbeit siehst. Denn es wäre ja gelogen, dass es immer nur Spaß macht. Doch wenn der größte Teil deiner Arbeit dir Freude macht und vor allem, wenn du einen Sinn erkennst in dem, was du tust, und das ist noch viel wichtiger, dann hast du auch Spaß. Wenn du das Gefühl hast, du bist ein Teil des großen Ganzen. Wenn du mit deinen Fähigkeiten die Probleme oder Bedürfnisse von Menschen lösen oder bedienen kannst, dann ist es, bewiesenermaßen, für dich am befriedigendsten und du wirst am meisten Spaß und Bestätigung in deiner Arbeit finden. Also überleg dir wo, in welchem Bereich deine Stärken am meisten bewirken können. Stell dir vor, bis zur Rente hat man durchschnittlich 36,7 Jahre (je jünger du bist, eher mehr) 75.000 Stunden oder 8.000 Tage. Da sollte man doch echt was machen, was einem Spaß macht, oder?

Stress

Wir haben bisher viel über die Schwierigkeit gesprochen, die „richtige" Ausbildung oder das „richtige" Studium zu finden. Unabhängig davon wie zufrieden du mit deiner Studien- bzw. Berufswahl bist, kann der Unterschied in den Anforderungen zur Schule mit einer vermeintlichen Randerscheinung zu tun haben: Stress. Was ist das eigentlich? Vielleicht kennst du noch aus Bio die Stunden zu den Hormonen. Ein Schlagwort in diesem Zusammenhang ist Cortisol; das Stresshormon. Auch Adrenalin und Noradrenalin haben ihren Anteil. Gebildet in der Nebennierenrinde führt Cortisol zu einer Stressreaktion im Körper. Evolutionär bedingt werden Kraftreserven mobilisiert und der Körper zum „Fight or Flight" vorbereitet. Wenn der Säbelzahntiger damals plötzlich vor dem Neandertaler stand, war dies auch klar von Vorteil. Wesentliche Zusammenhänge bestehen auch zum Immunsystem. Schon komisch, dass wir häufig nach den Klausuren im Urlaub krank werden. Wenn der Stress runterfährt, kommt auch die Immunabwehr zur Ruhe und zack liegen wir flach. Problematisch wird das Ganze bei chronischem Stress. Die Zahlen von Studenten und jungen Arbeitnehmern mit Burnout sind in den letzten Jahren erschreckend angestiegen. Je nach Erhebung ist jeder fünfte oder sechste Student betroffen. Die Idee um Bologna und dem Bachelor und Mastersystem hat einen Nebeneffekt: Alles wird getakteter. Und wenn alles getakteter wird, muss in kürzerer Zeit mehr Stoff bearbeitet werden. Nicht nur das: Der Umzug in die neue Stadt will organisiert werden, der Alltag selbst strukturiert und neue Freundschaften wollen geknüpft werden. Klausuren stehen an, Deadlines für Hausarbeiten hocken in Lauerstellung und das Erwachsenwerden läuft einfach so parallel. Es sind so viele Umbrüche, die nach dem Abi anstehen. So viele Herausforderungen, die es zu meistern gilt. Dazu gesellt sich noch der Anspruch an sich selbst. Je nach Fächergruppe ist eben auch ein gewisser Schnitt nötig, um den Wunschmasterplatz überhaupt zu erhalten. Das kann alles sehr frustrierend sein und einige Studenten haben latent die Pistole auf der Brust, die sie sich selbst auferlegen, um ihre Ziele im Marschschritt zur erreichen. Es erweist sich als keine schlechte Idee, sich gesund für das Thema Stress zu sensibilisieren.

Phasen mit mal mehr und mal weniger Stress sind ja völlig normal. Dann kapselt man sich halt mal eben in der Klausurenphase von der Außenwelt ab und verbarrikadiert sich in der Bib. Als ich in China war, habe ich „Zelt-ähnliche" Barrikaden in den Ecken der Bib entdeckt, was jetzt nicht unbedingt sein muss. Aber der Lern-Ethos in China ist nochmal ein The- ma für sich. Wichtig ist dennoch, zu versuchen, die Balance zu wahren. Auch Entspannung kann man planen. Du kannst beispielsweise mit deinem eigenen Belohnungssystem arbeiten: Von morgens 08:00 Uhr bis nachmittags 17:00 Uhr powerst du an den Spitzen der Klausurenphasen durch und abends hast du die WG-Party umso mehr verdient. Es gibt aber auch Kommilitonen, die sich dann abends nicht entspannen können, weil sie ein schlechtes Gewissen haben. Da beißt sich die Katze selbst in den Schwanz. In diesem Fall bist du zwar den ganzen Tag am Schreibtisch, kannst aber dennoch nicht abschalten. Ein Teufelskreis aus Ruhelosigkeit, Gewissens- bissen, Isolation und Druck bahnt sich seinen Weg. Kostja, ein Freund von mir, bezeichnet einen wichtigen Parameter in stressigen Zeiten als „Sozialbalken". Hier geht's nicht um Barren oder Reckstangen; gemeint ist die Energie im Treffen anderer Menschen. So sucht er nach Tagen des Abschottens vor dem Schreibtisch bewusst und gezielt den Kontakt zu seinen Freuden und lädt seine Sozialbalken auf. Denn auch diese sollten nicht zu kurz kommen. Du kennst sicher die „Freundschaften sind wie Bäume, die man mal gießen muss"-Metapher. Manfred zeigt uns in seinem Bericht, wie man unter anderem mit Stress umgehen kann. Ich kenne ihn von mei- nem wissenschaftlichen Gap-Year damals. Zudem eröffnet er die Perspek- tive, dass man auch mit Anfang 40 noch studieren kann. Wie kein Zweiter hat er schon damals die Devise personifiziert, dass man zusammen stärker ist. Die Idee Lerngruppen zu bilden, Unterlagen gegenseitig zur Verfügung zu stellen und nicht Bücher in der Bib aus Wettbewerbseifer zu verstecken, kann auch deinem Stressempfinden entgegenwirken.

Manfred, Lüneburg

Was bedeutet Stress im Studium für mich?

Als der Verfasser des Buches mich angesprochen hat, meine Erfahrungen mit Studium und Stress zu beschreiben, fie l mir eine ganze Menge dazu ein. Schließlich hatte ich im zarten Alter von ca. 43 Jahren angefangen, mein Abitur nachzuholen, mit dem Ziel Psychologie zu studieren. Ich war vermutlich – nein ich war ganz sicher – in der Midlife-Crisis und hatte die feste Absicht, mein Leben zu verändern. Nach erfolgreich bestandenem Abitur, bewarb ich mich an einer Universität in Lüneburg. Nach der Abitur-Prüfung der nächste Stress: Ich musste zum Zulassungstest, weil meine Note, (1,7)!! nicht ausreichte. Da war sie wieder: Meine Freundin, die Prüfungsangst. Sie war im ähnlichen Alter wie ich und hatte mich schon gefühlt mein ganzes Lern-Leben lang begleitet. Sie war mit mir ergraut und war der Grund, warum ich keinen Bock auf Prüfungen hatte. Um diese Geschichte abzukürzen: Zulassungstest verhauen, dann eingeklagt – 1 Tag vor Semesterbeginn bekam ich die Zusage, dem Anwalt sei Dank. Also der Weg zum Beginn des Studiums war schon mit Stress gepflastert. Im Studium habe ich Kompensationsmaßnahmen ergriffen.

Kompensation durch Nahrung, mit Sport aufgehört, im ersten Semester habe ich 10 Kilo zugenommen. Diesen Kulturschock musste ich erst einmal überwinden. Stress im Studium habe ich erlebt, insofern, dass ich fast jedes Semester hinschmeißen wollte. Ich hatte regelmäßige Verspannungen im Rückenbereich und bin regelmäßig zum Physiotherapeuten gegangen. Ich fuhr öfter zu schnell mit dem Auto sodass ich mir 3 Punkte eingefahren habe. Ich hatte das Gefühl, der Stress war wie ein Strudel, er hörte nicht auf aber ich wusste auch, ich habe es selbst in der Hand, ob er mich vereinnahmt. Ich wusste, ich kann einiges tun, damit es mir besser geht, z.B. durch bessere Ernährung, mehr Bewegung, Vitalstoffe, Meditation oder der Austausch mit anderen.

Was möchte ich jungen Menschen mit auf den Weg geben?

Wenn Du durch das reale Leben geprägt wurdest, hast Du Schwierigkeiten, einiges was dort von den Kanzeln des Elfenbeinturmes Universität gepredigt wurde, anzunehmen. Meine Meinung: schielt nicht zu sehr auf die Noten. Im Studium geht es oft um die Noten, die sind aber oft zweitrangig bei der Jobsuche, da geht es um mehr: Persönlichkeit, Sympathie, und: wie gehe ich mit Aufgabenstellungen und Niederlagen um. Wenn Du es gewohnt ist, gute Noten zu schreiben und bei einer Zensur von schlechter als 2,0 schon in Tränen ausbrichst, wie willst du dann wirkliche Niederlagen meistern? Denn davon hält das Leben dir in einigen Abständen immer welche parat. Das Leben kennt keine Noten von 1 bis 6. Das Leben ist wie eine Sinuskurve. Du hast glückselige Zeiten im Leben und dann bekommst Du mal wieder voll in die Fresse. Das nennt sich Leben. Und lass Dir Zeit bei Deinem Studium, mach Dir ne´ gute Zeit, arbeiten kommt noch früh genug. Beweg Dich regelmäßig, als Student brauchst Du Ausgleich. Ich gehe regelmäßig zum Kickboxen, sowas tut mir gut, um Stress abzubauen und Dampf abzulassen. Und such´ Dir Verbündete, geh´ mit anderen gemeinsam durchs Studium, bildet Lerngruppen, redet über den Stoff, so hast Du es leichter. Gemeinsam geht´s. Und versuch´ Dir ein Stück kindlich naive Unbeschwertheit zu erhalten, ist gar nicht so einfach.

Wir können Stress nicht ganz vermeiden. Ein gesundes Stresslevel ist sogar von Vorteil und lässt uns leistungsfähig sein. Wenn wir eine Balance finden, uns sensibilisieren für „jetzt ist es genug" und einen Ausgleich finden, sind erste Schritte getan. Meditationen oder Achtsamkeitsübungen können vorbeugen. Aber genau so auch einfach entspannte Treffen mit guten Freunden. Wie im Kapitel zum Ehrenamt bereits skizziert, obliegt dem Thema der Erholung ein wichtiger Faktor. Laut Sonnentag & Fritz[4] kann zwischen vier Erholungserfahrungen unterschieden werden: Relaxation, Control, Detachement und Mastery. Relaxation bezieht sich auf die rein physische Erholung. Also Couch und Netflix oder einfach auch ausschlafen. Detachment hingegen bezieht sich auf die psychische Komponente: Kannst du also wirklich vom Studium oder der Arbeit abschalten? Control bezieht sich auf die Kontrolle deiner Arbeits- bzw. Freizeitgestaltung.

Wenn es heißt Feierabend bzw. Uni-Schluss, ist es dann auch wirklich so, oder funken etwaige Anrufe vom Chef dazwischen? Im Gegensatz zu den drei bisherigen Erholungskomponenten ist Mastery eher aktiver Natur. Wie am Beispiel vom Ehrenamt illustriert geht es hier um aktiven Ressourcenaufbau. „Feed your brain" könnte die Devise lauten. Also: geh' raus und entdecke. Setz' dich einfach mal in eine andere Vorlesung und tue etwas Neues. Sei es im Sportverein, bei der Uni-Organisation oder den

---

4 Sonnentag, S., & Fritz, C. (2007). The Recovery Experience Questionnaire: development and validation of a measure for assessing recuperation and unwinding from work. Journal of occupational health psychology, 12(3), 204.

Stammtischen. Wenn du merkst, dass die Akkus in unterster Reserve sind, du dich über einen längeren Zeitraum ausgelaugt fühlst, beginnst sonst so erfreuliche Aktivitäten zu vernachlässigen oder körperliche Symptome entwickelst, dann ist es Zeit zu handeln. Es ist dann sogar deine Pflicht den „bystander-mode" zu verlassen und das Heft in die Hand zu nehmen. Schließlich weiß sonst niemand, was innerlich in dir um 4 Uhr nachts vorgeht. Lisa zeigt uns ihren Weg zum Urlaubssemester und warum das jetzt genau der richtige Moment war. Sie hat erkannt, dass ein wenig Steckerziehen absolut notwendig war in ihrer Situation.

Lisa (26), Hamburg

Was bedeutet Stress im Studium für mich?

Stress im Studium entsteht bei mir durch die vielen Prüfungen. Nicht selten hatte ich 9 Prüfungen in einem Semester. Da ich ein sehr hoch ausgeprägtes Leistungsmotiv habe, möchte ich Prüfungen immer besonders gut absolvieren, was auf der einen Seite zwar funktioniert, allerdings (zumindest in den Prüfungsphasen) zu einem ungesunden Lebensstil führt. Um das alles zu schaffen, zwinge ich mich zum Beispiel einfach weiter zu lernen, auch wenn ich von heftigen Kopfschmerzen geplagt werde. Grundsätzlich kann ich vor Prüfungen auch nie schlafen, was besonders bei vielen aufeinanderfolgenden Prüfungen zum Problem wird. Ernährung, Freunde treffen und alles, was mir sonst guttut, kommt in der Prüfungsphase immer bedeutend zu kurz. Da ich mich im Zweitstudium befinde, muss ich alles selbst finanzieren und arbeite viel neben der Uni. Um das alles gut zu bewältigen halte ich (abgesehen von der Prüfungsphase) gleichzeitig mein soziales Leben aufrecht, finde trotzdem immer Zeit für Freunde und Sport, was dazu beiträgt, dass ich nie wirklich zur Ruhe komme. Allerdings wirken positive Dinge für mich wie ein Puffer, durch den ich für die verpflichtenden Dinge im Leben (z.B. Prüfungen) wieder neue Kraft und Motivation bekomme.

Was möchte ich jungen Menschen mit auf den Weg geben?

Ich denke das Wichtigste, was ich anderen Menschen mit auf den Weg geben möchte ist, dass man achtsam sein sollte, so banal das klingt. Jedem Menschen tut etwas Anderes gut, nur man selbst kann herausfinden, was das ist und was man braucht. Indem man Aufmerksamkeit schenkt und das umsetzt, trägt man dazu bei, dass man ein ausgeglichenes und zufriedenes Leben hat. Wichtig ist es, auch wenn man viel leisten möchte, auch gezielt Pausen einzulegen, einen Weg zu finden und abzuschalten. Wie man das schafft ist individuell verschieden. Gerade bei einem ausgeprägten Leistungsmotiv ist das manchmal aus meiner Erfahrung heraus nicht so leicht. Mir hat es geholfen mir immer vor Augen zu führen, wie wichtig Leistung in dem Moment ist und nur so viel zu investieren wie nötig ist, um zum gewünschten Ergebnis zu kommen und meinen Zwang nach Leistung ein wenig abzuschwächen, indem ich beispielsweise Treffen mit Freunden und neuen Hobbies mehr Bedeutung zugeschrieben habe. Menschen um einen herum zu haben, die dich für etwas Anderes lieben, als die Einsen die du schreibst, sind Gold wert. Grundsätzlich denke ich, dass jeder seine eigenen Erfahrungen machen muss, eigene „Fehler" begehen muss, um zu lernen, ganz egal was ich hier niederschreibe. Wichtig ist nur zu wissen: Funktioniert eine Sache nicht oder macht nicht glücklich, gibt es so viel, was man stattdessen tun kann und früher oder später wird man eine Lösung finden, auch wenn es Jahre dauert. Also immer dranbleiben und trotz des ganzen Stresses nicht aufhören zu leben!

Ich kenne viele aus meinem Freundes- und Bekanntenkreis, die auch schon psychologische Hilfe in Anspruch genommen haben. Bei all dem Druck, der von außen und durch sich selbst aufgebaut wird, muss es auch mal erlaubt sein zu sagen: Es reicht. Wie hat man damals im Kindergarten gelernt: „Wenn du ‚Stopp' sagst, hört dein Gegenüber auf dich zu ärgern. Mit dem Unterschied, dass dieses ‚Stopp' durch ein verhaltenes leises Summen nicht gehört wird. Sich einzugestehen, dass ein Break vonnöten ist, ist kein leichtes Unterfangen. Viele Faktoren grätschen in das fragile Gebäude aus Anforderungen der Uni oder Arbeit, aus heiterem nichts sich trennenden Freundinnen oder Freunden und Sentimentalitäten verbunden mit der Heimat oder einfach den „guten alten Zeiten". Auch wenn es manchmal schwerfällt: Es gilt Ruhe zu bewahren und vor allem ehrlich zu sein mit sich selbst. Wir stehen uns gegenüber in der Verantwortung zu handeln, und innerlich aufzuräumen. Wenn du mit einer Bronchitis im Bett liegst, gehst du zum Arzt. Und mit schwerem psychischen Leiden? „Ne, das wäre ja ein Eingeständnis von Schwäche und Scheitern." Bullshit. Wenn der Punkt erreicht ist und du wirklich merkst, dass es größere Kaskaden aus

Leid und körperlichen Symptomen mit sich bringt, dann hol' dir den gelobten gelben Schein und gönn' dir eine Auszeit. Egal welche Deadline da auf dich wartet. Wenn wir mit 90 Jahren irgendwo im Schrebergarten sitzen und uns mit langjährigen Wegbegleitern über die Höhen und Tiefen unseres Lebens austauschen, werden wir uns sicher nicht an die eine Deadline am 31.03 zur Hausarbeit XY erinnern. Es gibt so einiges, was mehr zählt.

Drogen

Oft wird versucht dieses Thema unter den Tisch zu kehren. Dennoch darf der Umgang mit Drogen nicht totgeschwiegen werden. Dabei sind Drogen nicht immer nur rein spirituelle Ausflüge in der Nacht von Samstag auf Sonntag; die bittere Wahrheit heißt leider auch, dass sie als Stressventil missbraucht werden können. Sofort kommt der Ritalin nehmende Jurastudent ins Gedächtnis. Aber nicht nur das; bestimmte Freundeskreise in der Schule und Uni lauern mit weiteren Frohlockungen. Wie so oft ist wohl die Dosis kriegsentscheidend. Beim Thema Cannabis sind wir bereits mitten drin in einer politischen Debatte. Wenn man sich im Freundeskreis so umschaut: Solange der Konsum von was auch immer im Rahmen bleibt, bleiben die Beteiligten absolut leistungsfähig. Schwierig wird es, wenn der Konsum unkontrolliert wird und die Hemmschwellen zu weiteren Exzessen stetig sinken. Erinnerst du dich an deinen ersten Absturz vom Alkohol? Du hast deine Erfahrungen gemacht, was auch sehr wichtig ist. Dennoch können Drogen welcher Art auch immer (außer vielleicht Koffein im Kaffee? Nein Spaß) niemals als langfristige Coping-Strategie aufgezählt werden. Ich kenne persönlich ein oder zwei Kandidaten, die leider gewissermaßen hängen geblieben sind. Sie stagnieren im Job und haben einen Großteil ihrer früheren Leichtigkeit verloren. Es soll hier keine Weisheiten oder Bekehrungen gehen; wenn du dies als Impuls verstehst, über deine Einstellung zum Umgang mit Drogen nachzusinnen und kritisch zu hinterfragen, bin ich mehr als zufrieden. Georg zeigt uns sehr persönlich seinen Umgang mit dem Thema, wofür ich ihm nochmals überaus danke.

Georg (20), Hamburg

Sind Drogen in Ausbildung und Studium ein Tabuthema?

In kleinem Rahmen von Drogen zu sprechen ist kein simples Unterfangen. Jeder Mensch hat seine persönliche Perspektive darauf und ist geprägt von eigenen Erfahrungen und Beobachtungen, den Einstellungen von Menschen im eigenen Umfeld, sowie dem Bild von Drogen, welches über Medien und im öffentlichen Gespräch vermittelt wird. Viele Betrachtungsweisen, die wichtig zu berücksichtigen sind, können in dieser Kürze nicht hinreichend behandelt werden. Dieser Beitrag soll einen Impuls geben, dich zu kritischem Denken anzustoßen oder deine Überlegungen voranbringen. Premieren sind einmalig und werden häufig als unvergleichliche Konsumerfahrung wahrgenommen. Das gilt natürlich nicht für jeden Einzelnen und schon gar nicht für jede Droge. Obwohl eine Droge tendenziell zu Effekten ähnlicher Natur führt, verarbeitet jede Person und jeder Körper die Stoffe und Eindrücke auf eigene Weise und auch nicht bei jedem weiteren Mal gleich. Dazu kommt, dass Drogen außerhalb gesetzlicher Überwachung hergestellt und gehandelt werden, somit sind ihre Inhaltsstoffe nicht auf einen Standard geprüft, der zu zuverlässiger Wirkung führen könnte. (Um Sicherheit vor dreckigen Mixturen zu bieten, stehen in der Schweiz und in Österreich Testlabore zur Verfügung, deren Besucher strafrechtlich nicht verfolgt werden, nachdem sie ihre gekauften Drogen zur Analyse bringen.) Als entscheidend für die Drogenerfahrung gelten außerdem die innere Verfassung des Konsumenten, genannt „(Mind-) Set", und der Kontext in dem konsumiert wird, genannt „Setting". Beispielsweise sind ein leerer Magen, ein gestresster Kopf, eine zuversichtliche Einstellung, ein ausgeglichenes Körpergefühl und Lust, Unlust, Angst verschiedene Einflüsse des Sets die ein unterschiedliches Erleben zur Folge haben. Das Vertrauen in die anwesenden Personen, die Musik, das verfügbare Zeitfenster oder der Ort des Geschehens sind Beispiele für bedeutende Merkmale des Settings. Diese Faktoren ehrlich einzuschätzen hilft dabei, die Erlebnisqualität vorherzusagen und sich im Nachhinein Zusammenhänge zu erklären. Wie eine Substanz wirkt und empfunden wird ist also von Vielem abhängig und ist nicht zwingend über die Zeit stabil. Diese Variabilität macht es wissenschaftlicher Forschung schwer, verlässliche Ergebnisse zu finden, auf die Argumente gestützt werden könnten. Menschen berichten immer wieder vom möglichen Gewinn an Perspektive und der Erweiterung des Bewusstseins durch Erfahrungen mit psychoaktiven Substanzen, doch diese sind nicht messbar und damit wenig nützlich für die Wissenschaft. In durchgeführten Studien zeigten Psilocybin-haltige Pilze („Magic Mushrooms") bei den Teilnehmern eine Verbesserung der Depressionssymptomatik und in den USA wurden mit Hilfe von MDMA (Hauptwirkstoff in Ecstasy-Pillen) Trauma-Patienten mal mehr, mal weniger erfolgreich therapiert. Cannabis kann spastische Bewegungsstörungen bei Epileptikern unterbinden und es gibt Hinweise darauf, dass gewisse Cannabinoide das Wachstum von Krebszellen erschweren. In diesen Fällen sind die Behandelten bereits in irgendeiner Form erkrankt und die Mittel werden gezielt eingesetzt. Für gesunde Menschen sind vor allem Schädigungen der Gesundheit bewiesen. Welche Risiken der Konsum für das langfristige Wohlbefinden birgt, aber auch welche unentdeckten nützlichen Potentiale in den Substanzen stecken, bedarf weiterer Forschung. Drogen sind Nervengifte, deren Folgen – nämlich die Vergiftung unseres Körpers – wir in Kauf nehmen um die wünschenswerten Effekte zu erleben. Teils bewusst, teils unbewusst betreiben wir eine Berechnung, in der wir Nachteile und Vorteile abwägen um Entscheidungen zu fällen. In diesem Punkt sind sie mit anderen Genussmitteln vergleichbar.

Um diesen Prozess zu einem möglichst passenden Ergebnis zu führen, ist es wichtig sich im Vorhinein mit der eigenen Person auseinanderzusetzen und sich hilfreiches Wissen anzueignen. Das ist nicht gerade einfach, da viele Informationsquellen nicht nur aufklären wollen, sondern bspw. eigene Interessen vertreten. Sei dir stets bewusst über die Güte deiner Informationsquelle: Erfahrungsberichte in Internetforen (ein gut gefülltes Forum ist „Eve & Rave") bieten sehr interessante Einblicke in persönliche Erlebnisse, jedoch tendieren einige Forennutzer dazu, ihren Konsum zu verherrlichen. Beachte außerdem, dass ein Verkäufer in der Regel gut von seinem Zeug sprechen wird. Auf der anderen Seite stehen die Artikel vieler Journals und Webseiten, die vor allem der Vertretung von Meinungsbildern dienen. Sie wollen die Erwartungen ihrer Leser erfüllen und beschränken sich daher auf Nennung der Gefahren oder übertragen Einzelfälle auf die Allgemeinheit. Neben der undurchsichtigen Wissensbeschaffung sind auch Vorgänge im Inneren alles andere als transparent zu beobachten. Entgegen der Annahme, dass wir uns klar und bewusst über unser Verhalten und Erleben sind, handeln wir manchmal aus Motivationen, die nicht auf den ersten Blick ersichtlich sind. Drogen können viel Freude und interessantes Gedankengut bringen. Man kann sich in ihrer Welt neu entdecken und unbekannte Facetten des Selbst kennenlernen. Sie einzunehmen ist aber oft nicht nur im „Spaß an der Freude" begründet, sondern unterliegt vielschichtigen Hintergründen. In meinen Jahren eigener Erfahrung war ich anfangs durch Neugierde motiviert, habe neue Menschen aus der spannenden Untergrundszene kennengelernt und konnte Erfahrungen machen, die ich für mein weiteres Leben als sehr bereichernd sehe. Später habe ich mich etwas an die Drogenwelt gewöhnt. Ich fand darin interessante Beschäftigung und so dienten mir Drogen als Zufluchtswelt. Sie verdrängten vorrübergehend alltägliche Herausforderungen und Probleme des eigenen Ichs. Das Selbst ist einem jedoch immer sehr nahe. Um zu vermeiden, dass es mich in einer Chill-Situation ständig an anstehende Aufgaben erinnert, gönne ich mir Freizeit heute in geeigneteren Momenten und kann sie dadurch vollends genießen. Unser Bewusstsein versucht stets ein vertretbares Selbstbild aufrechtzuerhalten. So kommt es, dass wir uns unser unvernünftiges Verhalten auf angenehme Weise erklären. Beispielsweise gab es für mich Zeiten, in denen im Tagesverlauf kein Weg um ein Treffen mit Freunden herumführte. Ich erklärte mir und meinen Eltern, dass mein Bedürfnis nach Geselligkeit doch berechtigt sei. Dass jedes Chillen auch mindestens ein paar Joints versprach, war jedoch entscheidend für mich und alle anderen Anwesenden. Zu dieser Zeit habe ich so etwas nicht ehrlich angesprochen und es war mir auch nicht ganz klar. Die Entscheidung, etwas zu konsumieren kam nicht aus Überlegung, sondern es reichte ein kleiner Impuls um alles Sonstige liegen zu lassen. Erst wenn ich nach Hause kam wurde ich wieder mit meinen Pflichten und Verantwortungen konfrontiert, also blieb ich lange draußen. Das hatte wiederum zur Folge, dass meine Aufgaben unbearbeitet blieben und sich keine Lösung für sie ergab. Probleme, ungeklärte Themen und meine eigenen Ideen und Träume häuften sich an, ohne dass ich Fortschritte erkennen konnte und das Gefühl der Stagnation war mir sehr unangenehm. Gewohnter Weise begegnete ich dem mit weiterem Chillen ... ihr erkennt einen Teufelskreis.

Aus so einem Kreis herauszutreten ist in der Regel ein langer Prozess und beinhaltet viele kleine, wichtige Teilschritte. Meine erste Ausbildung scheiterte mangels Begeisterung für den Beruf und aufgrund des exzessiven Kiffens, was mich körperlich beeinträchtigte und einen klaren, wachen Geist verhinderte. Durch Zufall kam ich nach einiger Zeit auf ein neues Thema und begann ein Studium, in dem ich mich bis heute richtig aufgehoben finde. Ich hatte also Aussicht auf drei gute Jahre interessanten Studiums und steckte trotzdem noch in alten Gewohnheiten, die es mir erschwerten, mich neuen Herausforderungen zu stellen. Um dem zu entgegnen griff ich spontan zu Bewältigungsmethoden, die mir nahe lagen: Mittel besorgen. Für ein paar Lernsitzungen hat mir Ritalin gut geholfen, doch die Bequemlichkeit kann schnell abhängig machen. An diesem Punkt wollte ich aus eigener Kraft Veränderungen bewirken und nicht nur kurzfristig handeln. Zu spüren, dass die neuen Interessen immer bedeutender wurden, motivierte mich weiter an mir zu arbeiten. Mit der Begeisterung für das neue Fach hatte ich Glück, denn von Gewohnheiten loszukommen gelingt sehr viel besser, wenn man neue hat, auf die man zusteuert! Heute nehme ich Herausforderungen sehr viel ernster. Ich erkenne in ihnen die Chance zu wachsen und sehe, dass mein Tun bedeutend für die Umsetzung meiner Ideen ist. Das heißt nicht, dass ich durchweg diszipliniert bin, ich habe nach wie vor viel Freizeit. Doch wenn es mir wichtig ist, treffe ich vernünftige Entscheidungen und stehe zu ihnen. Ich versuche geduldig mit mir zu sein, wenn etwas nicht gelingt wie erhofft. Drogen und ähnliche Mittel haben vielerorts einen schlechten Ruf, was zu Angst vor ehrlichen Gesprächen führt.

Wer jedoch im Vertrauen seine Gedanken preisgibt und auf ein offenes Ohr hofft, zeigt Reife und verdient einen respektvollen Umgang. Drogen sind nicht einseitig. Ich möchte keine Meinung vorlegen. Jeder Mensch kann seinen individuellen Umgang mit Drogen finden. Im eigenen Inneren gibt es ehrliche Antworten. Peace.

Outing

Eigentlich sollte dies kein Tabuthema sein, wird von vielen aber leider immer noch so aufgefasst; die Rede ist vom Outing. Im Zuge der Ausbildung, der Auslandserfahrung oder des Studiums befindet sich die Adoleszenz in ihrer Blütezeit. Es geht nicht nur um Identität im Job und in der Uni – vielmehr nimmt der Baumeister der eigenen Persönlichkeit feste Konturen an. Es ist schon erschreckend, dass Homosexualität bis in die 70er Jahre als psychische Störung diagnostiziert wurde. Heute ist die Gesellschaft offener für neue Lebensentwürfe. Es kann doch ein jeder seine Sexualität gestalten wie er möchte, lautet der verbreitete Grundsatz. Dennoch lassen einige Studien vermuten, dass Diskriminierung am Arbeitsplatz aufgrund der sexuellen Orientierung keine Seltenheit ist. Dabei geht es weniger um öffentlich-sichtbare Diskriminierung. Der Charakter ist meist latent und unausgesprochen – insbesondere in älteren konservativen Generationen. Mit unserer Generation wächst die Selbstverständlichkeit von Freiheit und Toleranz. Wie sich das alles anfühlt, zeigt uns Helen mit ihrem Erfahrungsbericht.

Helen, (22)

Wie kam es zu meinem Outing an der Uni?

Erfahrungen Teilen ist wichtig, genauso wichtig ist es seine eigene Persönlichkeit ausleben zu können. Dies ist jedoch erst möglich, wenn man mit sich im Reinen ist. Die große Frage ist, wie man das macht, wenn man zum Beispiel noch Zweifel daran hat, wie andere einen sehen. Einer der wichtigsten Schritte für mich war ein Auslandsjahr in Kanada. Dort habe ich aber nur den Grundstein legen können. Ich habe angefangen offen mit meiner Sexualität umzugehen und keinen Großen Wind mehr darum zu machen. Es wurde zum Alltag. Einem Teil von mir, einem Teil den ich begann zu akzeptieren. Mit diesem Teil habe ich auch angefangen mich selber mehr kennen- und lieben zu lernen. Zurück in Deutschland bin ich für eine Zeit wieder in ein Loch des Schweigens gefallen. Ich bin quasi zurück in meinen Schrank (closet) gestiegen. „Wieder im prüden Deutschland", habe ich gedacht und mich versteckt. Doch dann kam der erste Tag in der Uni, die Ersti-Woche und die ersten Gespräche mit Kommilitonen. Schneller als ich gucken konnte war ich in Deutschland als homosexuelle Studentin komplett angekommen und es gab in der Uni nicht eine komische Reaktion. Im Gegenteil, die Leute waren interessiert und haben gratuliert. Studenten und Dozenten waren und sind unglaublich unterstützend und zuvorkommend. Nun klingt dies, als würde ich jeden Tag darüber nachdenken und mich mit meiner Sexualität beschäftigen. Wenn ich dies tue, dann ist es jedoch mein freier Wille, denn alle gehen sehr respektvoll mit diesem Thema um. In der Schulzeit kann und konnte ich mir diese Art der Reaktion nicht ausmalen und habe es deshalb in der Zeit auch nicht offengelegt, jedoch auch mir selbst gegenüber nicht zugestanden. Man kann meinen Weg also als holprig beschreiben, aber mit Beginn der Uni Zeit als eher ebenen Prozess zur Selbstakzeptanz und sozialen Anerkennung. Möglicherweise ergaben sich genau aus dieser Outing-Situation auch Chancen, einige zur Kommunikation mit anderen und einige die einfach halfen Menschen in schwierigen Phasen ihres Lebens zu verstehen und nachzuvollziehen was sie durchmachen. Mich haben diese ersten 4 Semester bereits sehr geprägt und weitergebracht; ich arbeite in vielen Komitees mit, habe selber eines wiederaufgebaut, bin im StuRa und wurde in den Fakultätsrat gewählt um dort die Studenten zu vertreten. Habe ich also Einschränkungen? Nein, im Gegenteil, ich kann leben wie jeder andere, Vorbild sein, wegweisen, unterstützen und Unterstützung annehmen. Wenn ich gefragt werde, welche Tipps und Ratschläge ich habe, muss ich nicht lange nachdenken. Die Universität ist ein anderer Ort, als die Schule, die Studenten sind älter, reifer, haben weniger peer Group Bildungen und es gibt so viele Möglichkeiten, sich mit anderen anzufreunden. Die Diversität ist zum anderen höher und man fühlt sich nicht als einziger bunter Hund unter vielen „normalen", sondern als weiterer, wunderschöner Farbklecks auf einer vielfältigen Leinwand. Letztendlich sind Erfahrung subjektiv und jeder Mensch muss für sich entscheiden, was das Beste ist, aber für mich kann ich sagen, dass ich nichts bereue und/oder verändern würde. Zum Abschluss noch eins, meine Freunde sind alle heterosexuell und ich habe somit keinen Kontakt zur „Szene" gehabt, aber alleine gefühlt habe ich mich nie. Meine Kommilitonen sind sogar maßgeblich daran beteiligt, dass ich nun seit einem halben Jahr in einer Beziehung sein darf. Sie haben mich ermutigt zu Daten und mich Dinge zu trauen, mir Ratschläge gegeben soweit sie konnten und mitgefiebert. Abschließend sage ich, es wird besser und es wird normal. Macht es nach eurer Zeit, wenn ihr euch bereit fühlt. Lasst euch zu nichts überreden oder in irgendeiner Situation unter Druck setzen und wenn etwas ist, dann holt euch Hilfe. Danke, dass ich diese Geschichte mit euch teilen durfte.

In den Gesprächen mit Helen konnte ich eines mit Nachdruck feststellen, was wir alle uns vor Augen führen sollten. Sexualität in welcher Form auch immer hat nichts – aber auch wirklich nichts – mit Entscheidungen zu tun. Es ist einfach so. Warum bist du so groß wie du bist? Warum hast du blaue oder braune Augen? Alleine schon aufgrund dessen ist es in jeder Sicht vermessen, die sexuelle Orientierung anderer zu verurteilen. Die sexuelle Identität ist ein Baustein deines gesamten Lebenskatalogs. Ich glaube, dass auch Parallelen zur beruflichen Identität bestehen. Kannst du also voll und ganz du selbst sein? Dies fördert volle Potentialentfaltung Später beschäftigen wir uns mit dem „Schlüssel-Schloss-Prinzip" der Studienwahl. Hier sehen wir die fundamentale Relevanz der eigenen Identität als Grundlage für jegliche Abwägung zwischen den verschiedenen Ausbildungs- und Studienalternativen. Als Quintessenz zum Outing können wir festhalten: Leben und leben lassen. Ganz einfach.

Junge Elternschaft

Na, wann möchtest du Kinder haben? Bzw. möchtest du es überhaupt? Manchmal ist es geplant, manchmal auch nicht und geht schneller als man denkt. Die Ratio in uns gibt uns wohl den folgenden Rat: Über Nachwuchs ist erst nachzudenken, wenn wir selbst auf eigenen Beinen stehen, Ausbildung oder Studium auch wirklich abgeschlossen haben. Rein logisch spricht da wohl nichts gegen. Auch zur Heirat flüstert der innere Skeptiker: Ist es jetzt auch wirklich die oder der Richtige? Die „richtige" Antwort auf diese Frage gibt es wohl nicht. Wenn ich so auf junge Eltern in meinem Umkreis schaue, darf man einfach nicht vergessen, wie schlagartig sich das Leben ändert. Du hast nicht mehr nur die Verantwortung dir selbst gegenüber. Vielmehr wartet da ein kleiner Rabauke auf deine volle Aufmerksamkeit. Man darf auch nicht erwarten, dass die eigenen Eltern in die Bresche springen. Sie sind zwar eine essentielle Hilfssäule; grundsätzlich sollten wir aber schon alleine mit der Partnerin oder dem Partner Lösungen haben. Aber selbst, wenn es Anfang 20 passiert. Es ist machbar und wohl obendrein ist es eine der schönsten Dinge, die so zu erleben sind. Der Moment, wenn du den ersten Schrei im Geburtssaal vernimmst. Ich kann es mir nur vorstellen. Zahlreiche Elternnetzwerke können unterstützen. Fabian ist wohl einer der stolzesten Daddys, die ich kenne. Er lässt uns an seinem persönlichen Glück teilhaben und beschreibt, wie sich das anfühlt.

Fabian (29), USA
Was bedeutet für mich Elternschaft im Studium?

Für mich war es schon immer klar, dass ich eines Tages Kinder haben möchte. Das dies nun ausgerechnet während meines Studiums passierte, war jedoch nicht geplant. Ich hatte im Jahr 2016, noch vor meinem Studium, meine Frau geheiratet. Uns beiden war es schon sehr wichtig, eines Tages eine Familie zu gründen. Wie das alles aussehen würde und wann was passiert, kann man jedoch nie im Voraus wirklich planen. Es wurde uns auch immer wieder gesagt, dass es wirklich keinen richtigen Moment gäbe Kinder zu bekommen. Am Anfang meines zweiten Semesters erfuhr ich, dass ich Vater werde. Es war für mich die schönste Nachricht überhaupt. Ich hatte nicht eine Sekunde des Zweifels und der Sorgen wie das alles mit Kind und Studium funktionieren soll. Glücklicherweise wurde ich im Mai 2017 Stipendiat einer sehr guten Stiftung, die auch vor allem Stipendiaten mit Kindern sehr gut fördert. Somit hatte ich das Vertrauen und die Gelassenheit diesen neuen riesigen Schritt zu gehen. Am 11. Dezember 2017 war es soweit. Ich bin Vater geworden. Dieser schöne Moment veränderte alles. Ich kann nur vom Herzen sprechen, wenn ich sage, dass sich alles zum besseren veränderte. Ich war von einem Moment auf den Anderen erfüllt von gewaltiger Dankbarkeit. Natürlich war nicht alles so rosig, wie man die ersten Tage mit Kind noch wahrnimmt. Die ersten Nächte waren nicht leicht und vor allem sehr kurz. Auch Lesen und Lernen war in der Wohnung so gut wie unmöglich.

Beim Verlassen der Wohnung um zur Uni oder zur Bibliothek zu gehen, ging ich mehr oder weniger mit einem schlechten Gewissen aus dem Haus, da meine Frau meine Unterstützung brauchte. Mit der Zeit pendelte sich jedoch eine gewisse Normalität ein. Mein Sohn schläft länger, wacht nicht mehr alle drei Stunden auf und ist nicht geplagt von Bauchschmerzen. Nichtsdestotrotz wächst man mit seinen neuen Aufgaben auch an Verantwortung. Diese Verantwortung sowie die Pflichten des Studiums und sonstigen freiwilligen Aktivitäten verlangen von einem, dass man seinen Tag mit Disziplin und Struktur angeht. Klar ist aber auch, dass man lernen muss „Nein" zu sagen. Das wichtigste ist schließlich die eigene Familie. Alles andere kommt an zweiter Stelle. Daher ist Studium mit Kind völlig vereinbar, weil es einem zu einem besseren Studenten, ich würde sogar sagen zu einem besseren Menschen macht.

Was möchte ich jungen Menschen mit auf den Weg geben?

Im Nachhinein ist man immer schlauer! Ich kann meinen bisherigen Lebenslauf keineswegs als gradlinig beschreiben. Meine Schulzeit von der vierten bis zur zwölften Klasse verbrachte ich in den USA. An der Schule hatte ich kein wirkliches Interesse und ich konnte mich zu dem Zeitpunkt auch nicht als besonders guten Schüler preisgeben. Erst nach der Schule hatte ich erkannt, dass ich großes Interesse an einem Studium hatte. Nun ist aber das studieren in den USA durch immens hohe Studiengebühren sehr teuer. So entschied ich mich nach Deutschland zurückzukehren um dort mein Ziel zu verwirklichen. Die große Hürde bestand nun darin, dass mein amerikanischer High-School Abschluss als Mittlere Reife eingestuft wurde, statt als Abitur anerkannt zu werden. Jedoch Aufgeben war für mich keine Option. Deshalb entschied ich mich das Abitur an einer Abendschule nachzuholen. Tagsüber machte ich noch eine Ausbildung in einem handwerklichen Beruf. Nach drei Jahren hatte ich das Abitur und einen Gesellenbrief in der Tasche. Wenn ich jetzt zurückschaue, bin ich sehr dankbar über die Umwege die ich gemacht habe. Sie haben mich viel gelehrt. Rückschläge sind für mich längst keine Hürden mehr, sondern Möglichkeiten etwas Neues zu lernen und beim nächsten Mal besser zu machen. Daher lohnt sich ein Studium meiner Meinung nach sehr. Trotzdem hilft es, wenn man etwas Lebens- und Berufserfahrung mit in das Studium bringt. Studieren kann wirklich Spaß machen, wenn man das Beste daraus macht.

Der Beitrag von Frau Instinsky veranschaulicht ferner die Elternperspektive. (Sie ist meine ehemalige Deutschlehrerin, weswegen sich diese Anrede irgendwie nicht aus dem Kopf kriegen lässt. Zudem ist sie eine sehr inspirierende, begeisterungsfähige und starke Persönlichkeit, weswegen ich an dieser Stelle nochmal ein nachhaltiges Dankeschön schicken möchte). Welches Mindset könnten Eltern vertreten, damit ihre Schützlinge sich voll entfalten können?

Kathrin Instinsky, Studienrätin Deutsch und Geschichte
Was möchte ich jungen Menschen in puncto Berufs- und Studienwahl mit auf den Weg geben?

Diese Frage beschäftigt mich als Mutter zweier kleiner Kinder nicht nur aus beruflicher Perspektive. Es sind oft nur kleine Gelegenheiten, aber tatsächlich bereiten wir als Eltern unsere Kinder stets und ständig bereits in so jungen Jahren unbewusst auch auf das vor, was während und nach der Schulzeit kommt. Ich bin der Ansicht, dass ein früh vorgelebtes gesundes Verhältnis zum Thema Leistung und Lernen sowie ein verbindlicher Umgang mit Höflichkeit und Verlässlichkeit eine gute, weil langfristige Vorbereitung für einen glatten Start ins Berufsleben darstellt. Gespräche mit vertrauten Menschen, Augen und Ohren offenhalten, sich trotz der Begleitung durch Erwachsene verantwortlich für sich selbst fühlen, für das, was kommt: Selbstbewusst und konzentriert das alles in Angriff zu nehmen, ist tatsächlich eine Menge Holz. Und ein enormer Bruch in puncto Struktur: Fand bislang die Führung durch das Elternhaus und die Schule statt, so ist nun Eigenständigkeit, Stringenz, Beharrlichkeit sowie ein hohes Maß an Eigeninitiative und Reflexionsvermögen gefragt. Wer jetzt dazu in der Lage ist, diese Softskills zu leben bzw. sich anzueignen, wird in der Lage sein, eine erfolgreiche Ausbildung zu meistern. Dass das alles zugleich niemals ohne Probleme und Widerstände laufen kann, ist logisch. Und genau darin sehe ich zugleich die größte Chance beim Erwachsenwerden: Die Gesellschaft sollte jungen Menschen die Chance lassen, in Teilabschnitten ihres Weges zu „scheitern". Den Mut zu haben, sich vernünftig auszutesten und Umwege zu machen, ist letztlich das, was man am Ziel dann wahre Berufung bzw. Berufspassung nennt. Ob immer gleich das erste passt, was man probiert hat, ist doch sehr fraglich. Gradlinig ja, die Motive müssen schlüssig sein, aber der Weg ist das Ziel. Welche Etappen dabei für den Einzelnen relevant sind, ergibt sich oft erst, wenn man sie erlebt, theoretisch also schwer zu konzipieren.

Mein Standpunkt dazu ergibt sich quasi aus der Sache selbst: Nach meinem Abi wollte ich studieren, hatte einen charismatischen Deutschlehrer und Interesse an Geschichte, fand die Kombi aus beidem spitze und so ergab sich sehr banal – Lehramtsstudium Deutsch, Geschichte. Im vorletzten Semester belegte ich rein zufällig als Zusatzqualifikation ein Seminar „Kulturmanagement". Da war plötzlich das Interesse geweckt: Nicht das folgerichtige, stringente Referendariat nach dem ersten Staatsexamen, sondern ein ganz anderer Weg tat sich mir auf, ein Praktikum in der Heimatstadt und dann der Umzug nach Hamburg mit einem Volontariat in einer PR-Agentur. Wertvolle Erfahrungen in jeder Hinsicht, menschlich wie fachlich. Nach sechs Jahren und zwei Arbeitgebern war das Interesse an der freien Wirtschaft gestillt. Der eingeschlagene Umweg führte mich, um zahlreiche Kenntnisse reicher, zurück ins Referendariat und schließlich zu meiner ersten Stelle an einem Gymnasium. Dort wird das Thema Berufsvorbereitung großgeschrieben, sodass ich meine Erfahrungen nun in jeder Hinsicht weitergeben kann.

Besonders wichtig ist mir bei diesem Thema die Abstimmung der Schul-Curricula mit dem Arbeitsmarkt. Die erwähnten Softskills müssen eine noch selbstverständlichere Rolle spielen, insbesondere auch um den Elternhäusern zu verdeutlichen, dass nicht Schule allein die zukünftigen Arbeitnehmer charakterlich formen kann. Das Thema Gehalt kann selbstverständlich bei einem Zickzack-Kurs keine vorrangige Rolle spielen, so fiel ich nach einem Junior-Berater-Gehalt im Referendariat um Einiges zurück. Letztlich hilft aber nicht nur das Geld – es macht allein nicht glücklich. Genau das Gefühl, nicht (mehr) glücklich zu sein, hatte ich, als ich dann der freien Wirtschaft den Rücken zudrehte, um mich mit Anfang dreißig noch mal in die Rolle der Lernenden zu begeben. Es sind also individuelle Kriterien, die Erfolg und Sicherheit möglich machen und nachhaltig sichern. Beide Schritte weg vom vermeintlich vorgeschriebenen Weg waren wichtig und richtig, und haben das aus mir gemacht, was ich heute bin:

bei mir und in meinem Job zufrieden und angekommen. Tatsächlich haben mir meine Eltern alle Freiheiten gelassen, individuelle Kriterien ausfindig zu machen und auszutesten. Das würde ich mir für alle wünschen (auch zukünftig für mich und meinen Mann als Eltern!), dass wir das Vertrauen in unsere Kinder haben, die erlernten Fähigkeiten angemessen auszufeilen, zugleich aber auch die Gelassenheit, wenn es mal nicht sofort oder wie zu erwarten klappt. Der zunehmend schärfere Wind in Wirtschaft und Politik, der allein das Abitur und ein Studium mit Aussicht auf einen Job mit lukrativem Gehalt als das einzige und dringend zu erreichende Ziel für Jedermann definiert, fördert dieses individuelle Herangehen jedenfalls nicht.

„Die Chance zu scheitern" trifft es brillant auf den Punkt.

Risiko

„Wenn nicht jetzt? Ja wann dann? Wenn nicht hier? Sag mir wo und wann." Häufig kommen uns Ideen, was wir alles so machen könnten. Der Gedanke, tief in der Nacht, der alles verändern könnte. Aber da ist er. Der gesellschaftliche Schatten, der den latenten Zeigefinger hebt: Mach ja was Vernünftiges. Genauso wie die Deutschen Meister sind im Versichern, so färbt dies auch auf uns junge Generation ab. Was wäre, wenn? Es könnte schiefgehen. Du könntest dich verzetteln. „Ach, das kannst du auch noch später machen." Mamma Mia. Manchmal ist der Zug dann leider schon abgefahren. Es gibt Möglichkeiten, die eröffnen sich dir nicht jeden Tag. Doch was hält uns immer davon ab? Angst? Feigheit? Sicherheitswahn?

„Twenty Years from now you will be more disappointed by the things you didn't do than by the ones you did do. Sail away from the safe harbor. Explore. Dream. Discover." (Mark Twain). Irgendwie hat dieses Plakat damals einen Platz in meinem Zimmer gefunden. Es hat mich irgendwie getriggert. Das „sail away" ist auch nicht immer nur mit Ausland gleichzusetzen. Es geht generell um die Komfort-Zone. Erinnerst du dich noch an die Worte von Dennis, wie er uns sein „Returning Home Paradigma" beschrieben hat? Um diesen Freiraum für persönliches Wachstum geht es. Auch wenn man sich mal anschaut, was Personen auf dem Sterbebrett berichten, sind es häufig „missing opportunities". Es sind häufig Sätze wie: „Hätte ich doch mehr", „Wenn ich doch", oder „Ich hätte viel mehr xy tun sollen" etc. Genauso transferiert sich diese Denkweise in die Studienwahl.

Philosophie? Nein, damit kannst du höchstens Taxi fahren. So verankern sich diese Glaubenssätze früh in unserem Gedächtnis.

Es geht ja auch gar nicht darum, überstürzt irgendwo ins offene Messer zu laufen. Bitte nicht. Wenn du jedoch Ideen oder Visionen hast, wirf sie nicht direkt über Bord, weil du denkst, es könnte sowieso nicht klappen. In diesem Kontext sprechen wir von dem Durst nach Autonomie und Selbstverwirklichung. Alle „Höhle der Löwen-Gucker" kennen es: Der Gedanke an das eigene Business. Das zu tun, worauf du richtig Lust hast. Herzblut, das vergossen werden möchte. Potential, das avancieren möchte. Geistesblitze, die die Welt verändern können. Lichtblicke, die auch die letzte Ecke erhellen.

Ein kurzer Praxischeck bzw. Gedankenspiel.

Close your eyes und so. (wird schwierig beim Lesen). Lol, Rofl xD. Okay diese Zeiten sind vorbei, haha. So mal im Ernst. Wir fin den uns wieder an einem trüben Herbsttag. Die Blätter draußen sind bunt, die Kastanien warten darauf gesammelt zu werden und das Kürbisschnitzen zu Halloween steht vor der Tür. Da ruft dich dein bester Freund an. „Hey, ich muss dir unbedingt was erzählen", japst er so euphorisch, dass das Wörtchen „erzählen" nur noch genuschelt wird. Er wisse endlich, was er nach der Schule machen möchte. Seit Wochen schon schiebt er schlechte Stimmung und Trübsal aufgrund seiner Orientierungslosigkeit. Ihr trefft euch bei dir zu Hause und setzt euch an den Küchentisch. Du erkennst ein unbekanntes neuartiges Funkeln in seinen Augen. Er ist noch ganz außer Atmen, weil er mit dem Fahrrad zu dir gesprintet ist als gäbe es keinen Morgen. „Schieß los", bittest du ihn voller Neugier. „Ok, halt dich fest", kündigt er selbstbewusst an.

„Ich werde Magier", schießt es aus ihm, wie aus einer Pistole. Du reagierst mit einem spontanen kleinen Lachen. „Bitte was?", denkst du dir. Vor dir siehst du einen kleinen Jungen mit Narbe auf der Stirn mit einem Zauberstab fuchteln. Gedanken ballern durch deinen Kopf. „Davon kannst du leben?"; „Ohne vernünftige Ausbildung oder Studium?"; „Machst du das in 30 Jahren immer noch?"; „Als Rentner sammelst du dann Pfandflaschen?"; „Das ist doch ganz dünnes Eis." „Expecto Patronum anstatt Mensakaffee und Vorlesungssitzfleisch?"

Na mal ehrlich, was würdest du deinem besten Freund antworten? Es ist keine 0815-Antwort auf die Frage „Abi, und dann?". Keine Frage. Aber ist sie deswegen in jedem Fall schlechter? Fragen wir doch einfach denjenigen, der dieses Gedankenspiel nicht nur theoretisch durchlaufen hat. Vincent, „the stage is yours".

Vincent (19), Görlitz

Warum habe ich mich für Entrepreneurship nach dem Abi entschieden?

Ich bin Vincent und bin 19 Jahre alt. Zurzeit bin ich Berufsmagier und Gedankenleser. Ich habe mit sechs Jahren mit der Zauberei angefangen. Damals habe ich den „Magier mit der schwarzen Maske" im TV gesehen und einen Trick, den er verraten hat, bei meinem großen Bruder ausprobiert. Er war total begeistert und so beschloss ich, mehr Zeit in die Zauberei zu investieren. Damals ahnte ich noch nicht, dass ich eines Tages mein Geld damit verdienen werde. Ein sehr wichtiger Grund, weshalb ich mich überhaupt selbstständig machen konnte, ist mein Kollege Thomas. Er hat mich mit zwölf Jahren von meinen Zauberkästen weggeholt und mit mir eine Bühnenshow erarbeitet, die wir dann auf verschiedenen Veranstaltungen vorführten. Das war mein erster Schritt, um überhaupt irgendwann mit der Zauberei Geld verdienen zu können. Mein Kollege Thomas hat sich dann selbstständig gemacht und ist dies nach wie vor. Er hat mir gezeigt, dass es funktionieren kann, sein Einkommen durch Leidenschaft zu verdienen. Durch ihn habe ich auch über die Jahre daran nie das Interesse verloren. Ich denke, wer es schafft, sein Hobby zum Beruf zu machen, der muss nie wieder wirklich arbeiten gehen. Zumindest ist es ein anderes, glücklicheres Arbeiten, wenn man sein eigener Chef sein kann. Ich bin froh, dass es mir gelungen ist, aus dem kleinen Zaubertrick von vor 13 Jahren ein Business zu machen und erfolgreich zu sein. Ich hoffe, dass es noch lange so weitergehen wird.

Was möchte ich jungen Menschen mit auf den Weg geben?

Ich war einer dieser Schüler, die nie wussten, was sie später machen sollten. Das Problem dabei ist nicht, dass wir zu wenig Berufsmöglichkeiten haben, sondern dass wir in unseren jungen Jahren meist keine eigenen Entscheidungen treffen müssen. Uns wird 18 Jahre lang erzählt, wo wir zu sitzen haben, wann wir sprechen dürfen und unser Verhalten wird von Noten bestimmt. Dann kommen wir aus der Schule raus und sollen plötzlich die größte Entscheidung unseres Lebens treffen. Damit sind viele überfordert. Bei mir war es ähnlich. Mein Glück war nur, dass ich wirklich tolle Eltern hatte, die mir nie in meine Entscheidungen reingeredet haben. Ich durfte tun und werden, was auch immer ich wollte. Und das, obwohl die Selbstständigkeit ein so risikoreiches Geschäft ist. Deswegen rate ich jedem, sich nicht in das eigene Leben reinreden zu lassen. Lasst nicht zu, dass euer späteres (Berufs-)Leben von euren Freunden oder Eltern bestimmt wird, denn das wird euch nicht glücklich machen. Außerdem möchte ich euch bestärken, eure Träume zu verfolgen. Wie blöd und ausgelutscht dieser Spruch auch klingen mag, ich bin der Beweis dafür, dass es möglich ist. Fangt an darauf zu vertrauen, dass Dinge funktionieren können und nicht immer schieflaufen werden. Denkt positiv und haltet euch vor Augen, dass ihr nur ein Leben habt. Also macht etwas daraus.

Bei allen Ideen zur Selbstständigkeit stellt sich zunächst die Frage, inwieweit das alles von jetzt auf gleich in Vollzeit erfolgen muss. Manche Vorhaben brauchen Zeit, um gedeihen zu können. Andere wiederum sind so genial und brillant, dass es schade wäre sie nicht direkt umzusetzen. Auch ich habe damals schon ein wenig Unternehmergeist geschnuppert. Mit zwei guten Freunden saß ich damals mit ausreichend Kaltgetränken in einer Bar, um die Ideenschmiede zu befeuern. Völlig euphorisch wie die Könige gingen wir raus mit der Nummer des Patentamts in den Händen (Nein, es lag nicht am Bier) (Okaaay… zumindest nicht nur). Mental griffen wir nach den größten Sternen und schmiedeten schon den Namen unseres neuen Imperiums. Es ging um die Verbindung aus Digitalisierung und Lieferungen im Zusammenhang mit Supermärkten. Zufällig entdeckten wir so einen Online-Lieferservice auf einer Homepage. Als dort auch noch stand, dass dieser Anbieter derzeit Insolvenz anmeldet, funkelten Dollarscheine in unseren Augen. Ich weiß noch, wie schlecht ich in jener Nacht einschlafen konnte. Dazu war der Enthusiasmus einfach zu groß. Das Ende vom Lied: den ganzen Spaß gab es natürlich schon und als dann noch zufällig ein Lieferwagen von Rewe neben uns herfuhr, landeten wir auf dem bitteren Boden der Realität. Dennoch war es eine grandiose Erfahrung. Solltest du selbst bereits jetzt oder in Zukunft ähnliche bahnbrechende Ideen haben oder zumindest daran glauben: Hier warten noch drei weitere Leckerbissen, die von dir entdeckt werden möchten. Sowohl ein persönlicher Bericht von Sönke zu seinen Erfahrungen mit der Unternehmsgründung als auch persönliche Worte von Alwin zu seinem Freigeist, eigene Projekte umzu-setzen, liegen bereit. Patrick geht mit seinen Ausführungen auf den Traum so manches Grundschülers ein: Kann ich Fußballprofi werden? Zudem gewähren uns die Gründer von „The Simple-Club" Einblick in ihren Wer-degang. Sicher ist dir schon mal ein Video von ihnen begegnet. Sie machen Nachhilfe-YouTube-Videos. Und zwar nicht dröge und langweilig, sondern richtig plastisch und greifbar. So kann lernen Spaß machen. Sie skizzieren ein „Unternehmermindset". In puncto Studium oder Erfolg in der Ausbil-dung ein wertvoller Anker. Schau selbst.

 ### Sönke (23), Hamburg

Warum habe ich mich für Entrepreneurship nach dem Abi entschieden?

Es hat damit begonnen, dass ich ein Jahr lang ein duales Studium angetreten bin und dabei gemerkt hatte, dass ich später mein eigener Chef sein möchte. Somit habe ich mich mit einem Freund zusammengesetzt, von dem ich wusste, dass dieser auch gründen möchte und wir überlegten, welche Geschäftsidee man umsetzen kann. Dies hat einige Zeit in Anspruch genommen, doch als wir sie gefunden hatten, mussten wir erstmal Überlegungen anstellen bezüglich der Umsetzung. Wie groß soll das Team sein? Wie wollen wir das Produkt an den Markt bringen? Wen soll das Gründerteam umfassen? Und am wichtigsten, welche Geschäftsform wollen wir gründen? Nun ging es darum, die ganzen Ent-scheidungen umzusetzen, was nicht immer ganz einfach war. Dies lag daran, dass man leider in seinem Leben kaum etwas zu Geschäftsformen, Gründung oder ähnlichem erzählt bekommt. Also ging es nur auf einem Weg, sich das Wis-sen selbst anzueignen und dabei dem bekannten Start-up Motto zu folgen: „Fail Fast, Fail Often." Was man aber trotzdem immer im Hinterkopf haben sollte, ist, dass eine Gründung auch einiges an Verantwortung und einige Risiken mit sich birgt, die man niemals außer Acht lassen darf. Wenn man Hilfe braucht und ein starkes Team hat, dann wird man die Hilfe auch immer irgendwo bekommen.

Was möchte ich jungen Menschen mit auf den Weg geben?

Wenn ihr für euch entscheidet, dass ihr auch gründen wollt, dann kann ich euch nur im Nachhinein mit auf den Weg geben, dass ihr zu 100% hinter der Idee stehen solltet, bereit sein müsst, euch wirklich für das Projekt aufzuopfern und auch mal steinige Wege zu gehen und falls ihr in einem Team gründen wollt, einen starken Zusammenhalt zu haben! Zusätzlich sollte man sich überlegen, ob man Investoren akquirieren will, um das Projekt schnell aufzuziehen. Klar hört es sich super an, wenn man ein Investment bekommt und alles schnell machen kann, doch bedenkt, ein Unternehmen aufzubauen erfordert Zeit und Geduld, es reicht nicht allein aus, nur Geld zur Verfügung zu haben. Ja, es ist hilfreich, aber man verliert meist auch die alleinige Führung seines eigenen Unternehmens. Bedenkt, dass aber jeder der beiden Wege Vor- und Nachteile hat. Ich muss jetzt, nachdem die Firma geschlossen ist, sagen, dass ich es nicht bereue, diesen Schritt getan zu haben und es wird nicht das letzte Mal sein, das ich diesen Schritt versuche. Auch wenn ihr, wie ich z.B., keinen gradlinigen Lebenslauf habt, solltet ihr euch keinen Kopf darüber machen, dass man im Leben nichts erreicht. Mit der richtigen Idee und genug Motivation kann man vieles schaffen. Versucht einfach euer eigenes Ding zu machen und lasst euch von niemanden reinreden. Auch wenn manche schlecht über euch reden oder denken, die meisten sind einfach nur neidisch drauf, dass du das machst, was sie sich nie trauen werden. Und selbst wenn es misslingt, es ist eine Erfahrung die Gold wert ist, da man einfach extrem viele neue und meist hilfreiche Kontakte knüpft, einen dicken Pluspunkt im Lebenslauf hat und sehr viel Erfahrung sammeln konnte. Traut euch einfach, falls ihr darauf Lust habt, es wird euch definitiv nicht schaden!

Alwin (21), Leipzig

Warum habe ich mich für Projekte nach dem Abi entschieden?

Nach dem Abitur hatte ich wirklich keinen blassen Schimmer, wie es weitergehen sollte. Auf meiner Reise durch Lateinamerika wurde mir klar, dass mich die Schule kaum auf das vorbereitet hat, was plötzlich auf mich zukam. In Gesprächen mit Gleichaltrigen erlebte ich, dass das nicht nur allein mein Problem ist. Ich war mir sicher, eine Lücke im Bildungssystem gefunden zu haben. Noch während der Reise plante ich, dieses Problem mit einem eigenen Projekt anzugehen. Ich wollte die Gestaltung des Schulangebots selbst in die Hand nehmen – etwas „verändern" – und gleichzeitig meiner Planlosigkeit entfliehen. Dabei wurde ich von Menschen auf Blogs und Podcasts inspiriert, die selber eigene Projekte gestartet und damit einen impact kreiert haben. Der Gedanke, ein social business aufzubauen, trieb mich stark an. Zurück in Deutschland wurde meine Euphorie schnell von der harten Realität gebremst.

Die meisten jungen Menschen kurz vor ihrem Abschluss hatten andere Dinge im Kopf, als sich intensiv mit sich selbst zu beschäftigen. Obwohl viele Gespräche und eine durchgeführte Umfrage ein anderes Bild malten, sprach die Teilnehmerzahl beim ersten Workshop gegen meine ursprüngliche Idee. Die geplante Workshop-Reihe fand schließlich wegen mangelnder Nachfrage nicht statt. Nichtsdestotrotz bin ich noch immer an den Themen „Bildungssystem" und „Potentialentfaltung" dran. Gerade lerne ich unglaublich viel bei der Zusammenarbeit mit Bildungsorganisationen, die diesen Weg schon länger gehen. Seit neustem teile ich meine persönliche Reise mit allen Hürden und Hindernissen auf dem YouTube-Kanal „Alwin Pianka" – und gebe Methoden und Impulse weiter, die mir helfen meinen Weg zu finden.

Was möchte ich jungen Menschen mit auf den Weg geben?

Rückblickend waren alle Entscheidungen wichtig für meine Entwicklung und alle Erfahrungen wichtige Learnings – egal ob positiv oder negativ. Aus der Arbeit in eigenen Projekten habe ich gelernt, mich selbst und meine Konzepte nicht zu wichtig zu nehmen. Die Realität entscheidet, ob etwas funktioniert oder nicht. Und wenn ich mich zu sehr mit meinen Ideen identifiziere, bin ich nicht flexibel genug, um darauf zu reagieren. Ich denke, man kann seinen Weg nicht wirklich „planen". Jede Entscheidung, jede Abzweigung auf dem Weg verändert auf lange Sicht so viel mehr, als man voraussehen kann. Die erste wichtige Lektion meiner letzten Jahre: verarsch Dich nicht selbst! Niemand weiß besser als Du, was Dir guttut und wie ein richtig geiles Leben für Dich aussieht. Orientiere Dich nicht zu stark an anderen und den vielen Erwartungen an Dich und sei mit so vielen Entscheidungen wie möglich ehrlich zu Deinem Innersten. Die zweite Lektion heißt Geduld. Auch wenn Du jetzt erwachsen bist und nicht mehr zur Schule gehst – die Schule des Lebens wirst Du nie verlassen. Um richtig gut in etwas zu werden braucht es Jahre und Jahrzehnte hingebungsvoller Übung. Selbst das erfolgreichste Unternehmen, die schlauste Wissenschaftlerin, der einflussreichste Politiker hat einmal irgendwo angefangen. Je mehr Du den Prozess genießt, desto entspannter und glücklicher kannst Du Deinen Weg gehen.

Patrick (25), Bremen

Warum habe ich mich für den Weg zum Profifußballer entschieden?

Staunend schaute ich erst mit elf Jahren meinem Onkel zu, wie er bei FC Kopenhagen (Dänemark) mit dem Ball anfing zu „zaubern". Von diesem Moment an wollte ich genauso sein wie er – sogar besser. Im Jugendfußballverein bekam ich Angebote von berühmten Mannschaften wie dem BVB aus Dortmund und dem 1.FC Köln. Da ich noch minderjährig war, würde der Besuch auf ein Fußballinternat in Frage kommen. Das Internat fördert die schulische und fußballerische Laufbahn. Aus persönlichen Gründen lehnten meine Eltern jedoch die Angebote ab. Diese Entscheidung beeinflusste als Konsequenz meine Zeit in der Schule, insbesondere die Abiturzeit. Eine sportliche Angelegenheit, denn durch die alltägliche Beanspruchung fiel es mir schwer, an beiden Extremen am „Ball" zu bleiben. Das hieß aber nicht Endstation für mich. Ich wusste nämlich, dass Aufgeben keine Option sei und dass eine schwerwiegende Verletzung das Aus meiner Karrierelaufbahn bedeuten könne. Am Ende wollte ich einfach nicht mit leeren Händen dastehen. Plan B war also, meinen Frust in Motivation und diese wiederum in Engagement und Disziplin umzuwandeln, um schulisch das Beste aus mir herauszuholen und fußballerisch entdeckt zu werden. Und Vorbilder wie meinen Onkel, treiben mich jeden Tag dazu an, auf dem Fußballplatz zu stehen.

Was möchte ich jungen Menschen mit auf den Weg geben?

Um Verzichte im Leben zu vermeiden, ist Zeitmanagement und die richtige Einstellung das A und O im Fußballgeschäft. Ein Beispiel wäre das DFB-Pokalfinale 2018 zwischen FC Bayern und Eintracht Frankfurt: David gegen Goliath – Glaube und Wille siegen über das Unbezwingbare. So war für mich die begrenzte Zeit der unbezwingbare Gegner in der gymnasialen Oberstufe. Ich war überfordert und wusste meine Zeit nicht richtig einzuteilen. Die „Ungeteilte Aufmerksamkeit" hat für mich persönlich viel mit Zeitmanagement zu tun. Sie meint per se den Fokus zu einer bestimmten Zeit nur auf eine bestimmte Sache zu lenken. Diese Erkenntnis und die Gabe dieser Art von Aufmerksamkeit hätte ich gerne früher gehabt. Dazu benötigt es an Struktur und Training im Alltag. Sich dabei Unterstützung von Bezugspersonen zu holen, ist keine Schande. Die Familie, Freunde, Sozialpädagogen aus der Schule, Mannschaftspsychologen und der Trainer können dir dabei helfen, deine lebenswichtigen Ziele effizient verfolgen zu können. Außerdem will man im Leistungssport nicht, dass deine schulischen Leistungen darunter leiden. Fördermaßnahmen bieten alle professionellen Fußballklubs – auch nach dem Abitur in Bezug auf Ausbildung und Studium. Ihr seid jung und habt das Potenzial, Großes zu erreichen. Dazu müssen wir aber unsere kostbare Zeit sinnvoll investieren. Wenn ich anfange zu reflektieren, war die Schule ein Segen für meine Zukunft. Und wenn man darüber nachdenkt, wie andere Länder für Bildung teuer bezahlen müssen und dabei unfreiwillig ihr Ziel verfehlen, bin ich dankbar für das Geschenk.

Es hat sich gelohnt, denn das Abi hatte ich in meiner Tasche und ich wusste, dass mir nun mehrere Türen offenstanden und meine Zukunft um ein weiteres abgesichert war. Heute kann ich für den SV Werder Bremen spielen und Psychologie studieren. Eine bessere Entscheidung hätte ich damals nicht treffen können. Fakt ist, um Profifußballer zu werden, gehört neben dem Talent ein besonderes Maß an Einsatz, ein stabiles Umfeld, eine effiziente Zeitplanung und ebenso eine Schippe Glück, das aber nicht ohne Leistung zu haben ist. Der damalige griechische Dichter Sophokles hatte einst gesagt, „Erfolg ist die Belohnung für schwere Arbeit." – Viel Erfolg auf eurem Weg, euer Patrick!

 **Alex und Nico (23), KIT Karlsruhe bzw. LMU München (The SimpleClub)**
Warum haben wir uns für Entrepreneurship nach dem Abi entschieden?

Wir haben uns zu Beginn gar nicht aktiv für Entrepreneurship entschieden, sondern sind da viel mehr reingerutscht. In der 11. Klasse hatten wir Lust etwas im Internet zu starten. Gleichzeitig sind unsere Mitschüler langsam auf YouTube gegangen, um nach Themen zu suchen, die sie nicht verstanden haben. Da hat es bei uns Klick gemacht und wir haben uns das Ziel gesetzt, mal die coolsten Mathe-Nachhilfe Videos in Deutschland zu produzieren. Stück für Stück ist das weiter gewachsen, bis wir uns letztendlich 2014 dazu entschieden haben, Mitarbeiter einzustellen und die TheSimpleClub GmbH zu gründen. Inzwischen haben wir über 2 Mio. Abonnenten auf YouTube und jeden Monat lernen über 600.000 Schüler und Studenten mit uns. Leicht ist uns der Job natürlich nicht immer gefallen, allerdings macht er uns unglaublich viel Spaß. Wir haben gelernt, was es wirklich heißt, ein Unternehmer zu sein und mit seinem Unternehmen die Welt ein Stück besser zu machen. Das motiviert uns jeden Tag, weiter zu machen.

Was möchte ich Abiturienten mit auf den Weg geben?

Die Frage hören wir oft, und wir haben dazu ein ganzes Buch geschrieben: „KEIN LIMIT". Um es zusammenzufassen, hätten wir damals gerne einen breiteren Horizont gehabt und gewusst, welche Möglichkeiten es in der Welt noch gibt. Unternehmertum war für uns nie eine ernstzunehmende Option, da man von seinem Umfeld in diesem Zusammenhang immer nur von überarbeiteten Selbstständigen gehört hat. Erst später haben wir erkannt, dass es einen enormen Unterschied zwischen Selbstständigen und wahren Unternehmern gibt. Unserer Meinung nach muss nicht unbedingt jeder seine eigene Firma starten. Allerdings sollte jeder etwas von echten Unternehmern lernen, denn deren Mindset ist unglaublich. Da geht es um Zielsetzung, Disziplin und große Visionen. Aber vor Allem geht es darum, konsequent Gewohnheiten zu entwickeln, die einen näher an seine persönlichen Ziele bringen. Das ist der wahre Wert einen Unternehmermindsets, und das sollte jeder Abiturient lernen.

Zu selten nehmen wir das Schicksal in unsere Hand und geben einfach mal Gas. Einfach schauen, was passiert. Das hat nicht nur etwas mit dem eigenen Start-up zu tun. Genauso verhält es sich mit dem finalen Impuls für die Studienwahl. Wir wollen alle Eventualitäten einkalkulieren. Wissen, was auf uns zukommt. Mentale Versicherungen gegen einen Studienabbruch abschließen, damit wir möglichst schnell wieder in der Safety-Zone sind. Aber so läuft es nicht. Niemand weiß, was morgen kommt. Zufälle, Glück oder Unglück: Parameter, die nicht immer kalkulierbar sind, auch wenn wir es gerne so hätten. Gesellschaftlich wird Risiko eher tabuisiert. „Wie kannst du nur eine Weltreise machen, ohne zu wissen, wie es danach weitergeht?"; „Wie kannst du nur ein Studium abbrechen – das ist nur etwas für Versager, was man einmal anfängt, bringt man auch zu Ende."; „Du studierst Geografie? Geh' doch direkt zum Arbeitsamt." Beim Begriff Risiko knüpfen wir direkt an das wohlbekannte Bauchgefühl. Wenn du den Impuls spürst etwas tun zu wollen, worauf wartest du? Es muss jetzt nicht der sofortige Abbruch binnen einer Nacht sein, aber wenn du merkst, dass sich dein Gefühl verhärtet, go for it. Sei es die heiße Lady oder der heiße Typ im Club, sei es der Impuls im Ausland studieren zu wollen oder der Sprung ins Unternehmertum. Wie heißt die alte Floskel noch gleich „Wer nicht wagt, der nicht gewinnt". Wenn du es einfach mal tust, kannst du auf die Schnauze fliegen. Wenn du in deinem

Schneckenhaus verharrst, kannst du all die Endlosschleifen in deinem Kopf abspielen: „Was wäre, wenn ...?"

Spiritualität

Ich kenne niemanden, der Spiritualität so zeitgemäß und auf den Punkt genau umschreiben kann, wie Hennig. Daher lasse ich ihn das direkt übernehmen.

Henning (21), Heidelberg

Spiritualität – Was ist das und was geht mich das an?

In einer Zeit, in der Yoga und Meditation in aller Munde sind kommt man über das Wort Spiritualität nicht mehr umher. Aber was genau ist das und was habe ich damit zu tun? Wir Deutschen werden materiell immer wohlhabender und gleichzeitig wird die Diagnose „Depression" immer häufiger. 6,3% der deutschen Männer und 9,7% der Frauen litten laut einer Studie der GEDA 2014/2015[5] im Untersuchungszeitraum von 12 Monaten unter einer Depression. Die Weltgesundheitsorganisation schätzt die Anzahl der Fälle von Depression weltweit über 300 Millionen. Man sieht also, dass es in unserer Gesellschaft abseits der materiellen Fülle eine innere Leere zu geben scheint. Eine Leere, die so gravierend ist, dass Depression zur neuen Epidemie/Pandemie wird. Und das in dieser vielfältigen Welt, die für uns als Kinder noch so magisch und bunt war... Damals, als wir das Licht der Welt erblickten hatten wir noch keine Worte und Konzepte für das, was uns begegnete. Jeder Eindruck war frisch, wir waren lebendig und voller Neugier. Nach und nach haben wir durch unsere Sozialisation gelehrt bekommen, „was Dinge sind" und wir entwickelten Glaubenssysteme und ein schlüssiges Weltbild. Ein Teil der Bedeutungslosigkeit und Langeweile, die wir als Erwachsene erleben ist die Illusion dessen, die Realität schon zu verstehen. Wenn wir aber in der Natur sind, großartige Kunst bewundern, in ein phantastisches Computerspiel eintauchen, wundervolle Musik hören oder von einem packenden Buch mitgenommen werden, dann tritt diese Verzauberung wieder in unser Leben. Sie nimmt uns für eine Weile heraus aus der alltäglichen Langeweile in eine Erfahrung, die tiefer zu gehen scheint, die uns mit unserer

5 Thom J, Kuhnert R, Born S et al. (2017) 12-month prevalence of self-reported medical diagnoses of depression in Germany. Journal of Health Monitoring 2(3):68–76.

Wahrnehmung in genau diesem Moment verbindet. Was solche Erfahrungen auszeichnet ist die scheinbar mühelose Aufmerksamkeit und die klare Präsenz, mit der wir ganz bewusst das erleben, was gerade ist. Eine solche Haltung zur Realität in jedem Moment des Lebens zu kultivieren und damit Einsicht in die wahre Natur der Dinge zu finden, das ist Spiritualität. Wenn ich von der Illusion, die Realität schon zu kennen und zu verstehen rede, dann meine ich beispielsweise folgendes: Hast du dich schon einmal ernsthaft gefragt, wer du bist? Bist du dein Körper? Aufgrund der Zellerneuerung ist dein Körper heute fast gänzlich verschieden von dem vor zehn oder in zehn Jahren. Du teilst mit dem Skelett deines Körpers vor zehn Jahren keine Zelle mehr, er verändert sich, du allerdings erlebst dich als konstant. Du bist also nicht dein Körper... Bist du dann vielleicht einer deiner Sinne? Dein Sehsinn?

Wer bist du, wenn du deine Augen zu machst? Hat ein Blinder dann kein Selbst? Auch deine Sinne verändern sich, deswegen kann auch dort kein überdauerndes Selbst zu finden sein. Bist du dann deine Gedanken? Deine Gedanken verändern sich wohl schneller als alles andere. Und wenn du der Gedanke selbst wärst, wer wäre dann da, der diesen Gedanken wahrnimmt? Hmm, dann bist du wohl auch nicht dein Denken... Diese Art der tiefen, existenziellen Fragestellung, auch Kontemplation genannt, ist Spiritualität. Spiritualität ist nicht Religion, ist nicht Geisterglauben und ist keine Ideologie, sondern eine tiefe, metaphysische und hochgradig persönliche Untersuchung der Natur der Realität. Ich könnte mir nichts Bedeutsameres im Leben vorstellen. Der Weg der spirituellen Erkenntnis ist das Gegenmittel zu Bedeutungslosigkeit, Leere und Depression. Wenn du erkennst, wer du wirklich bist, dann ist das dermaßen erfüllend, es ist als würdest du den intensivsten Moment des besten Computerspiels und die schönste Stelle der wundervollsten Musik zusammen erleben und das ist noch eine Untertreibung. Woher weiß ich das? Ich habe noch nicht erkannt, wer ich wirklich bin. Dieser Erkenntnis widmen Mönche und Yogis aller Länder ihr ganzes Leben und kommen manchmal selbst dann nicht zum Ziel. Trotzdem hatte ich schon die ein oder andere Kostprobe, den ein oder anderen Probierhappen davon, wie sich echte Spiritualität anfühlt. Nach meinem ersten Jahr täglicher Meditation hatte ich zum Beispiel eine mystische Erfahrung dieser Art. Das kannst du für dich selbst auch erleben. Bei Spiritualität geht es um persönliches Wachstum. Gewissermaßen ist Spiritualität die Meisterdisziplin der Persönlichkeitsentwicklung. Die meisten Menschen denken, dass ein gutes Leben daraus besteht, so wohlhabend, so schön und so beliebt wie möglich zu werden und mit den heißesten Personen Sex zu haben. Das ist ok, das kann man anstreben. Aber ein Mönch geht weiter indem er mit der Realität selbst Liebe macht. Wie kann man sich das vorstellen? Anstatt die Unendlichkeit der Existenz angestrengt für sich selbst so hinzubiegen, wie man das will: Sich in der Karriere hocharbeiten, Frauen/Männer aufreißen und Erfolg zu haben sieht der Mönch ein, dass es andersherum deutlich intelligenter ist. Wenn wir aufhören, die Realität nach unseren primitiven Vorstellungen zu manipulieren und anfangen, unser Bewusstsein zu erhöhen, bis wir selbst eine so intime und erfüllende Verbindung zur Realität aufgebaut haben, dass wir all diese externen Ego-Befriedigungen nicht mehr nötig haben, dann erkennen wir die Genialität darin, dann fühlen wir die wahre Natur unserer Existenz: Liebe. Alle externen Güter und Erfolge sind nur ein armseliger Ersatz dafür. Korrekt praktizierte Spiritualität bringt Glück, Gesundheit und Seelenfrieden als natürliche Beiprodukte einer realitätsverbundenen Lebensführung.

„Wie kann ich Spiritualität korrekt praktizieren?"

Meditation, Konzentrationstraining, Achtsamkeit, Yoga, Kontemplation, bestimmte Atemtechniken und Vipassana-Retreats sind nur einige von vielen Methoden. Die meisten Menschen kommen zur Spiritualität aufgrund extremen persönlichen Leidens. Das ist oftmals die Motivation, die nötig ist, um den Weg zu gehen. Denn es ist ein extrem schwieriger und harter Weg mit vielen Hindernissen. Deshalb ist es wichtig, sich ausführlich über ihn zu informieren. Gute Informationen findet man von Autoren und Rednern wie Eckhart Tolle, Rupert Spira, Leo Gura (Actualized.org), Shinzen Young, Sadhguru und vielen anderen Lehrern der Nondualität. Die Informationsflut ist hochgradig überfordernd und um den Überblick zu bewahren ist es wichtig, den Kern der Spiritualität im Blick zu behalten und sich nicht von zu vielen Ideen und Konzepten ablenken zu lassen. Du wirst nach diesem kurzen Beitrag noch tausend Fragen haben. Diese für dich zu beantworten ist schon ein Anfang. Wenn du jetzt eine Intuition hast, die dir das Gefühl gibt, dass hier etwas von Wert für dich zu finden sein könnte, dann mach dich auf deinen Weg und geh die ersten Schritte: Recherchiere zu Meditations-/Kontemplationspraxis und stell neugierige Fragen über die Natur der Realität! Wir Menschen sind eigenartige Kreaturen. Wir haben die Gabe, uns unserer eigenen Existenz bewusst zu sein. Was könnte demnach mehr Bedeutung haben als dieses Bewusstsein weiter zu erforschen, mit der Intention es zu erhöhen?

Kontakt: glueckmit18@outlook.com

8. Der Song zum Buch

Undefined Dreams

Verse I
I was just a little kid
And I had this dream
That one day I'll find
What life really means

Lost in my mind
I kept thinking
I'm not enough
To fit in

Verse II
„What do you want in life?"
They keep asking
there's no wrong and no right
I'm still thinking

Lost in my mind
I kept thinking
I'm not enough
To fit in

Pre chorus
Where did I lose the strength to believe
in me
To find my way and break free

Chorus
I'll be on my way
To find what I want
Ignore what they say
To figure it out

For how long will I keep
These undefined dreams

EARLY LIFE CRISIS

9. Die 15 Türöffner der Studien- und Berufswahl

Neben dem wichtigen Fachwissen der letzten Kapitel geht es jetzt an die 15 Türöffner hier in Early Life Crisis. Diese Ansätze habe ich zum Teil in den letzten Jahren auf meiner „Suche" aufgeschnappt und für überaus hilfreich empfunden. Andere wiederum habe ich komplett selbst kreiert. Zusammenhänge, Konstrukte oder Mechanismen, die mir nach all den Erfahrungen intuitiv eingefallen sind. Keine anonymen abstrakten Hinweise, keine Theorie ohne wirklichen Praxisbezug, keine leeren Versprechungen. Alle Türöffner sind quasi ein Stück praktische Lebenserfahrung. Von welcher Tür sprechen wir hier? Jeder von uns hat hierzu einen individuellen Schlüssel. In den meisten Fällen soll der Schritt durch die Tür zu beruflichem Glück führen. Zufriedenheit. Euphorie im Studium. Lust auf den nächsten Morgen. Franz Kafka sagte einmal: „Wege entstehen dadurch, dass man sie geht." Der Weg ist nicht immer gradlinig und planbar. Gewissermaßen ist der Weg das Ziel, weil wir jeden Tag einen Schritt „weiter" kommen. Versteh' diese Türöffner als eine helfende Hand, die vielleicht neue Kaskaden an Ideen wecken kann. Der eine wird dir wohl mehr zusagen als ein anderer. Gib dem Gedanken eine Chance und probiere einiges einfach mal selbst. Dabei kannst du die Impulse direkt auf deine individuelle Situation übertragen. Bachelor? Ausbildung? Master? Ausland? Du machst innerlich selbst die größten Luftsprünge, wenn du ins TUN kommst.

1. Der Random-Choice Effekt

Beginnen wir mit einem Effekt, der viel mit Spontanität und Zufall zu tun hat. Befindest du dich derzeit in einem kognitiven Sandsturm, kann dieser Ansatz helfen, neue Impulse zu gewinnen, ohne vorher rein theoretisch drauf kommen zu müssen. Ähnlich wie in der Illustration wirfst du jedoch nicht haptisch den Dartpfeil. Vielmehr bist du selbst der Dartpfeil, der ein wenig fliegen lernt. Und zwar so: Du setzt dich in dein Auto oder die Bahn und fährst zu einer Uni, über die du im besten Fall noch nicht viel weißt. Sie kann ruhig in einer anderen Stadt sein. Einfach morgens losfahren. Dann läufst du über den Campus und stolzierst ein wenig herum. Du hast den ersten Hörsaal entdeckt? Prima, dann nichts wie rein. Rein ins unbekannte Vergnügen. Der Deal: In jedem Fall bleibst du mindestens 30 Minuten sitzen. Egal wie sehr es dich interessiert oder nicht. Schau dich um, welche Menschen hocken hier? Was erzählt der Professor? Über welches Thema? Welche Schlagworte fallen? Dadurch, dass das Ganze zufällig und spontan abläuft, kannst du nicht genau kontrollieren, was passiert. Das bremst automatisch deinen inneren Skeptiker oder Gewohnheitsmenschen aus. Klein Platz für „aber, wenn …". Es geht in dieser kleinen Blitz-Exkursion nicht darum, groß etwas zu lernen. Die Intention ist anderer Natur: Ein Gefühl entwickeln. Worüber sprechen die da? Du wirst sehr wahrscheinlich fachlich nicht genau durchblicken, was genau da vorgeht. Wie denn auch? Was du aber kannst, ist zu antizipieren: Könnte ich es mir vorstellen, sowas zu tun? Nicht nur der grundsätzlichen Frage eines Studiums kommst du näher, sondern auch direkt einem fachlichen Schwerpunkt. Du liest keine abstrakten Modulhandbücher, sondern durchblickst praktisch, wie der Hase läuft. Ziel ist auch nicht unbedingt ein Lucky-Punch, bei dem du ad hoc dein Wunschstudium findest. Auch wenn du merkst, dass das überhaupt nicht dein Themenbereich bist, hast du dennoch einen neuen Schritt vollzogen. So sah der Random-Choice Effekt bei mir aus:

Es ist genau 07:30 Uhr. Das nervige Piepen meines Weckers tönt durch die ganze Jugendherberge. Ich befinde mich in Braunschweig. In Verbindung mit einem Besuch eines alten Schulfreundes, ist mein Plan die TU Braunschweig ein wenig kennen zu lernen. Nach dem Frühstück geht's in entspanntem Marsch auf den Campus. Neugierig stöbere ich durch Cafés, den verschiede-

nen Gebäuden, dem Schwarzen Brett, der Hochschulbibliothek und den Fluren. Da habe ich schon das Audimax gesichtet. Ohne großartig lange nachzudenken, gehe ich schnellen und scheinbar zielgerichteten Schrittes hinein. Da die Vorlesung schon in vollem Gange ist, ist mein Blick ein wenig schüchtern nach unten gerichtet, um nicht groß Aufmerksamkeit auf mich zu lenken. Ein paar Blicke ernte ich trotzdem, einfach aufgrund dessen, da mich niemand zuvor in diesem Studiengang gesehen hat. Schnell lichtet sich die Unruhe und ich sitze neben zwei Studenten. Schon als ich reinkam, galt ihre Aufmerksamkeit mehr ihren Smartphones. Aus dem Augenwinkel erkenne ich das Quizduell-Logo. Im Anschluss versuche ich einfach erstmal wahrzunehmen, was um mich herum geschieht. Was geht hier eigentlich ab? Jedes Audimax einer Uni besticht durch seine Größe. Gefühlt ist er nur zur Hälfte gefüllt. Da ich noch immer nicht weiß, worüber hier eigentlich gesprochen wird und welcher Studiengang hier vertreten ist, versuche ich dem Prof zuzuhören. Schon beim ersten Blick auf die riesen Tafel vorne fällt mir eine Formel auf, die Pythagoras wohl nicht besser hätte aufstellen können. Wir reden nicht nur von Zahlen, x oder y. Hieroglyphenartige Ziffern mogeln sich dazwischen. Dazu noch große Buchstaben, die mich ein wenig an den Physikunterricht der 8. Klasse erinnern (potentiell weitere Erinnerungen an diesen Unterricht sind faktisch nicht möglich, da ich schnellstmöglich die Gunst der Stunde ergriff und Physik direkt abwählte). Ich richtete für weitere zwei Minuten voll den Fokus auf die Stimme des Profs. Er war ein vergleichsweise junger Vertreter, der rein intuitiv jedoch nicht die hellste Leuchte am didaktischen Nachthimmel personifizierte. Leider verstand ich trotz der zweiminütigen Hochspannung nur Bahnhof. Das ist voll natürlich, dachte ich mir. Was jedoch der viel wichtigere Nebeneffekt war: Ich hatte in den kühnsten Träumen auch absolut keinen Bock drauf, das zu verstehen. Alleine schon für diese innere Erkenntnis hat sich der Kurztrip gelohnt. Übrigens weiß ich bis heute nicht ganz genau, welcher Studiengang es war. Ich tippe auf einen ingenieurswissenschaftlichen Studiengang. Wohl irgendwas zwischen Mechanik, Astrophysik und Mathe für Ingenieure.

Dieses Vorgehen lässt sich auf alle Unis projizieren. Um noch etwaige Zweifel aus dem Weg zu räumen: Es juckt keine Sau, ob du da jetzt in der Vorlesung hockst oder nicht. Einfach weil so viele Studis im Raum sind, fällt einer mehr oder weniger nicht auf. Auch wenn einige Unis Studieninteressierte als Gasthörer offiziell anmelden wollen, kannst du hier ruhig eigenständig aufs Gaspedal drücken. Selbst wenn du einfach frei Schnauze in einem Seminar fragst, ob du dich einfach interessiert in eine Ecke hocken kannst, werden dir die wenigsten die Tür vor die Nase zuklatschen. Sei einfach ein wenig offen und denke an die wertvolle Grundgleichung ganz ohne physikalische Termini: Du kannst nur gewinnen. Bei möglichen Ausbildungen stehen dir die Berufsschulen ebenso offen. Praktisch einfach so in ein Unternehmen rein zu spazieren wird natürlich schwierig. Hier bietet es sich an, durch ein Kurzpraktikum zu hospitieren. Am einfachsten natürlich über Vitamin B, ansonsten einfach mal anrufen und erkundigen. Es wird nicht immer klappen, aber wenn du ein wenig Elan in die Sache steckst, freundlich fragst und wie oben schon erwähnt authentisch interessiert bist, geht irgendwann ein Fisch ins Netz. Und viele Wege führen nach Rom. Und jeder dieser Wege setzt sich aus zahlreichen Schritten zusammen. Wie wäre es damit, den ersten zu starten?

Schlüssel:
Student
Azubi

Schloss:
Studienfach
Ausbildungsberuf

2. Das Schlüssel-Schloss-Prinzip

Freiwillige vor. Wer erinnert sich an Enzymatik aus der Oberstufe in Bio? Es ging ja irgendwie um Substrate und Enzyme. Kurzer Crash-Kurs: Das Schlüssel-Schloss-Prinzip meint einfach, dass ein spezifisches Substrat in ein Enzym passt. Dieses Enzym spaltet dann das Substrat, wie es beispielsweise in der Verdauung ein wichtiger Mechanismus ist. „Okay, und was soll das Ganze jetzt?", fragst du dich zu Recht. Irgendwie ist mir das Prinzip im Gedächtnis geblieben und mit der Zeit sind mir einige Parallelen zur Studien- und Berufswahl aufgefallen. Zunächst müssen wir die Metaphorik von Schlüssel und Schloss richtig einordnen. Die Skizze zeigt, woher der Wind weht. Der Schlüssel sind wir. Also die angehenden Azubis oder Studenten. Wir sind auf der Suche nach unseren Schlössern. Dort, wo wir andocken wollen. Die Schlösser, die zu uns passen. Dort, wo die eine Schlüsselkerbe optimal in das Schloss gleitet. Die Schlösser sind also unser Suchobjekt: Das Studienfach oder der Ausbildungsberuf. Doch wie läuft das jetzt? Die meisten von uns geraten schnell in einen Schlösserwahn. Studiere ich jetzt BWL oder Lehramt? Lerne ich Bankkaufmann/frau oder Chemielaborant/in? Ganz subtil gerät dabei eines in den Hintergrund. Und das ist der Schlüssel. Von den vielen Messen und Workshops merke ich immer wieder, wie der Fokus nur auf den Schlössern liegt. Wie sind die Berufschancen? Was ist der NC? Was sind die Inhalte der Bankkaufmann/frau-Ausbildung? Nicht falsch verstehen: Die Inhalte der Ausbildung oder des Studiums sind elementar wichtig. Jedoch ist das erst der zweite Schritt. Vorher wartet noch der erste auf dich. Automatismen treten in Kraft und der Fokus auf das viel Wichtigere gerät außer Augen. Ja, wie ist denn jetzt genau dein individueller Schlüssel geformt? Welche Nuancen gilt es zu beachten? Du kannst die Schlösser noch so akribisch abgrasen, wenn dir dein Schlüssel fehlt. Du kannst jede Kerbe im Schloss analytisch auseinandernehmen, du befindest dich so im Endlosspiel. Negativ-Beispiel: Häufig stürzen sich viele von uns direkt in das Studium oder die Ausbildung – ohne die Passung von Schlüssel und Schloss näher eruiert zu haben. Und natürlich: Es gibt nicht nur ein Schloss, was zu dir passt. Wichtig ist nur, dass du DICH als Schlüssel gut genug kennst, um ein besseres Gefühl zu bekommen, welche Schlösser passen können.

Das geht dann vielleicht ein Jahr lang gut und dann merkst du plötzlich, wie Reibungen und Konflikte entstehen. Es „flutscht" nicht mehr so wie ursprünglich geplant. Du beginnst an deiner Entscheidung zu zweifeln und wirst zunehmend unsicher und unglücklich. Abbrechen? Keine Option (hier nochmal der Verweis auf das Kapitel Studienabbruch). Dann müssen radikalere Methoden her. Du zückst den Dietrich und stocherst im Schloss so lange herum, sodass es irgendwie noch geht. Frustration und Stress sind die Begleiterscheinungen. Es gibt natürlich keine Garantien. Jedoch hast du deutlich bessere Karten, wenn du dir vor Beginn des Studiums einfach mal ein paar essentielle Fragen stellst. Die Kapitel hier im Buch geben dir verschiedene Impulse. Dein Schlüssel formt u.a. deine Werte, dein Interesse, deine Persönlichkeit, deine Zukunftsvorstellungen, emotionale Intelligenz etc. pp. Take-Home-Message: Fang zunächst bei dir selber an und mach' nicht den zweiten Schritt vor dem ersten. Es ist zunächst ungewohnt, weil wir dies in der Form leider selten in der Schule gelernt haben. Dennoch ist die Spurensuche bei dir selbst viel nachhaltiger als bei Google oder irgendwelchen Uni-Homepages. Übrigens, der super geniale Nebeneffekt, wenn Schlüssel und Schloss voll in Harmonie stehen: Du bist nicht nur überaus happy, sondern automatisch werden gute Leistungen folgen.

3. Die goldenen 5

In meinen Workshops oder Messeauftritten stelle ich gerne folgende Frage: Wer von euch kann mir seine fünf wichtigsten inneren Werte nennen? Ich nehme dann immer ein Blatt Papier und schreibe die Zahlen 0–1 auf. Bisher hat es sich immer bewahrheitet. Ob jetzt 20 Teilnehmer im Workshop oder 80 Zuhörer auf der Messe: Es ist schon erstaunlich, dass die Resonanz so erschreckend schwach ist. Die Erklärung ist jedoch ganz leicht: Wir beschäftigen uns einfach nicht mit der Frage. Dabei ist sie so essentiell. Im Sinne des „Schlüssel-Schloss-Prinzips" ist das ein Kernfaktor deiner Schlüsselformung. Werte sind wie kleine Satelliten, die dein Handeln und Empfinden bestimmen. Sie entscheiden, was du in deiner Freizeit machst und warum dir die eine Arbeit Spaß macht und die andere nicht. Wenn du sie identifiziert hast, ist das bereits die halbe Miete. Wenn es deinen goldenen 5 gut geht, geht's dir auch gut. So einfach ist die Rechnung. Du findest im Folgenden 357 Werte bzw. Triggerwörter. Ziel: Aus diesen 357 die fünf Werte zu filtern, die deinen goldenen 5 sind. Dabei ist es völlig okay, wenn du zu Beginn viel mehr angekreuzt hast. Es lassen sich Subkategorien bilden und viele Werte können anderen untergeordnet sein. Also im ersten Durchgang kreuze alle Werte an, die dich irgendwie triggern. Ganz spontan und intuitiv. Nimm dir ruhig ein wenig Zeit. Es lohnt sich. Es gibt kein richtig oder falsch.

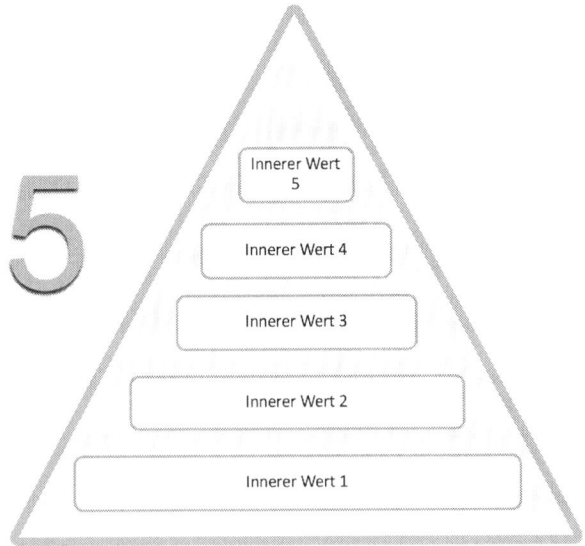

Abenteuer	Abgeklärtheit	Abwechslung	Achtsamkeit
Aggressivität	Ahnung	Akribie	Aktivität
Akzeptanz	Albernheit	Anerkennung	Angemessenheit
Angepasstheit	Anpassungsfähigkeit	Anstand	Antrieb
Anwendbarkeit	Anziehungskraft	Aufgeschlossenheit	Aufopferung
Aufregung	Ausbildung	Ausdauer	Ausdrucksfähigkeit
Ausgeglichenheit	Ausgelassenheit	Abhängigkeit	Authentizität
Aufmerksamkeit	Bedachtsamkeit	Befreiung	Begierde
Beharrlichkeit	Beherrschung	Beliebtheit	Bereitschaft
Bereitwilligkeit	Berühmtheit	Beschaulichkeit	Bescheidenheit
Beschränkung	Besonnenheit	Bestätigung	Bewusstheit
Bindung	Bissigkeit	Brauchbarkeit	Brillanz
Bildung	Bequemlichkeit	Begeisterung	Balance
Charme	Coolness	Charakterstärke	Dominanz
Dreistigkeit	Durchsetzungsvermögen	Dynamik	Direktheit
Demut	Dankbarkeit	Disziplin	Der Beste sein
Edelmut	Effektivität	Ehre	Ehrfurcht
Ehrgeiz	Ehrlichkeit	Eifer	Eigenständigkeit
Einen Unterschied machen	Einfachheit	Einfallsreichtum	Einfluss
Einfühlungsvermögen	Einheit	Einsamkeit	Einsichtigkeit
Einzigartigkeit	Ekstase	Enthusiasmus	Entschlossenheit

Eleganz	Energie	Entdeckung	Entspannung
Entwicklung	Ergebnisorientie-rung	Erfolg	Erfahrung
Erfindungsgabe	Erhabenheit	Erholung	Erkenntnis
Ermunterung	Ernsthaftigkeit	Errungenschaft	Erwartung
Expertise	Extravaganz	Exzellenz	Fairness
Familie	Faszination	Finanzielle Un-abhängigkeit	Findigkeit
Fitness	Fleiß	Flexibilität	Flow
Frechheit	Fokus	Freiheit	Freizügigkeit
Freude	Freunde	Freundlichkeit	Frevelhaftigkeit
Frieden	Frohmut	Frohsinn	Frömmigkeit
Führung	Furchtlosigkeit	Faulheit	Feinfühligkeit
Gastfreundschaft	Geben	Gehorsam	Gelassenheit
Genauigkeit	Genügsamkeit	Genuss	Gerechtigkeit
Gerissenheit	Geschicklichkeit	Geschwindigkeit	Gemütlichkeit
Geselligkeit	Gewandtheit	Gewinnen	Gewissheit
Glanz	Glaube	Glaubwürdigkeit	Glück
Glückseligkeit	Gnade	Großzügigkeit	Gründlichkeit
Gnade	Großzügigkeit	Gründlichkeit	Güte
Gutmütigkeit	Gewissenhaftigkeit	Gesundheit	Großherzigkeit
Geduld	Gemeinsamkeit	Harmonie	Hartnäckigkeit
Heiligkeit	Heimlichkeit	Heiterkeit	Heldenmut

Herausforderung	Herkunft	Herz	Herzlichkeit
Hilfsbereitschaft	Hingabe	Hochgefühl	Hygiene
Humor	Höflichkeit	Hoffnung	Inspiration
Integrität	Integrität	Intelligenz	Intensität
Intimität	Introversion	Intuition	Investierung
Innovation	Idealismus	Jugendlichkeit	Kameradschaft
Klarheit	Klugheit	Komfort	Kongruenz
Können	Kontinuität	Kontrolle	Konzentration
Kooperation	Korrektheit	Kreativität	Kollegialität
Kühnheit	Langlebigkeit	Leistung	Liebe
Logik	Loyalität	Loyalität	Lebendigkeit
Lebendigkeit	Lebenskraft	Lebhaftigkeit	Leidenschaft
Luxus	Leichtigkeit	Macht	Mäßigung
Milde	Mitgefühl	Mitwirkung	Mode
Motivation	Mumm	Mündigkeit	Mut
Menschlichkeit	Nächstenliebe	Nähe	Neugier
Nützlichkeit	Natürlichkeit	Nachgiebigkeit	Ordnung
Organisation	Originalität	Offenheit	Optimismus
Perfektion	Pflicht	Phantasie	Philanthropie
Pietät	Potenz	Pragmatismus	Präsenz
Privatsphäre	Proaktivität	Professionalität	Pünktlichkeit

Qualität	Raffinesse	Rätselhaftigkeit	Reaktionismus
Realismus	Reflektion	Reichhaltigkeit	Reichtum
Reife	Reinheit	Revolution	Ruhe
Ruhm	Religiosität	Respekt	Reinlichkeit
Sauberkeit	Schönheit	Seele	Selbstbeherr-schung
Selbstlosigkeit	Selbstvertrauen	Seltsamkeit	Sensitivität/Sensi-bilität
Selbstständigkeit	Sexualität	sicheres Auftreten	Sicherheit
Sieg	Signifikanz	Signifikanz	Sinnlichkeit
Sittsamkeit	Solidarität	Sorgfalt	Spannung
Sparsamkeit	Sprachkompetenz	Stabilität	Stärke
Stille	Strebsamkeit	Strenge	Struktur
Sympathie	Synergie	Spaß	Spontanität
Spiritualität	Tapferkeit	Teamwork	Tiefe
Tradition	Transzendenz	Träumen	Motivation
Überfluss	Überlegenheit	Überraschung	Umgänglichkeit
Überzeugung	Unerschrockenheit	Unversehrtheit	Unvoreingenom-menheit
Urteilsfähigkeit	Unerschütterlich-keit	Unterhaltung	Unterstützung
Verbindung	Verbissenheit	Verehrung	Vergnügen
Vermögen	Vernunft	Versicherung	Verspieltheit
Verständnis	Vertrauen/Verant-wortung	Vertrauenswürdig-keit	Verwegenheit
Vielfalt	Vision	Vitalität	Vollendung

Vorfreude	Wachsamkeit	Wahrheit	Wahrnehmung
Wärme	Weisheit	Widerstandsfähig-keit	Wildheit
Wirtschaft	Wissen	Wissensdurst	Witzigkeit
Wohlgefallen	Wortgewandtheit	Wunder	Würde
Wertschätzung	Wettbewerb	Wirksamkeit	Zeitlosigkeit
Zufriedenheit	Zugänglichkeit	Zugehörigkeit	Zuneigung
Zuverlässigkeit	Zweckmäßigkeit		

4. Ein Tag wie im Traum

Träume sind ja schon irgendwie magisch. Manchmal erinnern wir uns jedoch überhaupt nicht daran. An anderen Tagen sind die Inhalte so präsent, als wenn sie realistische Konturen annähmen. Nach dem Aufstehen macht es urplötzlich klick und zack: Los geht das Hamsterrad. Es geht jetzt auch nicht darum, im Traum zu antizipieren, was dein Wunschstudium oder Traumjob ist. Das wäre etwas zu viel Hokuspokus. Was wir aber können, ist die Leichtigkeit und Unbeschwertheit in diesem Zustand zu nutzen. Stichwort: Unterbewusstsein. In all dem Stress, Gedankenwirrwarr, den Zukunftsängsten und Reizüberflutungen neigen wir dazu, dieses zu verkennen. Wir müssen jetzt nicht Freud spielen und anfangen jeden Traum zu deuten, dennoch kann es ungemein helfen, einfach mal loszulassen. Abschalten. Durchatmen. Entspannen. Und deinen inneren Gedanken freien Lauf lassen. Wenn also alles möglich wäre … Ja genau alles, was würdest du dann tun? Stell dir vor, du bist für einen Moment Tom Sawyer oder Bibi Blocksberg und gewinnst kindliche Tugenden wie maximale Ehrlichkeit und Spontanität zurück. Es reicht, wenn ein Ball oder Spielzeugpferd in die Mitte geworfen werden, damit du glücklich bist. Weit weg sind die gedanklichen Kaskaden aus Existenzängsten, Azubi-Verträgen, und strengen Professoren mit Brille und Dreitagebart. Also stell dir vor, morgen früh wäre ein Tag in weiter der Zukunft. Du bist mittlerweile 37 Jahre alt. Morgen ist der 14. Juni. Der Sommer ist akut auf dem Vormarsch. Versuch' dir im Folgenden vorzustellen, wie dein idealer Arbeitstag aussehen könnte, ganz ohne Lottogewinn.

Es ist 06:30 Uhr. Das Rollo war nicht ganz unten und die ersten Sonnenstrahlen bahnen sich ihren Weg. Wo wachst du auf? Liegt jemand neben dir? Wenn ja wer? Du schaust aus dem Fenster. Was siehst du? Natur? Wolkenkratzer? Garten?

Du gehst in die Küche. Für wie viele Personen ist der Tisch gedeckt? Hast du Kinder? Wie trinkst du deinen Kaffee/ Tee/ O-Saft? Hast du Zeit für ein Frühstück?

Du verlässt deine Wohnung/ Haus/ Loft. Wo geht's jetzt hin? Wie weit ist der Weg? Wie fährst du da hin? Zu Fuß, mit dem Fahrrad oder der S-Bahn?

Du bist angekommen. Wie sieht deine Arbeit aus? Büro? Agentur? Krankenhaus? Polizeiwache? Fußballstadion? Café? Home-Office?

Ganz wichtig: wen hast du um dich herum? Menschen? Kennst du diese gut oder magst du es lieber anonym? Womit beschäftigst du dich? Zähne? Tiere? Excel-Tabellen? Weingummi? Reagenzgläser? Kunden? Geschichte? Geologie? Unternehmensstrategien? Dein Start-up? Strafanzeigen? Politik? Oder verschiedene Kombinationen? Etc.

Wie sind die Rahmenbedingungen? Trägst du viel Verantwortung oder bist du happy diese abschieben zu können? Bist du recht flexibel in der Arbeitsgestaltung oder fügst du dich gerne in ein Beamtenkorsett?

Wie endet dein Arbeitstag? Hast du richtig „Feierabend" oder nimmst du mental noch etwas mit? Hast du schon pünktlich um 16:00 Uhr Feierabend oder bist du noch länger auf Achse?

Dies sind einige Impulse. Gib dem Ganzen mal eine Chance. Egal vor welchen Optionen du gerade stehst. Sowohl im Bachelor, in einer Ausbildung oder im Master kann die Idee, sich einfach mental fallen zu lassen wirklich guttun. Du wirst wahrscheinlich nicht direkt die Eingebung bekommen. Darum geht's auch nicht. Vielmehr geht's um ein neues Detail. Ein neuer Anstoß, der dich dazu veranlasst, über eine neue Richtung nachzudenken, oder eine bereits eingeschlagene zu bestätigen. Alles geht. Nur häufig fällt es uns übertrieben schwer, diese geistige Ruhe aufzubauen, aus dem Hamsterrad zu springen und frei zu denken. Träumen. Und das bewusst. Geh am besten dazu an einen ruhigen Ort, wo du richtig abschalten kannst, an dem du dich wohl fühlst. Vielen kann es helfen, nicht direkt an ein Fach zu denken, sondern sich dieses über eine Tätigkeit zu erschließen. Von der Praxis zur Theorie quasi. Vielleicht wie ich damals in Australien – bewaffnet mit einem Bleistift und fünf Seiten weißem Papier. Handy zu Hause. Nur du und dein freier träumerischer Geist. Ganz tief von innen. Probier's doch mal aus.

Diesen freien Geist unterstützt der Expertenbeitrag von Frau Korgiel. Sie eröffnet hiermit einen Impuls für deine freie Gedankenwelt.

Elisabeth Korgiel, Dozentin für Arbeits- und Organisationspsychologische Interventionen
Was möchte ich jungen Menschen in puncto Berufs- und Studienwahl mit auf den Weg geben?

„Man muss nur den nächsten Schritt tun. Mehr als den nächsten Schritt kann man überhaupt nicht tun. [...] Gerade das Erlebnis, dass du einen Schritt tust, den du dir nicht zugetraut hast, gibt dir ein Gefühl von Stärke."

(Martin Walser)

Junge Menschen sind offen, neugierig der Umwelt, der Technik und den sozialen Beziehungen gegenüber. Die Möglichkeit zu Reisen und neue unbekannte Länder und Traditionen kennen zu lernen, macht sie im Umgang mit all dem, was auf sie zukommt sicherer und vertrauter. Die Dimension des Neuen und Unbekannten ist für jeden jungen Menschen anders. Jeder sammelt individuelle Erfahrungen, die das Leben bereichern und neue Horizonte bezüglich des Privaten und des Beruflichen eröffnen. Dass Schnelllebigkeit und die Geschäftigkeit der Welt in der Leistung, Schönheit, Gesundheit, Ernährung, Sport aber auch Erfolg und Glück immer eine größere Rolle annehmen, wird deutlicher. Für viele junge Menschen bieten die unterschiedlichen Optionen in der Studienwahl oder Berufswahl eine bunte Vielfalt an neuen Chancen. Das macht sie neugierig, das macht sie stark. Sie entwickeln neue Interessen über die man sich informieren kann, es entstehen neue Bedürfnisse die man erfüllen kann. Die Eltern und Freunde unterstützen die Entwicklung auf unterschiedlicher Weise. Höre auf dein Bauchgefühl. Horche, was dein Herz dir mitteilen möchte, suche nach einer Aufgabe, die dir Spaß macht.

Die ganze Vielfalt ist so breit gefächert, dass sie manchmal auch Bauchweh bereiten kann, weil eine Entscheidung getroffen werden muss, in welche Richtung das erwachsene, eigenständige Leben sich bewegen soll. Jede Richtung ist gut – so lesen es die jungen Menschen in den globalen Netzwerken –, aber welche ist richtig, vor allem wenn sie noch so ausgefallen, originell, selten, neu ist? Der junge Mensch von heute sieht das Leben im ständigen Wandel. Dafür braucht er Kompetenzen, wie man mit dem Wandel umzugehen hat. Das heißt, er muss lernen, seine Stärken zu entdecken. Dazu gehören Fähigkeiten und Fertigkeiten als auch Erfahrungen unterschiedlicher Art, die er im Leben schon erworben hat. Außerdem gibt es auch noch das Entwicklungspotential, was erstmal erkannt werden muss und anschließend entwickelt werden kann. Um diese Klarheit für sich zu schaffen, ist es empfehlenswert sich mit der eigenen Biographie auseinander zu setzten. Dabei lernt er seine Vergangenheit zu reflektieren und ein Verständnis in der Gegenwart dafür zu entwickeln. Das kann die Grundlage für die mögliche Gestaltung der Zukunft sein. Es entsteht ein bewusster Zusammenhang zukünftige Handlungspotentiale zu entwickeln, persönliche Sicherheit und Selbstvertrauen zu stärken. Ihre Lebenswege sind so unterschiedlich, wie die Menschen selbst. In ihren jungen Jahren haben sie unterschiedliche Prägung erfahren, die einen zentralen Einfluss auf die Entwicklung hat. Faktoren wie Kultur, Religion, Eltern, die zusammen oder getrennt leben, Familienangehörige, die in der Nähe wohnen oder weit entfernt sind, Sport, Musik, Schulwechsel, Erzieher wie Trainer, Lehrer außerdem Ereignisse, die mit schweren Belastungen verbunden sind, wie Erkrankung, Todesfall einer nahe stehenden Person, Trennungen, Abschiede von Wohnorten und räumlichen Wohnsitzen. All das und noch viel mehr hat Einfluss auf die Persönlichkeit der jungen Menschen. Das sind Erfahrungen die dafür sprechen, dass die Lebensläufe der Menschen nicht gradlinig verlaufen, sondern bunt wie die Welt sind. Die Lebenskunst dabei ist das Potenzial zu definieren und durch das reflektive Betrachten an Stärke, positiver Energien, Sicherheit zu gewinnen. Das macht den jungen Menschen heute so interessiert an der Berufsorientierung wo er schon seine definierten Fähigkeiten einsetzen kann und neue entwickeln kann.

Ich denke, dass die Bereitschaft sich zu entfalten, Neues zu entdecken, Freude am Lernen aber auch der Wille einen Beruf zu erlernen oder einen akademischen Zweig zu gehen, alles eine gute Basis für ein erfülltes berufliches Leben sein kann. Begleitet sollen alle die Entscheidungen durch fundierte Informationen und realistische Möglichkeiten. Manchmal sind aber doch einige Träume und Visionen nicht zu erreichen und es liegen Hürden auf dem Weg. Wichtig ist, sich nicht entmutigen zu lassen; es ist keine Schande, die Pläne zu verändern. Wichtig ist, neue Ziele zu formulieren und mit vollem Engagement sich auf den Weg zu machen, um die neuen Ziele zu erreichen. Und manchmal ist schon der Weg das Ziel! Oder wie Martin Walser sagt: „Dem Gehenden schiebt sich der Weg unter die Füße."

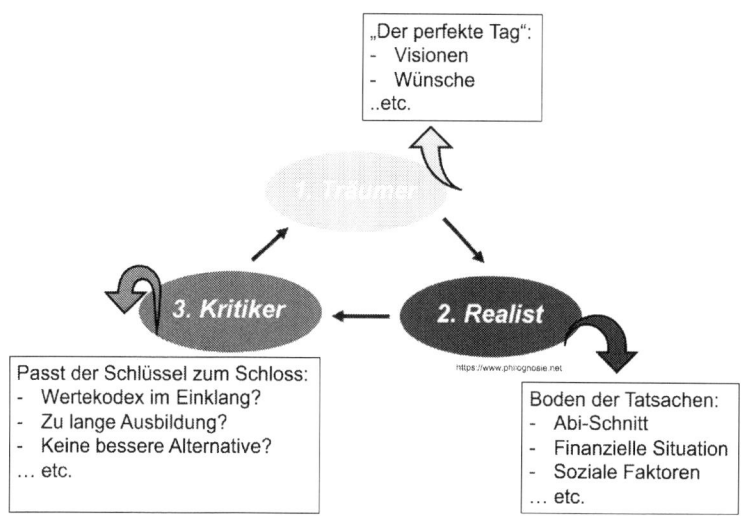

5. Walt-Disney-Methode

Na, woran denkst du intuitiv bei dieser Methode? Simba? Balu? Arielle? Aladdin? Tarzan? Was haben diese Disney-Helden mit unserem Thema zu tun? Ist es das Happy End, mit dem jede Geschichte abschließt? Die erfrischende Leichtigkeit, die jeder dieser Charaktere ausstrahlt? Die Emotionen, die auch das so wichtige Bauchgefühl unserer Entscheidungsprozesse beeinflussen? Vielleicht ist es ja ein wenig von allem. Ich habe diese Methode[6] damals zufällig entdeckt. Der Name Disney hat mich irgendwie getriggert. Es geht um Folgendes: Nach dieser Methode gibt es drei Instanzen: Den Träumer, den Realisten und den Kritiker. Dies sind quasi Persönlichkeitseinheiten in dir. Den Träumer haben wir eben schon ausführlich behandelt. Jetzt kommen zwei weitere „Player" hinzu. Der Realist holt den Träumer auf den Boden der Tatsachen zurück. Du warst in deiner Traumvorstellung Oberarzt an einer der angesagtesten Kliniken? Dann wird es schwierig mit einem Abi von 2,3 an einer staatlichen Uni Medizin zu studieren. Genauso schwierig wird es, wenn dein Träumer Lust drauf hat Illustrationsdesign zu studieren, deine Bilder in Vergangenheit aber direkt in den Mülleimer gewandert sind. Ebenso bringt der Träumer gewisse Präferenzen in Einklang.

---

6 Schawel, C., & Billing, F. (2014). Walt-Disney-Methode. In Top 100 Management Tools (pp. 273-275).

Dein Träumer möchte unbedingt in London studieren? Dein Realist erdet dich mit den finanziellen Rahmenbedingungen. Zudem schlägt dein Realist Alarm, dass du dich am wohlsten zu Hause fühlst, bei deinem sicheren Freundeskreis. Da gibt's ganz viele Möglichkeiten. Generell orientiert sich der Realist an Fakten. Der Kritiker hingegen reflektiert das ganze nochmal auf einer globalen Ebene. Gibt es nicht noch bessere Alternativen? Ist der anvisierte Karriereweg nicht zu lang? Sind die goldenen 5 d'accord? Wusstest du, dass von den knapp 60.000 Gedanken, die wir jeden Tag denken nur 3% positiv sind? Das mag man sehr kritisch sehen. Das ist für den Skeptiker in dieser Übung aber doch sehr dienlich. So, und das Gute daran ist jetzt das Gute darin. Wir reden hier von keiner Übung in 5 Minuten. Das Credo heißt Nachhaltigkeit. Einige meiner Workshop-Besucher haben sich wochenlang abends mit Simba, Balu und Co. beschäftigt. Der Vorteil: Diese Methode kannst du auch super mit einer Person deines Vertrauens durchführen. Lass' sie doch einfach mal den Realisten und Kritiker ausfüllen. Dabei eröffnen sich Blickwinkel, auf die du so direkt nicht gekommen wärst. Und nicht vergessen, fürs träumen bist ganz allein du zuständig.

Träumer	Realist	Kritiker

6. Die Anti-Liste

Dieses Tool ist so banal, dass es super schnell erklärt ist. Du schnappst dir einen Stift und Papier und setzt dich an den Schreibtisch. Weil es uns so schwer fällt unsere Ideallösung zu benennen, drehen wir den Spieß hier um. Du kannst dich richtig austoben, weil dir in der Regel recht viele Jobs einfallen, die sicher keine Option wären. Wenn du dich an das RIASEC-Modell von vorhin erinnerst, wirst du auf einigen Skalen nicht so hoch scoren. Also, was turnt dich so richtig ab? Bei welcher Vorstellung bekommst du Schnappatmung oder möchtest so schnell wie möglich deine Beine in die Hand nehmen? Sind es alle technischen Berufe? Dinge die mit Medien oder Menschen zu tun haben? Mathe? Lass' vor allem auch Branchen oder Ideen einfließen, die aufgrund ihrer Rahmenbedingungen für dich keine Option darstellen. Ein zu langer Ausbildungsweg wie bei Lehramt oder Jura? Auch finanzielle Parameter gilt es nicht außer Acht zu lassen. Soll es schon das Einfamilienhaus mit Garten sein? Dann fallen bestimmte Jobs schon mal weg.

Nachdem du dich dann so richtig ausgetobt hast, wirst du feststellen, dass es sich tadellos anfühlt. Mit jedem aufgeschriebenen Begriff auf deiner Anti-Liste gewinnt ein Ego peu à peu Oberwasser. Es läuft. Gefühlt machst du riesen Fortschritte. Es kommt der Zeitpunkt, an dem du zu abstrahieren beginnst: Was ist denn noch offen? Welche groben Orientierungen gemäß RIASEC-Modell bleiben übrig? Die Branchen schreibst du dann auf einem anderen Papier nieder. Diese Studienrichtungen oder Ausbildungsberufe haben dich insofern getriggert, als dass du sie nicht per se gestrichen hast. Aus einem bestimmten Grund: Es lohnt sich, diese näher anzuschauen. Hier solltest du weitere Brain-Power investieren. Wie stets um deine goldenen 5? Quieken diese vor Freude, wenn du sie mit den verbleibenden Begriffen in Verbindung bringst? Was sagen Realist und Skeptiker aus der Walt-Disney Methode? Bezieh' auch die folgenden Kapitel mit ein. Natürlich auch das gute alte Bauchgefühl. Wie wäre es, Vorlesungen zu besuchen oder Gespräche mit Vertretern deines anvisierten Berufsfeldes zu führen? Los geht's. Im Hochsprung von der Couch nach draußen.

7. Der saure Apfel

Stell ihn dir vor. Den hellgrünen unreifen Apfel, der alle deine Gesichtsmuskeln verkrampfen lässt. Hier bewegen wir uns nicht auf einem reinen theoriegeleiteten und interessenorientierten Kurs wie bei der Anti-Liste, sondern gehen nochmal einen Punkt tiefer. Blättere bitte für eine Minute zum Kapitel „Studium International" zurück und lies dir den Erfahrungsbericht von Rosanne erneut durch. Ihr „sacrifice a bit to benefit later on" ist mehr als nur eine Floskel. Opfern. Das mögen und wollen wir nicht. Es meint, nicht die optimale Lösung zu bekommen. Du bekommst nicht das goldene, sondern das silberne Spielzeugauto. Du bekommst dein Steak nicht medium-well, wie bestellt, sondern medium. Gleiches gilt natürlich auch für Tofu, liebe Veganer ;). Sich vor Augen zu führen, dass es in der Regel einen „sauren Apfel" geben wird, kann ein weiterer Türöffner für deine Studien- und Berufswahl sein. Gesetzt des (recht unwahrscheinlichen) Falls, dass wirklich alle, alle Faktoren zu deiner besten Zufriedenheit ausfallen, geht es ergo nicht um die Frage, ob du in einen Apfel beißen musst. Vielmehr geht es darum, welchen du am ehesten hinnehmen möchtest. Gewissermaßen das geringere Übel. Wenn du dich von der perfekten Entscheidung loslöst, drückst du automatisch das Druckventil. Normal sind also nicht 100%, sondern z.B. 85%. Veranschaulichen wir das an unserer Case-Study mit Max.

Angenommen Max stünde vor folgender Entscheidung: Aufgrund seiner Passion für Musik überlegt er Musik und Englisch auf Grundschullehramt zu studieren. Nach erfolgreich absolvierten Praktika an Grundschulen sowie vielen Gesprächen mit Lehrern, ist er in seinem Entschluss gefestigt. Da Max sich zu Hause in seinem Umfeld sehr wohlfühlt, würde er gerne in seiner Heimatstadt studieren. Um Max' goldene (100%) Entscheidung zu verwirklichen, wäre als Start das Lehramtstudium in seiner Heimatstadt anzusehen. Er wohnt etwas außerhalb, aber dennoch könnte er für den Anfang noch zu Hause wohnen bleiben, um Kosten zu sparen. Max ist schon richtig hibbelig und freut sich auf den Studienstart. Plötzlich kommt die Hiobsbotschaft: Er bekommt in diesem Jahr keinen Studienplatz in seiner Heimatstadt. Bedrückt und traurig berichtet er die Neuigkeit auch seiner Freundin, mit der er schon ein Jahr zusammen ist. Und da ist er, auch wenn Max ihn sich nicht gewünscht hat. Der saure Apfel. So oder so: Um einen Biss kommt er nicht mehr herum. Kreisende Gedanken beginnen sich in seinem Kopf zu drehen. Zirkulation trifft schnellstes Karussell auf der Kirmes. Warte ich ein Jahr und hoffe auf einen Platz im nächsten Jahr? Kann ich den Schritt in eine völlig fremde Stadt wagen? Wird die Beziehung mit meiner Freundin halten, wenn ich wegziehe? Verliere ich meine guten Freundschaften aus der Heimat, wenn ich „arrivederci" sage? Bin ich der Doppelbelastung aus Nebenjob und Studium gewachsen? Könnte ein Stipendium Abhilfe schaffen? Nehme ich Plan B und studiere in meiner Heimatstadt etwas Anderes? Fragen über Fragen. Die Antwort mit anderen Worten: In welchen sauren Apfel beiße ich?

Du bist enttäuscht, wenn deine Erwartungen mit dem tatsächlichen Ist-Zustand nicht übereinstimmen. Daher lautet die Devise: Halte Ausschau nach einem sauren Apfel, in den du nicht gerne, aber angesichts der Umstände, doch am ehesten beißen möchtest. So kann dir dieser saure Apfel gewissermaßen dabei helfen, alte Handlungskompetenz zurückzugewinnen. Die perfekte Entscheidung wird weggekickt. Team Rocket würde sagen: „Ein Schuss in den Ofen". Dein wichtigster Ankerpunkt: Dein Bauchgefühl. Du bist im Nachrückverfahren doch noch in deinen Wunschstudienplatz gekommen? Dieser ist aber in einer Stadt, die total weit weg ist von deiner Heimatstadt? Verwechsele den sauren Apfel nicht mit deinem inneren Schweinehund. Nur weil eine Entscheidung einen großen Schritt bedeutet, ist sie nicht immer die Falsche. Hier wäre der saure Apfel die Entfernung zu deiner Heimat bzw. deiner Komfort-Zone. Dafür hast du aber vielleicht deinen Wunsch-Studien- oder Ausbildungsplatz. So wie Simon es in seinem Erfahrungsbericht (Kapitel Heimathafen verlassen) umschrieben hat, kann der Sprung ins kalte Wasser in der Retrospektive wahre Wunder bewirken. Vielleicht auch für dich. Schließt sich eine Tür, öffnet sich eine neue.

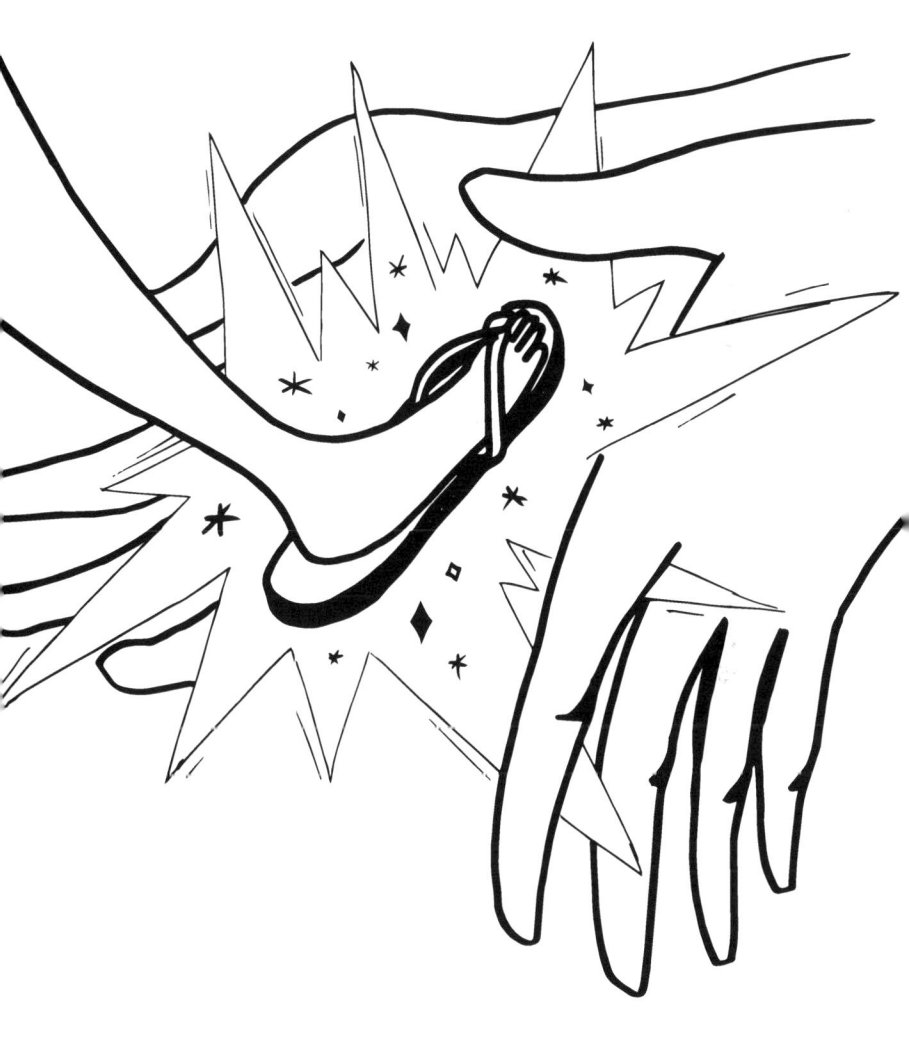

8. Die Schuhkauf-Anekdote

Es wird langsam wärmer draußen. Nachdem die ersten Bäume grün werden und Winterjacken in die letzte Ecke des Schranks geworfen werden, ist es endlich Frühling. Du bist an einem Samstagvormittag mit ein paar Freunden zum Brunch verabredet. Als du durch die Tür mit einem Hechtsprung zum Bus sprinten möchtest fällt dir auf: „Mir fehlt ein neues Paar Sommerschuhe." Nach dem Treffen schlenderst du noch in die Stadt, um neue Schuhe kaufen zu gehen. Spontan scheinen dir einige Exemplare sympathisch, andere weniger. Einige passen gut. Mit vielen kannst du ohne Schmerzen laufen. Auch die Optik sollte stimmen, oder? Wie wirst du dich jetzt für ein neues Paar Sommerschuhe entscheiden? Ähnlich wie mit den Studiengängen oder Jobs sind folgende Schritte zu beachten:

Intuition: Schon irgendwie merkwürdig: Unterbewusst scheiden einige Schuhe direkt aus. Du würdigst sie quasi keines Blickes. Warum? Es erfolgt ein Abgleich mit deinen bereits gemachten Erfahrungen und Präferenzen der letzten Jahre. Warst du bisher immer der Sneaker-Fan, werden Schaks oder Boots vielleicht nicht direkt dein Favorit sein. Genauso ist es mit Studiengängen oder Ausbildungsberufen. Waren zu Schulzeiten Physik und Chemie Fächer, in denen du jede Stunde sehnsüchtig auf die Uhr geschaut hast, werden Ingenieur-Fächer keine inneren Luftsprünge in dir wecken. Das funktioniert häufig, ohne dass du die genauen Inhalte des Studiums kennst. Auch einen psychologischen Hintergrund hat das Ganze: Nach der PSI-Theorie nach Julius Kuhl[7] gibt es das sogenannte „Extensionsgedächtnis". Dieses beinhaltet sämtliche Erfahrungen bzw. Selbstschemata, die wir im Laufe unseres Lebens verinnerlicht haben. Es erfolgt ein direkter Abgleich mit bereits bekannten Dingen und Menschen. Dies erklärt, warum uns manche Schuhe, bzw. Studiengänge oder Ausbildungsberufe so attraktiv erscheinen.

Attraktivität: Wie auch deine neuen Schuhe dürfen Studiengänge bzw. Berufe generell ein kleines Detail nicht missen lassen: Attraktivität. Deine Intuition ist quasi für die Erstselektion zuständig. Sie lenkt deine Aufmerksamkeit und lässt dich gewisse Schuhe gar nicht erst näher wahrnehmen. Wenn ein Paar es in die „engere Auswahl" geschafft hat, geht's jetzt ans Feintuning. Du recherchierst verschiedene Alternativen nach der Schule oder im Studium. Wenn du dann

7 https://www.psi-theorie.com (01.08.2018).

merkst, dass es schon interessant klingt, verleitet dich die Attraktivität dieser Option dazu, näher hinzuschauen. Also wie genau sehen jetzt die Details aus? Module? Schwerpunkte? Anwendungsfelder? Berufsaussichten?

Anprobe: Hast du jemals einen Schuh gekauft, ohne ihn anzuprobieren? Selbst wenn du ein Zalando-Anhänger o.ä. bist, probierst du den Schuh zumindest zu Hause an, nachdem er dir zugeschickt wurde. Bei der Anprobe beachtest du: Zwickt es irgendwo? Fühlt es sich gut an? Rutschst du hinten raus? Passen die Schnürsenkel wirklich zum Schuh?

Auch wenn es auf den ersten Blick komisch erscheint, kannst du auch ein Studium gewissermaßen anprobieren. So viele junge Menschen da draußen tun es nicht, weil sie denken, dass das irgendwie komisch wäre. Das ist ein verheerender Glaubenssatz, der dir so manchen Frust einhandeln kann. Die Anprobe des Studiengangs oder Ausbildungsberufs erfolgt in mehreren Schritten. Der erste ist eigentlich trivial, aber überaus effektiv. Nachdem du die Inhalte und Beschreibungen auf den Internetseiten gelesen hast, gilt es diesen ersten Eindruck mit persönlichen Eindrücken zu untermauern. Das heißt: Du besuchst die Uni und setzt dich in eine Vorlesung deines angepeilten Studiengangs. Das Ziel ist es nicht, alles was der Prof da vor sich her sabbelt zu verstehen. Vielmehr geht es darum, ein Gefühl dafür zu entwickeln, ob du Lust darauf hast dich näher mit diesem Thema zu beschäftigen.

Gleiches gilt für die Berufsschule. Zudem schau dich einfach mal um, welche Leute da um dich herumsitzen. Wie wirken sie auf dich? Zudem: sind diese Schüler bzw. Studenten überaus interessante Gesprächspartner? Geh doch einfach mal zu ihnen und frage, wie sie das hier empfinden. Was läuft gut? Was nicht? Warum haben sie sich für diese Uni hier entschieden? Das sind Infos aus erster Hand, die du auf keiner Webseite finden wirst. Zudem wirst du in den seltensten Fällen auf taube Ohren stoßen. Jeder von ihnen kennt die Situation am Anfang vor dem Studium oder der Ausbildung zu stehen, weswegen sie dir gerne helfen und für Fragen zur Seite stehen. Die Voraussetzung ist natürlich, dass du höflich und ehrlich interessiert fragst. Auch Gespräche mit dem Professor oder der Berufsschullehrern helfen dir weiter. Beratungsangebote der Berufsschule oder Uni können den Prozess weiter unterstützen.

Vergleich: Selten probierst du nur ein Paar an. Nach der Erstauswal kommen meist zwei oder drei Paare in die engere Auswahl. Sie scheinen alle irgendwo in

Frage zu kommen. Also probierst du sie alle an. Im Idealfall hast du auch alle zwei oder drei engeren Alternativen analog zu Punkt drei anprobiert. Wichtig ist in diesem Fall, dass alle drei auch mit der gleichen Intensität geprüft worden sind. Ein Beispiel in Bezug auf die Ausbildung: Du schwankst zwischen Industriekaufmann/frau, Industriemechaniker/in und Verwaltungsfachangestellter/e. Zum Industriekaufmann/frau hast du dich für Probestunden an der Berufsschule angemeldet, mit Lehrern und Gesellen gesprochen, während du zu den anderen beiden Berufen nur online recherchiert hast. Viele Impulse, kritische Nachfragen sind dir so vielleicht entgangen. Ein wichtiges Kriterium beim Vergleich ist der Preis. Dieses Kriterium kannst du auch auf das Kapitel zum „sauren Apfel" übertragen. Wäre also ein Kredit oder Nebenjob im Studium für mich in Ordnung, sollte ich privat studieren wollen? Lohnt es sich dennoch so tief ins Portemonnaie zu greifen oder ist die etwas günstigere Variante doch besser? Möchte ich an anderer Stelle sparen, um mir die Variante A leisten zu können?

Kauf: Nachdem du alle Paare anprobiert und verglichen hast, hat es ja i.d.R. irgendwo Klick gemacht. Er sah nicht nur intuitiv gut aus, sondern passt auch super, ist bequem, fühlt sich insgesamt einfach grandios an. Häufig wird die Entscheidung für das Schuhpaar xy emotional gefällt.

Auch bei der Studien- und Berufswahl ergibt es doch also einen Sinn, die Entscheidung analog zum Schuhkauf zu treffen. Du tappst nicht im Dunkeln, sondern hast schon eine ziemlich gute Idee, was da so auf dich zukommt.

Die Odds für ein dich zufriedenstellendes Studium stehen also definitiv besser, als wenn du die Entscheidung dem Zufall überlässt. Warum diesen Vorsprung an „Gefühl" also nicht nutzen? Du kannst damit nur gewinnen.

Den so wichtigen Punkt 3 der Anprobe verdeutlichen nochmal die persönlichen Worte von Herrn und Frau Weierstall-Pust. Sie beide beleuchten neue Entwicklungen aus der psychotherapeutischen Praxis.

Gesa Weierstall-Pust (M.Sc. Psychologie) und Prof. Dr. Roland Weierstall-Pust

Was möchten wir jungen Menschen in puncto Berufs- und Studienwahl mit auf den Weg geben?

Neben der Erleichterung, dass mit dem Abi die Schule endlich geschafft ist und den Möglichkeiten, welche sich hierdurch ergeben, werden einem bereits während der Abi-Zeit unendlich viele Fragen gestellt: Was möchtest du denn mal werden? Hast du dich denn auch schon informiert, denn jetzt beginnt auch für dich endgültig der Ernst des Lebens?! Oder: Der Alexander hat schon einen Studienplatz; willst Du nicht auch langsam mal aktiv werden? Häufig weiß man auf diese Fragen aber noch gar keine Antwort. Schlimmer noch, man selbst hat sich diese und viele andere Fragen selbst auch schon viele Male gestellt ohne sich selbst Antworten darauf geben zu können. Was will ich wirklich den Rest meines Lebens machen? Bin ich für den einen oder anderen Beruf überhaupt geeignet? Reicht mein Abitur für meinen Traumstudiengang? Wo bewerbe ich mich oder mache ich eine Ausbildung, wo es doch aktuell mehr offene Ausbildungsstellen und einen Run auf Studienplätze gibt? Wie ist es, in eine fremde Stadt zu ziehen und wo kommt das Geld dafür her?

Der Druck nach der Schule und im Studium ist mitunter sehr hoch und dies ist auch für uns als Lehrende spürbar. Die Angst davor, nicht die erforderlichen Leistungen zu bringen, sich „falsch" zu entscheiden und nach zwei Semestern den Studiengang zu wechseln, noch nicht im ersten Semester den beruflichen Werdegang vorgeplant zu haben oder nicht bereits Auslandserfahrung gesammelt zu haben, ist in den vergangenen Jahren merklich gestiegen. Die Verunsicherung die Anderen sind gefühlt weiter und ich werde es nie zu etwas bringen, beschäftigt mittlerweile nicht nur die Kinder, sondern auch die Eltern, welche bei Beratungsgesprächen neben ihren Kindern stehen und den Druck häufig nicht nehmen, sondern diesen eher noch verstärken. Ja, die Berufswahl ist wichtig und – ja – man muss auch etwas dafür tun, um beruflich voranzukommen. Das wisst ihr Abiturienten aber in der Regel selbst ohne dass das System den Druck noch zusätzlich erhöhen muss. Es gibt immer mehr Studien, welche zeigen, dass Burn-Out bereits in frühen Kinderjahren zunimmt.

Zwischen der dritten Fremdsprache, dem zweiten Musikinstrument und der Förderung von Interessen und Begabungen bleibt manchmal kein Platz mehr für die eigentliche Kindheit, die Pubertät und das Ausprobieren im Allgemeinen. Es ist erwiesen, dass Studenten sich mit Medikamenten und Drogen zu mehr Leistung pushen, dass nicht mehr geschlafen wird und dass viele einfach nicht mehr können. Stress und Druck machen krank. Sie fördern aber nur bis zu einem gewissen Punkt unsere Leistungsfähigkeit. Ab einem bestimmten Punkt bewirken sie nämlich exakt das Gegenteil. Das bekommen wir in der psychotherapeutischen Praxis mit und stellen es auch bei unseren Schülern und Studierenden fest. Liebe Abiturienten, Studierende oder junge Arbeitnehmer, wir können Euch den Druck nicht nehmen, denn dieser ist faktisch in manchen Bereichen höher oder zumindest anders geworden. Wir können Euch aber beruhigt mit auf den Weg geben, dass Zukunft nur bedingt planbar ist und dass Euer Weg nicht in Stein gemeißelt oder gar vorbei ist, bloß weil Ihr Euch für eine Ausbildung oder einen Studiengang entscheidet, der Euch jetzt anspricht und von dem Ihr noch nicht zu 100% überzeugt seid. Wir leben in einer Zeit, in der Ihr für fast jeden Bereich eine Versicherung abschließen könnt und dennoch kann man sich nicht gegen oder für das Leben an sich versichern. Wahrscheinlich sind selbst Eure Dozenten nur selten gradlinige Lebenswege gegangen und selbst, wenn es bei manchen so aussieht, muss es nicht sein, dass sie es immer vorher so geplant haben. Viele haben während ihres Studiums gefeiert und ausgeschlafen, sind Umwege gegangen, haben Krisen durchlebt und haben über die Stränge geschlagen.

Viele von uns sind aufgrund von Zufällen dort wo sie jetzt sind und weil sie durch die Türen gegangen sind, welche sich ihnen aufgetan haben; manchmal auch einfach, weil man zur richtigen Zeit am richtigen Ort war. Trotz aller Anstrengung sind eben der richtige Ort und der richtige Zeitpunkt nur bedingt planbar. An den Dozenten zu geraten, der Euch später eine Promotionsmöglichkeit anbietet, ist vielleicht nicht das Ergebnis dessen, dass Ihr schon zwei Auslandssemester absolviert habt, sondern dessen, dass Ihr über Dinge, welche Euch begeistern, ins Gespräch gekommen seid und Euer Dozent Euer Leuchten in den Augen gesehen hat; oder weil Ihr Euch Zeit für Euer Lieblingshobby genommen habt und Ihr darüber in den Kontakt gekommen seid. Es mag für manche überraschend klingen, aber wir können Euch nur zum Ausprobieren und Vertrauen ermutigen. Das soll jetzt nicht heißen, dass Ihr Euch nicht anstrengen müsst und sollt. Wir wollen Euch aber den Mut mitgeben, dass Ihr Euren Weg schon gehen werdet, wie auch immer dieser aussehen mag. Wichtig ist, auch neben allen Planungen, Ratschlägen und Karriereberatungen, vor allem auf sein Gefühl zu hören. Dieses Gefühl kann und darf sich auch einmal ändern. Auch Euren ersten Schultag oder die erste schlechte Klassenarbeit werdet Ihr heute mit etwas Abstand anders bewerten als in dem Moment selbst. Man kann nicht wissen wie sich etwas anfühlt, bevor man es nicht erlebt hat. Das heißt, es bleibt einem gar nichts anderes übrig, als Dinge auszuprobieren. Uns sind Studierende lieber, die Spaß an dem haben, was sie machen, auch wenn sie in einer Nachkommastelle ein schlechteres Abschlusszeugnis haben, als ihre Mitbewerber. Insbesondere in der Psychologie lernt man sich selbst und das Leben nicht aus Büchern kennen, sondern in dem man lebt und seine Erfahrungen – ob gefühlt gut oder schlecht – sammelt; und plötzlich werden die vermeintlichen Krisen, die den gradlinigen Weg gefährdet haben zu dem, was die Qualifikation des Therapeuten ausmacht. In diesem Sinne wünschen wir Euch Mut und Vertrauen und vor allem nicht so viel Stress!

9. Der Pseudoprof

Ein etwas ungewohnt klingender Ansatz sich der Studien- und Berufswahl zu nähern ist das Konzept des Pseudoprofs. In diesem Zusammenhang geht es insbesondere um deine tiefergehenden Interessen. Du stellst dir vor Professor bzw. Professorin zu sein. Vielleicht auch mit einer Pfeife, wie unser Klischeeprof nebenan. In einem speziellen Fachgebiet bist du also der Experte und liest freiwillig Bücher; hast Lust dich so tief in die Thematik einzuarbeiten, dass die Stunden so an dir vorbeiziehen und du voll im Flow bist. Wir sprechen hier also nicht nur von aufgezwungenen Schulfächern. Freiwilligkeit und intrinsische Motivation sind höchste Prämisse. Welche Fächergruppe würdest du intuitiv wählen? Was könnest du gemäß Anti-Liste ausschließen? Ohne zu wissen, dass ich das Ganze später mal Pseudoprof nennen würde, habe ich das Konzept selbst damals in China angewendet. Während der Summerschool bin ich einen Nachmittag in die Bibliothek der Sun-Yat-Sen University in Guangzhou spaziert. Abgesehen davon, dass man direkt sehr viele chinesische Studenten entdeckt, die stoisch und apathisch in ihren Büchern hängen (man munkelt, dass einige die Bib drei Tage nicht verlassen), findet sich ein riesiges Arsenal an Büchern aus allen Fachrichtungen. Neben dem chinesischen Bereich gab es zu meinem Glück auch einen englischen. Was tat ich also? Ich bin Sektion um Sektion herumgewandert und hab mich von meiner Intuition führen lassen. Was klingt spannend? Worüber möchte ich mehr erfahren? Was triggert mich im positiven Sinne? Auch wenn es von dem Bachelor noch recht weit weg erscheint, kannst du dir versuchen vorstellen, in welchem Bereich du gerne die Bachelor- oder Masterarbeit schreiben möchtest. Welche Themen lassen Anwesenheitspflicht als Sprungbrett erscheinen?

Es ist ein offenes Geheimnis, dass ein ganz simpler Zusammenhang besteht: Je größer die Begeisterung an den Inhalten und je mehr Bock du auf das alles hast, umso größer sind Frustrations- und Stressresistenz. So kannst du auch in schwierigen Phasen einen kühlen Kopf bewahren und hast den inneren Anker richtig gesetzt. Du weißt: Hey, hier bin ich richtig. Vor ein paar Tagen fragte mich ein angehender dualer Student, ob das denn jetzt alles so stressig werden würde und er keine Freizeit mehr habe. Ich habe ihm geantwortet, dass das durchaus voll sein Ding sein kann. Dass Strapazen phasenweise im Gleichschritt auf ihn zu stolzieren werden, ist ziemlich sicher. Die Frage ist also, was ihn in diesen heißen Phasen auffangen wird, wenn der Bär so richtig anfängt zu steppen. Neben einem guten sozialen Umfeld ist das vor allem eines: die Überzeugung, auf dem richtigen Weg zu sein. Also, die Einladung zum Pseudoprof steht. Am besten gehst du sogar in die nächste größere Staatsbibliothek in deiner Nähe. Jedenfalls nicht die Tante-Emma-Buchhandlung um die Ecke, die keine wissenschaftlichen Bücher hat. Und dann einfach frei Schnauze drauf los. Schnapp dir die Bücher aus dem Fachbereich, der dich am meisten interessiert. Was sind dort für Themen? Möchtest du tiefer in die Materie einsteigen? Für den Moment kannst du dich richtig weise fühlen. Die Welt der Fachbereiche liegt dir zu Füßen und du hast das Privileg wählen zu dürfen.

10. Das Ding mit der Selbstregulation

Manchmal kann es sehr hilfreich sein, vor der eigentlichen Studien- und Berufswahl woanders anzusetzen. Um eine Ausbildung oder ein Studium überhaupt erfolgreich bewältigen zu können, bedarf es gewisser Entwicklungsschritte. Es geht also nicht nur um die Passung vom Schlüssel-Schloss. Dieses kann erst greifen, nachdem ein gewisses Mindset erworben wurde. Schauen wir uns hierzu wieder ein fiktives Fallbeispiel an. Hannah hat einen Plan.

Zu Grundschulzeiten war Hannah eine gute Schülerin. Sie hat sich super in der Klasse sozialisiert und fand ihre Lehrer sehr inspirierend. Mit dem Wechsel aufs Gymnasium ging die Formkurve sukzessive nach unten. Nicht dass ihre Versetzung in Gefahr wäre, aber die einstige fleißige Schülerin hat anscheinend ihre Motivation verloren. Ihre Interessen waren schwerpunktmäßig im künstlerischen Bereich. Sie versuchte größere Anstrengungen zu vermeiden und hatte mehr ihre Freundinnen und Jungs im Kopf. Obwohl sich die Leistungskurse in Musik und Kunst angeboten hätten, hat sie sich dagegen entschieden. Aus höheren Jahrgängen hatte sie gehört, dass die Lehrer dort sehr anspruchsvoll seien. Daher hat sie den Deutsch-LK gewählt, da sie die Lehrerin dort länger kennt. Nach selbigem Prinzip hat sie sich auch für den Mathe- und Englisch-Grundkurs entschieden. Bei Gesprächen in den Pausen fallen von ihr häufig Floskeln wie „Schule ist so langweilig". Hannah hat ihr Abi nun mittelmäßig bestanden und ist sich jetzt sehr unsicher, wie es nach der Schule weitergeht.

Plötzlich die Wende: Zufällig hat Hannah eine preisgekrönte Uni in Frankreich entdeckt. „International Business" soll es werden. Der Studiengang kann dort sogar auf Englisch studiert werden. Sie muss lediglich einen Vortest bestehen, sodass sie keine NC-Probleme haben wird. Ihr Vater lädt die ganze Familie erst einmal in den Urlaub ein, weil er denkt der Knoten sei geplatzt. Auch ihre Großeltern sind happy, da das „Sorgenkind" der Familie jetzt einen Plan hat. Die Uni kostet zwar eine Stange Geld, aber Hannahs Eltern haben mit Hilfe der Großeltern grünes Licht gegeben. Hannah fährt noch mit ihren Freundinnen in den Urlaub bevor sie im September nach Frankreich fliegt. Übergangsweise kommt sie in einem Hostel unter.

Nach drei Wochen ist die Enttäuschung bei allen groß: Hannah hat das Handtuch geworfen, noch bevor es richtig losging. Sie ist die Aufnahmeprüfung noch nicht mal angetreten. Der Grund: Sie konnte sich die Kurse aus ihren Politik/

Wirtschaftskursen nicht anrechnen lassen. Ihre Schule hat ihr extra ein Zertifikat ausgestellt, jedoch wurde dieses nicht akzeptiert. Eigentlich wäre dies kein großes Problem, da sie einfach einen weiteren Teil in der Aufnahmeprüfung hätte absolvieren müssen. Hannahs Eltern verstehen die Welt nicht mehr, da ihre Tochter noch verzweifelter scheint als vorher. Auch Hannah fällt nach ihrer Rückkehr in ein tiefes Loch.

Was glaubst du? Warum war Hannahs Idee zum Scheitern verurteilt? Lag es an dem mangelnden Interesse an „International Business"? War es für sie zu viel, direkt nach dem Abi mit dem Studium anzufangen? Hat sie sich von ihren Eltern unter Druck gesetzt gefühlt? War die Idee eines Studiums generell zu ambitioniert?

Der Grund liegt tiefgehender. Im Prinzip sollte jeder Schulabgänger für sich prüfen, inwieweit bestimmte Kompetenzen gelernt wurden. So suggeriert der Umgang mit Misserfolgen oder Frustrationstoleranz einen so wichtigen Schritt der persönlichen Reife. Wie verhalte ich mich, wenn es einfach so gar nicht läuft? Da Hannah anspruchsvolle Tätigkeiten stets gemieden hat, fehlt ihr hier völlig die Basis. Da sie einen direkten Studienstart ohne Atempause mit Work & Travel oder FSJ o.ä. anvisiert hat, blieb dafür auch schlicht und einfach keine Zeit. Hier sind wir wieder beim Stichwort Entschleunigung nach der Schule. Selbstregulation bezieht sich generell auf den mentalen Umgang mit eigenen Kognitionen, Emotionen und Aufmerksamkeit. Sie ist unabdingbar für selbständiges Handeln. Wichtig für den Bezug zur Berufswahl ist insbesondere die Selbstwirksamkeitserwartung. Dieses Konzept nach Bandura[8] meint die Erwartung einer Person, aufgrund der eigenen Fähigkeiten gesteckte Ziele zu erreichen. Selbstwirksamkeitserwartung ist zudem einer der wichtigsten Prädiktoren, wenn es um Studienerfolg im Allgemeinen geht. Hast du also eine Art Urvertrauen in deine Kompetenzen, wirst du Ausbildung oder Studium mit einer höheren Wahrscheinlichkeit meistern. Wie steht es mit Hannah? Bis zu ihrer überstürzten Frankreich-Entscheidung hat sie nie wirklich Erfahrungen mit Selbstwirksamkeit gemacht. Durchschnittliche bis schlechte Noten haben daran auch ihren Anteil. Plötzlich wagt sie dann den ganz großen Clou. Das ist wie das Vorhaben einen Marathon zu laufen, ohne jemals Laufschuhe an den Füßen getragen zu haben.

---

8 Bandura, A. (1977). Self-efficacy: toward a unifying theory of behavioral change. Psychological review, 84(2).

Es geht hier also insgesamt um dein Mindset bzw. Erfahrungsschatz seit Schulzeiten. Wenn du Ähnlichkeiten bei dir zu Hannahs Fall entdeckst, dann ist es vielleicht jetzt noch nicht an der Zeit, sich mit der Studien- und Berufswahl zu beschäftigen. Die Hausaufgaben müssen zunächst woanders gemacht werden. Das Zauberwort heißt hier Erfahrungen sammeln. Sei es im Nebenjob, FSJ, oder Ausland. Die Fähigkeit, sich adäquat regulieren zu können ist also größtenteils Lernerfahrung. Verschiedene Erfahrungen korrekt einzuordnen bzw. Rückkopplungsprozesse nachvollziehen zu können, ist keine Selbstverständlichkeit. Auch die generelle Entstehung von Motivation ist abhängig von diesen Regulations- bzw. Reflexionsprozessen. Hierzu liefert uns der Beitrag von Herrn Prof. Thomas Martens zusammenfassend spannende Einblicke in die Motivationsforschung.

Prof. Dr. Thomas Martens – Motivationsforscher und Professor für Pädagogische Psychologie
Die Berufs- und Studienwahl aus Sicht der Motivationspsychologie

Nachdem die Schule mit einem Abschluss erfolgreich bewältigt ist, steht nun ein freierer Abschnitt im Leben eines jungen Menschen an. Alle können sich nun die Berufsausbildungen oder Studienplätze suchen, die am besten zu ihnen passen. Das klingt natürlich leichter als es eigentlich ist. Viele Berufsausbildungen und Studiengänge sind gar nicht bekannt und: weiß ich wer ich selber bin? Es gilt also den Ausbildungsplatz oder den Studiengang zu identifizieren, der am besten zu den eigenen Interessen und Fähigkeiten passt. Aus Sicht einer langfristigeren Work-Life-Balance und aus Sicht der Motivationspsychologie wäre es dabei wünschenswert, die eigenen Interessen und die eigenen Fähigkeiten bei der Berufswahl oder bei der Studienwahl zu berücksichtigen. Die Berufs- oder Studienanfänger sollten deshalb nicht einseitig auf den monetaren Berufserfolg setzen. Insbesondere dann nicht, wenn dieser Wunsch gar nicht zu den eigenen Interessen und Fähigkeiten passt. In meinen aktuellen Forschungsergebnissen zeigt sich etwa, dass ein Studium ohne ausreichende grundlegende Motivierung sehr anstrengend werden kann. Dies führt nicht zwangsläufig zu einem schlechten Studienergebnis, aber oft zu einem deutlich höheren Studienaufwand. Ohne Motivation und ohne Interesse fällt das Studieren schwer. Das Studium braucht dann viel Zeit und resultiert in einem hohen Belastungserleben. Umgekehrt fällt das Studieren mit einer hohen eigenen Motivation und mit einem großen eigenen Interesse sehr viel leichter. Und mit einiger Wahrscheinlichkeit werden auch bessere Abschlussnoten erzielt. Das so erworbene Wissen ist besser vernetzt, kann viel leichter abgerufen und in der Berufspraxis umgesetzt werden. Das mit Interesse und Motivation erworbene Wissen sichert also auch langfristig den Berufserfolg.

Ein guter Ausgangspunkt für die Berufs- und Studienwahl ist also das eigene Interesse. Was hat mich in der Vergangenheit interessiert? Was hat mich fasziniert? Was ist mir leichtgefallen? Wofür konnte ich mich begeistern? Diese Fragen sollten Sie sich stellen und vielleicht auch beantworten. In einem zweiten Schritt könnten die eigenen Kompetenzen identifiziert werden. Was kann ich besonders gut? Wofür habe ich ein Talent? Welche Arbeiten sind mir in der Vergangenheit besonders leichtgefallen? Welche Tätigkeiten machen mir besonderen Spaß? Wenn keine eigenen Erfahrungen – etwa durch Berufspraktika – vorliegen, könnte eine belastbare Einschätzung allerdings schwierig werden. Dann muss das Gefühl für die eigenen Kompetenzen im Laufe der Berufsausbildung oder im Laufe des Studiums entwickelt werden. Der nun folgende Orientierungsschritt ist besonders anspruchsvoll. Eine langfristige Orientierung muss auch deswegen schwerfallen, weil Berufsausbildung und auch Studium wenig mit der späteren Arbeitsrealität zu tun haben. Wer sich über seine eigenen Interessen und Kompetenzen im Klaren ist, und vielleicht sogar noch durch Praktika weiß, welche Berufsfelder oder Studienfelder zu diesen eigenen Interessen passen, hat eine leichte Wahl. Umgekehrt wird es natürlich für diejenigen sehr schwierig, die sich vielleicht gar nicht im Klaren über ihre eigenen Interessen sind und vielleicht auch gar keinen guten Überblick über mögliche Berufsfelder und mögliche Studienfelder haben. Vielleicht sollte in diesem Falle vor einer abschließenden Berufs- oder Studienwahl eine Orientierungsphase eingelegt werden, indem etwa in unterschiedlichen Berufsfeldern Praktika gemacht werden. Aber auch eine solche Orientierungsphase muss ihr Ende finden. Irgendwann muss die Berufsausbildung oder das Studienfach gewählt werden. Falls die Ungewissheit groß bleibt, sollte zumindest eine Option gewählt werden, die möglichst viele Berufswege offen lässt. Oft erweisen sich dann Studiengänge oder Berufsausbildung die nur auf einen spezifischen Beruf zielen, als Sackgasse. Auch wenn dieser hochspezialisierte Berufswunsch dann mit hohen monetären Anreizen verbunden ist, sollten Sie sich nicht verlocken lassen. Unter einer hohen persönlichen Unsicherheit sollte man also etwa ein Studienfach wählen, das möglichst viele Berufsoptionen offenlässt. Ein Beispiel hierfür ist etwa das Psychologiestudium, welches über 50 Berufsmöglichkeiten bietet. Nach dem Beginn der Berufsausbildung oder nach dem Beginn des Studiums sollte man sich Zeit dafür nehmen, die inneren und äußeren Ansprüche zu reflektieren. Die äußeren Ansprüche bestehen darin, ob ich etwa die Studienziele oder die Berufsziele auch tatsächlich erreichen kann. Kann ich die entsprechenden Kompetenzen weiterentwickeln? Vor allem auch dann, wenn nicht unbedingt unmittelbar eine Prüfung droht? Fast noch wichtiger sind dann die inneren Ansprüche: kann ich meine eigenen Interessen verwirklichen? Kann ich den äußeren Anforderungen so gerecht werden, dass ich mich auch selber damit gut fühlen kann? Um die eigenen Lernfortschritte und um den eigenen Kompetenzfortschritt zu reflektieren, wäre es natürlich wünschenswert, Freiräume genau für diese Reflexionsprozesse zu haben. Andere wichtige Lebensereignisse wie ein Ortswechsel oder einen Wechsel der sozialen Bezugsgruppe sollten diese Reflexionsprozesse möglichst nicht überlagern. Deshalb wäre es wünschenswert, zum Start der Berufsausbildung oder des Studiums solche Prozesse der Neuorientierung weitgehend abgeschlossen zu haben. Umgekehrt zeigen die Ergebnisse aus der Motivationsforschung, dass großer Stress und großer Druck genau solche Selbstreflexionsprozesse verhindern und dann kein Zugang zu den eigenen Gefühlen und Selbstschemata hergestellt werden kann. Ein solcher Stress kann etwa das Fehlen einer sozial emotionalen Unterstützung im eigenen Lebensumfeld sein. Gleichzeitig sollten Sie auch von Ihrem sozialen Umfeld aktive Unterstützung einfordern. Damit ist insbesondere ein Freiraum gemeint, der Ihnen Platz für eigene Erfahrungen und Entscheidungen lässt. Nicht zuletzt wäre es natürlich wünschenswert, wenn die Berufs- und Studienwelt noch mehr Durchlässigkeit als bisher bietet. Unter Anerkennung der bisherigen Ausbildungsleistungen sollte es möglichst leicht sein, Studiengänge oder Berufsausbildungen zu wechseln. Eine optimale Passung zwischen Interessen, Kompetenzen und Beruf nutzt schließlich der gesamten Gesellschaft.

Weitere Informationen zur Motivationspsychologie und zu Thomas Martens finden Sie unter www.thomas-martens.de.

glücklich
steht dir gut

11. Dreifarbenlehre des beruflichen Glücks

Die Dreifarbenlehre des beruflichen Glücks (Grabowski & Heilig, 2018)

Farben sind eine der ersten Assoziationen, die wir unterbewusst schon als kleines Kind wahrnehmen. Es sind Bilder, die in unseren Köpfen entstehen. Ein Erfahrungsschatz, der unsere Welt erst lebhaft und farbenfroh gestaltet. Farben. Sie sind verbunden mit Gefühlen, Neigungen, Signalen, Stimmungen oder Sinnbildern. Durch sie entsteht Ausdruck, Emotion, Orientierung und Leben. Aber warum dieser Exkurs in die Welt der Farben und warum die Verknüpfung mit dem Glück und Beruf? Das persönliche Glück – verbunden mit der Wahl für den professionellen Einstieg – ist eine sehr individuelle Angelegenheit und kann nicht pauschal für Jedermann definiert werden und verändert sich auch im Laufe der Zeit. Jedoch kann sich jeder Einzelne auf die Suche nach seiner individuellen Definition vom persönlichen und beruflichen Glück machen. Das bedeutet für jedes Individuum, dass die Definition vom Glück immer wieder neu an bestimmte Situationen und Umstände angepasst wird. Ein kontinuierlicher Prozess. Ein Feintuning in regelmäßigen Abständen. Denn mit den permanenten Leistungsanforderungen in unserer Multioptionsgesellschaft konfrontiert, fällt es schwer, dem Hamsterrad zu entkommen. Inne zu halten. Die Dinge nicht als gegeben hinzunehmen, sondern kritisch zu hinterfragen. Dabei sich aus dem Klammergriff von Perfektion, dem eigenen Anspruch und gesellschaftlicher Konventionen zu lösen. Die kognitive Blockade zu umgehen. Das eigene Bauchgefühl wiederzufinden ohne ständig doch wieder irgendwas anzuzweifeln zu müssen. Basierend auf unserem Ansatz haben wir eine qualitative Umfrage (N=98) mit jungen Menschen im Alter von 17 bis 28- Jahren aus ganz Deutschland durchgeführt. Wir wollten wissen; was verbinden sie mit den Grundfarben? Welche Querverbindungen können sie zum Glück und dem Beruf feststellen? All diese Aussagen sind in unsere theoretische Ausarbeitung eingeflossen und sind eine Art Sprachrohr der jungen Generation. Folgende Inhalte der drei Grundpfeiler haben wir in den kommenden Abschnitten für euch zusammengefasst. Diese einzelnen Aspekte verschwimmen je nach Person stärker oder schwächer miteinander. Dabei betrachten wir vor allem die positiven Aspekte der einzelnen Farbempfindungen.

Rot – die Farbe der zwischenmenschlichen Beziehungen

Die Liebe und Anerkennung anderer Menschen geben uns ein Gefühl von Zugehörigkeit. Zwischenmenschliche Beziehungen spielen eine wichtige Rolle zur eigenen persönlichen Entfaltung. Fühlt sich die Person verstanden und hat ein starkes ihr naheliegendes Umfeld, bewältigt sie ihre alltäglichen Aufgaben mit einer vermehrt ausgeprägten Motivation und größerem Selbstbewusstsein. Es ist die Bestätigung der Mitmenschen, nach der jeder Mensch tagtäglich strebt. Erhält sie diese, fühlt sie sich verstanden und von ihrem Umfeld unterstützt. Dabei erkennt sie an, dass die gewöhnlichen Aufgaben fester Bestandteil des Lebens sind und der Beruf als natürlicher Teil des Lebens wahrgenommen und nicht als eine Pflicht empfunden wird. Allerdings geht es nicht nur um den roten Amor. Vielmehr ist Rot auch die Farbe der Warnung oder der Aufmerksamkeit. Die Menschen suchen nach Bestätigung, sie fühlen sich unsicher und wollen von ihrem Umfeld angenommen werden. Sie wollen sie selbst sein und authentisch sein, um ihr volles Potenzial zur Entfaltung zu bringen.

Blau – die Farbe des Mindsets (Sicherheit, Ziele und der Sinn im Leben)

Blau ist eher kognitiv geprägt. Gedanken um unser Selbst, unsere Ziele, den wahrgenommenen Sinn. Kontinuität wie das Wasser oder der Himmel. Wir selbst bestimmen unseren Standort auf diesem weitläufigen Kontinuum. Die Frage nach dem Sinn und den Zielen können Fragen aufwerfen wie: Wo sehe ich mich in der Karriereleiter in zehn Jahren? Möchte ich überhaupt studieren? Nehme ich mich selbst als kongruent war? Mit dem Sinn des Lebens geht auch einher, dass man sich persönliche Ziele setzt und dabei sich selbst treu ist, denn nur dann führt es zur größten Entfaltung seiner selbst. Aber auch die im vorherigen Kapitel thematisierte Selbstregulation ist hier von zentraler Bedeutung. Die linke Gehirnhemisphäre ist hier vor allem aktiv. Sie steht für Struktur, analytisches Denken, Verbalisieren, Abwägen oder Planen. Wir wünschen uns ein Umfeld geprägt von Sicherheit und Beständigkeit. Sind erst einmal die Grundbedürfnisse der Pyramide Maslows nach Nahrung, Sicherheit und sozialem Anschluss befriedigt, streben die Personen neben Selbstverwirklichung auch nach Regelmäßigkeit und Routine, ähnlich wie der Wunsch, jeden Morgen mit Gewissheit in einen blauen Himmel blicken zu können und die Zuversicht zu haben, dass das Leben einen bestimmten Sinn hat. Diese besondere Bedeutung des Lebens empfinden wir auf unterschiedliche Weise, sei es im Glauben, einer persönlichen Lebensaufgabe, oder auch einem Schicksalsschlag, der uns zu einem anderen Menschen gemacht hat und uns grundlegend verändert hat. Ziele und die Suche nach dem Sinn des Lebens können jedoch auch Stress und Unruhe in einem Auslösen. Die ständige Suche nach einer Bedeutung des eigenen Lebens kann endlos erscheinen und vielleicht auch nie enden. Es löst ein Gefühl der Ungewissheit und Unsicherheit aus.

Gelb – Intuition (Positive Emotionen und Leichtigkeit)

Gelb ist eher emotional geprägt. Wie fühle ich mich in einem bestimmten Umfeld? Ist meine Persönlichkeitsstruktur mit dem professionellen Umfeld kompatibel? Hier zählt auch unser Wertekanon. Welche sind die fünf wichtigsten Werte im Leben? Positive Gedanken und ein frohes Gemüt. Laufen wir in der Natur, durch ein Beet voller Sonnenblumen, löst es in uns ein Gefühl der Zuversicht und der schönen Seiten des Lebens aus. Hier ist eher die rechte Gehirnhemisphäre aktiv. Sie steht für die emotionale Verarbeitung, Affekte, Expression oder Kreativität. Positive Gedanken führen zu einem Gefühl des Flows und lassen uns die kleinen Sorgen des Alltags vergessen. Durch die Flow-Momente erleben wir eine intensivierte Produktivität und führen unsere Aufgaben mit mehr Leichtigkeit und Freude aus. Auch die Sonne durchströmt unseren Körper durch das Vitamin D mit einer positiven Grundstimmung, die ebenfalls zu mehr Leistungsfähigkeit führt und ein Potenzial in uns erweckt, das eigene Stärken und Talente individuell fördert und darauf aufbaut und voranbringt. Es fällt uns allerdings nicht immer leicht, diese positive Grundhaltung zu bewahren. Der Alltag holt uns immer wieder ein, Schicksalsschläge verdunkeln unser Gemüt und Trauer überfällt uns. Es erfordert die stetige Wahrnehmung guter Gedanken und das eigene Bewusstsein für das Positive zu stärken. Diese drei Grundpfeiler gehen gemeinsam einher und können uns Menschen positiv stimmen und verhelfen uns zu einem glücklicheren, persönlichen sowie beruflichen Leben. Dabei ist ein wichtiger Wirkmechanismus die mangelnde Kompatibilität beider Gehirnhemisphären. Aus der pädagogischen Psychologie wissen wir um die Schwierigkeit einer reibungslos synchronen Wirkweise. Spreche ich gerade und denke über etwas nach, habe ich Schwierigkeiten zeitgleich den Zugang zu meinen Emotionen zu haben.
Die Dreifarbenlehre des beruflichen Glücks lädt dich also ein, deinen eige-

nen Farbcode zu entdecken und zu definieren. Niemand anderer als man selbst kennt seine individuelle Farbkombination, niemand anderes kann einem die genaue Antwort geben, welcher Farb-Code zu mehr Glück im Alltag, in der beruflichen und der persönlichen Zufriedenheit führen. Gehe nochmal in Ruhe die einzelnen Aspekte für dich im Kopf durch und male die Felder für dich aus, überlege dir, welche Relevanz für dein persönliches Glück einzelne Aspekte haben und wie viel Gewicht du dem jeweiligen Grundpfeiler geben möchtest. Beispielsweise kannst du das an bestimmten Personen, Erlebnissen, oder Dingen festmachen und jedem Aspekt ein Feld widmen.

Score	Rot	Blau	Gelb
10			
9			
8			
7			
6			
5			
4			
3			
2			
1			

Persönliche Tipps und Anregungen von unserer Seite:

Julia

Ich habe mich in den letzten zwei Jahren auf das persönliche Glück spezialisiert und in persönlichen Interviews mit den Menschen über ihr Glück und den damit verbunden Faktoren gesprochen (www.fromourstories.com). Dabei ist mir aufgefallen, dass viele Menschen sich kaum Gedanken über ihr Glück machen und ihren Alltag einfach leben, ohne wirklich zu wissen, was es ist, das sie motiviert und zufrieden stellt. Daher motiviere ich meine Teilnehmer des Glücksprojektes und auch euch sich immer wieder bewusst vor Augen zu halten, welche Gewichtigkeit bestimmte Aspekte in unserem Leben haben und inwieweit diese uns zum Glück verhelfen können. Um dies mit der Dreifarbentheorie zu verknüpfen, motiviere ich euch, ein Dankbarkeitstagebuch, oder ein persönliches Glücksnotizbuch zu führen. Formuliert diese drei Grundfarben nochmal für euch, orientiert euch lediglich an einigen Aspekten, die wir euch aufgezeigt haben. Darauf könnt ihr Wünsche, Träume und Vision aufbauen und für euch festlegen. Diese betrachtet ihr dann in regelmäßigen Abständen, um eure persönliche Entwicklung und Veränderung wahrzunehmen und zu analysieren. Denn das regelmäßige Niederschreiben der Gedanken verhilft sich selbst besser kennenzulernen und zu verstehen, wie man dem persönlichen und beruflichen Glück näherkommen kann.

Marvin

Nach der Auswertung unserer Umfrage wissen wir: Im Kern treffen die gewählten Assoziationen den Zeitgeist der jungen Menschen da draußen. Vermutlich wird dir dieser Ansatz zunächst neu und ungewohnt vorkommen. Diese Reaktion ist aber absolut natürlich. Versuch' dich einfach mal darauf einzulassen. Im Fokus steht vor allem dein Unterbewusstsein. Den Zugang zu deinen wahren Zielen, wahrhaften Emotionen oder den wirklich intimen zwischenmenschlichen Beziehungen zu erfahren, fällt uns in der heutigen schnelllebigen Zeit immer schwerer. Dein individueller Farbcode gibt dir nicht nur Auskunft über eine individuelle Schwerpunktsetzung; vielmehr kann er dir erste Indizien liefern, welchen Bereich du derzeit stark präferierst bzw. zu welchem du vielleicht den Bezug verloren hast. Dein

Farbcode ist individuell wie dein Fingerabdruck. Er ist Resultat aus sämtlichen Erfahrungen, Bindungen, Erfolgs- bzw. Misserfolgserlebnissen, deiner Persönlichkeit und nicht zuletzt deiner Gene. Aus unseren bisherigen Untersuchungen können wir ableiten, dass alle drei Grundfarben zumindest langfristig in einer bestimmten Balance sein sollten. Erzielst du beispielsweise geringere Werte auf Gelb, kann dies entweder bedeuten, dass du von Natur aus ein sehr rational-konstruktiv geprägter Mensch bist. Vielleicht hast du aber auch einfach den Bezug zu deiner Intuition verloren und tust dich nicht zuletzt deswegen schwer mit deiner Berufswahl. Hier kannst du ansetzen. Schau dir hierzu die verschiedenen Kapitel im Buch an, um deiner **Early-Life-Crisis** zu begegnen oder vorzubeugen. Wir wünschen euch viel Spaß dabei!

Hinweis: Bei unseren Überlegungen geht es darum, das Phänomen der Studien- und Berufswahl von einer kreativen Seite zu beleuchten. Wir vertreten keinen Anspruch auf eine wissenschaftliche Theorie.

Wenn du die Dreifarbenlehre so ein wenig reflektierst, fragst du dich vielleicht, welchen Stellenwert Glück im Allgemeinen für dich hat. Julia hat ein super tolles Projekt ins Leben gerufen. Auf ihrem Blog „fromourstories" (fromourstories.de) sammelt sie individuelle Glücksmomente von verschiedenen Menschen. Wenn du derzeit mit deiner Entscheidung haderst und neue Wege suchst, stöber' doch einfach mal ein wenig in den Berichten der Glücksmomente in ihrem Blog. Wusstest du, dass in einigen Bundesländern das Schulfach Glück eingeführt wird? Wir glauben, dass eine frühe Sensibilisierung mit dem Thema Glück sich nachhaltig für dich potenzieren wird. Jeder hat seine individuelle Glücksdefinition. Ähnlich wie dein einzigartiger Farbcode, wirst du dein Glück anders definieren im Vergleich zu den Menschen um dich herum. Die goldenen 5 zum Beispiel sind ein Faktor für dein Wohlbefinden. Aber auch das Kapitel zum „Tag wie im Traum", bzw. „der saure Apfel" können Anhaltspunkte liefern. Ich sag immer: Geht es meinen goldenen 5 gut, geht's mir auch gut. Im Endeffekt geht es ja auch nicht um die Frage „Ausbildung x oder Studium y?". Es geht darum, welche Entscheidung dich glücklich macht. Wenn du weißt, was dich glücklich macht, hast du schon einen riesen großen Schritt in Richtung finaler Studien- und Berufswahl getätigt. Ein weiteres Tool, das du nutzen kannst, ist beispielsweise ein Dankbarkeitstagebuch. Wofür bist du dankbar? Was lief toll? Wenn du es einige Wochen pflegst, lassen sich gewisse Gemeinsamkeiten identifizieren. Abschließend gibt uns Anna einen tollen Einblick in die aktuelle Glücksforschung. Also: Was macht dich glücklich?

 Anna Löffler-Gutmann, promoviert am Erziehungswissenschaftlichen Institut (Universität Kassel) und arbeitet am Lehrstuhl für Persönlichkeitspsychologie und Pädagogische Psychologie (LMU München)

Persönliche Impulse aus der Glücksforschung zur Studien- und Berufswahl
Wer hätte zu Beginn meines Lehramtsstudiums der Anglistik und Schulpsychologie gedacht, dass ich heute als zertifizierte Glückslehrerin und systemischer Coach zum Thema „Schulfach Glück" und Wohlbefinden promovieren würde? Ehrlich gesagt, ich nicht! So hat sich – wie schon viele Male in meinem bisherigen Leben – die scheinbar banale Floskel „Unverhofft kommt oft" bewahrheitet, die Ursula Wölfel ihrer Kinderbuch-Protagonistin Tante Mila 2001 in den Mund legte. Das Leben steckt in der Tat voller unvorhersehbarer Überraschungen, für die wir uns bestmöglichst wappnen sollten und können. Die Bereitschaft zu lebenslangem Lernen und Wachstum – vor allem hinsichtlich der eigenen Persönlichkeit – ist hier unabdingbar. Jeder von uns ist auf seine eigene Art und Weise ein einzigartiges Meisterwerk mit individuellen Bedürfnissen, Wünschen, Zielen, Einstellungen und Handlungsfähigkeiten. Hiermit sollte es uns doch eigentlich möglich sein, den Dschungel an Studienfächern und beruflichen Werdegängen erfolgreich durchqueren zu können und für uns das richtige rauszufiltern. Oder nicht? Vor dem Hintergrund meiner persönlichen sowie wissenschaftlichen Auseinandersetzung mit dem Thema Wohlbefinden und „Schulfach Glück", müssen wir uns laut Letzterem aber zunächst einmal über das was wir brauchen, wer wir sind, was wir können und was wir wollen bewusst werden.[9] Es sind diese Momente der Selbstreflexion und -erkenntnis, die uns Entscheidungen treffen lassen, mit deren Konsequenzen wir gut und gerne leben können und wollen. Auch das Wissen darüber, dass es neben dem momentanen subjektiven Glück des Gefühls oder der kognitiven Lebenszufriedenheit ein nachhalti-

9 Fritz-Schubert, E. (2017). Lernziel Wohlbefinden. Entwicklung des Konzeptes „Schulfach Glück" zur Operationalisierung und Realisierung gesundheits- und bildungsrelevanter Zielkategorien. Weinheim: Beltz.

ges und langfristiges psychologisches Wohlbefinden (z.B. positive Beziehungen, Sinn und Autonomie) gibt, kann uns Orientierung für ein gelingendes, glückliches und gesundes Leben geben. In Bezug auf die Studien- und Berufswahl könnten uns hier beispielweise Fragen nach dem Sinngehalt oder der Möglichkeit zu autonomen Arbeitsmöglichkeiten Richtung geben. Wir sollten uns jedoch nicht der Illusion hingeben, dass wir nach dem Erwerb einer solchen Selbstkompetenz vor jeglichem Scheitern gefeit sind. Wäre ja auch zu schön um wahr zu sein und unserem persönlichen Wachstum sogar abträglich! Wir können aber den Herausforderungen, mit denen wir uns in allen möglichen Bereichen konfrontiert sehen, handlungsfähig entgegentreten und vor allem eine gewisse Gelassenheit bewahren. Viele (Um)Wege führen doch bekanntlich nach Rom und es geht vor allem darum, dass wir uns diese Wege zu eigen machen – sie mitgestalten.

Da laut Konfuzius der Weg das Ziel ist, ist es doch wichtig, dass wir einen Weg gehen, auf dem wir gesund bleiben, unseren Prinzipien nach handeln können und an dessen Wegesrand wir jeden scheinbar noch so kleinen Glücksmoment wahrnehmen und schätzen lernen. Abschließend möchte ich eine Aussage einer englischen Schülerin zitieren, die an meinem Projekt zu „Schulfach Glück" 2011/2012 teilgenommen hat: „I think I became more open-minded to education being about more than a way to a good career!" So sollten auch wir nicht vergessen, dass der Lebensbereich „Arbeit und Leistung" zwar ein wichtiger ist – er ist aber eben auch nur einer von vielen (z.B. Körper und Gesundheit, Beziehungen), den wir mit all unseren Stärken und Schwächen erfüllend gestalten können.

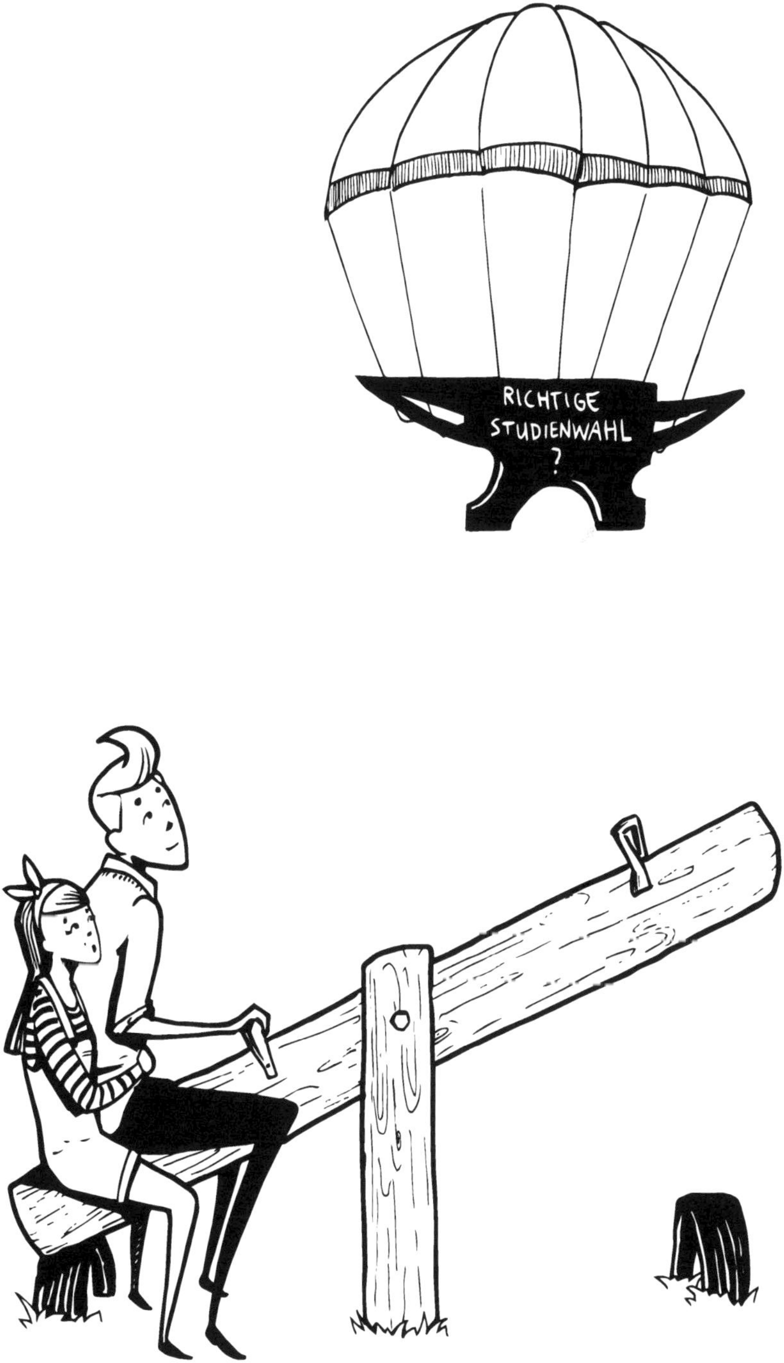

12. Der Hebeleffekt der Studien- und Berufswahl

Wenn du jetzt inhaltliche oder persönlichkeitsrelevante Kriterien erwartest, muss ich dich leider enttäuschen. Der „Hebeleffekt der Studienwahl" bezieht sich auch nicht direkt auf einen konkreten Beruf oder Studiengang. Vielmehr ist mir mit den Jahren aufgefallen, dass die beste Basis für die Studienwahl das richtige Mindset ist. Bevor du dich also mit dem finalen Schritt der konkreten Entscheidung oder Studienwahl beschäftigst, gilt es gewissermaßen mental Ordnung zu schaffen, bestehende Glaubenssätze zu hinterfragen und dysfunktionale kognitive Schemata auszumerzen. Diese Schemata sind exemplarisch „Ich muss die perfekte Entscheidung treffen", „Ich darf nicht scheitern", „Wenn ich mich falsch entscheide, ist mein Leben verwirkt". Wenn diese – zum Teil auch unbewussten – Floskeln in deinem Entscheidungsprozess mitschwingen, machst du dir das Leben selber schwer. Ich habe dies damals am eigenen Leib erfahren. Nachdem ich mein duales BWL Studium abgebrochen hatte, hatte ich zwei mögliche Alternativen vor Augen. Ich bastelte Pro- und Kontralisten wie ein Weltmeister. Bob der Baumeister hätte vor dieser Akribie und Detailgetreue seinen gelben Helm gezogen. Dass das alles mehr Hemmung als Katalysator war, war mir damals nicht klar. Denk' bitte in diesem Zusammenhang wieder an die Parabel aus Informationsmenge und Benefit.

Ich bin in meiner Verzweiflung zu einem Coach gerannt und dachte mir dadurch eine Lösung zu finden. Im Coachingprozess stellte er zwei Stühle hin, jeweils Alternative A und B repräsentierend. Dies ist übrigens ein Standard in der Schematherapie. Es geht darum seinen Problemhorizont zu projizieren bzw. einen neuen Blickwinkel einzunehmen. Beiläufig fragte er mich: „Marvin, auf einer Skala von 1–10, wie relevant ist für dich die Studienwahl?" 1 (Cocktail am Strand) und 10 (Leben oder Tod). Ich verortete mich spontan auf einer 7,5.

Genau hier beißt sich die Katze selbst in den Schwanz. Selbstgesteckter übertriebener Druck ist wie eine flammende Peitsche, die dir sämtliche Handlungskompetenz nimmt. In dem Teufelskreis aus Perfektionsanspruch, Zeitdruck, Halbwissen zu den Studiengängen und insbesondere Verwirrung um die eigene Identität, wird eine lockere gefühlvolle Entscheidung unmöglich. Du schnürst dir quasi deine eigene Zwangsjacke. An deinen Glaubenssätzen und kognitiven Schemata kannst du bewusst arbeiten. Du kannst sie kritisch hinterfragen. Hier bietet sich wieder der Einsatz von „Worst-Case" Strategien an. Ja, wenn ich mich falsch entscheide, was passiert denn dann? Werde ich qualvoll an Hunger leiden und nicht mehr wissen, wo ich schlafe? Wird die Welt tatsächlich untergehen? Habe ich, nur weil ich VWL statt Kunstgeschichte studiere, alle meine Freunde verloren? Hinter jeder (wirklich jeder) Entscheidung verbergen sich neue Lernerfahrungen und Blickwinkel, die du vorher nicht hattest. Lass' es uns doch einfach so sehen: Ein Gewinn ist es so oder so. Den Stellenwert der Lernerfahrung beschreibt Rene in seinem Beitrag. Er ist Executive Manager eines großen Konzerns und hat schon viel erlebt. Nach dem Gespräch mit ihm kann ich ihn reinen Gewissens als „weise" titulieren. Schau selbst.

Rene Bacal, Executive Manager

What are the three most important success factors for your career?

First: Take chances which comes along your way. I think it makes sense to have a development plan. For me, a development plan is more of a baseline consideration: What do I really want? What kind of role can I imagine myself in? If you take the plans too seriously, you run the risk of overlooking great opportunities crossing your path. In my view, there are always two options: Further build on your strengths or try something completely new. I have often chosen the latter path and then enjoyed the challenge. Secondly: Never stop learning. It's important, because usually you don't always know more than everyone. Always be aware that there s so much more out there to discover and learn. Lastly: Be humble and respectful. I truly believe that one should always respect people, cultures, and different values or opinions. This combination is very powerful: listen, learn, adapt and feel the outcome. New opportunities will present themselves more for you. These three success factors contribute to something very important for me – trust. It's fundamentally important that others are able to trust you and vice versa, you also have to trust others.

Should you have fundamental principles or values which guide you throughout your professional career?

Absolutely! Have fundamental beliefs that you try to live by every day. For me, honesty is of crucial importance. One could also say that trust is a natural consequence of honesty and can only be built-up over time. This is why you have to be consistently reliable and trustworthy.Walk the talk! Telling people and doing what you told them makes you credible and reliable at the same time. Live it! And most important: Respect others. You can achieve so much better results with a team feeling respected and trusted. If you have this as the base, you can then focus on content and delivery without hidden obstacles caused by emotional sensitivities.

What kind of advice would I like to give to my younger self?
Start taking on chances much earlier! Today it's more common to go abroad, because it not only enriching but readily available. The world has become a smaller place. Start to build trustworthy relationships and keep in touch with people. This means that you don't just call when you have a problem. A trustful network of long-term relationships really helps you. Keep in touch with people you really care about and then trust is built up over the years. And remember: It's about sharing, not wanting. This is more rewarding. And in addition to that: Never stop learning! If you find that you don't like your job, it's best to change it immediately. Do what you really like! I am convinced that you are only really good and successful in something if you really like it.

Wenn wir den Gesamtprozess der Zeit nach der Schule als Lernentität begreifen, gibt es quasi kein Scheitern im herkömmlichen Sinne. Es sind bestenfalls Umwege, die uns jetzt einen entscheidenden Schritt weitergebracht haben. Dein „Weg" hat neue Richtungen eingeschlagen. Wie verläuft dein Weg, wenn du auf der Stelle trittst und auf die Erleuchtung wartest? Jener Express, der dich leider nicht abholen wird. Du bleibst am Bahngleis stehen. Alleine. Der einzige, der etwas an deiner Situation ändern kann, bist du. Als weiterer Parameter des „Hebels" steht das Gefühl. Deine Intuition, wie wir sie an der ein oder anderen Stelle bereits thematisiert haben. Den Bezug dazu zu finden, ist mehr wert als jede Pro- und Kontraliste. Übrigens, auch dein Gehirn wird dir die Entspannung danken. Die linke Hirnhemisphäre dreht auf Hochtouren, wenn du planst, Pläne schmiedest und grübelst. Hingegen ist die rechte Hemisphäre dein Freund, wenn Emotionen gefragt sind. Zeitgleich läuft das Ganze nicht. Daher ist es wichtig, in deinem Reflexionsprozess zu beachten, dass du deinem Bauchgefühl eher nicht durch kognitive Höchstleistung auf die Schliche kommst. Wie wichtig das Gefühl ist, betont Pascal in seinen persönlichen Worten. Er hat das so sensationell umschrieben, dass ich da weiter gar nichts mehr zu sagen möchte. In seinem Buch „Fast Erwachsen" beschreibt er viele tolle Impulse, die uns nach der Schule begleiten. So zum Beispiel die Angst Dinge zu verpassen. Sehr empfehlenswert.

Pascal (26), Deggendorf

Wie finde ich meinen eigenen Weg?

Am Morgen meines letzten Arbeitstags lief ich durch die laut dröhnende Produktionshalle. Ich beobachtete noch einmal bewusst die ganze Szenerie, die in den letzten Monaten zu meinem Alltag geworden war. Die Maschinen ratterten, die Funken flogen und die Fließbandarbeiter im schmutzigen Blaumann lästerten über die spießigen Manager in ihren maßgeschneiderten Armani-Anzügen. Gedanken und Bilder gingen mir auf dem Weg durch den Kopf. Bilder von meinem ersten Arbeitstag, als ich im fein gebügelten Hemd und polierten Lederschuhen im riesigen Bürogang stand und mir meine glorreiche Zukunft als Jungmanager ausmalte. Bilder von dem Tag, als ich zum ersten Mal in einem Meeting mit den großen Bossen der Firma saß und abends meinen Eltern voller Stolz erzählte, dass ich als Junior Sales Assistant vorgestellt wurde. Es waren Bilder, von den schönen und lehrreichen Momenten, die ich in den letzten drei Jahren erleben durfte. Plötzlich mischte sich meine Wehmut mit ernstem Zweifel. Hatte ich wirklich die richtige Entscheidung getroffen? War es nicht einfach nur dumm gewesen, mir eine „so einmalige Chance" entgehen zu lassen? Ich war verwirrt. Doch es gab kein Zurück mehr. Heute war mein letzter Arbeitstag. In drei Tagen würde mein Flug nach Mexiko gehen. Ein neues Kapitel in meinem Leben wartete auf mich.

Schon einige Monate vorher hatte ich die Idee, nach meinem dualen Studium meinen Traum zu verwirklichen und für sechs Monate in einem fremden Land, mit einer fremden Sprache und einer fremden Kultur zu arbeiten, zu leben und zu reisen. Das Problem: Ich war ein angesehener dualer Student bei einem großen, internationalen Automobilzulieferer und jeder in meinem Umfeld erwartete, dass ich dort Karriere machen würde. Von allen Menschen in meinem Umfeld hörte ich Sätze wie „Die Automobilbranche ist genau das Richtige für dich, da kannst du gut Karriere machen" oder „Steig nach dem Studium in den Beruf ein, sonst wird es schwer, danach etwas Gutes zu finden" oder „Du wirst sicher ein guter Manager werden und gut verdienen". Um ehrlich zu sein, glaubte ich ihnen. Ich war lange sicher, dass die Karriere in einem großen Konzern der richtige Weg für mich sei. Ich war sicher, dass ich irgendwann ein angesehener Manager werden würde. Doch irgendwie spürte ich, dass etwas Anderes in mir steckt, als der klassische BWLer mit Anzug, hochgestochenem Vokabular und einem Firmenwagen. Ja, ich mag BWL und ja, ich mag es Businesspläne zu schreiben. Aber ehrlich gesagt, mag ich es noch lieber, kreativ zu sein, Menschen zu helfen und zu inspirieren. Die Ironie an der ganzen Sache war, dass ich all das in meinem Job nicht hatte. Meine Arbeitsweise wurde durch Arbeitspläne und strikte Vorgaben beschränkt, ich saß tagelang an einer riesigen Excel-Tabelle und das Einzige was ich neu lernte, war, wie ich heimlich im Internet surfen konnte. Ich stand in meiner Entwicklung an, kam nicht mehr voran, fühlte mich eingeengt und durfte nicht kreativ sein – zumindest nicht über das Maß, das man von mir erwartete. Ich spürte, dass sich etwas ändern musste, damit es besser werden konnte.

Und so begab ich mich auf die Suche nach Alternativen. Ich las hunderte Bücher, führte noch mehr Gespräche, schaute dutzende Interviews und belegte unzählige Seminare. Meine Suche ging von vorne nach hinten – und von dort an wieder zurück. Nach vier Monaten hatte ich dann eine entscheidende Erkenntnis: „Ich will meine Zeit nicht mit Jobs verschwenden, die mich nicht interessieren und Dinge tun, die mir nichts bedeuten. Ich will nicht meine Lebenszeit für (vermeintliche) Sicherheit und Geld eintauschen. Ich will nicht irgendwann zurückblicken und mich fragen müssen: „Warum habe ich eigentlich nie meine eigenen Träume gelebt, sondern bin immer den Träumen anderer nachgejagt?"

Ich hatte erkannt, was ich nicht haben wollte. Es war der erste Schritt in die richtige Richtung. Denn zu erkennen, was man nicht will, ist mindestens genauso entscheidend für die Wahl der passenden Karriere, als zu wissen, was man will. Nach wochenlangem Hin und Her, Zweifel und einigen schlaflosen Nächten, hatte ich meinen Entschluss gefasst: Ich will meinen Traum anpacken – egal, was andere davon halten. Und so sagte ich meinem sozialen Praktikum in Mexiko zu und meinem Unternehmen ab. Ich kann mich noch gut an das letzte Gespräch mit meiner Personalchefin erinnern, die damals zu mir sagte: „Ich weiß nicht was Sie vorhaben, Herr Keller. Aber diese Chance auf einen Berufseinstieg bekommen Sie nicht noch ein zweites Mal. Das ist eine einmalige Chance. Überlegen Sie es sich gut."

In diesem Augenblick bekam ich Angst. Ich bekam Angst vor einem Weg, von dem ich nicht wusste, wohin er mich führen würde, vor einem Leben voller unbekannter Herausforderungen, und davor, dass vertraute Dinge für immer verschwinden könnten.

Beinahe hätte mich diese Angst in jenem Moment zurückgehalten, da erinnerte ich mich an ein Zitat, das ich einige Tage zuvor gelesen hatte: "If you're not scared, you're not taking a chance. And if you're not taking a chance, then what the hell are you doing?" Ich war bereit, die Chance zu nutzen. Ich fasste meinen Mut zusammen, schaute meine Personalchefin an und sagte ihr: „Danke für ihr Angebot, aber ich werde es nicht annehmen. Ich habe mich entschieden nach Mexiko zu reisen und dort als Dozent an einer Hochschule zu arbeiten. " Sie schaute mich etwas entsetzt an, stand auf und sagte dann in einem ironischen Unterton: „Na dann, wünsche ich ihnen viel Spaß beim Tequila-Trinken! " Ich grinste und antwortete: „Muchas Gracias! " Dann verließ ich den Raum. Drei Wochen später trank ich tatsächlich meinen ersten mexikanischen Tequila und musste dabei an die Worte meiner ehemaligen Personalchefin denken. Es war just in diesem Moment, als mir klar wurde, dass ich es tatsächlich geschafft hatte, meinen Traum zu verwirklichen: Ich war in Mexiko (einem fremden Land), trank Tequila (eine fremde Kultur) sprach Spanisch (eine fremde Sprache), arbeitete als Dozent an einer Hochschule und reiste an den freien Wochenenden quer durchs Land. Ich war stolz. Unglaublich stolz. Viele meiner Freunde, die ich seit meiner Rückkehr aus Mexiko getroffen habe, sagen zu mir regelmäßig: „Ich hätte auch ins Ausland gehen sollen. Ich bereue es, dass ich`s nie getan habe." Sie hatten die Möglichkeit genauso wie ich, aber sie wollten „erstmal 2–3 Jahre arbeiten." „Später", so sagten sie damals „kann ich ja immer noch weg." Manchmal wird dieses „später" aber zu „nie". Denn plötzlich wird es ernst mit dem Freund. Plötzlich hat man eine große Wohnung, einen Hund und ein Auto. Plötzlich hat meinen einen gut bezahlten Job, den man nicht einfach so aufgibt und Fixkosten, die es zu bezahlen gilt. Plötzlich kommt man nicht mehr so einfach raus aus seinem gewohnten Leben. Und irgendwann schaut man zurück und bereut es, dass man die Chance zu gehen nicht genutzt hat, als man sie hatte. Und das tut verdammt weh.

Deshalb ist hier mein Appell an dich: Frag dich nicht, was richtig ist, sondern frag dich, was du fühlst. Hör auf, wochenlang darüber nachzudenken, ob du kannst, sondern frag doch, ob du willst. Und wenn ja, dann: Zieh die Konsequenzen aus deinen Gedanken, begib dich vom Denken ins einfache Handeln.

Schmeiß die Zweifel über Bord. Lass die Leinen los und denke daran: Die besten Dinge liegen oft auf der Gegenseite unserer größten Angst.

Neben den eigenen Glaubenssätzen, Schemata, Gefühlsbezug schließt sich der Hebeleffekt der Studien- und Berufswahl mit einem letzten wichtigen Faktor: Ziele. Wenn du mit deiner Entscheidung für einen Beruf oder Studium ein bestimmtes Ziel verbindest, baust du dir einen inneren Schutzwall auf, der dich in Krisenzeiten beschützt. Im Vergleich zwischen meinem ersten und meinem zweiten Studienbeginn ergibt das absolut einen Sinn. Damals im dualen BWL Studium hatte ich de facto kein Ziel. Es war eine „weil mir nichts Besseres eingefallen ist"-Entscheidung. Beim jetzigen Psychologiestudium war die Basis eine völlig andere. Wie genau du dein Ziel definierst, muss dabei nicht an einen konkreten Beruf gekoppelt sein. Selbst bei Lehrern, Ärzten und Juristen können sich verschiedene Schwerpunkte im Laufe der Zeit ergeben. Auch sich einzuräumen, noch keinen konkreten Schwerpunkt vor Augen zu haben ist völlig in Ordnung. Wichtig ist der bewusste Zugang. Wie sollst du denn auch direkt nach der Schule ohne jegliche wirkliche Berufserfahrung wissen, was dein Traumjob ist? Bis auf ein Alibi-Praktikum zu Schulzeiten und gefährlichem Halbwissen sind da wenig Bezugspunkte. Wenn du jedoch schon ein klares Ziel vor Augen hast, dann kannst du dieses als ultimativen Booster für das Studium oder die Ausbildung nutzen. Je größer und authentischer dein Ziel, umso besser die Aussichten auf langfristigen Erfolg. Der Vorteil: du verlierst es nicht aus den Augen. So wie Sebastian in seinem Bericht beschrieben hat, kann dich dieses Ziel jeden Morgen aufs Neue motivieren. Es heizt dir richtig ein. Er hat den Impuls für die folgende Grafik geliefert. Es heizt dir richtig ein.

Ich   Hindernis   kleines Ziel

Ich   Hindernis   großes Ziel

Der Beitrag von Herrn Prof. Dettmers zeigt uns abschließend die Sinnhaftigkcit dieses Hebeleffekts der Studien- und Berufswahl. Sich vor Augen zu führen, dass sich in den nächsten Jahren Zufälle und nicht vorhersagbare Chancen und Entwicklungen auftun werden, lässt die im Vorfeld perfekt durchdachte Entscheidung sinnlos erscheinen. Insbesondere in Fachbereichen, die kein explizites Berufsfeld anpeilen, kannst du hundertprozentig vorher nicht wissen, wo der Hase am Ende langläuft. Hätte mir jemand direkt nach dem Abi erzählt, dass ich in ein paar Jahren ein Buch zum Thema Studien- und Berufswahl schreiben würde, hätte ich ihn zweifelsohne als verrückt erklärt. Warum? Weil ich wie wir alle nicht in die Zukunft blicken kann. Was morgen geschieht, kann doch heute niemand sagen. Auch bei Herrn Prof. Dettmers verlief nicht alles wie geplant.

Prof. Dr. Jan Dettmers, Professor of Industrial and Organizational Psychology
Was möchte ich jungen Menschen in puncto Berufs- und Studienwahl mit auf den Weg geben?

Das arbeits- und organisationspsychologische Thema Berufswahl und Laufbahnentwicklung gehört nicht gerade zu meinen Spezialgebieten. Aus diesem Grund sind meine Überlegungen an dieser Stelle überwiegend persönlicher Natur und basieren weniger auf wissenschaftlicher Expertise: Wenn ich an meine eigene Laufbahn denke und versuche Systematiken, „lessons learned" oder gar Empfehlungen abzuleiten, dann fällt mir der scheinbare oder tatsächliche Widerspruch zu landläufigen Empfehlungen aus privaten Ratschlägen, populärwissenschaftlichen Publikation und semiprofessionalen Berufscoachings auf. In vielen dieser Berufs- und Karriereratgeber wird die Bedeutung von Zielbildung, Fokussierung und ausgefeilter Planung betont. Und tatsächlich würden psychologische Modelle zur Motivation (z.B. die Zielsetzungstheorie) und Theorien zum erfolgreichen Handeln die Bedeutung dieser Aspekte für den langfristigen Berufserfolg unterstützen. Wenn ich jedoch meine eigene Laufbahn anschaue, die ich nach jetzigem Stand durchaus als erfolgreich in persönlicher Hinsicht aber auch mit Blick auf Außenkriterien wie Gehalt und Prestige bezeichnen würde, dann scheinen viele dieser genannten Erfolgsfaktoren (Fokus, Zielbildung, Planung) bei mir eher gering ausgeprägt gewesen zu sein – zumindest was die langfristige (Lebens)-Perspektive anbelangt. Dies hat die Dinge auch manchmal schwieriger gemacht – aber offensichtlich nicht unmöglich. Weder das Studium, noch Auslandsaufenthalte oder Praktika waren mit einer gezielten beruflichen Perspektive gewählt. Sie entsprachen viel mehr meinen jeweils aktuellen Interessen und Lebensprioritäten. Ich hatte stets viele Interessen, Nebenjobs und schaute mal hierhin, mal dorthin, was mein Studium natürlich eher verlängerte als verkürzte. Erst am Ende entdeckte ich endlich meine Leidenschaft für die Arbeits- und Organisationspsychologie. Auch ein einjähriger Studienaufenthalt in Rom hatte vor allem zwei Effekte:

Eine große Leidenschaft für diese Stadt und die Dolce Vita in Italien, was aber immerhin zwei Folgeeffekte hatte: 1. Der Entschluss, nun möglichst schnell mein Studium in Hamburg zu beenden (um dorthin möglichst bald zurückzukehren) 2. Eine Kompetenz zu erlernen, mit der ich meinen Lebensunterhalt auch längerfristig in Italien bestreiten könnte, was mir mit der Psychologie alleine ziemlich unmöglich erschien. So heuerte ich gezielt als studentische Hilfskraft am Fachbereich Informatik an, um dort das Programmieren nun richtig zu erlernen und ggfs. als Digitalvagabund auch in Italien glücklich zu werden. Dies probierte ich dann auch nach meinem Studium bis ich nach etwa einem halben Jahr ziemlich ernüchtert den Unterschied zwischen dem aufregenden Leben eines Erasmusstudenten und dem des hart arbeitenden und schlecht bezahlten Programmierers in der italienischen Arbeitsrealität entdecken musste. Ich plante die Rückkehr nach Deutschland, welches ich nun deutlich mehr zu schätzten gelernt hatte. Mehr als 30 gescheiterte Bewerbungen in die freie Wirtschaft noch – von Italien aus geschrieben – machten mir deutlich, dass der Berufseinstieg nicht so ganz einfach werden würde, und das ein einschlägiges Praktikum während des Studiums nicht die schlechteste Option gewesen wäre. So trat ich – nicht widerwillig aber doch mangels Alternativen in der freien Wirtschaft – meine wissenschaftliche Laufbahn mit einer dreijährigen Doktorandenstelle in einem Drittmittelprojekt bei meiner ehemaligen Diplomarbeitsbetreuerin an. Inhaltlich war es nicht unbedingt ein Herzensthema und so brauchte ich auch sehr lange, bis mein eigentliches Dissertationsthema gefunden war, welches bis zum Ende keine Liebesbeziehung wurde. Auf der anderen Seite war die Arbeit sehr bereichernd, ich hatte sehr viele Freiheiten in der Gestaltung des Themas und meiner Arbeit, was mir neben Unsicherheiten und Misserfolgen aber vor allem auch Lernerfolge ermöglichte.

Trotzdem war mein erster Wunsch nach Abschluss der Promotion: Jetzt aber erstmal in die Praxis! Wieder Bewerbungen schreiben, wieder nur Absagen bekommen – leider gingen wie schon nach dem Diplom, auch nach der Promotion die Abschlüsse meiner Lebensphasen fast perfekt negativ mit den konjunkturellen Zyklen der Weltwirtschaft einher, so dass es irgendwie nie passte. Also machte ich Zusatzausbildungen und versuchte mich als freiberuflicher Berater und Trainer, was eine tolle Erfahrung und bis heute eine Leidenschaft von mir ist, da man so unmittelbar die etwas diffuse, schwer greifbare Expertise des Psychologen umsetzen kann und es tatsächlich andere gibt, die dafür bezahlen. Doch schließlich ergaben sich wieder andere Möglichkeiten. Ich konnte als Projektleiter in ein neues Forschungsprojekt einsteigen, welches auch inhaltlich deutlich mehr meinem Interesse entsprach. Die freiberuflichen Tätigkeiten wurden nebenher erledigt, so dass die Berufsperspektive weiter mehrspurig statt fokussiert auf das eine Ziel blieb. Einen richtigen Umbruch und eine tatsächliche Festlegung gab es dann erst durch die Berufung auf eine Juniorprofessur.

Schon die Bewerbung und der Berufungsprozess zwangen mich nun endlich, genauer zu reflektieren, was ich eigentlich möchte, was mir Spaß macht und was ich erreichen möchte. So diente erst diese späte Möglichkeit dazu, meine Lebensentscheidung für die Wissenschaft zu treffen. Seitdem verfolge ich diesen Weg kontinuierlich weiter immer wieder unterbrochen von Flirts mit der Beratungspraxis, die eine gute Ergänzung zur Wissenschaft darstellt.

Rückblickend betrachtet muss ich natürlich sagen, dass diese späten Entscheidungen, die Zickzackwege und Mehrgleisigkeiten vieler beruflicher Aktivitäten auch dazu führen, dass das eigene Konto – wie hier in der Wissenschaft in Form von Publikationen – immer etwas hinterherhinkte im Vergleich zu anderen, die sich von Anfang an voll auf diesen Weg konzentriert haben. Das macht die Dinge schwerer und man hat immer das Gefühl etwas Nachholbedarf zu haben. Trotzdem haben diese Brüche und Zickzackwege mich auch geprägt und letztlich mich doch noch alle Ziele erreichen lassen, wenn auch manchmal mit etwas mehr Aufwand. Insgesamt habe ich vor allem eine Lehre mitgenommen, die ich gerne allen mitgeben möchte, die vielleicht noch zu Beginn der beruflichen Laufbahn stehen oder sich gerade für das Studium entscheiden: Denken Sie nicht zu langfristig, entscheiden Sie sich entspannt und ohne Sorgen für die Wege, die für Sie im Moment gerade richtig sind. Es gibt sehr selten (wenn überhaupt) Entscheidungen im Leben, vor allem im Berufsleben, die nicht mehr revidiert werden können. Meine Erfahrung zeigt mir, dass es mitnichten so ist, dass alles aufeinander aufbaut – die eine Entscheidung auf der anderen – und dass man sich die Karrieren wie mit kleinen Bausteinen aufbaut, die zueinander passen müssen. Sie verbauen sich nichts, wenn Sie an einer Stelle eine Entscheidung treffen, die sie im Nachhinein bereuen. Das gilt im Kleinen für die Wahl von Schwerpunkten im Studium, Abschlussarbeiten oder Praktika, aber auch im Großen bei der grundsätzlichen Entscheidung für eine bestimmte berufliche Perspektive. Sie können immer wieder den Weg wechseln und trotzdem genauso erfolgreich sein, wie diejenigen, die von Anfang an den „richtigen" Weg verfolgt haben.

ZUM ZIELE EINER GERECHTEN AUSLESE LAUTET DIE PRÜFUNGS-AUFGABE FÜR ALLE GLEICH: „KLETTERN SIE DEN BAUM HINAUF!"

13. Der Zoowärter-Trugschluss

Folgendes Szenario: Du bist auf den neunten Geburtstag einer Freundin eingeladen. Es ist ein herrlicher Frühsommertag und ihr geht gemeinsam in den
Zoo. Nach den Ferien geht ihr auf die weiterführende Schule. Das Ende der
Grundschulzeit ist bereits eingeläutet. Nach einem zünftigen Picknick auf
einer grünen Wiese schaust du in ein besonderes Gehege. Dort siehst du verschiedene Tiere: Ein Nashorn, einen Affen, einen Goldfisch und eine Robbe.
Folgender Wettbewerb soll zwischen den Tieren ausgefochten werden:

*Derjenige hat gewonnen, der als erstes erfolgreich den Baum hochklettert. Ein
Sieger soll fair ermittelt werden ...*

Apropos fair. Wie kann es fair sein, wenn die Herausforderung ganz offensichtlich nur auf die naturgegebenen Talente eines der Tiere ausgerichtet
ist? Wie auf dem Bild nebenan zu sehen, hat der Affe ein Grinsen von
hier bis Timbuktu. Und wieder zurück. Er ist hier klar im Vorteil. Und der
Goldfisch? Ohne Hilfe ist das erfolgreiche Klettern für ihn reine Utopie.
Genau so gilt diese triviale Feststellung für deine Ausbildung oder dein
Studium. Jedes der Tiere ist in seinem Element selbstverständlich den anderen überlegen. Das Nashorn kann schneller rennen und ist wesentlich ro-

buster. Es wäre metaphorisch gesprochen eher der Typ im Studium oder in einer Ausbildung, welches dem Stress wesentlich besser standhält und sehr schnell und zielgerichtet durch das Studium oder die Ausbildung durchkommt. Vielleicht auch etwas brachial und mit vollem Einsatz das Ganze „durchpaukt". Der Affe wiederum klettert den Baum hoch. Der Fokus liegt hierbei ja darauf, dass sein Talent das Klettern ist. Auf welchen Baum er hochklettert, spielt hier in der Metapher keine Rolle. Hier könnte jemand sich beispielsweise in seinem Studium vorher einen Plan über den Modulkatalog verschaffen und so das Studium durch eine strukturierte Einteilung relativ entspannt abschließen.

Der Goldfisch wiederum ist kleiner und genügsamer. Er will vielleicht gar keine große Karriere anstreben und fühlt sich auch mit einfachen Tätigkeiten wohl und glücklich. Die Robbe könnte man als „Allrounder" darlegen. Sie ist vielleicht auch etwas zäher, schwimmt aber auch sehr schnell und kommt ganz gut damit zurecht, sich im großen Meer der Möglichkeiten relativ frei zu bewegen und ist offen, neue Wege einzugehen. Wichtig für uns ist es zu konstatieren, dass wir aufgrund unseres „individuellen Schlüssels" (Schlüssel-Schloss-Prinzip) eigene Ziele und Wünsche haben. Nur weil andere etwas gut können oder anstreben heißt das nicht, dass es auch unser „Bier" ist. Insbesondere im Zuge der aktuellen Akademisierung lohnt sich ein kritischer Blick auf den „gesellschaftlichen Zoowärter", angeheizt durch die Medien und unausgesprochenen Heuristiken. Auch wenn du Familientraditionen brechen würdest; sei es die Arztpraxis deiner Eltern oder das Familienunternehmen. Oder aber du bist der erste aus deiner Familie, der ein Studium wagen möchte. Kein Bundeskanzler, Familienvater oder Berufspapst kann für dich den „Zoowärter" spielen. Der einzige, der diese Aufgabe definiert, bist du.

Da du das Privileg besitzt, diese Aufgabe oder Mission selbst zu definieren, musst du dich nicht mit allen sonst wie pompösen Maßstäben messen. In Anlehnung an die Karikatur von Traxler[10] heißt das Thema in diesem Zusammenhang „Chancengleichheit". Leider hat heute der sozioökonomische Status der Eltern massiven Einfluss auf den Bildungserfolg ihrer Kinder. Um den skizzierten Trugschluss aufzulösen, sollten wir uns die Illusion nehmen, uns strikt an externe Vorgaben zu halten. Genauso

10 HOFFMANN, J. (2016). Schulischer Umgang mit Heterogenität und Inklusion in Deutschland im Spiegel von Karikaturen. Politische und soziale Probleme in deutschen und polnischen Karikaturen: Herausforderungen für die politische Bildung, 14.

wie jeder von uns Attraktivität anders definiert, ist auch deine Studien- und Berufswahl einzigartig. Auch hier wird deutlich, wie wichtig das Wissen um deine Talente, Interessen und Persönlichkeitseigenschaften ist. Wie kannst du sonst Zoowärter spielen, und dir deine Aufgabe zusammenschustern? Die Frage danach, welchen „Platz" du in der Gesellschaft einnehmen möchtest ist eine zentrale Standortbestimmung. Glaube (woran auch immer) ist dabei ein ständiger Begleiter. Es freut mich überaus, Rebekka sehr inspirierende Worte in diesem Zusammenhang für uns gefunden hat. Du kannst ihren Beitrag ferner als Impuls verstehen dich mit deinem eigenen Glauben auseinanderzusetzen.

 **Rebekka (23), Theologie und soziale Arbeit im interkulturellen Kontext**

Auf der Suche nach dem richtigen Platz, nach dem geeigneten Partner, nach den eigenen herausragenden Gaben oder nach der eigenen Persönlichkeit – wir sind alle auf der Suche. Auf der Suche nach einem erfüllten und glücklichen Leben. Soziologen sprechen heute von der Generation Me, Generation „Ich", welche den Luxus genießt, sich mit sich selbst zu beschäftigen. Es geht um eine effektive Ausgestaltung der eigenen Lebenswelt. Wir wollen autonom sein. Wir wollen individuell sein. Wir wollen erfüllt sein. Wir wollen ankommen. In dieser Generation lebe ich. Ich bin auch auf der Suche und möchte den perfekten Weg gehen. Dafür werde ich aktiv. Verschiedene Lebensbereiche werden wahrgenommen und ständig optimiert. Zum Beispiel achte ich auf meinen Körper und schaue, dass ich physisch fit bin. Zum Beispiel baue ich ein erfülltes Beziehungsnetzwerk auf. Zum Beispiel achte ich auf gute Leistungen in der Schule. Ab und zu erlebe ich Ereignisse, welche außerhalb des normalen Lebensalltags liegen und die ich genießen kann. Zum Beispiel bereise ich für mich interessante Länder. Auf meiner Suche habe ich immer wieder punktuelle Erfolgserlebnisse. Mit dem grundlegenden Motto „Ich kann, weil ich will, was ich muss", gelingt es mir teilweise die verschiedenen Herausforderungen meiner eigenen Lebenswelt zu bewältigen. Erwartungen, welche von außen an mich gestellt werden und welche ich selbst an mich stelle, prägen mein Handeln maßgebend. Ich erreiche ein angestrebtes Ziel, finde eine Antwort, eine Lösungsmöglichkeit, einen Lebensstil und daran freue ich mich – kurz, weil es schnell an Bedeutung verliert.

Oft setzte ich meinen Blick auf das, was noch fehlt. Alle Interaktionen im Kontext einer Leistungsgesellschaft spielen eine wichtige Rolle. Im Grunde weiß ich genau, wo meine Defizite liegen, was ich aufgeben sollte, wer ich werden könnte, und bin in einem ständigen Bearbeitungsprozess in dieser multioptionalen Lebenswelt. In diesem ganzen aktiven Prozess frage ich mich regelmäßig: Bin ich erfüllt? Bin ich angekommen? Was möchte ich eigentlich mit meinem Dasein auf der Welt bewirken? Ist das alles? Schon in meiner Kindheit durfte ich eine für mich sehr wichtige Komponente in meinem Leben kennenlernen – meinen Glauben. Meine lebendige Beziehung zu Jesus Christus ist für mich maßgebend in meinem Leben. Hier habe ich einen Ort gefunden, welcher mich trägt. Hier habe ich ein Gegenüber gefunden, welches mich liebt. Hier habe ich jemanden gefunden, der mich erfüllt. Hier braucht man seine Erfüllung nicht woanders herholen, von Leistungsfähigkeit, von Erfolg, von Gesundheit oder Aussehen, von gesellschaftlichen oder politischen Zuständen, von unkalkulierbaren Gefühlen, Positionen oder Gedanken. Da darf man einfach nur sein. Im Umkehrschluss möchte ich meine Person nach Gott ausrichten. Daher möchte ich die Gaben, die mir Gott geschenkt hat, zur persönlichen Aufgabe machen. Den anderen sehen. Anderen Menschen in Leidenssituationen helfen. Für andere da sein. Hier bin ich im Bereich der Sozialen Arbeit genau richtig.

Ich habe sehr gute Erfahrungen mit „mutig sein" gemacht. Immer wenn ich etwas schmerzhaft loslassen musste waren meine Hände frei dafür, Neues zu empfangen, weiterhin geprägt zu werden und andere zu prägen, sowie neu erfüllt zu werden. Man entscheidet sich bewusst gegen und für etwas. Oft denkt man gerade im beruflichen Werdegang dabei, dass man sich final festlegen muss und deshalb den genau einen richtigen Weg erwischen muss. Doch im Grunde beginnt hier ein Entscheidungsmarathon, welcher viel Spielraum enthält, veränderbar ist und sich das ganze Leben über vollzieht. Ich ermutige dich deine persönlichen Gaben zu entdecken. Ich ermutige dich deine Identität wahrzunehmen. Ich ermutige dich für klare Entscheidungen. In meinem bisherigen Leben hatte ich immer mindestens eine Person, welche mich intensiv auf meiner Wegstrecke begleitet hat. Ich nenne sie einen Mentor. Diese Begegnungen und der Austausch waren grundlegend wichtig für mich um meine Gedanken und Gefühle zu sortieren und mich zu orientieren – im Entscheidungsmarathon. Im meinem bisherigen Leben wurde ich dabei auch von Jesus begleitet, welcher mir immer wieder neu Kraft und Weisheit für verschiedene Lebenssituationen gegeben hat. Er ist es, der mich immer wieder neu erfüllt. Wo wirst du erfüllt?

Nach Präsident Trump ist es Macht und Autonomie zu besitzen. Nach der Bedürfnispyramide von Maslow ist es die Selbstverwirklichung. Nach meinem Freund Michael ist es die perfekte Work-Life-Balance zu erreichen. Nach dem Apostel Paulus in der Bibel ist es nah an Gottes Herz zu leben und sich auf ihn auszurichten. Auf welcher Suche bist du?

14 Die Dating-App-Hypothese

Wisch. Like. Match. So einfach läuft das. Der ein oder andere war viel-leicht schon mal auf einer Dating-App unterwegs. Aber selbst die „Dau-er-Beziehungs-Menschen" sollten zumindest die Funktionalität kennen. Ich war übrigens mal auf einem Tinder-Workshop. Im Rahmen eines mehrtägigen Seminars wurde dieser angeboten. Es entstand eine äußerst spannende und auch teilweise emotionale Debatte über die Sinnhaftigkeit dieser Apps. Frag mal rum: wie viele deiner Freunde haben ihre Partner über die App kennengelernt? Man kann sicher geteilter Meinung sein, aber der Online-Dating-Boom ist sicher auch ein gesellschaftliches Spie-gelbild. Wenn die Leute bis spät abends auf der Arbeit sind oder ihren Terminkalender aufgrund des Leistungsdrucks nicht entschlacken kön-nen; ja wo sollen sie dann potentielle Partner/innen fin den? Jedenfalls ist mir hiervon ausgehend der Gedanke gekommen, dieses Phänomen auf die Studien- und Berufswahl zu übertragen. Zunächst scheinen beide Prozesse überaus wichtig zu sein. Wer hätte nicht gerne DEN passenden Partner/in oder DEN Job, der ihn erfüllt? Ziel: Lass' uns doch einfach beides fin den, denn heute ist dein Glückstag. Folgende Parallelen lassen sich identifizieren:

Der Erstkontakt

Du siehst das Anzeigebild deines potenziellen Traumdates. Binnen Milli-sekunden entscheidest du dich. Wische ich nach links oder rechts? Du scheinst intuitiv direkt zu wissen, worauf du stehst. Vergleiche hierzu auch die Ausführungen bei der „Schuhkauf-Anekdote". Blond? Braun? Groß? Blaue Augen? Dein „Typ" versteckt sich da irgendwo zwischen den Profilen. Diese „virtuelle Fußgängerzone" kann innerhalb einer Mi-nute knapp 20 Gesichter präsentieren. Ohne groß nachzudenken, triffst du auch hier eine Vorselektion. Bestimmte Raster fallen direkt heraus. So auch bei der Studienwahl? Stell dir vor, auf dieser App würden einfach nur Namen bestimmter Studienrichtungen oder Jobs stehen. Bei welchen likest du? Lehramt? Yes; Investmentbanker? No; Influencer? Yes; Medi-zin? No. Und so weiter ... Aber es gibt sie auch; diese Fälle in denen du dir nicht ganz sicher bist. Auf den ersten Blick optisch ganz okay, aber könnte da mehr gehen? Dies führt uns zum zweiten Schritt.

Der Profilklick

Scheinbar hat dich irgendwas positiv getriggert. Jedenfalls haben diese Profile deine Neugier geweckt. Du möchtest mehr Infos und mehr Bilder. Was schreibt der- oder diejenige über sich? Wirkt das sympathisch? Stimmen Körpergröße und Taillenumfang? Und vor allem: Wie wirken die anderen Bilder? Sind vielleicht welche in erfrischendem Strandoutfit dabei? Verspürst du eine Art erste Anziehung? Analog folgt auch dieser Prozess in der Studien- und Berufswahl. BWL klang interessant? Ja, dann klick auf das BWL-Profil. Das meint einfach, dass du genauer recherchierst. Was sind die Inhalte? Welche Berufsaussichten habe ich? Wecken die möglichen Schwerpunkte meine Neugier? Könnten meine goldenen 5 intuitiv Luftsprünge machen? Gönnt sich mein innerer Pseudoprof einen herzhaften Zug an seiner Pfeife? Die verschiedenen Fotos kannst du so interpretieren: Vergleiche verschiedene Quellen: Bestätigt sich dein Ersteindruck? Kommen irgendwie kritische Fragen auf? Solltest du noch interessiert sein, folgt der nächste Schritt. Bist du schon im Casanova-Mode?

Der Icebreaker

Auch nach dem Profilklick bist du mental noch voll am Haken? Dann wird es Zeit, aktiv zu werden. Wie schreibst du ihn oder sie an? Reicht ein einfaches „hey" aus? Stell dir vor: Vielleicht finden auch andere App-Nutzer deinen Favoriten ultra heiß. Der Icebreaker entscheidet, ob sich ein gutes Gespräch entwickeln kann. Quasi dein Eintrittsticket. Bei deinen ersten Worten entscheidet sich, ob überhaupt irgendwas entstehen kann. Vielleicht ist der Spaß schon wieder vorbei, noch ehe er starten konnte. Sei also kreativ. Etwas, worüber sie oder er schmunzelt; was ihr oder ihm ein Lächeln ins Gesicht zaubert. Etwas, was sie oder er nicht jeden Tag hört. „Something special" eben. Was du nicht beeinflussen kannst, ist, ob du auch ihr oder sein Typ bist. Du erhöhst jedoch deinen Marktwert, wenn auch dein Anzeigebild keinen 0815 Charakter hat. Wirkst du authentisch? Erinnert dein Gesichtsausdruck auch nicht an Beerdigung oder Essigtester? Schnapp dir doch einen guten Freund oder Freundin und „shootet" mal drauf los. Auch bei deinem anvisierten Studium oder Job bist du es, der aktiv werden sollte. Da das Studienfach nicht direkt mit dir kommunizieren kann, benötigst du reale Ansprechpartner. Und wer könnte dafür besser geeignet sein, als Studenten, Profs oder Arbeitnehmer, die in diesem Bereich bereits tätig sind?

Was sagt dein Freundes- und Bekanntenkreis? Brainstorme mal, wer in Frage kommen könnte. In diesem Schritt geht es darum, den Job oder das Studienfach besser kennen zu lernen. Eine Art Beziehungsaufbau. Es geht darum, das schon viel zitierte Gefühl zu entdecken und Schnittmengen mit deiner Alternative kennen zu lernen. Oder eben auch nicht.

Der Nummerntausch

Diese ganzen Apps sind ja irgendwie schon ein wenig anonym und oberflächlich. Warum nicht persönlicher werden? Das katapultiert das Gespräch schon mal auf eine ganz andere Ebene. Aber bis dahin ist es manchmal ein längerer Weg. Du gibst ja auch nicht direkt jedem deine Nummer, oder? Es gilt also, sich besser kennen zu lernen? Was macht er oder sie beruflich? Was in der Freizeit? Und was ist eigentlich die Intention, auf dieser App zu sein? Nur Spaß oder wirklich eine Beziehung? Sei einfach ehrlich interessiert; wenn die Wellenlängen einigermaßen passen und eine solide Vertrauensbasis da ist, ist die Nummer nicht mehr fern. Auch in puncto Studium oder Job gilt es jetzt konkreter zu werden. Welche Unis sind in meiner Nähe? Kann ich meine Kontaktpersonen schon direkt anschreiben, bzw. wie bekomme ich deren Daten? Ich möchte etwas von ihnen, also ist Proaktivität, Flexibilität und Höflichkeit das Gebot der Stunde. Ach, war nicht die Frau meines ehemaligen Fußballtrainers Anwältin? Der Cousin meines Großonkels ist Bankier? Na denn man tau!

Das persönliche Treffen

Es gibt sie. Die Matches, die erst monate- und sogar jahrelang schreiben, bevor sie sich das erste Mal treffen. Teilweise sehen sie dann auch noch „etwas" anders aus als auf den Fotos in der App – gute Photoshop-Künste inklusive. Eine gute Freundin von mir hat ein gutes Jahr gewartet, bis es zum ersten Date kam. Das Ende vom Lied: Ihr Date hat es nicht fertiggebracht ihr vernünftig in die Augen zu schauen und hatte neben einem latenten Schielen eine Dosis Schnappatmung mit im Gepäck.

Es ist ja schon schade irgendwie, weil danach deren Kontakt sich langsam auflöste. Und hier folgt die wohl wichtigste Komponente der Dating-App Hypothese: Wenn es bei den Dates schon so manches Mal schiefgeht, warum sollst du dann dieses Ass nicht ausspielen dürfen im Studien- und Berufswahlkontext? Würdest du mit jemanden in eine Beziehung gehen, ohne ihn vorher persönlich getroffen zu haben? Siehst du. Dieser Schritt ist essentiell, um überhaupt guten Gewissens eine Entscheidung treffen zu können. Selbst wenn der Studienort weiter weg ist; ich glaube für eine so wegweisende Entscheidung loht sich jedes Bahnticket. Immerhin kann es beeinflussen, wo du die nächsten drei Jahre so rumtigern wirst. Vielleicht kannst du auch irgendwo über ein Kurz-Praktikum hospitieren? Gespräche mit den Job-Ausführenden kannst du in jedem Fall treffen. Hör aufmerksam hin. Online-Recherchen können noch so schick geschrieben sein. Das Gefühl, wie sich das praktisch anfühlt, hast du nicht. Also nach dem „Nummerntausch" geht's raus. Fahr hin zur Uni oder Berufsschule. Nutz den Random-Choice Effekt oder recherchier' vorher, was genau du sehen möchtest. Setz dich einfach rein oder melde dich im Vorfeld als Gasthörer an. Viele trauen sich nicht dazu, weil sie sich irgendwie unwohl fühlen. Das brauchst du absolut nicht. Niemand wird dich vor die Tür setzen. Sieh es als riesen Chance, deiner Wahl einen riesen Schritt näher zu kommen. Du kannst nur gewinnen. Neben dem persönlichen Eindruck liegen goldene Informationen vor deiner Nase: die Studenten, Azubis, Lehrer oder Profs. Stell ehrliche Fragen, die dich brennend interessieren. Warum haben sie sich für dieses Studium x oder Ausbildung y entschieden? Warum diese Uni? Was läuft vielleicht auch nicht so gut?

Die Schmetterlinge

Nachdem ihr euch kennen gelernt habt, folgt zuletzt die Entscheidung, ob das Ganze etwas werden kann. Hat es gefunkt? Gab es tiefen Augenkontakt? Wurden Hände getätschelt? Gibt es Vorfreude auf ein Wiedersehen? Auch für die Studien- und Berufswahl hast du jetzt eine viel bessere Basis. Du hast den Vorteil gegenüber so vielen anderen jungen Menschen da draußen; du kannst in jedem Fall besser abschätzen, worauf du dich da einlassen würdest.

15. Das Beyond-the-corner Paradigma

Zunächst geht es um einen recht trivialen Wirkzusammenhang. Stellen wir uns die Punkte A, B und C vor. Sie sind Teil einer Handlungskette. Folgendes fiktives Beispiel soll dies illustrieren:

Punkt A: Der Startpunkt. Du liebäugelst mit dem Gedanken, Japanologie zu studieren. Irgendwie triggert dich das Fach. Deine Intuition sagt dir, dass das etwas für dich sein könnte.

Punkt B: Gemäß der Dating-App-Hypothese fährst du zu der Uni in deiner Nähe, um eine Vorlesung zu besuchen. Du lässt einfach die Assoziationen auf dich zukommen und bist aufmerksam dabei.

Punkt C: Jetzt kommt das Entscheidende. Während du in dieser Vorlesung sitzt, kommst du mit einem Studenten ins Gespräch, der vor Japanologie VWL studiert hat. Vorher hattest du VWL nie richtig auf dem Schirm. Diesen Impuls nutzt du jedoch, um dich genauer zu informieren. Plötzlich ist das VWL-Studium hoch im Kurs. So was zeigt das jetzt? Punkt C hättest du ohne Punkt B niemals erreicht. Das heißt dadurch, dass du ins Tun gekommen bist, ist dein Ideenmotor erst so richtig angesprungen. Ein zufälliger Impuls, der alles verändern kann. Darauf wärst du sonst wahrscheinlich nicht direkt gekommen. Das Beyond-the-corner Paradigma suggeriert also den simplen Ansatz, dass du nur über die „ich schaue mal, was passiert-Einstellung" – fernab von theoretischen und abstrakten Teufelskreisen – richtig PS auf der Straße bekommst. Das sind Erkenntnisse, auf die du durch reines Nachdenken nicht direkt stoßen kannst. Es sind die glücklichen Zufälle, die uns jeden Tag treffen können, die den wahren Mehrwert schaffen. Dafür brauchst du deine Antennen nur auf „empfangsbereit" zu justieren. Neugierig Präsenz zeigen und coole und bereichernde Gespräche suchen.

Neulich hörte ich folgenden Satz:

> *„Ich bin so unglücklich mit meiner Ausbildung. Der Job macht mir keinen Spaß. Ich habe leider viele Lebensjahre in den Sand gesetzt. Ist doch alles voll aussichtlos."*

Ist das wirklich so? Manchmal vergessen wir auch, welche positiven Geschichten durch die Entscheidungen, die wir treffen, erzählt werden können. Wo hast du eigentlich deine neue beste Freundin kennengelernt? Ach, durch die Ausbildung? War dann wirklich alles umsonst? Selbst wenn es derzeit nicht so geil im Studium oder im Job läuft; ein Blick auf die „Haben-Seite" lohnt sich. Wir sind gut darin aufzuzählen, was wir nicht haben. Ein wenig Wertschätzung und Achtsamkeit für die schönen Resultate können dabei helfen, die Lage nicht so destruktiv wahrzunehmen. Jede Entscheidung öffnet gewisse Türen, andere werden dadurch aber auch verschlossen. Das ist völlig natürlich. Klar, wer weiß schon, was sich ergeben hätte, wenn du dich für Ausbildung x oder Studium y entschieden hättest? Was wäre passiert, wenn du einfach mal auf alles geschissen hättest und das Flugticket nach Australien gelöst hättest?

Vielleicht hättest du dort im tiefsten Outback ein Gespräch mit einem Aborigine über den Sinn des Lebens geführt, was deine Sicht zu bestimmten Dingen völlig verändert hätte? Vielleicht hättest du bei einer Europa-Tour die Liebe deines Lebens getroffen und hättest deswegen ein Studium in Frankreich begonnen? Doch sich darüber den Kopf zu zerbrechen, lässt dich auf der Stelle treten; macht es dir unmöglich, die Gegenwart zu genießen. Weil du mit der Vergangenheit und den abstrusen alternativen Optionen haderst, die du verpasst hast. Daher: Wenn du den Impuls verspürst, etwas zu machen, dann tu es doch einfach. Wer weiß, welcher Punkt C des Beyond-the-corner Paradigmas sich dir eröffnet? ;) Es gibt nur eine Lösung: Du musst es herausfinden. Übergreifender Tenor des Beyond-the-Corner Paradigmas ist ein Schlagwort: Persönlichkeitsentwicklung. Henning gibt uns hierzu einen sehr spannenden Impuls.

 **Henning (21), Heidelberg**

Persönlichkeitsentwicklung ist ein natürlicher Prozess. Es ist der Prozess des Lernens. Dieser Prozess findet bei jedem Menschen statt, gewollt oder ungewollt, bewusst oder unbewusst.

Nach dem Abitur hatte ich den Traum, mit meiner Freundin nach Südostasien zu reisen, frei zu sein, etwas Außergewöhnliches zu tun, das Leben und mich selbst auf der anderen Seite des Planeten kennenzulernen. Allein mit diesem Traum erlaubte ich mir, freier zu denken. Wenn man so groß denkt, dann passiert etwas Interessantes: Der Horizont der eigenen kleinen Welt wird plötzlich viel weiter und man stellt sich neue Fragen. So fragte ich mich damals, wie man denn – wenn all diese Menschen schon so viel Lebenserfahrung haben – hinter das Geheimnis eines glücklichen Lebens kommen kann. Ich stieß auf das Prinzip der Persönlichkeitsentwicklung. Ich würde es besser „bewusste Persönlichkeitsentwicklung" nennen, denn dabei nehmen wir den natürlichen Prozess des Lernens und sorgen durch die „richtigen" Informationen in bestimmten Themenbereichen dafür, dass dieser beschleunigt wird. Dann wenden wir diese Informationen an und sorgen im Leben für die nötigen Erfahrungen, damit Lernen stattfinden kann. So die Theorie. Weil ich schon immer ein Geschick für Konzepte und Theorien hatte, fand ich dieses Konzept, welches große Erfüllung im Leben versprach, besonders ansprechend. Nach meinem Abitur war ich voll in meinem Element: Ich stand frühmorgens auf, ging joggen, recherchierte eifrig neue Konzepte und stieß auf mehr und mehr gute Inhalte, die ich gerne anwendete, aber noch lieber weiterrecherchierte. Meditation, Gesundheit, die eigene Lebensaufgabe, die menschliche Psyche und vieles mehr waren Themen, die bei mir in dieser Zeit intensiver als alles andere zuvor auf Neugier stießen. Ich konnte nicht fassen, dass mir sowas nie in der Schule beigebracht wurde!

Also schrieb ich mein Buch „Glück mit 18 – Startschuss in Dein selbstbestimmtes Leben", um genau das zu tun: Junge Menschen in Kontakt mit den meiner Meinung nach wichtigsten Themen für ein glückliches Leben zu bringen. Das war gerade deshalb so ein erfüllender Prozess, weil ich mit jedem Kapitel das Gefühl hatte, anderen Leuten dadurch die Art von Informationen liefern zu können, die ich mir selbst damals gewünscht hätte. Außerdem fand ich mit dem Fritz-Schubert-Institut, indem ich als Praktikant die Ausbildung zum Lehrer für das Schulfach Glück durchlaufen habe, tolle Menschen, die meine Vision teilen. Das befeuerte meine Leidenschaft für „Glück mit 18" noch weiter.

„Leben ist das, was passiert, während du eifrig dabei bist, andere Pläne zu machen." (John Lennon)

Doch wie ich bald bemerkte, war ich nicht erfahren genug, um selbst immer kognitiv zu verstehen, was gerade das „Richtige" zu tun war. Mir dämmerte, dass der Prozess der bewussten Persönlichkeitsentwicklung manchmal dem natürlichen Prozess des Lernens untergeordnet werden muss, dass diese Ansammlung von Konzepten und Informationen doch nur „der Startschuss" für ein Leben voller intensiver Erfahrungen war, durch die dann das eigentliche Lernen stattfindet. Ich machte also lehrreiche Fehler, die meinen Lifestyle-Perfektionismus ins Wanken brachten und befand mich wieder mitten im Leben, mitten im Prozess des Lernens. Die grobe Landkarte, die mein Buch zeichnet ist sehr hilfreich, um eine ungefähre Richtung festzulegen. Ich bin dankbar dafür, selbst Inspirationen in meinem Leben zu haben, die mich dazu befähigten, so eine Landkarte zu zeichnen. Gleichzeitig ist es eine Karte und nicht die Realität und das darf nicht verwechselt werden. Ironischerweise zeichne ich mit diesem Kapitel eine weitere Karte und es liegt nun an dir, als Leser, die eingezeichneten Punkte in deiner Realität wiederzufinden, und nicht, in der Fantasie von Schätzen und Oasen im Kopf der Landkarten verloren zu gehen (sagt die Landkarte). Nachdem ich also Zeiten hatte, in denen meine Art von Persönlichkeitsentwicklung der Himmel war, aber auch Zeiten, in denen sie für mich die Hölle war habe ich gelernt: Fehler machen passiert trotz bestem Plan und das ist super! Jetzt fährt mein Schiff entspannt mit dem Strom des Lebens und ich steuere hier und da wo ich kann in eine Richtung, die mir gut gefällt. Allerdings bilde ich mir nicht mehr ein, dass ich für Strömung und Wind verantwortlich bin. Das bringt eine gewisse Erleichterung für mich mit sich. Das erlaubt mir loszulassen. Die große Erkenntnis schlummert nicht im nächsten Selbsthilfebuch. Die Erkenntnis ist hier. Wir nehmen sie mit wachem Auge und offenem Herzen wahr und lernen.

10. Epilog – Die Zukunft bestimmst du!

„Bald schon müssen wir uns entscheiden
zwischen dem richtigen Weg und dem leichten."

Ein Zitat, das uns noch ziemlich lange begleiten wird. Nicht nur für die erste Ausbildungs- oder Studienwahl. Im Laufe der Jahre werden weitere große Entscheidungen auf uns warten. Nicht nur im beruflichen Kontext. Na, von wem stammt das Zitat? Die Zauberfreaks unter euch haben es wohl schon beim ersten Blinzeln entlarvt: Albus Dumbledore aus Harry Potter. Das Zitat gibt tatsächlich einiges her. Doch was ist richtig und was ist einfach? Schließt sich das gegenseitig aus? Zunächst sollten wir das „richtig" des weisen Herren in Halbmondbrille genauer unter die Lupe nehmen. Der ein oder andere neigt vielleicht dazu, „richtig" mit „perfekt" gleichzusetzen. Wie wir in den letzten Kapiteln gesehen haben, gibt es das allerdings nicht. Eine Wahl kann sich im Nachhinein als vermeintlich perfekt äußern, es aber im Vorfeld zu antizipieren ist nahezu unmöglich.

Der leichte Weg wäre folgendes Szenario: Du bewirbst dich wahllos an allen Unis zu zehn verschieden Studiengängen und schaust, an welcher du die Zusage erhältst. Analoges Verhalten gilt für die Ausbildungswahl. Du hast keine Lust, dich näher mit dir selbst persönlich auseinanderzusetzen. Fragen wie: Was sind deine fünf wichtigsten inneren Werte, jucken dich einfach nicht. Ob du jetzt eine Ausbildung oder ein Studium startest und welche Ausbildung oder welches Studium, ist dir egal. Du lässt einfach alles geschehen und bist passiver Zuschauer. Es gibt tatsächlich Fälle, bei denen diese Strategie gut geht. Ich habe mal jemanden kennengelernt, der etwas studiert hat, was er mir nicht erklären konnte. Er wusste selbst nicht genau, was er da eigentlich so treibt. Im Nachhinein fiel ihm auf, dass er „Gender-Studies" studierte. Wenn man dann erstmal im Hamsterrad drin ist, macht man einfach erstmal weiter. Vielleicht gefällt es ja irgendwann. Das ist ein Spiel mit dem Feuer, was auch voll nach hinten losgehen kann. Warum also alles dem Zufall überlassen? Ich möchte gar nicht behaupten, dass mit „Random-Choice-Effekt", „Dating-App-Hypothese" und Co. alles easy wird. Dir wird nichts einfach so zufliegen. Ich bin aber der festen Überzeugung, dass du nach Beachtung dieser Ideen und Mechanismen eine fundierte Basis für deine Studien- und Berufswahl haben wirst. Ich hoffe wirklich sehr, dass du den ein oder anderen Impuls für dich mitnehmen konntest. Vielleicht bist du über eine Idee gestolpert. Vielleicht hat dich der ein oder andere Bericht nachhaltig inspiriert. Vielleicht hast du für eine Auslandsidee neuen Mut gefunden. Zum Abschluss möchte ich dir noch ein paar Zeilen eines alten Songtextes mit auf den Weg geben.

Eines melancholischen Abends bin ich zufällig auf einen Song „Mein Geheimnis"[11] einer alten Anime-Serie (Detektiv Conan) gestoßen. Hier ein paar Zeilen daraus:

> Du bist wie du bist
> Und du lebst in deiner eigenen Welt
> Genauso geht's auch mir
> Jeder muss das tun, was immer er für richtig hält
> Und was vor uns liegt, sind nur unsere Fragen
> Was morgen geschieht kann doch heute niemand sagen
> Wir sind niemals gleich
> Auf der Suche gehen wir oft andere Wege
> Dorthin, wo die Zukunft wohnt
> Und wir finden dann was wichtig ist und alles macht Sinn
> Was jetzt vor uns liegt, sind offene Fragen
> So weit wie das Meer, wer kann uns jemals sagen
> Wie geht es weiter und wohin führt der Weg
> Und wenn auch mal kalter Regen fällt
> Und wenn dich an diesem Ort nichts mehr hält
> Dann sieh kurz zurück
> Doch auch die längste Nacht geht vorbei

Wenn man mal ein wenig darüber nachdenkt, haben diese Zeilen brandaktuellen Bezug. Mit den Türöffnern, die wir jetzt kennen gelernt haben, lassen sich viele Querbezüge herstellen.

---

11 www.golyr.de/detektiv-conan/songtext-mein-geheimnis-lange-version-688033.html (26.08.2018).

Du bist wie du bist

Genauso ist es. Was ist die Quintessenz beim Schlüssel-Schloss-Prinzip der Berufswahl? Du! Du hast deine ganz individuellen goldenen 5. Du hast deine eigene Mission in Anlehnung an den Zoowärter-Trugschluss. Keine vorgefertigten Muster oder Pauschal-Lösungen.

Und was vor uns liegt, sind nur unsere Fragen

Diese Fragen liegen ganz bei dir. Du entscheidest, wie lange der Spielball der 1.000 offenen Fragen bei dir liegt und dich am nächsten Schritt hindert. Denk an das Verhältnis von Informationsmenge und Benefit. Irgendwann ist der Höhepunkt erreicht.

Was morgen geschieht kann doch heut niemand sagen

Da das niemand kann (außer vielleicht Dumbledore? ;)) bringt es nichts, die Zukunft zu sehr zu zerdenken. Also, gemäß des Hebeleffekts der Studienwahl einfach mal ein wenig den Druck aus dem Kessel nehmen, auch wenn es nicht leicht ist. Zu viele Zufälle, Begegnungen, Eventualitäten und eine explosive Mischung aus Glück und Unglück können jederzeit dazwischenfunken. Also nachdem der kognitive und emotionale Gipfel an nötiger Recherche erreicht ist, hilft es enorm, dem nächsten Morgen mit einer erfrischenden Prise Leichtigkeit entgegen zu treten.

Wir sind niemals gleich

Eine recht banale Erkenntnis, dennoch dürfen wir sie bei allen Überlegungen rund ums Studium und den Job nicht vergessen. Wenn dir jemand erzählt, wie toll der Job Y oder das Studium Y ist, dann ist das seine individuelle und subjektive Wahrnehmung zum Zeitpunkt der Erzählung. Nicht mehr und nicht weniger. Was für ihn der Traumzustand auf Erden ist, kann für dich der reinste Alptraum sein. Also: alle Erfahrungsberichte mit einer gewissen Distanz und Reflektion genießen. Das gilt übrigens auch für etwaige Internetforen oder Jodel.

Auf der Suche gehen wir oft andere Wege

Sei es Lisa mit ihrer Weltreise, Sönke mit dem eigenen Unternehmen oder Yannick mit der Ausbildung; die Wege sind vielseitig. Aber dennoch sind wir alle gewissermaßen auf der Suche. Mal glauben wir dem Ziel recht nah zu sein, manchmal schwimmen wir wieder auf hoher See. Und das alles kann sich so schnell ändern. Von einem Tag auf den anderen gedeiht ein Gedanke, übertrumpfen neue Geistesblitze die noch so lieb gewonnene „alte Welt". Es ist gut, dass wir andere und neue Wege gehen. Der Weg über ein Praktikum, Hochschulbesuch, profane Gespräche, Auslandsabenteuer oder einfach irgendwas Neues außerhalb der Komfort-Zone.

Dorthin, wo die Zukunft wohnt
Und wir finden dann was wichtig ist und alles macht Sinn

Ja, die Zukunft wohnt an all den unbekannten Tagen, die da draußen auf uns warten. Und wie können wir etwas finden, ohne den Schritt nach vorne zu machen? Wie kann etwas einen Sinn haben, wenn es rein theoretisch abstrakt und hypothetisch überlegt wurde? Der Sinn kommt also erst als Belohnung für den Schritt vorher. Du fühlst ihn. Wenn du also schon die gedankliche Sicherheit deiner Pläne haben möchtest, wirst du lange am Gleis wie bestellt stehen; jedoch ohne jemals abgeholt zu werden. In den seltensten Fällen fliegen dir die Lösungen einfach so zu. Ohne dein eigenes Zutun fahren die Schiffe gen „Sinn" ohne dich los. Wenn du einfach über deinen Schatten springst und Türen öffnest, kannst du scheitern. Wenn du zu Hause auf der Couch hängen bleibst, bist du gescheitert.

Was jetzt vor uns liegt, sind offene Fragen
So weit wie das Meer, wer kann uns jemals sagen
Wie geht es weiter und wohin führt der Weg

Diese Frage wird dir bekannt vorkommen. Der utopische Wunsch nach einem kleinen Engel der dir in ein Ohr flüstert: Wenn du XY machst, ergibt alles einen Sinn und du bist glücklich. Genauso wenig, wie du jede Welle der Weltmeere mit einem Surfbrett reiten kannst, kannst du jedwede Option ausleben. Das Gute daran: du entscheidest selber, wann du jenen Punkt im Meer entdeckt hast, an dem du jeden Fisch, jede Koralle und jedes Sandkorn im klarsten Wasser überhaupt erkennen kannst. Du kannst nicht in jedem Job arbeiten und alle Möglichkeiten aktiv nutzen, die sich dir auftun. Was du aber machen kannst: Prioritäten setzen. Bei welcher Option lässt dein Bauchgefühl Schmetterlinge frei? Es gibt so viele Optionen, die zu dir passen könnten. Wie in der Schuhkauf-Anekdote eruiert, gibt es nicht nur einen Schuh, der dir prinzipiell passt. Lass' uns doch einfach die Angst und

Zweifel an unseren Ideen in Vorfreude umwandeln. Wenn es nicht passt, ja dann passt es eben nicht. Damals hat es sich richtig angefühlt. Nach den Erfahrungen ist es eben anders. Dann wird umgesattelt und zu neuen Ufern aufgebrochen. Ja das wäre das Worst-Case-Szenario. Aber vielleicht wird es ja noch besser als erwartet?

Und wenn auch mal kalter Regen fällt
Und wenn dich an diesem Ort nichts mehr hält
Dann sieh kurz zurück

Den kalten Regen sollten wir nicht konditional verpacken. Ich lehne mich nicht zu weit aus dem Fenster, wenn ich sage: Er wird garantiert fallen. Jene Momente, in denen du an deiner Entscheidung zweifelst. War das jetzt alles richtig so? Ist es wirklich der ideale Bachelor oder Master? Ist mein Ausbildungsunternehmen tatsächlich die neue berufliche Heimat? Kann ich mich hier entwickeln? Aber hey, wie war das noch mit dem sauren Apfel? It's part of the story. Wenn wir den kalten Regen als normal ansehen, verlieren etwaige Weltuntergangsszenarien an Kraft und Substanz. Eine gute Freundin sagte einmal zu mir. „Marvin, es regnet!!!!!". Lass' uns tanzen. Wenn sich dann doch herauskristallisiert, dass deine Besuche auf www.abflug.de tatsächlich Erkenntnis sind (denke an das Kapitel zum Ausbildungs- und Studienabbruch), dann lautet die Marschroute eben die Reißleine zu ziehen und neue tolle Ziele anzuvisieren.

Doch auch die längste Nacht geht vorbei

Erst wenn du richtig hinfällst, kannst du lernen, wie es ist, wieder neuerstarkt aufzustehen. Du bist plötzlich hellwach und beginnst von Grund auf zu reflektieren: Was genau mache ich derzeit und warum passt das nicht? Ich glaube, dieses Mindset ist es, was uns nachhaltig stärken kann. Auch wenn sich die „Nacht" noch so dunkel und aussichtslos anfühlt, es wird der Zeitpunkt kommen, an dem erste Sonnenstrahlen am Horizont emporklettern. Ganz gewiss. Der Moment wird kommen, an dem du die Segel neu hisst und neue, spannendere, aufregendere Ziele anvisierst; du Reißleinen ziehst, die dich deine **Early-Life-Crisis** überwinden lassen. Lass' Mut und Vertrauen deine Freunde sein.

Bei all den Grübeleien, Zweifeln und Ängsten dürfen wir einfach auch nicht vergessen, dass es sich hierbei um ein verdammtes Luxusproblem handelt. Für Generationen vor uns war es unvorstellbar mal hier nichts dir nichts ein Ticket nach Australien zu buchen oder totale Freiheit beim Studienort zu haben. Alleine wenn uns das Leben 70 Jahre früher geordnet hätte, ja wer würde dann noch über das lapidare Problem der Studien- und Berufswahl sprechen? Wir kennen den Krieg nur aus Geschichtsunterricht, Omas Erzählungen oder Filmen. Diese Zeiten selbst zu durchleben, in denen Familien sich trennen müssen und Freunde deportiert werden, können wir nur erahnen. Ein wenig Wehmut darüber und eine gigantische Portion Dankbarkeit für Freiheit und Frieden kann auch heute nicht schaden. Für uns ist das alles selbstverständlich. Wir kennen es nicht anders. In der ein oder anderen melancholischen Minute sollten wir das einfach mal schätzen.

Dennoch lautet auch in vielen Filmen der Tenor: „Wer in der Vergangenheit lebt, verpasst das Hier und Jetzt". Richtig, denn so sehr das Kontinuum an Möglichkeiten sich heute verschoben hat, ist dies unsere Epoche. Unsere Rahmenbedingungen. Unser Wandel in eine Multioptionsgesellschaft. Der Blick gilt nach vorne gerichtet. Im Sinne des „Beyond-the-corner" Paradigmas liegt es an uns, auf Spurensuche zu gehen. Niemand nimmt uns diesen Schritt ab. Niemand kann die Wahl für uns treffen. Niemand weiß, wie es sich jeden Morgen anfühlt, dem Job X oder Studium Y nachzugehen. Niemand weiß, was uns wirklich um 03:00 Uhr nachts durch den Kopf geht.

Umso wichtiger ist die Erkenntnis, das Heft in die Hand zu nehmen und Verantwortung für sich selbst zu übernehmen. Auch kleine Brötchen müssen zunächst gebacken werden. Kennst du das Akronym „NGA"? Ich glaube es ist Sinnbild von diversen Vorhaben, über die du so nachdenkst. Der entscheidende Faktor für deine anstehende Wahl im Dschungel der Möglichkeiten bist natürlich du. Dennoch bist du durch Gespräche und Feedback von anderen noch stärker. Deswegen: Niemand gewinnt allein (NGA). Deine Freunde und Familie können ein wichtiger Wegweiser für dich sein. Auch der objektive Rat eines Coaches kann deinem Prozess sehr dienlich sein. Sei einfach offen für all jene Menschen da draußen, die dich durch Impulse oder auch mal mit einem kleinen Lächeln „weiter" bringen können.

Schnapp dir einen Zollstock und klapp ihn auf, sodass du ca. 1m sehen kannst. Wo würdest du gemessen an deiner Lebenszeit stehen? Wenn alles gut geht, peilen wir den ganzen Meter an. Das klingt hart, aber heute ist der erste Tag vom Rest deines Lebens. Heute hast du die Chance einiges auf gute Bahnen zu lenken. Heute stellst du die Weichen für den nächsten Morgen. Wenn wir uns bewusst werden, dass diese Reise auf dem Zollstock endlich ist, können wir dies als Chance begreifen vielleicht mehr Platz für Zuversicht, Optimismus und frohen Mut zu lassen.

Kennst du das Buch „Cafè am andern Ende der Welt" von John Strelecky? Er erzählt von einem gestressten Manager auf der Suche nach dem Sinn des Lebens. Er illustriert die Suche nach Glück und Zufriedenheit anhand einer Meeresschildkröten-Metapher. Warum schwimmt diese schneller als ein eifriger Schwimmer im Meer? Sie ist eins mit den Wellen. Sie schwimmt mit der Strömung. Sie nutzt sie so zu ihrem Vorteil und gewinnt Energie. Metaphorisch gesprochen geht es für uns also darum unsere Energie richtig zu dosieren und hauszuhalten. Wenn die Schildkröte zurück ins Meer schwimmt, nutzt sie die Strömung und macht Strecke. Wenn du also beispielsweise merkst, dass du gerade voll im Flow in deinem Selbstfindungsprozess bist, dann leg nochmal eine Schippe drauf. Wenn es dagegen an einem Tag mal nicht so läuft, dann ist das okay. Anstatt Energie sinnlos zu verschwenden, kannst du sie vielleicht morgen umso mehr nutzen.

Der Tag hat 86.400 Sekunden. Lass' uns diese voll genießen und bei all den Ängsten und zweifelnden Gedanken konstatieren: Wir haben ein verdammtes Luxusproblem, was frühere Generationen gerne hätten. Wenn wir das alles einfach mit der nötigen Portion Lockerheit und Humor nehmen, vereinfachen wir uns das Leben enorm. Ich musste ein Studium abbrechen? Oh man, ich atme immer noch. Ich musste eine Klausur wiederholen? Jesus Christ, dennoch habe ich abends ein Bett zum Schlafen. In Anlehnung an den „Hebeleffekt der Studien- und Berufswahl" liegt vor uns ein so riesiges und schmackhaftes Buffet. Wir müssen nur wählen. Alles kann. Nichts muss. Und wenn es nicht mehr geht, dann gibt es eben einen neuen Plan. Ich wünsche dir von Herzen alles Gute für den weiteren Weg. Auch wenn kalter Regen irgendwann fallen wird, können wir lernen ein wenig darin zu tanzen. **Early-Life-Crisis** ist mein Versuch, diese ganzen Fragen, Zweifel, Neuanfänge und Planänderungen zu beschreiben. Sie modelliert die Fragen nach der Schule und im Studium. Sie ist ein mentales und emotionales Konstrukt mit der Intention zu erfassen, was da so in uns vorgeht. Wir denken das erste Mal wirklich frei und treffen eigene Entscheidungen, für die am Ende des Tages wir geradestehen müssen.

Lasst uns diese Freiheit als Chance begreifen, stets offen für sich neu öffnende Türen zu sein; hungrig sein auf all die tollen Erfahrungen, die da draußen auf uns warten; durstig sein nach Fehlern, um an ihnen zu wachsen; schmachten nach dem Elixier namens Lebenserfahrung. Vielleicht kommen auf deinem weiteren Weg ja mal wieder der Random-Choice Effekt, saure Apfel, Beyond-the-corner Paradigma oder der Pseudoprof als stützende Hand dir zur Hilfe. Selbst wenn du mitten in deiner „**Early-Life-Crisis**" steckst, versteh sie als weiteren Prozess deiner Persönlichkeitsentwicklung. Es gibt für uns kein Scheitern, sondern nur Wachstum. In diesem Sinne, alle Kräfte mobilisieren, Akkus dunkelgrün tanken und raus. Raus zu neuen Wegen, Ideen und Abenteuern. Weiter. Für Anregungen oder Feedback bin ich dir sehr dankbar.

Nur das Beste und alles Gute auf all deinen Wegen,

Marvin

Danksagung

Auf diesem Wege möchte ich mich noch einmal ganz herzlich bei allen bedanken, die das Projekt „**Early-Life-Crisis**" möglich gemacht haben. Ohne euch wäre das Buch nicht das geworden, was es jetzt ist. Ich weiß die Zeit, die sich alle Erfahrungsbericht- und Expertenbeitragsschreiber genommen haben sehr zu schätzen. Durch euch haben wir die Vielfalt erreicht, die dieses Thema verdient. Besonderer Dank gilt meinen Eltern, ohne die ich dieses Buch niemals hätte schreiben können. Auch all meinen Freunden und Bekannten möchte ich an dieser Stelle die größte Dankbarkeit aussprechen. Es sind die Gespräche und Erlebnisse mit euch, die mich jeden Tag begleiten. Auf den verschiedensten Wegen habt ihr so den Weg geebnet, auf dem viele Ideen und Impulse für dieses Buch entstanden sind. Einen guten Studienfreund von mir möchte ich an dieser Stelle auch erwähnen. Es war ein dunkler Dezember-Nachmittag, bei dem er mir zu vorzüglichem Kaffee den Impuls dafür gab, die Erfahrungs- und Expertenbeiträge als Quintessenz in das Buch einfließen zu lassen. Danke dafür.

Zudem gilt mein aufrichtigster Dank einem meiner besten Freunde, der beim Lesen direkt erkennt, dass er gemeint ist. Die tiefen und langen Gespräche mit ihm waren auch Initialzündung für die Idee von „**Early-Life-Crisis**". Zu dem Zeitpunkt, als wir beide in unserer **Early-Life-Crisis** steckten, haben wir gemeinsam neuen Mut geschöpft, uns gegenseitig gestärkt und unsere wertvollen Erfahrungen gemacht. Unser innerer Kompass ist seitdem stets Richtung Glückseligkeit gerichtet und nachdem wir geschwommen sind und am mentalen Boden lagen, haben wir im Anschluss einen riesen Schritt nach vorne gemacht. Danke. Auf unsere späteren Schrebergartenabende, in denen wir all die Momente Revue passieren lassen, auf die wir vielleicht nicht immer stolz sind, die uns aber zu dem gemacht haben, wer wir sind. Darüber hinaus wäre das Gesamtprojekt des Buches ohne das Zutun von meiner besten Freundin nicht möglich gewesen. Das Geschenk mit deinem Song zum Buch ist von so unschätzbarem Wert. Das Ausmaß an Dankbarkeit lässt sich schwer in Worte fassen. Danke, dass es dich gibt.

Über den Autor

Psychologiestudent Marvin Grabowski (24) aus Hamburg beschäftigt sich seit Jahren intensiv mit dem Thema der Berufs- bzw. Studienwahl und setzt mit seinen Ansätzen und Theorien neue Akzente. Blickwinkel, die sich von allen bisherigen Ratgebern unterscheiden. Er hat selbst von der Pike auf alle Höhen und Tiefen eines Abiturienten im 21. Jahrhundert erlebt und kennt die Fragen der jungen Generation. So hat er selbst schon mal ein Studium abgebrochen, hat diverse Orientierungsprogramme durchlaufen und ist quer über den Globus getigert. Zudem referiert er an Schulen, Unis und Messen und gibt mit seinen eigenen Studienwahl-Workshops Suchenden vor allem eines: Orientierung.

Kontakt
E-Mail: info@early-life-crisis.de

 Instagram: Marvin_Grabo

Printed in Poland
by Amazon Fulfillment
Poland Sp. z o.o., Wrocław